全国革命老区县发展史丛书·广东卷

英德市革命老区发展史

英德市革命老区发展史编委会 编

SPM 南方出版传媒、广东人民出版社
·广州·

图书在版编目（CIP）数据

英德市革命老区发展史 / 英德市革命老区发展史编委会编. —广州：广东人民出版社，2021.6

（全国革命老区县发展史丛书·广东卷）

ISBN 978-7-218-14705-5

Ⅰ. ①英… Ⅱ. ①英… Ⅲ. ①英德—地方史 Ⅳ. ①K296.54

中国版本图书馆 CIP 数据核字（2020）第 242652 号

YINGDE SHI GEMING LAOQU FAZHANSHI

英德市革命老区发展史

英德市革命老区发展史编委会 编

出 版 人：肖风华

责任编辑：窦兵兵
责任校对：胡艺超 帅梦娣
装帧设计：张力平等
责任技编：吴彦斌 周星奎

出版发行：广东人民出版社
地 址：广州市海珠区新港西路 204 号 2 号楼（邮政编码：510300）
电 话：（020）85716809（总编室）
传 真：（020）85716872
网 址：http://www.gdpph.com
印 刷：广州市浩诚印刷有限公司
开 本：715mm×995mm 1/16
印 张：29.125 字 数：410 千
版 次：2021 年 6 月第 1 版
印 次：2021 年 6 月第 1 次印刷
定 价：108.00 元

如发现印装质量问题，影响阅读，请与出版社（020-85716808）联系调换。
售书热线：（020）85716826

微信扫描二维码 ◀◀◀
您立即获得**本书主要内容/
丛书介绍。**

广东省编纂《革命老区县发展史》丛书
指导小组

组　长：陈开枝（广东省老区建设促进会会长）

副组长：林华景（广东省老区建设促进会常务副会长）

　　　　宋宗约（广东省农业农村厅二级巡视员、广东省老
　　　　　　　　区建设促进会副会长）

　　　　刘文炎（广东省老区建设促进会副会长）

　　　　郑木胜（广东省老区建设促进会副会长）

　　　　姚泽源（广东省老区建设促进会副会长兼秘书长）

　　　　谭世勋（广东省老区建设促进会副会长）

　　　　廖纪坤（广东省农业农村厅总经济师）

办公室

主　任：姚泽源（兼）

副主任：韦　浩（广东省农业农村厅扶贫协作与老区建设处
　　　　　　　　处长）

　　　　柯绍华（广东省老区建设促进会副秘书长）

　　　　伍依丽（广东省老区建设促进会副秘书长）

清远市编纂《革命老区县发展史》丛书指导小组

组　　长：谢土新
副组长：赖志军　蔡少玲　曾金玲　梁刚毅

办公室

主　　任：梁刚毅
副主任：林永泽　莫祖扬　卢瑞其　李秀红

《英德市革命老区发展史》编纂委员会

主　　任：吴耿淡（英德市委书记）

执行主任：肖勇科（英德市委副书记、市长）

　　　　　廖家杰（原英德市委副书记）

副 主 任：罗振宇（英德市委常委、常务副市长）

　　　　　侯之虎（英德市委常委）

　　　　　胡丽琼（英德市委常委、统战部部长）

　　　　　朱龙标（英德市委常委、纪委书记）

　　　　　钟朝本（英德市委常委、政法委书记）

　　　　　蓝兴强（英德市委常委、宣传部部长）

　　　　　钟　莹（英德市委常委、组织部部长）

　　　　　邵爱福（英德市委常委、武装部政委）

　　　　　祝高峰（英德市委常委、市政府副市长）

　　　　　张方贤（英德市老促会会长）

成　　员：张朝胜（英德市委办副主任）

　　　　　丁　彬（英德市委组织部副部长）

　　　　　朱增化（英德市委宣传部副部长）

　　　　　郑中重（英德市史志办主任）

　　　　　吴县南（英德市发展和改革局局长）

　　　　　邓志毅（英德市住房和城乡建设局局长）

　　　　　郭孔随（英德市农业农村局局长）

　　　　　陈志刚（英德市工业和信息化局局长）

　　　　　邓　峰（英德市财政局局长）

李中诏（英德市交通运输局局长）

肖贞响（英德市文广旅体局局长）

林伟建（英德市民政局局长）

张燕辉（英德市教育局局长）

蓝冬松（英德市卫生健康局局长）

周亚环（英德市档案馆馆长）

编委会办公室

    主　任：郑中重

    副主任：熊中育　曹　亮　林继洲

    办公室工作人员：陈浪波　彭少峰　黄丽华

               李春红　吴基成

编辑部

    主　编：郑中重

    副主编：熊中育　曹　亮

    编　辑：陈浪波　林　粤　骆祖华

          吴德范　郑中取　吴基成

在举国欢庆新中国成立 70 周年前夕，中国老区建设促进会王健会长请我为《全国革命老区县发展史》丛书作序，作为一名在老区战斗过并得到老区人民生死相助的老兵，回首往事，心潮澎湃，感慨万千，深感义不容辞，欣然应允。

中国革命老区，是以毛泽东为代表的中国共产党人在领导人民推翻帝国主义、封建主义和官僚资本主义三座大山，争取民族独立和人民解放伟大斗争中建立的革命根据地，在这片红色的土地上，诞生了无数可歌可泣的革命英雄儿女，为后人树起了一座不朽的丰碑，她是新中国的摇篮，是党和军队的根。

在艰苦卓绝的战争年代，老区人民把自己的命运与中华民族的命运紧紧地联系在一起，与中国共产党和人民军队的命运紧紧地联系在一起，他们生死相依，患难与共。我曾亲历过战争年代，并得到过老区红哥红嫂的救助，切身感受到发生在身边的一幕幕撼天动地的革命故事，在那极其艰难的条件下，老区人民倾其所有、破家支前，不怕艰难困苦，不怕流血牺牲。"最后一碗米送去做军粮，最后一尺布送去做军装，最后一件老棉袄盖在担架上，最后一个亲骨肉送去上战场"，这是当时伟大的老区人民为建立新中国做出巨大牺牲的真实写照，它将永远镌刻在中国共产党、中国人民解放军、中华人民共和国的历史丰碑上。他们的光辉业绩永载史册，他们的革命精神必将影响一代又一代的革命新人，造就一代又一代的民族脊梁。

在社会主义革命和建设时期，革命老区和老区人民响应党的号召，面对落后的面貌、脆弱的经济、恶劣的生态环境，他们本色不变，精神不丢，自力更生，艰苦奋斗，干一行爱一行。始终坚持"革命理想高于天"，自觉做共产主义远大理想的坚定信仰者和忠实实践者，勇于向恶劣的自然环境和贫穷落后宣战，他们在各条战线上为国建功立业，用平凡的双手创造了一个又一个不平凡的奇迹，彰显了老区人的崇高精神和人格力量。

在改革开放的伟大进程中，老区人民解放思想，勇于创新，发奋图强，攻坚克难，老区的经济社会建设取得了辉煌成就。特别是在改变中国的面貌、中华民族的面貌、中国人民的面貌、中国共产党的面貌的伟大实践中发挥了至关重要的作用。老区人民既是改革开放的参与者，也是改革开放的推动者。

艰苦练意志，危难见精神。老区人民在近百年的革命战争、社会主义建设和改革开放的伟大实践中，孕育形成了伟大的老区精神：爱党信党、坚定不移的理想信念；舍生忘死、无私奉献的博大胸怀；不屈不挠、敢于胜利的英雄气概；自强不息、艰苦奋斗的顽强斗志；求真务实、开拓创新的科学态度；鱼水情深、生死相依的光荣传统。这是党和人民宝贵的精神财富、丰厚的政治资源，是凝心聚力、振奋民族精神的重要法宝，也是社会主义核心价值观的重要内容。

中国老区建设促进会怀着强烈的政治责任感和历史使命感，组织全国各地老促会人员克服困难，尽心竭力编纂《全国革命老区县发展史》丛书，记录老区的光辉历史和辉煌成就，传承红色基因，弘扬老区精神，是功在当代、利及千秋的一件大事。手捧这部丛书的部分书稿，读着书中的故事，倍感亲切，深感这部丛书具有资政、育人、存史的社会功能，有着重要的时代和历史价值。它是不忘初心、牢记使命的源头活水，是赞颂共产党、讴歌老区人民的一部精品力作，是弘扬老区精神、传承红色记忆的丰厚载体，是一项继承优秀传统文化、弘扬革命文化、发展社会主义先进文化，坚定"四个自信"的宏大文化工程。它必将成为一种文化品牌，为各界人士了解老区宣传老区支持老区提供一部有价值的研究史料。希望读者朋友们能从中了解并牢记这些为党和民族的利益不断奉献的老区人民，从中得到教益，汲取人生奋斗的精神动力。

新时代赋予新使命，新起点开启新征程。让我们更加紧密地团结在以习近平同志为核心的党中央周围，坚持以习近平新时代中国特色社会主义思想为指导，增强"四个意识"，坚定"四个自信"，做到"两个维护"，弘扬老区精神，铭记苦难辉煌。为实现"两个一百年"奋斗目标，实现中华民族伟大复兴的中国梦作出新的更大的贡献！

2019 年 4 月 11 日

2017 年 6 月，中国老区建设促进会组织全国各地老促会启动编纂《全国革命老区县发展史》丛书，按照"建立中国共产党、成立中华人民共和国、推进改革开放和中国特色社会主义事业"三大里程碑的历史脉络，系统书写革命老区百年历史，深入挖掘革命老区红色文化资源，这对于充实丰富中国革命史籍宝库、在新时代传承红色基因、弘扬革命精神、强固根本，对于激励人们在新的历史条件下夺取中国特色社会主义伟大胜利，实现中华民族伟大复兴的中国梦具有重要意义。

丛书编纂以习近平新时代中国特色社会主义思想为指导，以《中国共产党历史》《中国共产党的九十年》等重要文献为基本依据，以党的领导为核心，以老区人民为主体，以老区发展为主线，体现历史进程特征，突出时代发展特色，坚持辩证唯物主义和历史唯物主义相统一、历史真实性与内容可读性相统一的原则，书写革命老区从站起来、富起来到强起来的光辉革命史、不懈奋斗史、辉煌成就史，把老区人民的伟大贡献、伟大创造、伟大成就、伟大精神充分展示出来，形成一部具有厚重历史特征和鲜明时代特色的精品力作。这是一部培根铸魂、守正创新，既为历史立言，又为时代服务，字里行间流淌着红色血脉、催生着革命激情的传世之作。丛书的编纂出版将成为讴歌党讴歌人民讴歌时代、传播红色文化、为革命老区和老区人民树碑立传的重要载体。

　　丛书按照编年体与纪事本末体相结合、以编年体为主的编写体例确定框架结构；运用时经事纬、点面结合的方式记述史实；坚持人事结合、以事带人的原则处理人与事的关系；采取夹叙夹议、叙论结合以叙为主的方法展开内容。做到了史料与史论、历史与现实、政治与学术统一，文献性、学术性、知识性相兼容。

　　为编纂好《全国革命老区县发展史》丛书，打造红色文化品牌，中国老区建设促进会认真组织积极协调，提出政治立场鲜明、史料真实准确、思想论述深刻、历史维度厚重、时代特色突出、编写体例规范、篇目布局合理、审读把关严格、出版制作精良的编纂出版总要求，力求达到革命史籍精品的精神高度、思想深度、知识广度、语言力度，增强丛书的权威性和社会影响力。各省（区、市）、市（州、盟）、县（市、区、旗）老促会的同志，以强烈的使命感、责任感和紧迫感，勇于担当，积极作为，认真实施，组织由老促会成员、专家学者等参加的十余万人编纂队伍。编纂工作主体责任在县，省、市组织协调、有力指导、审读把关。各方面人员以高度负责的精神和科学严谨的态度，满腔热情地投入工作，为丛书编纂出版做出了重要贡献。丛书编纂工作还得到了党和国家有关部委、地方各级党委政府及有关部门的大力支持和积极参与，社会各界也给予了热情帮助。中共中央政治局原委员、中央军委原副主席、原国务委员兼国防部长迟浩田上将，对老区人民怀有深厚感情，对革命老区建设发展十分关注，欣然为《全国革命老区县发展史》丛书作总序。

　　丛书由总册和 1599 部分册（每个革命老区县编纂 1 部分册）组成，共 1600 册。鉴于丛书所记述的史实内容多、时间跨度长和编纂时间紧，不妥之处，敬请批评指正。

中国老区建设促进会

在决战脱贫攻坚、决胜全面小康之际，《英德市革命老区发展史》编纂告竣，可以告慰先烈，激励后人。英德市革命老区发展史编委会以强烈的政治责任和历史使命感，勇于担当，克服史料缺乏等困难，深入英德每个角落，辗转周边各地，广泛收集史料，有效保证了《英德市革命老区发展史》的客观性和全面性，难能可贵。该书全面回顾了1924年至2018年中共英德地方组织创建、发展、壮大的非凡历程，充分展示了英德老区人民在党的领导下进行革命、建设和改革开放的生动实践，集中反映了英德90多年来的沧桑巨变，这是一部精心打造的寻根之作、铸魂之作，是英德党史研究的又一丰硕成果，对于全市党员、干部学党史、听党话、跟党走，牢记嘱托、感恩奋进，具有重要的意义。

英德是历史文化名城，不仅有着灿烂的历史文化，而且有着光荣的革命传统。1924年9月，由共产党人实际主持工作的国民党中央党部农民部派遣侯凤墀（中共党员）到英德开展农民运动，开始了共产党人在英德活动的历史。在大革命时期、土地革命战争时期、抗日战争时期、解放战争时期，在英德这片土地上，为中国人民解放事业英勇献身的有姓名可考的英德籍烈士有396名。

自1949年10月9日英德县城解放以来，特别是改革开放以来，在历届县（市）委和政府的正确领导下，英德人民大力弘扬革命精神，自力更生，奋发图强，艰苦奋斗，赢得了一个又一个胜利,实现了一个又一个历史性跨越。2018 年 10 月 23 日,习近平总书记来英德视察,在英德革命、建设、改革史上画上浓墨重彩的一笔,为英德红色文化注入了新的元素,为英德高质量发展播下了"金种子",激励着百万英德人民牢记嘱托、感恩奋进,推动英德经济社会发展一步一层楼、一年一重天,加快实现高水平保护下的高质量发展。

以史为鉴,可以知兴替。习近平总书记指出:"历史是最好的教科书。学习党史、国史,是坚持和发展中国特色社会主义、把党和国家各项事业继续推向前进的必修课。这门功课不仅必修,而且必须修好。"英德市革命老区发展史是党史的重要组成部分,是英德广大党员、干部深入开展党的历史学习教育的必修课之一。当前,英德正处于高水平保护下高质量发展的关键时期,实现打造"一场一区两地"(清远工业发展主战场、全省乡村振兴示范区、粤北生态保护先行地、全国休闲旅游目的地)目标,从全面小康迈向现代化建设新征程,全市广大党员肩负的使命光荣、责任重大,必须从英德发展史中汲取经验、精神养分和强大力量,以更昂扬的姿态奋进新时代,完成新使命。

《英德市革命老区发展史》编委会

2020 年 12 月

1

第一章

区域和革命老区概况

第一节 基本情况

一、市情概况

（一）自然概况

广东省英德市地处广东省中部偏北的北江中游，居清远市域东北部，由汉置浈阳、含洭两个县邑发展融合而来。东与韶关市翁源县、新丰县毗邻，南与清远市佛冈县、清新区接壤，西与清远市阳山县交界，北与韶关市乳源县、曲江区相连。是广东省陆地面积最大的县级行政区。全市共划分为 24 个镇（街道），全市总面积 5634 平方千米，2017 年末户籍人口 117.94 万人。市政府所在地是英城街道。

英德以南岭山脉东南支脉的丘陵地带居多，南北各为一列弧形山地。地势大体由北向南倾斜，市域从东到西呈泥山层向石山层过渡的整体状态。境内主要有整体呈北—南流向的北江，和整体呈东北—西南流向的滃江，以及整体呈西北—东南流向的连江（又称小北江）。北江古称溱水，本源在今湖南省临武县，唐后其源东移至今广东省韶关市南雄市，经韶关市始兴县、曲江区流入英德，境内流长 98 千米。滃江古称浈水，发源于韶关市翁源县坝仔镇船肚东，从该县官渡镇下榕角村流入英德，在大站镇东岸咀汇入北江干流，境内流长 69 千米。连江古称湟水、洭水，发源于清远市连州市星子镇磨面石，经清远市阳山县流入英德，在英德市连江口汇入北江，境内流长 80 千米。

（二）历史沿革

考古发现，今英德之地多处留下十万年前到旧石器、新石器时期人类漫长进化的活动痕迹。春秋战国时期，属楚。秦置南海郡后，英东地区在荆、杨二州与秦南海郡三地交界处，英西地区在荆州与南海郡的过渡地带。

汉元鼎六年（公元前 111 年），今英德之地设浈阳、含洭二县，"内属桂阳"。至"后汉置始兴都尉"后，浈阳、含洭两县归始兴都尉管辖。历三国及魏晋的分裂、嬗变后，含洭、浈阳大体未变。南朝宋泰始三年（467 年），浈阳县改称贞阳县，南朝齐复改为浈阳县。南朝梁天监元年（502 年），于含洭县置衡州，于浈阳县置阳山郡。梁承圣四年（555 年），"萧勃分浈阳，立翁源县"。隋唐时期，浈阳［隋开皇十年（590 年）改为"贞阳"，唐贞观元年（627 年）又改为"浈阳"］、含洭州郡变化不一。唐武德五年（622 年），以洸洭（唐"含洭"改为"洸洭"）、贞阳二县置洭州。

五代浈阳、洸洭属广州兴王府。南汉乾亨五年（921 年），割广州兴王府之浈阳县置英州。北宋开宝五年（972 年），以县名犯太祖讳，改洸洭为洸洸。北宋乾兴元年（1022 年），以县名同仁宗庙讳，改浈阳为真阳。"英州军"兼领"洸洸""真阳"两县。南宋庆元元年（1195 年），真阳郡升为英德府，仍辖真阳、洸洸两县。自元延祐元年（1314 年）真阳、洸光二县入英德州后，英德经历了元朝州、府、路等不同行政级别的复杂变化。自明洪武初"以英州为县"后，明、清两朝英德俱为县，隶韶州府。清嘉庆十八年（1813 年），析英德高台、白石、独石、迳头、虎山、观音六图及清远地，置佛冈同知。

民国初期，英德属岭南道，后隶属北江善后公署（先后改称北江绥靖委员会公署、第二区行政督察专员公署等）。1949年秋，中国人民解放军进军南粤。英德县城于当年10月9日解放，英德县初隶属北江临时人民行动委员会，后先后隶属北江人民行政督察专员公署、北江区行政督察专员公署、北江区专员公署、粤北行政公署、韶关专员公署、韶关专区革命委员会、韶关地区革命委员会、韶关地区行政专署、暗关市。1988年1月设立清远市，英德隶属清远市。1994年1月，撤县设市（县级市）。

二、资源优势

英德传统水上交通主要得益于北江、滃江和连江。京广铁路和武广客运专线分别在北江东西两岸纵贯英德中部南北；京广澳高速、乐广高速两条纵贯市境南北的高速公路和横跨英德东西的昆汕高速公路，以及市境东西两翼的G106、G107国道，与以市区为中心呈经纬网络状辐射的省道、县道、乡道、村道，共同构成英德发达的陆路交通网络，与传统水上交通相得益彰。

全市气候由南亚热带向中亚热带过渡，温和多雨，年平均气温20.8℃。雨季多集中于春夏两季，尤其适合茶树的生长。英德红茶驰名中外，远销亚、非、欧、美等洲，被英国人誉为"东方咖啡"。矿产资源除丰富的硫、铁外，还有煤、铜、铅、锌、钨、锡、铋、钼、金、水晶石、大理石、石灰石、石英石等。尤其是早在宋代就被列为贡品的英石，因其采挖和赏玩的历史悠久，在海内外极负盛名，是中国四大园林名石之一。

英德传统农作物除水稻外，还有小麦、花生、黄豆、木薯、蚕桑、油菜等。沙糖橘、果蔗、黑冬瓜、冬菇、草菇、木耳、笋干等，则是英德较出名的地方特产。

革命老区情况

一、革命老区镇

革命老区镇有 **23** 个：东华、桥头、横石水、青塘、白沙、望埠、黎溪、水边、大洞、西牛、波罗、浛洸、大湾、大站、沙口、连江口、横石塘、石牯塘、石灰铺、英红、九龙、黄花、英城街。

二、革命老区村庄

革命老区村庄有 2398 个。

（一）土地革命战争时期革命老区村庄（98 个）

镇街	自然村名称
东华镇	**鱼湾村：** 　　傅屋（原大塘下村）、水头、高枧坝、紫云岭、塘角、湖圫、象咀坝、堑下、墩背、鱼湾（原塘角村） **鱼湾社区：** 　　衙门子、坳头（原鱼湾三山村）、梅子坑（原鱼湾三山村）、豆子勒（原鱼湾三山村）、禾坪头（原鱼湾三山村）、青潭水（原鱼湾三山村）、石磨（原鱼湾三山村）、菲菜笼（原鱼湾三山村）、鱼湾街（原塘角村） **文策村：** 　　楼下（与冷水角合并）、高墩围、新围、门杆杵下（原桅杆树下村）、同岗、横坑、树头山、蓝屋坝（空村）、邓屋、五道坛、鸡嵋

（续表）

镇街	自然村名称
东华镇	湖、黄屋、上塘土唇、杨屋、有水坑、下塘土唇（与坡角合并）、岭下、坝仔、林屋（原沙洲村）、下廖、范屋、巫屋（原下巫村）、中心围（原迳下村）、上围（原迳下村）、白厅下、山墩下（与坝土唇合并）、早禾埂、叶屋（原井水吻村）、洋塘（原麻地凹村） 重新村： 　　石角梁（原石角梁屋村） 汶潭村： 　　上围（原上白围村）、上楼（原下白围村）、下围（原下白围村）、牛巷（原牛项村）、坝仔、蓝屋、刘屋、老围、新围（原鸡斗围村）、岭背（原杨挑树下村）、新楼（原下白围村）、马屋、上张（原上保护塘村）、下张（原上保护塘村）、邬屋、田屋（空村）、西坑、贯塘江 塘下村： 　　塘下黄（原塘下村）
大站镇	菜洲村： 　　上楼（从黄岗迁入） 大站社区： 　　下楼（从黄岗迁入） 黄岗村： 　　黄岗、新圩（从黄岗分出）、潭洞、梁屋（从潭洞村分出）、白土沙（从潭洞村分出）、佛子前（原佛子前山下村）、山下（原佛子前山下村）、坑口（原佛子前山下村）、下村（原佛子前山下村）、塘面（原塘面蚴塘村）、厂子下（原厂子下莫村）、马岭（原马岭

（续表）

镇街	自然村名称
大站镇	上下村）、圩子岭（原马岭上下村）、濂滩 联丰村： 　　沙头（从黄岗潭洞迁入）、沙咀（从黄岗潭洞迁入）、濂滩（从黄岗潭洞迁入） 塝头村： 　　大角（原黄岗城东大角子村） 大蓝村： 　　濂滩（从黄岗潭洞迁入）
英城街	岩前村： 　　梁屋（从黄岗潭洞迁入） 南山社区： 　　桥头（从黄岗潭洞迁入）、陈屋（从黄岗潭洞迁入）
桥头镇	亚婆石村： 　　细围（原亚婆石村）、大围（原亚婆石村）、上围（原亚婆石村）、刘屋（原田蒲水村）、坑尾（原中央村）
茶果场	石角村： 　　新村（从黄岗迁入）

（二）抗日战争时期革命老区村庄（179 个）

镇别	自然村名称
东华镇	**文南村：** 　　佛子凹、乌交塘、白沙岭、老罗屋、新罗屋、高屋、下仓范（原鱼湾厂子下村）、维墩（原鱼湾乌交塘村）、刘屋、盘龙围、黄屋（原鱼湾黄屋村）、东坝、高峰围（原上角下角村） **文田村：** 　　街下、珊瑚塘 **汶潭村：** 　　石下、坝背（从石下村分出）、新围（从石下村分出）、牛嘴子（从石下村分出）、石角围（从石下村分出）、汶潭、曹碓笼、洋湾（原杨湾村）、许屋、彭屋、高梁 **宝洞村：** 　　细坝、新屋（原属细坝村）、南坑（原属细坝村）、三坑（原属细坝村）、过水塘、新建（原过水塘村分出）、曾屋（原钟屋村）、风光（原钟屋村）、钟屋（原钟屋村）、黄泥塘、元背围、石狮坪（从元背围村分出）、洽内（原洽水坑村）、洽外（原洽水坑村）、半山（原洽水坑村）、马安山（原洽水坑村）、佛子围 **九郎村：** 　　横坑廖（原九郎洞廖屋村） **塘下村：** 　　何屋、神前（空村）
桥头镇	**新益村：** 　　太坪（原太坪子村）、鱼一（原鱼梁头村）、鱼二（原鱼梁头村）、上围（原鱼梁头村）、下围（原鱼梁头村）、莲塘、窝仔、上

（续表）

镇别	自然村名称
桥头镇	街（原外岭陈村）、下街（原外岭陈村）、新厅下一（原外岭陈村）、新厅下二（原外岭陈村）、田心围一（原外岭陈村）、田心围二（原外岭陈村）、梅东（原梅秀山村）、梅西（原梅秀山村）、新屋（原梅秀山村）、石山围（原梅秀山村）、廖屋、山子下（原山子下陈屋村）、三岔塘（原三叉塘村）、田二（原黄竹径村）、林屋（原高树下村）、上陈（原田心子陈屋村）、下陈（原田心子陈屋村）、丘屋（原黄竹坑村）、樟树潭、水背（原属樟树潭村）、车田（原属樟树潭村） 亚婆石村： 　　暗径（原暗径廖村） 石角村： 　　河唇廖、楼仔（原石角石屋村）、老围（原石角石屋村）、红书（原石角石屋村）、红新（原石角石屋村）、张一（原张屋村）、张二（原张屋村）、社边（原下塘村）、鸭𪨧围（原下塘村） 板铺村： 　　鸡鸣镇（原鸡𪨧镇村）、竹子坝（原龚屋村）、会星楼（原板铺会星村）、罗夷围、有和堂（原属罗庚围村）、树山（原属罗庚围村）、榕树下（原属罗庚围村）、新厅下（原属罗庚围村）、圳头围（原属罗庚围村）、太子楼（空村）
桥头镇	桥头社区： 　　大塘尾（原大塘屋村）、上楼（原明星楼村）、中心（原新厅下村）、下围（原新屋子村）、东坑（原东坑村）、上塘（原东坑村）、丘屋、宁屋、上街（原桥头圩村）、下街（原桥头圩村）

（续表）

镇别	自然村名称
横石水镇	江古山村： 　　江古山、罗屋（原属江古山村）、下蓝屋（原属江古山村）、凡新（原属江古山村）、岭头（原属江古山村）、谢屋（原属江古山村）、坪子（原属江古山村）
青塘镇	青北村： 　　合子、细合（从合子村分出）
白沙镇	门洞村： 　　坑尾（原金竹园村）、荆一（原金竹园村）、荆二（原金竹园村）、李屋角、黄呈角（原属李屋角村）、白沙围（原芋夹东村）、芋合岽（原芋夹东村）、甘洞（原芋夹东村）、细岭（原芋夹东村）
大站镇	菜洲村： 　　古亩（从黄岗迁入） 大蓝村： 　　新一（从黄岗古亩迁入） 联丰村： 　　围角（从大站侧塘迁入）、鸡公头（从大站侧塘迁入） 侧塘村： 　　大岭背、高排（原城东乡凹头角）、中粉（原城东乡凹头角）、旺树下（原城东乡凹头角）、下坳（原城东乡凹头角）、上坳（原城东乡凹头角）
大站镇	黄岗村： 　　古坑（原牛古坑村）、鸡公头

（续表）

镇别	自然村名称
黎溪镇	大坪村： 　　长横田、河坑、白芒 新村村： 　　山口、新村、东坑、磨刀步 松柏村： 　　杨梅斗、松子坝、龙潭、田心、庙角头、红群岭 恒昌村： 　　桐油坑、上坑、坑尾
连江口镇	红溪村： 　　乌石下、高岭、冯屋、杨屋、沙田、横江、庙角、井边、赖屋、庙下、竹围、横岭、军营卅、海口、新屋、田心、田甲、坑口、坑边、老屋场、岭排
九龙镇	金造村： 　　金造、主田、鹋潭、子岭、瓦田、塘岭、曲塘、茅厂

（三）解放战争时期革命老区村庄（2114 个）

镇街	自然村名称
桥头镇	新益村： 　　田一、田三 板铺村： 　　龙口、徐屋、塘下、围楼、堑下、麻子园、上四房、下四房、朱屋、水尾张、梅屋、六房

（续表）

镇街	自然村名称
桥头镇	**石角村：** 肖屋、渡头陈、陂尾 **桥头社区：** 下楼、新围、黄屋、新华 **博下村：** 石径、黄赵郭、老楼、老屋、高天围、长吕店、清水湾、博下街、坝头子、茅岭、下湾、岐山头 **仙蕉坑村：** 李屋、刘屋、洋坝上屋、洋坝下屋、花树下、仙蕉坑、七星墩、鸭嬷湖、马齐塘、中陂、赵屋、丘屋 **红桥村：** 远前、草塘、莲塘、渡头、老围、刘屋、塘窝、内赵、外赵、新村 **五石村：** 熊屋、巫屋、饶屋、李屋、何屋、余上坝、秧地田、赖屋、邓屋、坭黄坑 **联群村：** 下扬、塘尾头、竹子坑、田寮下、马石水、丘郭屋 **潭坑村：** 大黄坑、细黄坑、上巫、下巫、上杨、下陈、大围、龙头围、巷尾（原港尾村）、杨屋、李屋、许屋、翁屋、张屋

（续表）

镇街	自然村名称
东华镇	**坐下村：** 　　田内、田外、中心墩、坐下、朱屋、李屋角、老围下、老一、老二、石山下、大浪滩、茅园、刘蓝潘 **文田村：** 　　上丘、下丘、上刘、下刘、葛屋、大湖、桥子头、棚桥下、张广坪 **鱼湾村：** 　　仓子、潘屋、邹屋、一村、三村、九子潭、四村、下村 **鱼湾社区：** 　　茶园、大坪、沙子坳 **文南村：** 　　大坪、高山下、加湖、傅屋、新屋、田心、上蓝、古湖、邓屋、马栏、石堑、下仓、樟林陂、吴屋、新田、新老、凹背、排子、横岭、上湾、下湾、大坝 **英华社区：** 　　张屋、卓屋、沙坝坪、塘下、白面塘 **光明村：** 　　范屋、猪屎坪谢屋、坳下骆屋、埂子谢屋、窝子谢屋、下林屋、大坪子谢屋、池猪黄、下黄金竹冲林屋、马屋、柯树下谢屋、黄吉和黄屋、钓鱼骆、土下黄、温屋、张屋、茅寮邓杨屋、镇子黄

（续表）

镇街	自然村名称
东华镇	**黄陂村：** 　　上楼、下楼、三房、鸭麻围、竹园围、墩子林、客子坡、何屋、刘屋、郭屋、峡子余、荒田坡、吕屋、罗屋、林屋、谢屋、廖屋、马屋、宁屋、郑屋 **东水村：** 　　成屋、杨屋、谢屋、巫屋、邓屋、黄屋、吕屋、彭屋、郭屋、吴屋、华屋、余屋、再角山、岭头 **东升村：** 　　督尾（原吕尾村）、下围、新屋、巷头、巷尾、东片、西片、岭下谢屋、曹屋、牛麻湖吴屋（原吴屋村）、连花岗谢屋、中谢屋、塘窝谢屋、青塘彭屋、树山罗屋、新罗、下谢屋、上严屋、尼范、饶屋、温屋、张屋、官屋、田心 **重新村：** 　　下坝、田心、营子、岭下、塘背、井塘、甘塘、大岭下、剪刀凹、大岭、细岭、月光塝 **大镇社区：** 　　大镇、张屋、马屋、上彭、水尾、横岭、钱屋、熊屋、犁屋 **大船顶村：** 　　郑屋、郭屋、黄屋、徐屋、细郭屋、丘屋 **牛岗岭村：** 　　下细赖、下楼、水东、四角楼、牛岗岭、鲜田、寨背、上细赖、水背、蛇颈、窝子、坑尾、排下、岭下、鹿子坝、蓝屋、癫痫石

（续表）

镇街	自然村名称
东华镇	**雅堂村：** 　雅堂 **塘下村：** 　青塘下、范屋、邓屋、五房、赖屋、四房、丘屋 **古滩村：** 　古竹岗、文坑、下村、大浪滩 **九郎村：** 　罗屋、黄屋、丘屋、林屋、巫屋、大塘面、马屋、上塆、下塆、瓦子坪、上半岭 **金洞村：** 　上角、下角、廖屋、谢屋、赖屋、邱屋、鸡斗窝 **九围村：** 　山口陈、山口何、蔡屋、华屋、上蓝、吴屋、上下张、杨屋、朱屋、欧屋、包屋、牛角龙、高树下、祠堂邓、温塘山 **茶山村：** 　茶山、黄彭 **同乐村：** 　乌石塘、丘屋、鹅头、井田、温屋、溪唇新梁、细坝子、张七、叶屋、坎下、钱屋、马屋、李屋、曾屋、同乐街、皎国塘

（续表）

镇街	自然村名称
东华镇	双寨村： 时鱼坑、云山下、南蛇排、田心、横江头、岗蒲岭、楼下徐、封火围、巫屋、包屋、寨下、新围、光面邱、流水塘、陈屋 蒲岭村： 温山下、高峰、上温、石狮张、石狮邓、学子园、社塆、塘赖、塘邓、龚屋、钱屋、铺头、金牛、麻田、周屋、枧头、叶屋、新屋
横石水镇	江古山村： 长塘镇、麻地、叶屋 横岭村： 湾子（原横岭村）、柯树下（原横岭村）、田心、水心、拥贝、江子、向阳 横石水社区： 河背朱、东西门、渡头朱、双门前、吴屋、石屋、洋湖塘、黄群（原黄围村）、瓦塘 溪北村： 关田梁（原溪北村）、乌石下（原溪北村）、凉桥、瑶族 新星村： 溪头赖屋、上下岗、社墩下、圳头黄、榕树下、狮塘（原群星村）、打油林（原群星村）、翻身屋、吴屋、王屋、华子山、丘屋、水楼下（原新街村）、大路下（原新街村）、块塘、溪背 塔岗村： 塔祖岗

（续表）

镇街	自然村名称
横石水镇	联雄村： 　　大华屋（原联雄村）、田心张（原联雄村）、周屋、范屋
大洞镇	龙潭村： 　　坪仔、蓄水坑、田寮、林屋、架枧坑、甲叉、白石嘴、岭排、吴屋、凹口、宋屋、罗湾、社边、田心、塘边、圳下、连塘、新塘、看牛坪、大合、牛潭、新楼、黄屋 黄沙村： 　　金田、园墩脚、大垯、岭坪、小岭、企山脚、七八坑、廖屋、下马石、张屋、曾屋、刘屋、马头下、黄屋、陂角、江嘴、冯屋、时鱼坑、旧屋、湾角、大屋场、田竹园、凉水坑、双坑、鸡公田、双坑尾、石太下、茶坪、曲水、梅仔坪、花蕉园、中心营、高田基、打马、苦竹坪、岭嘴头、佛子凹、王禾洞、下塘、大村、庙前、岭排脚 麻蕉村： 　　大木青、黄屋、李屋、陈屋、大舍、岭脚下、茶坑、坑孔、茶水坳、曼头石、光明、马头龙、车田、大坝、田心、猪岭、低凹仔、双鱼潭、上燕 大田村： 　　大夫田、庙坪、大坑水、大坑底、仙人坪、狗琴坑、契石傍、新龙塘、乌交迗、元江、黄狗吠、婆锯坜、猪斗凫、磨勾嘴、观音脚、对坑、上营、云南土朗、马溜桥、王屋 黄塘村： 　　分水坳、庙背底、新田、新村、下洞、上村、大龙、铜棋、观潭、田笃尾、新卫

（续表）

镇街	自然村名称
大洞镇	**庙坑村：** 　　时鱼塘、拥坑、江顶、南坑尾、万全坑、万田、联和、新南、新和、六马崩、新屋、联丰、白茶坑、石太面、朱比坑、石太下、杨梅凹 **苗花村：** 　　斜和地、王公坑、芹菜塘、办坑、江顶、龙田、崩田、土朗子、田寮、陈屋楼、南坑坝、中心坑、五斗种、围仔、白花坪、上湾 **大洞社区：** 　　松坑、大坝、香车、火砖楼、过江夫、大佛龙、墩子、田心楼、新屋、洋洲岔、街背底、大坪、荷树脚、社仔龙、塘子、新村、新圩、大塘、田头墩、大洞街、大石牯、新联、坡头角、双马楼、单竹龙、山塘口、凹背、田心、岭坪、田头塝
白沙镇	**白沙村：** 　　莲塘、完富坪、尤鱼、细镇、大塘镇、上湾、下湾、新屋、楼角、洛阳、许屋、张屋（从许屋村分出）、新村、段心、黄茅、围墩、街对面、山门、仓下、新坪、东罗、榕树下、岭嘴头、岐山坑 **红星村：** 　　塘围、田二、田三、长江、蕉坑、桃坑、塔子下、新联、新排、墩头、新河 **石园村：** 　　鸪塘、仓子、水南、新围、上围、禾坪头、下围、新楼、楼子、朱坑尾、华屋、河角头、兰一、兰二 **门洞村：** 　　大岭头、白颈坑、榜塘、第四塘

（续表）

镇街	自然村名称
白沙镇	水心村： 　　水心坝 太平村： 　　排子（原廖湾村）、潘屋（原廖湾村）、田心（原廖湾村）、李屋（原廖湾村）、新围（原廖湾村）、上角（原廖湾村）、下角（原廖湾村）、石壁、火砖、本头、飞鹅、佛前、池一、池二、老围、新屋
青塘镇	建新村： 　　赤木洞、唐屋、牛角龙、许山下、方围社、新屋、曾屋、林屋、黄屋、罗屋、叶屋、丘屋、坑口子、蛇坑、张屋、赖屋、黄屋、刘屋、陈屋 榔社村： 　　榔社杨屋、沙子墩郭屋、料坑何屋、料坑温屋、象湖塘曾屋、象湖塘饶屋、鸭子杨、大岌头刘屋、雀子塘张屋、湖背饶屋、王河桥王屋、蓝子岭 青北村： 　　黄门洞、三丫圳、鸡麻山王屋、鸡麻山邓屋、上河、下河、东河、朱屋、上温、下温、厂下、杉树园、刘屋、吊水寨、石下黄屋、墩下李屋、黄屋、邹屋、狗麻坑李屋 石联村： 　　滑石水、杨屋、井下、坳下、墩下、下径、李屋、马屋、上径、榔子、风光下、钟屋

（续表）

镇街	自然村名称
青塘镇	新青村： 　　邓屋一、邓屋二、邓屋三、邓屋四、邓屋五、邓屋六、邓屋七、邓屋八、周屋九、周屋十、周屋十一、周屋十二、周屋十三、周屋十四、周屋十五、周屋十六 青南村： 　　举子岩、排板、莲塘
沙口镇	石坑村： 　　马屋角、黄屋角、大塘面、岭背、官塘、中心厅、长田、合水口、松山下、上周、下周、罗屋、长岭下、油草塘、上山、莲塘、钟屋 新建村： 　　分一（原分水一村）、分二（原分水二村）、新廖屋、老廖屋、弯子、寨老（原寨下一队）、寨新（原寨下二队）、楼一（原相塘楼村）、楼二（原相塘楼村）、新屋、老屋、春长、上桥背、下桥背、郑屋、陈屋、上李（原上李屋村）、下李（原下李屋村）、板塘、槽村、野猪坪、细曹、黄屋、刘屋 官坪村： 　　上庄、下庄、李屋、廖屋、内队、外队、新巷、刘王、上围、谢屋、下围 蕉园村： 　　赖屋（原上门村）、下门、吴屋、陈屋、谭屋、沙排、坎头、刘屋、上吴、吕屋、营下、蒲圳、温屋、蒲头角、马岭、古屋、杨谭、山顶、高坡

（续表）

镇街	自然村名称
望埠镇	**同心村：** 廖屋、老屋（原老屋陈村）、新屋（原新屋陈村）、山边（原山边陈屋村）、温屋、山李（原山根李村）、山赖（原山根赖村）、干赖（原桅杆赖村）、田心、牛子坡、江子李、江黄（原黄屋村）、江林、丘屋、岩栋、沙坪、老巫角、荫头、大伙利、谭屋、石脚下、巫四（从老巫角村分出） **莲塘村：** 丘屋、新厅下、水楼下、狮子头、大门、下角、望仙塘、棵树头、松枫下 **崦山村：** 梅屋、石寺前、新坡吴屋、新坡陈屋、白石坡、旗山下、田心、坎下、游屋、石墩下、大岩、付屋、下窝、上窝、大岭头、大引、脚锄头、半天塘 **桥新村：** 蒋家洲、高坡塘、牛岗板、寺前罗屋（原寺前罗村）、温屋（原寺前温屋村）、吴屋（原寺前吴屋村）、林屋（原寺前林屋村）、松树排、高陂李屋、高陂吴屋、老虎山、上付 **鹤坪村：** 丘屋、罗屋、华屋、刘屋、蓝庙（空村）、谢屋（原温谢曹村）、官屋 **坪迳村：** 茅坪、其坑尾、麻竹坪、大坑底、梅子斜、官坑、老围、大坡头、黄竹埌、苏屋、浦江口、狮子江、乌楼、楼子下、赤子坑、田心、肖屋

（续表）

镇街	自然村名称
望埠镇	古村村： 　黄屋、同胜、斗池、钱屋、下排（从钱屋村分出）、老围、新围、老屋、三围、乌楼、蕉婆山 青石村： 　山塘（原塘缺坡村）、陈屋、张屋、龚屋、水浸洞、中心岗、墅下、楼下、杵园山（原又井陂村）、杨屋、洋岩下、村前（原丘屋基）、窝仔 寿江村： 　新屋、火砖屋、下栋、上栋、大洞口、泮湖头、桥仔头、老屋、坭围、新厅、筛毛坪 望河社区： 　张屋一（从大岭头迁入）、茶山塘（从大岭头迁入）、梁屋（从茅坪迁入）、新村（原大头岭朱麻场村）
大站镇	菜洲村： 　下塅、新塘、蓝屋、仙塘角 土景头村： 　上莫（原粉洞水口莫村）、下莫（原粉洞水口莫村） 大蓝村： 　新二（从粉洞迁入） 侧塘村： 　岐岭下、榕树下、塘角、曾屋、条石岭、石角、大岭下、何屋、樟屋、山下、沙坝、塘窝、迥龙湾、庆斗角、牛下岭、黄塘坑

（续表）

镇街	自然村名称
大站镇	黄岗村： 团结、金竹湾、黄坭田、吴屋、莫屋、下土朗 联丰村： 建新、肖屋（从望埠小径迁入） 大站社区： 肖屋（从望埠小径迁入）、鱼良头（从粉洞迁入）
黄花镇	新民村： 新村、井水、石角磅、鸦子山、禾谷石、狮子岗、白石岩、樟木围、石幌坪、围仔、岗坪、何屋、丰墩
英城街	长岭村： 竹元、三角地、下石、老巷、油房、社前、园墩岭、车公陂、叶屋、易屋、大山排、下刘、上刘、胡屋、陈屋、洞尾 城西社区： 马口、康屋、石坳、红田（原田心村）、枫树角、出水岩、鹤园、岩前角、长迳、白楼、安山雉鸡塘、义秀巷、宝石洞、陈屋、独山、蕉洞 城北社区： 立新（从大站侧塘迁入） 城南社区： 陆村（从大站侧塘迁入）

（续表）

镇街	自然村名称
连江口镇	南坑村： 　　田心、牛古石、高浪、双孖楼、水头田、大坝、打铁坑、昂托、书房坝、大石坝、上八前、坑尾、梅仔坪、大土夫麻、黄屋、大新田、刘屋田、万田、莲花坳、塘下、塆下、土朗背、岭排、新塘围、英南、塘头、新围、柯树坝、高南、南坑、寨面 城樟社区： 　　鹅坑、西一、西二、西三 三井村： 　　新合、潘屋、张屋、林屋、谢屋、坑尾、塘窝、新屋、南北田、毛步颈、毛步、中心驳、担水角、桂仔坳 银坑村： 　　稿坪、上洞、坑尾、松树塆、楼仔、刘屋、麻地岭、枧坑、枫树下、井边、嵑屋、孔勿、银坑口
黎溪镇	黎明村： 　　长远潭、杨梅角、社潭龙、岗咀头、黄屋、九子份、逆水、楼子、张屋坝、黄竹岇、大路边、田心、石榴花、上犁、枧坑咀、下犁、新屋、横岗岭、疙子下、坪迳、芋合塘 恒昌村： 　　牛寮、上安田、下菜园、石街路、伯公坡、新围、胡屋、放鸡春、坝子、征常田、蕉园坑、寨脚下、茶山、马头面、乌蛟塘、长岭咀、东份、转水塆、响水田、塘口、下坝、沙树头、芋头岗、龙颈、白虎头、松岗、秧坎头、细坑

（续表）

镇街	自然村名称
黎溪镇	**松柏村：** 　　枫树兜、孔下、自高田、坳下、马坡、会夫围、曹子岽、同一、庙背底、石咀、同六、同七、严鱼坑、旱迳、红星、龙头、罗步、深迳、上塅、张屋、办浪 **黎新村：** 　　鹅公坑、军营、水背、大松坑、小松坑、蛇坑、黄毛咀、山天尾、塘角二、上楼、下楼、塘角口、沙头、大窝、深水步、佛仔坳、大田寮、三百钱、兰塘、樟木岽、寨下、档木岽、围堌、火砖楼（由火砖楼一、二合并） **大埔村：** 　　积田、大安田、杨屋、塘子、岭咀头、田罗夫、下杨屋、周公坑、竹园、谭屋、黄家、钟家、大坪、沙岗、沙石潭、油草田、大坝、黄竹坑、上楼、下楼、车角、合水口、红伍、埒仔、淘金岽、塆仔、银坪、石硖、车塱、红石 **黎洞村：** 　　犁头咀、黎洞、长塘、坑口、下角、下坑（由下坑一、二合并）、江步、大朗田、辂路（由辂路一、二合并）、上塆、响水坑 **湖溪村：** 　　坑尾（由坑尾一、二、三、四、五合并）、迳口（由迳口一、二合并）、庙颈、秀才里、高排、公山、破杀、龙颈、社岗坳、坳头、马口、石角、大塘边、大马头、地心（由地心一、二、三合并）、坳背、龙田、上马石、长岭咀、老屋楼、上围（由上围一、二合并）、下围（由下围一、二合并）、石山、牛江（由牛一、二、三、四合并）、樟木岽、冷蹄

（续表）

镇街	自然村名称
黎溪镇	大湖村： 独松、三丫塘、早禾田
水边镇	热水村： 莫屋、林屋、老屋、丁长、周塘、大坝、李屋、刘屋、山塘口、田竹园、小文涧、打石坑、杉树脚、崩江下、朱屋、林屋、鸡仔岭、大坝土朗、罗屋、铺子、格水口、箭竹坑、马曹坑、热水塘、冷水尾、炭厂 白坑村： 大塘肚、方田、大坝、崩江下、红旗龙、下大坑、小塘肚、老屋、新屋、大岭脚、田心、铺子、黄坭夫、正坑、户子下、峡港口、门前岭、大狗坑、横岭、连塘、下新屋、白沙径、周铺 五角村： 新屋下、廖屋、潭口、江子村、车子岭、潭角、老陈坑、楼子、山塘坪、中心坪、崩江潭、石牯子、光明、田心、井坑角、企山子、学子潭、下格水、陂下土朗 乌城村： 土屋、周屋、陂角、田心、打铁铺、蓝屋、新屋、水枧头、蛇岭头、六古坑、沙坪、寨子脚、丰太围、大岭下 水边社区： 铜罗盆 黄竹村： 远合新厅下、新门楼、大天街、愈隆、陂下、金昌、上围、中围、塘角、下围、长驳头、大坑尾、岭排、陈屋阁、黄湾、耕好、高土朗、尖咀夫、深水夫

（续表）

镇街	自然村名称
西牛镇	**金竹村：** 石结路、丘屋、田寮、沙土朗、大禾坪、石门坑、松坑、茶园、围仔、蚴塘、梨树下、岩坑、下湖、垅田、新屋 **花塘村：** 罗屋（由坑田、洞仔合并）、坪江、竹围、土朗墩、棉地冲、横档、龙潭坑、卢屋、坪山、熊屋、大坑 **赤米村：** 山厂、下径、上径、下洞、石屋、陆屋、上肖屋（原肖尾村）、下肖屋（原肖尾村）、上钱屋（原钱屋村）、下钱屋（原钱屋村）、新钱屋（原钱屋村）、大村（原钱屋村） **西牛社区：** 岩仔、金塘、塔岗、上街、上塘、下塘、新村、街内、牛岗、西江、南江坝、张屋围、上古岭、赖屋、落寨、岩口、王屋、楼下、麻竹坑、上蚌湖、下蚌湖 **高道村：** 蕉坪、塘头、石岩、枚子坪、白尾竹、高道街、大坑围、大坑角、岭排下、黄坭塘、塘尾、石根下、营角、吉水、山下、老鸦山、旗古、丰洞、紧水滩 **沙坝村：** 黄沙坑、大石牯、鹿湖、康滩、冲头、新龙、锣鼓滩、香车、李洞坑、王竹洞、白石尾、坑尾、新屋、新田、茶上（原茶土朗村）、茶下（原茶土朗村）、罗寨田心（从罗寨村分出）、沙坝街、塘夫、王卡寨、企山仔、华珠、围上（原大围村）、围下（原大围村）、吉田、菜园坝、乌地岭、华山、仙人坑、刘府、沙土朗、大木坑

（续表）

镇街	自然村名称
西牛镇	石金村： 　　大坝、黄竹径、沟下、楼子角、办土朗、白竹土朗、长黎、梅岌、新屋、荷树脚、灯盏坳、麻竹窝、坑口、二队（原石角坑村）、上三队（原石角坑村）、下三队（原石角坑村）、中街（原石角坑村）、四队（原石角坑村）、新队（原石角坑村）、五队（原石角坑村）、龙岽背、新村（从龙岽背村分出）、石牯坳、纸窑旗、新坪围（原烂垭角村）、牛角蓝（原牛角栏村） 黎沙村： 　　大山田、杨梅坪、石龙潭、松树嘴、黎沙、水井角、枧坳、东业坳、洪木岭、新屋、洞尾、同钟坑、石狮、地塘路、雷公潭、东心岌、杭坑、小水、坚鱼坑、下坪、上坪、上角、下角 兴塘村： 　　石旺、分水坳、五星（原王羌坪村）、上新、下新、石岩、三门坑、团结（原塘下迳村）、塘肚、坪山、联上、联下、光明（原细陈屋村）、红星、红联、大山尾、大枫树、岩坑
九龙镇	太平村： 　　熊屋、汪屋、象岭咀、长滩、田心、李屋、陈屋、大村、围仔、雷公田、方田尾、长陂、大木坪、撑高脚、麻地岭、树皮寮、新屋、陂洛、合子、子塘、自坑 塘坑村： 　　新寨、独石寨、活石水罗屋

（续表）

镇街	自然村名称
九龙镇	新龙村： 大围、九牛坑、高石太顶、横坑、大九牯、石牯墩、大尾、水井、佛仔下、坳头、营下、白坟前、隔坑、木头土朗、杰颈、桐油坪、南坑尾、龟地 石角村： 塘崆 枫木村： 下塘围 泉水村： 竹园仔 河头村： 蒲石 九龙社区： 九龙街、当铺脚、塘子面、塘寮、何屋、苏坑 龙塘村： 元石下、梅坑、上南山、下南山、大茅厂、上围、下围、低龙田、西坑、马口、竹仔山、地塘围 寨背村： 鹤薮

（续表）

镇街	自然村名称
九龙镇	金鸡村： 　　南蛇带、矮岭、牛岗岭、塘背、塘面 宝溪村： 　　大朋窝、七坑、石杰、牛头滩、罗屋坝、连塘（原旱塘村）、蕉花坑、宝坑决、埪土朗凹、黄竹坑、社仔滩、杨柳坑、细土朗、赖屋田
浛洸镇	麻圻村： 　　上白屋、下白屋、塘心、邹屋、钟屋、英雄、雄心、观塘、坡下、龙寨、凹脚 白米庄村： 　　麻竹头、走马坪 鱼咀村： 　　鱼咀、石角 镇南村： 　　新李屋、老李屋 光南社区： 　　科兆 荷州社区： 　　利洞

（续表）

镇街	自然村名称
洛洸镇	**新平村：** 　　石脚下、稍田、独岗、门塘、三陂（原岭背塘村）、珠江（原猪子岗村）、春龙塘、红土朗莲塘（与塘岭合并）、利时塘、门口、欧屋、围心坪、白桥岭、崩江下 **张陂村：** 　　张陂（原先锋张陂大村）、石桥（原先锋冲下村）、新屋（原先锋冲下村） **五星村：** 　　油草塘（与林屋合并）、杨屋、彭屋（与廖屋、李屋合并）、吴屋、新建（原茅寮子村）、上寮、下寮、连塘下、松树园、塘尾园、蓝屋（原大蓝屋村）、单竹坑、朱屋 **先锋村：** 　　洋坑、大路下、金钗岭、坑尾头、榄树下、岭背、蒲迳（原蒲芦迳村）、灌草塘 **三江村：** 　　老深坑（由黄屋、老谢屋合并）、张屋、刘屋、蔡屋、曾屋（原麻竹坑村）、陈屋、楼下、三江街、上钟屋、梁屋、围顶（原赵屋村）、钟屋（与楼子合并）、蕉园、深坑口、谢屋、老刘屋
大湾镇	**茅塘村：** 　　草塘、围新、龙井、屋角头、中心门、新屋、围孔、马池塘、桃子墩、连江、连塘基、牛角龙、黎屋、门楼、深巷、大江、上麦、下麦、梁屋、麦屋、罗竹坑、菜子岭、屋地、郑屋、邓屋、黄屋、陈屋、雷公塘

（续表）

镇街	自然村名称
大湾镇	**长山村：** 　　马屎坡、上车、羊寨、长坡 **古道村：** 　　鱼眼 **中步村：** 　　牛轭塘 **小联村：** 　　罗塘 **英建村：** 　　蓑衣滩 **布心村：** 　　布心井 **田心村：** 　　上田心（原田心村）、下田心（从田心村分出）、张屋、庙下、铺子、曾屋、王村、蕉岗利九坑、黄坭墩、清远塘、龙船板、新胡屋（原长塝村）斗迢（从长塝村分出）、下蓝屋（从长塝村分出）、廖屋（从长塝村分出）、李屋（从长塝村分出）、傅屋（从长塝村分出）、何屋（从长塝村分出）、蓝屋（从长塝村分出）、黄屋（从长塝村分出）、围头（从长塝村分出）、钟屋（从长塝村分出）、簕竹园（从长塝村分出）、旧屋墩（从长塝村分出）

（续表）

镇街	自然村名称
大湾镇	**塝脚村：** 乌坡、新江（从乌坡村分出）、许屋（从乌坡村分出）、塝脚、新东（从塝脚村分出）、东风（从塝脚村分出）、乌木丘塘、陈屋（原属乌木丘塘村）、黎屋（原属乌木丘塘村）、吴屋（原属乌木丘塘村）、欧屋（原属乌木丘塘村）、白面寨（原属乌木丘塘村）、马骝坳（原成屋村）、西瓜顶（原谢屋村）、黄狮洞、牛寮、龙屋（原属牛寮村）、隔坳、九斤洞、水浸洞、牛轭寮 **鸡蓬村：** 鸡蓬坳、樟树伞、长洞、红岗、六队（原属红岗村）、熊屋、上洞、禁山脚、下陂田、牛栏坪、五山径、坑边（原属五山径村）、径了寮、上园山、高坳、水槽、大井（原抬兵洞村）、三叉洞、火烧寮、留眉洞、水浸洞、粒木洞、白石洞、山脚、新屋、墩顶、羊桥迳、灰沙径、帽叶洞（空村） **青坑社区：** 上青坑、下青坑、新建、佛江、邓屋、山脚、红迳、莫屋、横闸、黄屋、联七、联八、中心、成屋、枫林、山桠（原属枫林村）、大伞（原属枫林村）、二坎塘（原属枫林村）、许屋（原属枫林村）、川岩、深洞、四六洞、山田（原属四六洞村）、炭坪、深怫、鹿歆、白芒 **瑶排村：** 瑶排、根竹伞、白芒、石槽、下洞坪、新村、中心巷、四新、梅子坪、石梯、高峰、甑桐、大伞（原永红村）、邓公（原红卫村）、田下、立新、朱江、留眉洞、长寮、大巷、接贵坪、刘屋、洞心、山心、牛埪、大径

（续表）

镇街	自然村名称
波罗镇	太平坪村： 　　江根、文屋、阮屋、上头、下头、谭屋、新屋、高土朗、背夫头、莲花楼、大田 板水村： 　　帽龙江、石寨、旱冲、坑尾寨、岩头、石示头、楼子、中心门、欧屋、九斗麻 乌田村： 　　张屋、大石街、山背角、石罗角、桥头、鸡公迊、孔屋、长田、狮岭、深坑、茶寮、蓝村、岩头 波罗村： 　　长田尾、大木元、长岭、新村、黄坭坪 前进村： 　　空口、土朗头、大土朗、塘子口、下山、旧村 更古村： 　　寺背、横山寨、枕头江、江嘴、塘迣、田坪、陈屋、邓屋、吴屋、水迣、西坳、崩江、新屋、老屋、上涧、华屋
石灰铺镇	惟东村： 　　上赖、下赖、李屋、塘下、茅塘、黄坭坡、大迳、小迳、白围、石坡、城下、水心围、下村、水新、川峰坳、尼干下、田心、坎面、新屋、山下、谢屋、老屋、横洞、刘屋 美村村： 　　上伙、上新屋、白楼、塘穴、下元、浊水、马口、中听

（续表）

镇街	自然村名称
石灰铺镇	保安村： 连塘坪、上蓝一、上蓝二、上蓝三、下蓝（以上 5 个均为原松柏村） 友联村： 潭口 独山村： 独山（由独山一、二、三、四、五合并）、坝角、大树园 石灰铺社区： 钟屋、竹山下、鸭woo墩、上排（原上下排村）、下排（原上下排村）、沙树下、佛子坡包屋、井下、水头、上屋、四伙、水尾、田廖、油栏、寺前、沙寨、车碓下
石牯塘镇	八宝村： 秧地、上龙塘、下龙塘、长铳、陶金洞、水浸洞冯屋、欧屋、苏屋、薛屋、邹屋、尖山下、周屋、李屋、莫屋、围子、坳头 长江村： 锦潭、簕围、大围、细巫屋 尧西村： 蕉铳 永乐村： 乌石头

（续表）

镇街	自然村名称
石牯塘镇	沙坪村： 　　香炉径 萤火村： 　　竹高塘 三联村： 　　连云寨、桂子岩、江李屋、友江围、山栋、大中塘、水尾、黄坭塘新屋、黄坭塘老屋、生更塘、灰沙陂、大径、大成屋、三眼塘、新岭、田心厂、潘屋、赖屋、熊屋、岭石寨、下塘基、围岭、廖塘、围下、下马陂、田厂、上马陂、万厂、斗山、斗山厂、上石桥、下石桥 石牯塘社区： 　　芬水 石霞村： 　　岩口角、狮口、大石街、新城、梅树下、江尾、营子、山下、坡子尾、晋和、雷打石、新楼、山背、下钟屋、上钟屋、中心园、迳背、无底塘、十分洞、杨屋、岩口、格坳、古祥坑、黎屋、细石街
英红镇	星光村： 　　姚屋、谢屋、朱屋、梁屋、上吴屋、下吴屋 水头村： 　　张屋、王屋、下钟屋、上钟屋、陈屋、周屋、包屋、谭屋、许屋、牛盘石、曾屋、朱屋、涂屋、独田朱屋、虎石朱屋、人子石（空村）

（续表）

镇街	自然村名称
英红镇	新岭村： 　　哨洞
横石塘镇	仙桥村： 　　赖屋、胡屋、墩头林屋、西洞朱屋、连塘岗、尖山林屋、尖山朱屋、瓦屋垮、竹园、驳子下、大蔗塘、牛枙塘、岩口、何公车、黄祖塘、菜仔窝、迳脚下、塆子、黄牛迳、猴岩、大塘面、马哉石、仙桥街、石角（原属仙桥街村）、水打龙、朱河坡、基晒塘、新联（从基晒塘村分出） 龙华村： 　　上角、下角、大塘、华屋、杨屋、梅子寨、新桥下、刘屋、谢屋、丫山下、围子、老肖屋、新肖屋、黄屋、竹桥、山咀头、寺门口 龙建村： 　　围子下、琵琶山（原枇杷山村）、松树下、长塘、鹤子塘、大岙 龙新村： 　　唐屋、马番岗 石门台村： 　　新屋、老屋（以上2个均为原新老朱屋村）

第二章

大革命时期和土地革命战争时期

县城暴动与农军的革命斗争

一、马克思主义在英德的传播

1917 年，俄国十月革命爆发，建立了世界上第一个社会主义国家。十月革命对中国先进知识分子以及中国社会产生了巨大影响。

1919 年的五四运动促进了马克思主义在中国的传播，一批先进知识分子如陈独秀、李大钊等创办各种进步刊物，积极传播马克思主义理论。其时，在北京大学读书的广东青年谭平山、谭植棠、陈公博等在陈独秀、李大钊直接教育和新思想熏陶下，积极参与革命运动和马克思列宁主义研究会。一些进步刊物如《新青年》《每周评论》《广东群报》《湘江评论》《新潮》等相继传入广东，各种进步思想在青年学生中广为传播。

马克思主义在广东的传播，影响了英德有觉悟的年轻人。1924 年 8 月，英德学生郑树华与南雄、佛冈、翁源、连县等地在广州读书的进步学生发起成立南韶连留省同学会，他们出版《北江潮》《雄声》等进步刊物，宣传反帝反封建反军阀的革命思想，并将刊物邮回北江各县传播。12 月，中国社会主义青年团广东区执行委员会将进步刊物《向导》（自 87 期起）、《中国青年》（自 51 期起）发行扩大到北江包括英德的一些学校。

二、中共英德县支部的建立

1924 年 9 月，由共产党人实际主持工作的国民党中央党部农民部派遣侯凤墀（中共党员）以农村经济考察员身份到英德县政府工作。侯凤墀到英德后，在县城附近的城厢、长岭、龙头（均在今英城街内）等地农村调查研究，宣传马克思主义，发动群众参加农民运动，拟筹建农民协会（以下简称农会），秘密发展了英德第一批中共党员，吸收文光乡（今东华镇内）胡瑞泉、胡世珍、黄杰夫 3 人加入中国共产党。1925 年 12 月，侯凤墀调离英德。国民党中央党部农民部派遣王蔚垣①以国民党中央党部农民部特派员身份到英德开展农民运动。王蔚垣到英德后，一方面在县城附近和侧黄乡（今大站镇内）等地农村创办农民夜校，在长岭、岩前（今英城街内）建立农会；一方面秘密发展中共组织，先后吸收侧黄乡农民运动骨干吴若臣、梁金等加入中国共产党。1926 年夏，中共英德县支部在英德县城成立，书记王蔚垣，初隶属广东区执行委员会领导，后隶属北江地方执行委员会。中共英德县支部成立后，派遣党员吴若臣、吴恩先到家乡侧黄乡发展党员。7 月，英德第一个中共基层组织侧黄乡古坑党支部成立，书记罗邦官。

---

① 王蔚垣（1903—1969），广东花县人。1925 年加入中国共产党，同年 12 月第五届广州农民运动讲习所毕业后，到英德开展农民运动。历任中共英德县支部书记、英德县农会执行委员、英德县农军中队训育员、英德县委负责人、英德县委委员。1928 年转移至马来亚，参加当地进步组织。1948 年 11 月，遭马来亚英殖民当局逮捕入狱。1949 年 6 月，被驱逐出境。新中国成立后，历任花县天长乡副乡长、乡长，花县二区副区长、花县四区秘书、花县归国华侨联合会主席、花县卫生协会主任、花县花东公社卫生院院长、花县及广州市人民代表大会代表。"文化大革命"中遭批斗迫害，1969 年 6 月去世。粉碎"四人帮"后获平反昭雪，恢复名誉。

三、县城暴动

1927 年广州四一五反革命政变后,为反击国民党英德当局以暴力手段"清党",时在韶关的中共广东区执行委员会委员罗绮园、省农会常务委员周其鉴与中共英德县支部书记王蔚垣商定,乘英德、清远农民自卫军(以下简称农军)北上前,以县人民团体联合会的名义组织农军等于 1927 年 4 月 25 日发动英德县城暴动,以革命暴力对付反革命暴力。

文光、黄塘(今东华镇内)、附城(今英城街内)、小江(今大站镇)、侧黄等乡农军接到命令后,携带步枪、鸟枪、大刀、梭镖等到县城集中。暴动前,在县城及县城对岸的小江乡会集了五六百人的工农武装,其中,英德农军二三百人、北江农军学校学员 30 余人、铁路工人自卫队 40 余人,以及由中共清远县委员会(以下简称清远县委)书记叶文龙率领的清远县农军 280 人,

1927 年 4 月 25 日,中共英德县支部组织农军、铁路工人自卫队,在国民革命军第二军教导师第一团、清远县农军、北江农军学校学员支持下,推翻国民党英德县政权,成立北江地区第一个县级革命政权——英德县政府委员会。图为英德县政府委员会旧址

还有支持工农运动的国民革命军第二军教导师第一团。

参加暴动各方研究决定：英德农军、北江农军学校学员负责攻打国民党英德县政府；铁路工人自卫队用火车堵塞铁路，以阻止可能从铁路增援的敌人；清远县农军担任城外警戒，阻击敌人可能派来的增援部队。

1927 年 4 月 25 日凌晨，在教导师第一团支持下，英德农军、北江农军学校学员秘密包围国民党英德县政府。待天亮哨兵换岗打开大门时，冲入国民党英德县政府，活捉代行县长职务的总务科长王镏沧、分庭检察官谢豪，收缴国民党英德县政府公章，接管英德县政权。

四、北江地区第一个县级革命政权的建立

1927 年 4 月 25 日上午，中共英德县支部在东门坝召开群众大会，北江地方执行委员会书记卓庆坚，委员侯凤墀、甄博亚等到会。王蔚垣主持大会，庄严宣布成立北江地区第一个县级革命政权——英德县政府委员会。大会推举刘裕光为县长。刘裕光在大会上讲话，历数国民党英德当局和反动分子王镏沧、谢豪等人罪行，号召大家团结起来，打倒土豪劣绅。要求大家百倍提高警惕，坚持革命斗争，直到最后胜利。到会群众群情激昂，振臂高呼："打倒列强！""打倒贪官污吏！""打倒土豪劣绅！"会后，暴动人员押着王镏沧、谢豪游街示众。是日下午，县政府委员会在东关街召开群众大会，公审后处决坚持反动立场的王镏沧、谢豪。

英德县政府委员会的建立，有力地打击了国民党右派在英德的势力。

五、英德农军北上与参加南昌起义

英德县城暴动震惊了国民党广东当局。国民党广东当局命令"北路总指挥钱大均、第二游击司令何春帆，皆率所部水陆并进"，北上反扑。在敌强我弱的情况下，1927年4月30日，国民革命军第二军教导师第一团和暴动人员撤出县城。约200名英德农军组成英德农军中队，由中队长黄杰夫、训育员王蔚垣带领，与清远县农军、北江农军学校学员随教导师第一团开赴韶关。刘裕光率其余农军撤到潭坑、五石（均在今桥头镇内）、黄塘等乡。梁仁声、崔积臣等率铁路工人自卫队40余人，撤到黎溪乡（今黎溪镇）黎洞一带。

5月1日，集中在韶关的英德、曲江、清远、乐昌、仁化等县的农军，北江农军学校学员、南韶连政治讲习所学员，以及铁路工人自卫队共1200多人，组成广东北江工农自卫军。随国民党左派、驻韶关国民革命军第二军教导师兼南韶连警备司令陈嘉祐部，"暂退湘境"。后北上武汉。

8月1日，跟随大部队北上武汉的英德百余名农军参加了八一南昌起义（王蔚垣率因伤病无法跟随大部队的英德部分农军，于湖南永兴县化装分散绕道回广东）。后又参加了壬田战斗和激烈的会昌战役，几经周折陆续回到英德。

土地革命战争的开展

一、党组织的恢复和发展

1927年4月12日，蒋介石在上海发动四一二反革命政变，大肆屠杀共产党人和革命群众。4月15日，国民党广东当局随之响应。

7月，武汉国民政府投向蒋介石，国共两党彻底分裂。

8月7日，中共中央在湖北汉口秘密召开紧急会议（八七会议），总结大革命失败的经验教训，确定土地革命和武装反抗国民党反动派的方针，把发动农民举行秋收暴动作为当时党的最主要任务。八七会议后，中共中央临时政治局派遣许多干部到各地传达会议精神，指导工作，恢复和整顿党的组织。

11月，中共广东省委经重新审查后，指定王蔚垣、刘裕光为英德县委负责人。英德县委先后隶属省委、北江特别委员会（以下简称北江特委）、曲江县委（代管）、北江特委。

1928年1月上旬，省委确定北江为全省暴动的中心地区之一。计划先在清远、英德发动农民暴动，形成割据局面。为加强对英德暴动的领导，1月26日，北江特委改组英德县委，北江特委委员赵自选兼任县委书记，王蔚垣、刘裕光和4位农民出身的党员为委员，县委机关设在英东地区（英德东部地区，又称英东、东乡）。在改组县委的同时，改组二、七、九区委员会。经党组织和党员的努力，截至 1928 年 1 月，县委下属区委 3 个、党支部 26 个，党员 300 人。3 月，赵自选调北江特委，彭金华接任县委书记，调整了县委成员。

同年春，县委为培养青年骨干，在板铺乡（今桥头镇内）亚婆石村三栋祠堂创办亚婆石小学。党组织先后安排一些党员在该校任教和开展革命斗争。北江特委书记黄松坚多次在该校举办党员训练班。

1929 年，县委机关因政治形势突然恶化，由英东黄塘乡石角梁村转移到板铺乡亚婆石小学。3 月至 11 月，县委与代管北江地区党的工作的曲江县委失去联系。尽管如此，英德党组织的活动仍然没有停止过。

4 月，刘裕光在文光乡长布一带继续发展青年会，同时发展党组织。先后吸收 10 多人入党，成立鱼湾党支部。在党组织领导下，在观爷庙组织架枪会，30 多人参加，购买枪支，扩充实力；组织农民反对地主、抗田租、收烧田头的标签，开展破除迷信、禁烟禁赌等宣传和行动，如烧掉猴寺、万宝寺的木偶像，把寺院的田产收入拨给地方办学校。

同年秋，上级党组织派人与英德党组织接上关系。11 月恢复县委，领导成员 3 人。12 月，调整县委领导成员，刘裕光任县委书记；二、七、八区党组织指定人员负责，下属党支部 23 个，党员百余人。

1930 年 1 月，九区共青团支部从党组织中分离出来，成立英德县共青团特别支部。秋，根据上级党组织指示，撤销英德县委，县委书记刘裕光调北江特委任委员、组织部部长。冬，李业、邓秋如代表英德党组织出席北江特委在曲江县白沙牛栏径召开的北江干部会议，会议传达中共六届四中全会精神和总结北江各县暴动的经验教训。北江特委书记彭叙宣布成立中共英东特别支部委员会，隶属北江特委。

二、武装斗争的开展

1927 年 8 月 20 日，中共广东省委根据八七会议精神，制订各县、市的暴动计划。12 月 1 日，省委指示："各县应立即起来领导农民暴动，夺取乡村县镇政权，最少应进行暴动，煽动群众杀戮地主、土豪劣绅。"

12 月，县委为了掌握"枪杆子"，在省委候补委员周其鉴指导下，以打击土匪、保护商船为名，建立革命武装——瀖江护航队，队员为农军和农会会员。瀖江护航队驻扎在文光乡狮子口、黄塘乡神前等瀖江咽喉地带，打击土匪、保护商船通行，筹措革命活动经费。同月，为配合广州起义，县委负责人之一的王蔚垣组织县农会会员和铁路工人廖新等人在粤汉铁路黎洞火车站附近拆除铁轨螺丝，致使由曲江县开往广州的国民党军军用列车出轨，机车跌落北江。

英德县城暴动后撤到黎洞一带隐蔽活动的铁路工人，在广州起义前，与当地农民组成 200 多人的英德工农军。12 月 10 日，这支队伍由莲花庵前往黎洞火车站，计划参加广州起义。途中队伍受敌阻击，不能前进。13 日得知起义失败的消息，队伍返回莲花庵。

英德人梁金、宋华、杨馨坤等到达广州，参加了广州起义，杨馨坤任广州工人赤卫队中队长。

三、潭洞暴动

地处偏远山区的潭洞，40 多户，200 多人。由于耕地少，自然条件差，农民一年到头收获不多，正常年景只有半年粮，不足部分靠砍柴卖木艰难维持。若遇天灾，生活更是苦不堪言。但当地的地主、土豪劣绅不顾农民死活，残酷剥削、压迫、掠夺。农民中蕴藏着强烈的改变现状的要求。潭洞农民在中共英德县委委员刘裕光等领导下，计划在除夕前一天（1928年1月21日）举行武装暴动，向陈仁福等三大户、陈子林等五大家恶霸地主发动武装进攻，但因"准备不足，事机不密"，事前被地主觉察。

中共英德县委委员刘裕光等组织发动潭洞农民计划在1928年年初发动武装暴动。 因计划外泄，反被潭洞地主纠集反动武装先手打击。 北江巡视员周其鉴和英德县委组织发动邻近文光、黄塘等乡农民武装，向潭洞地主武装发起进攻，持续两昼夜。 图为今大站镇潭洞村一角

1928年1月4日，潭洞地主武装、国民党县政府兵力、英翁商团及土匪向潭洞农民发起进攻。潭洞农民奋起反抗。经过几天的战斗，双方互有伤亡。在敌强我弱的情况下，潭洞农民撤出潭洞，退守濂滩。

1月9日，为了反击敌人的进攻，支援潭洞农民，北江巡视员周其鉴和县委书记赵自选、县委委员刘裕光等发动组织邻近文光、黄塘等乡农民武装300多人开赴潭洞。农民武装向潭洞地主武装发起进攻，持续两昼夜。此时，佛冈县农军领导人何亚根带领数百农军来到潭洞附近，而司前乡（今浛洸镇内）"四大天王"会合三四百农军占领金钗岭，支援潭洞农民，形成对敌的夹击之

势。2月21日的北江特委第四号通告《目前形势及工作方针》记录了当时的情况："新近潭洞又进攻潭洞地主，把地主包围在潭洞周围，乡村农民已齐起暴动，一致向潭洞地主及东乡反革命进攻。九、七区（皆在东乡）农民因潭洞斗争也起来，而且派武装前往潭洞助战，英德暴动，在目前看来，是很有希望的。"

面对声势浩大的农民武装，潭洞地主极为恐慌，重金请来国民党军第四十六师第一三七团第三营。农民武装在刘裕光等领导下，英勇抗击国民党军和地主武装。其中，文光、黄塘等乡农民武装以及佛冈县农军领导人何亚根带领的农军共600多人，在潭洞附近的山头一带夹攻国民党军。潭洞农民武装攻打村内地主武装据守的炮楼。经过几天的艰苦战斗，毙伤敌20多人，农民武装牺牲1人、受伤8人。

此时，北江特委对潭洞的形势作了分析，认为在敌众我寡、敌强我弱的情况下，"此时事实上攻下潭洞的困难已经明显，应该设法退兵，把围潭洞之武装转到别乡去活动"。县委根据北江特委的指示，主动将农民武装撤出潭洞，退守濂滩。

潭洞暴动显示了农民武装的威力，打击了潭洞恶霸地主的嚣张气焰，一段时间潭洞及周边地主惶惶不可终日，纷纷搬离原住地。

四、兵运工作

土地革命战争时期，广东党组织在国民党军队和其他武装队伍中，开展统战工作或秘密活动，争取其士兵和下级军官倒向革命。这一工作被称为"兵运工作"。

广州起义失败后，严酷的现实和起义失败的教训，使党组织更加感到兵运工作的重要。1928年1月，中共广东省委发布《关于组织问题的通告》（第七号通告），要求各地党组织进一步重视兵运工作，组织士兵运动委员会，做士兵、土匪、民团、警察等基层群众工作。

4月26日，省委在致英德县委信《加强农民、工人、兵士的暴动工作》中，就加强兵士的暴动工作作了具体指示："兵士运动对城内河头驻军须特别注意……"5月，根据省委的指示，县委在黄塘乡石角梁村梁亚珍家开会研究，决定对驻英石乡（今望埠镇内）望夫冈的国民党第八路总指挥部警卫团第二营第五连做策反工作。为此，英德党组织在国民党驻军营房附近开了一个杂货摊，从来杂货摊购物的士兵和军官的言谈中了解到士兵对军饷低、层层克扣以及当官的欺负、殴打不满，怀念国民革命军。排长陈封标的表现更引起从事兵运工作的罗盛明注意，陈封标慷慨激昂地表示愿意杀死反动连长，带领士兵武装起义，投奔共产党。罗盛明将这一情况报告县委。县委在研究部署时虽然意识到事情的发展如此顺利，似乎不太正常，但考虑到这是一个难得的机会，便决定利用陈封标发动起义。5月11日，县委书记彭金华和刘裕光、罗盛明等带领50余人分两批前往望夫冈接应起义，谁知遭敌伏击，接应人员4人当场牺牲、3人被俘，后来3人英勇就义。

策反工作失败，主要是县委对陈封标花言巧语的"表演"没有察觉，麻痹轻敌。其实陈封标早就向敌团长李如枫告密，这个血的教训极其深刻。

五、减租减息和反捐税斗争

1928年春，由于政治环境恶化，板铺乡亚婆石村已公开的农会改为耕田会。中共英德县委书记赵自选、县委委员刘裕光等前来指导工作时，又将耕田会改为水利会，认为这个名称较中性，有利于开展工作。刘裕光主持召开会议，廖碧波起草《水利会章程》，共五条：（一）实行统一减租；（二）不准地主抽田转租别人；（三）别人买了地主的田要租回原耕人耕种，不能升租；（四）如有人破坏此会或侵占别人的田，严惩侵耕者；（五）会员受地主收买者开除出会。会议一致通过，并议定一年两季减租要开会，实行统一减租，迫使地主减轻对农民的剥削。

1930年春，英德县委在文光乡青石塘圩成立耕田会，反对高利贷，实行减租减息。七区发动了一场声势浩大的反高利贷斗争，起因是塘下村农民欠了雅堂村地主赖群峰的高利贷，后来经过党组织的鼓动，塘下村农民奋起反抗，地主赖群峰、豪绅曾小逢、曾育鲁等以治安会的力量用武力压迫塘下村农民，结果塘下村农民愤激异常，准备武装反击，杀猪开群众大会，检阅枪械集中子弹炸药，在大会中通过组织反地主豪绅委员会，提出5个口号："打倒豪绅地主赖群峰、曾小逢、曾育鲁！""反对以高利贷剥削农民！""打倒摧残七区农会的赖群峰等！""消灭治安警卫队保甲！""实行土地革命！"5个口号提出后便动员群众宣传鼓动，并且这些口号扩大推动到九区、二区。九区、二区群众主动提出以武力支援七区的反高利贷斗争，最后迫使地主减租减息，减轻对农民的剥削。

1935年秋，廖碧波等组织板铺乡亚婆石村佃农对地主展开减租减息斗争，并取得胜利。

与此同时，工人的反捐税斗争也开展起来。1930年5月，根据省委关于在五一、五卅发动群众斗争的指示，县委领导码头工人反对工头的斗争和发动瀚江篷船工人起来斗争。

1931年春，英东特别支部委员会领导瀚江篷船工人和数百农民开展反捐税斗争。后来还派人到翁源县开展工作，扩大党在群众中的影响，提高党在群众中的威信。

第三节 苏维埃政权的建立

一、鸡罳湖暴动与英德第一个苏维埃政府的成立

鸡罳湖是英东地区丰霖乡的一个村庄。村里的土豪劣绅邓尚醮横行乡里，鱼肉乡民，当地农民对其切齿痛恨，纷纷要求给予打击。因此，鸡罳湖成为武装暴动的首选之地。

1931年春，为了扩大武装力量，中共北江特委委员、组织部部长刘裕光将鸡罳湖一带的农民组织起来，秘密建立1个百余人的武装中队，下设3个小队。与此同时在五道坛成立政权组织——五道坛临时办事处，主任由刘裕光兼任。4月中旬，刘裕光和北江特委委员、宣传部部长梁展如，北江特委巡视员彭金华等到鸡罳湖等地发动组织群众，秘密收集枪支、大刀、梭镖等，做好武装暴动的准备。

6月3日，刘裕光、彭金华等领导武装中队举行鸡罳湖暴动。武装中队很快占领鸡罳湖。未抓到邓尚醮，处决了他的两个儿子，同时没收邓家财产，分给贫苦农民。宣布成立英德县第一个苏维埃政府——丰霖乡苏维埃政府。

鸡罳湖暴动和丰霖乡苏维埃政府的成立，震惊了当地地主及国民党英德当局。当地地主纠合邻近乡的地方反动武装600多人，分3路扑向鸡罳湖。武装中队有所准备，采取分兵出击、各个击破的战术对付来敌。

国民党英德当局目睹地方反动武装无法攻入鸡㙟湖，出面从韶关请来 1 个营，伙同当地反动武装再次向鸡㙟湖进攻。武装中队与敌展开激烈的战斗，激战 1 天，毙伤敌 20 多人。由于敌我力量悬殊，武装中队又缺乏弹药，决定突围。一部分战士冲出重围，退守文光乡三山。在鸡㙟湖炮楼等处来不及撤离的 30 多名战士，被敌重重包围。敌放火焚烧炮楼，武装中队 3 人被烧死，10 多人被俘，后被押解至县城惨遭杀害。敌攻占鸡㙟湖后，大肆烧杀抢掠，波及周围十几个村庄。

二、鱼湾暴动与鱼湾苏维埃政府的成立

1931 年 6 月下旬，英德境内连降暴雨，山洪暴发，县城北江水位 35.12 米，是该地有水文记录以来的第二高水位。境内黄水滔滔，乡间房屋大都被毁，财物殆尽，饥民流离失所，哀鸿遍野，惨不忍睹。

在天灾面前，国民党英德当局一筹莫展。夏粮颗粒无收，地主和地方政权仍不减租。赈灾救济工作迟缓无力，省里拨下的救济粮杯水车薪，灾民怨声载道。

其时，中共北江特委刘裕光、梁展如、彭金华等在英东地区，与鱼湾党组织研究决定发动群众向当局请愿要求减租减税，开仓赈济。

8 月 28 日晚上，鱼湾党组织接到一个情报：国民党县政府职员莫汉和县长的侄子官某插手鱼湾圩兴宁籍商人罗福元的家庭纠纷，怂恿罗福元的小老婆以骗婚为由到六区署（驻地鱼湾圩）上告并要求离婚。六区区长陈炳文极力袒护女方，并让其留宿六区署。此举激起当地兴宁籍商人极大愤慨。黄昏时分，数十名兴宁籍商人冲入区署与陈炳文理论。争执中双方厮打，兴宁籍商人拔起门前的旗杆刺伤陈炳文的肋部，造成官商冲突

的紧张局面。县政警队来了 1 个班追查此事，并拟护送莫汉、官某、罗福元的小老婆回县城。为此，兴宁籍商人四处联络人马，准备与陈炳文进行更大规模的抗争。兴宁商会要求鱼湾党组织助一臂之力。

此时，胡曙东派人联系，要求武装中队到鱼湾圩夜擒陈炳文。刘裕光、蓝田、李业随即率武装中队埋伏在六区署附近，准备攻打。后见到胡曙东后，才弄清楚原来是要武装中队在田螺径伏击县政警队。武装中队正要撤警戒哨时，活捉两名送信的县政警队员。刘裕光决定利用他俩叫开区署大门，智取区署。经做工作，两人愿意合作。区署大门一开，武装中队迅速冲入，当场击毙企图顽抗的陈炳文，活捉莫汉和县政警队员等 30 多人，缴长短枪 20 多支和弹药、物资一批。

占领区署后，武装中队攻打区署隔壁的十三局（英东地区国民党地方反动武装）盘踞的全昌当铺。敌人依仗高楼深院，负隅顽抗，战斗至清晨才解除敌人武装，并乘胜占领文光乡公所。接着蓝田、胡曙东、胡希文等到高枧坝捉拿大地主胡祖枫、胡朗轩、胡克勋，缴长枪 10 多支、驳壳枪 3 支和弹药一批。高枧坝、塘角、水头、大塘、墩背、石下等地农民武装分别在鱼湾圩各商店及附近村庄收缴枪支和筹款筹粮。在暴动的洪流面前，许多反动乡村政权土崩瓦解，农民武装收缴长短枪百余支，筹集一批现款和粮食。

8 月 29 日中午，鱼湾圩红旗招展，锣鼓喧天，人声鼎沸，附近各乡农民扛着红旗、大刀、梭镖，抬着各式各样的战利品，从四面八方涌向鱼湾圩西头，参加在大同社学前面空地上举行的庆祝大会。会上，刘裕光发表充满胜利喜悦的讲话，并庄严宣布成立鱼湾苏维埃政府。鱼湾苏维埃政府颁布反对帝国主义和封建主义、建立工农民主政权、实行土地革命等内容的文告，

1931 年 8 月下旬，中共北江特委委员、组织部部长刘裕光和鱼湾党组织率农民武装中队智取六区署，攻打英东地区国民党地方武装，占领文光乡公所，宣布成立鱼湾苏维埃政府和两支工农赤卫大队。 图为位于老区镇东华镇的鱼湾苏维埃政府旧址

提出打倒土豪劣绅、废除苛捐杂税、耕者有其田、开仓分粮、一切权力归苏维埃政府等革命口号。大会还强调革命武装对于人民政权的重要性，决定成立鱼湾苏维埃政府领导的两支工农赤卫大队，由参加暴动的 400 多人组成。会后举行声势浩大的示威游行。

鱼湾暴动和鱼湾苏维埃政府的成立，震惊了国民党广东当局，迫使其从曲江县抽调拟赴南雄县"围剿"江西中央苏区红军的部队，分兵回师南下"进剿"鱼湾。

8 月 30 日，国民党军 1 个团伙同潭头乡（今白沙镇内）邓老四的反动武装，疯狂扑向鱼湾圩。工农赤卫大队顽强抗击来敌。由于圩外没有构筑防御工事，圩内又无险可守，在强敌进攻下，工农赤卫大队一边抵抗，掩护群众转移，一边撤退，经坝仔、丰霖、倒洞转移到三山和佛冈县观音山一带。

敌人占领鱼湾圩后，一面封山"围剿"，一面在各村庄实行"连坐制"，强化对人民的控制。并烧杀抢掠，疯狂搜捕、杀害中共党员、农会干部、革命群众。

鱼湾暴动，打乱了国民党广东当局的兵力部署，牵制了国民党军的兵力，减轻了江西中央苏区的压力。鱼湾暴动虽然失败了，但它在英德乃至北江革命斗争史上具有重大意义和深远影响。鱼湾暴动是土地革命战争时期英德一次较大的农民武装暴动，它沉重地打击了国民党英德当局在英东地区的反动政权和反动势力，建立了人民政权。在英德革命斗争史上，首次将人民政权的建立与人民武装的建立联系起来，在建立人民政权的同时，建立人民武装。

三、"左"倾错误对英东红色根据地的危害

八七会议后，中国共产党领导武装起义，开展武装斗争，实现了斗争形式的转变。然而，这时的中共中央出现了以王明为代表的"左"倾教条主义错误。

1927 年 4 月至 1931 年 8 月，英德党组织先后发动组织县城暴动和英东地区潭洞、鸡嫲湖、鱼湾 4 次规模较大、影响较深的武装暴动以及望夫冈兵运工作。这些暴动虽由于敌强我弱、领导者实行错误政策或客观条件不成熟而失败，但表明革命火种是反革命军事镇压扑灭不了的。因为这是正义的、符合广大人民要求的。英德党组织和革命武装一些人在偏僻村坚持下来，改变斗争策略，为以后红军和根据地的更大发展奠定了基础。

1928 年初的潭洞暴动和 5 月的望夫冈兵运工作失败后，国民党反动武装疯狂向英东地区"进剿"，大肆搜捕中共党员和革命群众，全县党员损失近半，基层党组织大部分解体。中共英德县委机关被迫从英东地区转移到侧黄乡山区。5 月至 7 月，县委第

一次与上级党组织失去联系，党组织基本停止活动。10 月，县委机关从侧黄乡迁回县城，由北江特委指定县委领导成员。1929 年3 月至 11 月，县委与代管北江地区党的工作的曲江县委失去联系。县委第二次与上级党组织失去联系。

1931 年 6 月的鸡乸湖暴动失败后，地方反动武装大肆烧杀抢掠，周围十几个村庄也被洗劫一空。

1931 年 8 月的鱼湾暴动失败后，党组织和革命武装陷入内外交困的境地。一是党组织遭到严重破坏。秋冬间，两广省委指示英东特别支部委员会（隶属北江特委）改为英德区委，辖英（德）翁（源）区党组织，隶属曲江县委。二是在外有国民党反动武装"围剿"、封杀，寸步难行的同时，革命队伍内部也面临重重的困难。刘裕光转移至文光乡三山、佛冈县观音山一带活动时牺牲（一说失踪），梁展如返回曲江县，彭金华受伤后赴港医治，党组织失去主心骨；队伍被迫分散，各自隐蔽；党员骨干被通缉，不得不远离家乡；转移至三山、观音山一带活动的农民武装，为避开国民党反动武装的"围剿"，日夜辗转深山密林，缺衣少食，供给困难，伤病员逐渐增多，有的掉队了，有的逃跑了，个别的变节，投降了敌人。

1932 年 12 月，中共两广工作委员会（以下简称两广工委）遭到破坏后，1932 年 12 月至 1938 年 9 月近六年时间，英德党组织第三次与上级党组织失去联系。但是英德的共产党人和革命群众，并没有因此而偃旗息鼓，停止革命活动。他们一方面适应形势的变化，改变斗争策略，一方面四出寻找党组织。

两支工农赤卫大队没有放弃革命斗争而是改变斗争策略，化整为零，分散活动，坚持斗争。受过大革命熏陶和多次武装暴动洗礼的英东地区农民，有的变卖耕牛、农具，购买枪支弹药，组织武装自卫。

　　1933 年 3 月，蓝田、邬强、邓尚莪、林栋材等 30 多人改名换姓参加国民革命军第十九路军，转移到国民党军队隐蔽。5 月，第十九路军在福建连城与工农红军打仗，蓝田、邓尚莪、林栋材等 10 多人趁夜里站岗时携枪投奔工农红军。

第三章

全面抗日战争时期

第一节 抗日救亡运动和抗日武装斗争的开展

一、抗日救亡的宣传发动

1937 年，抗日战争全面爆发后，英德人民群众纷纷行动起来，建立抗日救亡团体，抗日救亡运动日益高涨。

（一）英东地区

1937 年 8 月中旬，在广州读书的英德进步学生因学校停课或搬迁先后回到家乡，投身抗日救亡运动。林名勋回到家乡溪板乡（今横石水镇）江古山村后，与在翁源县翁城从事抗日救亡运动的郭联鹏、陈嘉、曾纪齐等，于 10 月在江古山村办起救亡室，推销《新华日报》《救亡日报》《解放》《抗战大学》等进步报刊。秋，中共党员廖宣先后到翁源县官渡和英德文光乡、青塘乡（今青塘镇）、黄塘乡等地，联系 20 多名土地革命战争时期的党员和积极分子宣传抗日救亡。

1938 年 2 月，溪板乡江古山小学成立抗日宣传队、秧歌队，在附近村庄进行抗日救亡宣传演出。

春，廖碧波、陈国贝、朱慰民、石可权等中共党员在潭石乡（由潭坑乡、五石乡合并而成，今桥头镇内）小学办起群众阅读书报社，购买《新华日报》《救亡日报》《解放》《文摘》《阵中文汇》《八路军的战略战术》等进步报刊、书籍，供群众阅读。

秋，廖碧波、石可权、朱慰民等发动组织当地小学生参加抗日宣传队，廖祥光、石文、石培安、陈雄畿、陈泰坤、赵瑞珍、赵仲流等 10 多名年龄较大的学生成为宣传队员，教师陈汉畿组织他们学习时事，教唱《义勇军进行曲》《大刀进行曲》《打倒列强》等抗日歌曲，揭露日本帝国主义的侵略野心，介绍台湾、东北沦陷后人民备受蹂躏、前方抗日战士浴血奋战的情况和抗日救亡匹夫有责的道理等。为了不影响学生学习和群众生产，抗日宣传队尽量利用晚上时间开展宣传。每到一村，首先书写和张贴标语，然后发动群众观看抗日宣传队演出的节目，最后队员们用通俗易懂的语言轮流演讲宣传。

秋，廖宣主持召开会议，决定成立英东抗日救国后援会，推举地方进步人士杨仙槎为主任委员。

此后，石可权在家乡潭石乡石角村开馆教武，在"杀日军、保家乡、防抢劫"口号鼓动下，40 多名青壮年参加练武，武术馆成了抗日救亡的宣传阵地。石可权还组织村中青少年 20 多人在附近村庄唱舞牛歌，用生动活泼的形式宣传抗日救亡。

1939 年 3 月，党组织动员部分党员和进步青年成立由英东抗日救国后援会领导的 20 多人的英东抗日宣传队。宣传队历时 4 个月，先后到文光乡、洪象乡（今白沙镇内）、门园太乡（今白沙镇内）、黄塘乡、溪板乡等地的数十个村庄和青塘圩、白沙圩、桥头圩、大镇圩、横石水圩等圩场宣传演出。每到一个地方都召开乡保长会议、群众大会、青年学生座谈会等，大张旗鼓地揭露日军侵略罪行，宣传共产党抗日民族统一战线政策，号召各阶层团结起来，杀敌救亡，保家卫国。同时，物色进步青年骨干，为开展武装斗争做好力量准备。

6 月，英东各地进步青年四五百人集中在文光乡青石塘圩举行大会。会议决定成立青年抗敌同志会，并制定章程，推选陈仁畿为主席。会后，数百青年奔赴英东各地，掀起英东地区抗日救亡运动新高潮。

（二）英西地区

又称英西、西乡。1938 年冬，黎溪乡大平小学教师王式培组织学生控诉日军轰炸黎溪的罪行，在师生中组织宣传队，到村庄宣传防空防袭防奸、出墙报、贴标语、表演小话剧，开展抗日救亡宣传。

1941 年夏，尧鲤乡（今石牯塘镇内）石霞党支部把 10 多名进步青年组织起来，成立读书会，党支部书记麦莎（女）、副书记伍平和党员刘凯声、容文序担任辅导员，组织会员学习时事，开展抗日救亡宣传。读书会持续半年。10 月，石霞党支部以石霞小学为阵地，开办农民夜校，自行编印《抗日民众读本》，30 多人参加学习。

1942 年，在英德黄寨乡（今九龙镇）和清远县浸潭乡乡村小学任教的麦冠常、钱青、赖福祥、黄仔 4 名中共党员以自己所在小学为阵地，通过教唱抗日歌曲、指导学生做有教育意义的游戏等，向学生宣传灌输抗日救亡的道理。

1942 年至 1945 年 8 月，浛洸乡（今浛洸镇）一带先后有 10 多位因南委、粤北省委事件（1942 年 5—6 月间，中共南方工作委员会、粤北省委员会先后遭受破坏）影响，从国民党军政工队撤出的爱国青年，他们大都以教师为职业隐蔽，在浛洸乡一带从事抗日救亡运动，组织县立浛洸简易师范学校（以下简称浛师）、浛洸乡中心小学（以下简称浛小）及附近学校的爱国师生演出以抗日救亡为主要内容的话剧、歌剧、独幕剧，活跃在以浛洸乡为中心的英西地区广大乡村、圩场，有力地推动当地抗日救亡运动的深入开展。

1944 年夏，以在阳山县阳山中学任教的中共党员罗文渊为队长、学生自治会主席罗发为副队长的抗日宣传队 10 多人到英德浛

洸乡、黄寨乡、黄花乡（今黄花镇）等地开展抗日救亡宣传，当
地的抗日救亡气氛空前高涨。在黄寨乡，抗日宣传队在乡长兼抗
日自卫大队大队长罗佛金（罗发父亲）支持下，首先在黄寨乡抗
日自卫大队百余名队员中开展抗日救亡宣传：教唱抗日歌曲；上
政治课，讲抗日救亡的道理，激发爱国热情；上军事课，讲游击
战略战术，提高军事素质。然后深入村庄，白天帮助村民抢收抢
插，晚上教唱抗日歌曲、演出抗日话剧，开展抗日救亡宣传。其
间，日军飞机轰炸黄寨乡金造村，炸死村民 2 人、伤 3 人。日军
百余人窜犯九龙圩，罗佛金派抗日自卫大队阻击，掩护群众转移。
事后，抗日宣传队针对日机轰炸滥杀无辜、日军窜犯九龙圩实行
"三光"（烧光、杀光、抢光）政策的暴行，揭露日军亡我中华的
狼子野心，激发群众对日军的民族仇恨。

冬，尧鲤乡石霞党支部巫振江组织一个知识青年学习班，由
为躲避日军从洴洸圩撤至石霞村的洴师教导主任李株园讲授毛泽
东的《论持久战》等文章，揭露日军侵华暴行和国民党顽固派假
抗日、真投降的真面目。

（三）英中地区

1939 年 5 月，原广州社训队妇女连 30 人组成战时工作队到
英德县城、望埠、河头等地开展长达 6 个月的抗日救亡宣传。

1940 年 1 月，省妇委会妇干班的中共党员和进步青年 30 人
组成宣传队，到英德、清远一带开展抗日宣传。

3 月 29 日，国民党北江挺进纵队（以下简称北挺）政治大队
在英德县城广场召开纪念黄花节（纪念黄花岗七十二烈士的日
子）群众大会，饶华（中共党员）以北挺司令部代表身份在大会
上发表《坚持抗战到底，誓死保卫大北江》的演说，巧妙地宣传
共产党的抗日主张。

春，北挺政治大队大队长邝达（中共党员）率政治大队 30

多人驻黎溪乡大平小学,分别在大平、山口、新村、白芒等地举办学习班。邝达以大队大队长身份开展抗日救亡、保家卫国的宣传,动员群众、学生参加抗日救亡运动。120多人先后参加学习班。

5月4日,北挺内的中共组织发动英德县城学校和国民党第十二集团军政工大队,联合在县立初级中学召开纪念五四运动大会,与会人员包括北挺司令部以及县城机关工作人员800多人。会上,邝达以政治大队大队长身份发表《坚持抗战,反对妥协投降》的演说。会后高呼抗日口号,高唱抗日歌曲。政治大队还组织剧团、歌咏队到各地演出,宣传抗日救亡。

1944年1月下旬和2月上旬,根据北江党组织布置,中共党员林名勋等两次组织省立韶州师范学校抗日宣传队40多人到英德县城和东乡等地演出话剧《重庆24小时》《杏花春雨江南》10多场,通过话剧形式开展抗日救亡宣传,2万多人次观看。

如火如荼的群众性抗日救亡宣传,激发了群众、学生的爱国热情,使他们懂得不当亡国奴就要团结起来抗日保家卫国的道理,为抗日武装斗争的开展打下深厚的思想基础。

二、抗日武装斗争的开展

1938年10月广州沦陷后,国民党广东省政府和省党部北迁韶关。地处北江中游、粤汉铁路线上的英德便从抗战后方变成抗战前线,日军不但在地面进攻,还用飞机轰炸。驻粤北的国民党军由于广州惨败,闻日军而逃,粤北地区迅速沦陷,英德的英东地区也处于半沦陷状态。国民党英德县政府成立抗日集结自卫团队。为建立抗日武装,英东地区的党组织通过统战关系,向国民党英德县政府要了个番号,于1938年冬成立英东抗日集结自卫中队,由参加过英德鱼湾暴动和山东徐州台儿庄战役的邬强担任中队长，自卫中队有 120 多人。潭石乡、钳铺乡（由钳石乡、板铺乡合并而成，今桥头镇内）党联合各乡青壮年成立一支 60 多人枪的抗日自卫队，由进步人士陈铁如任队长。

1939 年 10 月，溪板乡江古山党支部组织起一支以"打猎队"为名的抗日武装，30 多人，有长短枪、猎枪 20 多支，队长林英。

是年，根据上级党组织指示，为维护地方治安，保护群众利益，在青塘乡外岭、鱼梁头学校多次举行保长会议和保甲长大会，提出抗日保乡口号，把第七保、第十二保、第二十保 3 个保的外岭、黄门洞等 18 个自然村 300 多户 1500 多人组织起来，成立"三联保"。"三联保"成立后，立即在各自然村设立义务警察，后又利用国民党第十二集团军在"三联保"举行民众集训的机会，把各村参训的青年壮丁以保、村、片为单位，组成 30 多人枪的"三联保"抗日自卫队，由"三联保"统一领导和指挥。

1940 年至 1944 年，党组织分别在英东地区的文光乡五道坛国粹学校组织一支 30 多人枪、以"打猎队"名义出现的抗日武装；在英西地区的黎溪乡大平、白芒等学校利用民众夜校的合法阵地，发动群众，激励青年拿起刀枪，保卫家乡，各村先后成立抗日自卫组织，防奸防匪，打击日军；大平党支部成立 30 多人的黎溪乡大平人民抗日护耕自卫队，编成 2 个分队。

抗日武装组织起来后奋起抗击日军。1939 年 12 月 20 日，日军在青塘乡投弹炸死 2 人。次日，一队日军骑兵由翁源县翁城南下，向青塘乡"三联保"进犯，到达外岭时纵火焚烧老围门楼，发炮轰击田心围，又放马践踏军田坳麦田。"三联保"立即组织抗日自卫队 20 多人，占据山头有利地形阻击日军，经过连续两天的战斗，粉碎日军的进犯，毙伤日军多人，俘 1 人。

12 月底，日军直抵青塘圩、钳铺乡一带，一小队日军进犯溪板乡。溪板乡江古山"打猎队"10 余人在横石水圩附近伏击日军。青塘乡"三联保"抗日自卫队在"三联保"伏击日军。

1944 年 5 月，陈仁畿、陈枫等组织英东中学和新兴乡（由钳铺乡、潭石乡合并而成，今桥头镇）中心小学师生 20 余人组成英东抗日自卫大队，进驻潭洞山区，拟建立抗日根据地。后受阻于日军，师生们回到桥头圩，组成英东学生暑期工作队，到新兴乡各保召开群众大会，宣传发动群众，组织民工担架队，做好抗战准备。

1944 年夏，黎溪乡大平人民抗日护耕自卫队保卫农民夏收夏种，毁桥梁，剪电线，阻击日军入村抢粮。并先后在石坡径山口进行两次战斗，打退抢粮的日军，伤敌 6 人。

11 月，青塘乡"三联保"抗日自卫队 30 多人配合北江特委掌握的国民党第七战区挺进第二纵队第四大队（又称陈仁畿大队）星夜突袭驻青塘乡周屋的日军，迫使日军撤走。

12 月，日军沿韶关至广州公路南下，陈仁畿大队决定打击日军。经侦察，青塘乡驻有日军近千人，分别驻几个地方，各相距约千米，陈仁畿大队决定打击驻青塘圩附近周屋的日军马队。周屋毗邻青塘河，沿河两岸，芦苇丛生，便于隐蔽，同时地处"三联保"边缘，群众基础好。一日夜，部队分三路突袭日军马队。左路主力和大刀队沿青塘河北面小路隐蔽前进，接近日军；右路绕过秀才岭，插到周屋南面，配合左路主力和大刀队；中路依托秀才岭，正面阻止日军沿大路反扑。夜 12 时，一声令下，左路主力和大刀队涉水突袭，毙日军数名、缴枪 6 支后即迅速撤离，前后只有几分钟。

1945 年 1 月，进入修铁路民工队了解日军修路情况的抗日民主青年同盟①（以下简称抗盟）盟员谭侲侏率抗盟盟员谭志均等袭击在赤珠乡（今望埠镇内）寿塘冷水坑桥监工的日军，毙日军2人，缴三八式步枪1支。同月，陈仁畿大队抓获沙口乡伪维持会②会长陈郁文，对其晓以大义，宣传共产党的抗日主张，争取将其教育转化过来。并夜袭沙口乡伪维持会，缴步枪2支，救出被捕的陈势雄、范汉屏。

2月，在北江党组织负责人黄松坚直接领导下，通过欧澄宇、熊河清、罗文渊、罗发等人的团结争取工作，黄寨乡乡长兼抗日自卫大队大队长罗佛金拿出1挺机枪、20多支长短枪支持抗日。党组织利用这些武器组建一支由罗发（罗佛金长子）任队长、33人的九龙抗日小队。

三、应对南委、粤北省委事件

1942年5—6月间，中共南方工作委员会、粤北省委员会先后遭受破坏（即南委、粤北省委事件）。南委、粤北省委事件是继皖南事变后，国民党顽固派制造的又一起严重的反对共产党、破坏团结抗战的事件。南委、粤北省委事件后，南方和广东党组织遭受到严重破坏。为避免进一步的损失，保护各级党组织，根据中共中央南方局指示，广东大部分国民党统治区域（以下简称国统区）的党组织暂时停止活动，进一步贯彻执行"隐蔽精干，长期埋伏，积蓄力量，以待时机"十六字方针，党员以群众身份

---

① 抗日民主青年同盟：抗战后期，许多流浪青年聚集在粤北，为了争取这些青年，北江特委成立抗日民主青年同盟作为党的外围组织，把广大流浪青年组织起来，推进抗日救亡运动。抗战胜利后，抗日民主青年同盟改为青年民主同盟。

② 伪维持会：又叫伪治安维持会，是日本侵略军扶植建立的地方傀儡组织。

勤业、勤学、勤交友，实行职业化、社会化、合法化。在北江地区，国民党特务气焰十分嚣张，企图一网打尽北江地区的共产党人，北江党组织处于严重的白色恐怖之中。北江党组织负责人黄松坚及时对党员的转移隐蔽和勤业、勤学、勤交友工作进行细致的布置。

面对严重的白色恐怖，英德县特派员谢永宽采取4条应变措施，全力保护党组织和党员。一是暂时放弃一些阵地，及时转移那些政治上比较暴露的干部；二是提高警惕，通过内线情报密切注意事态的发展；三是加强对党员的革命气节和革命纪律教育；四是在政治上组织上更加注意隐蔽，极力避免党组织受到牵连而遭破坏。1942年8月，黄松坚通过黄桐华（中共党员、国民党第七战区挺进第二纵队政治部主任）的关系安排谢永宽进入国民党第七战区挺进第二纵队（以下简称挺二），以政治部上尉干事身

建于1942年初的莫公馆，既是莫雄的寓所，又是中共地下党的秘密交通联络点。 图为位于浛洸镇、连江姑婆湾的莫公馆

份隐蔽了 10 个月。11 月，黄松坚和北江党组织机关转移到洽洸圩挺二司令部附近的鱼咀圩隐蔽，一直到 1945 年 10 月。

英德党组织在北江党组织负责人黄松坚正确领导下，基本没有受到损失，还利用国民党英德当局力量相对薄弱、统战工作开展较为顺利的条件继续坚持斗争，特别是利用与莫雄的关系，为从其他地方转移来的党员提供隐蔽。1942 年夏，李株园从韶关转移到洽师任教导主任，主持洽师日常教务工作，梁钊、杨建从广州转移到洽小任教。1943 年春，王华等 10 多名党员从兴梅地区转移到英德，由英德党组织通过各种关系，分别安排他们到国民党英德县政府机关工作或到学校任教。同年春，转移到韶关的赵约文通过国民党广东省政府社会处被派到英德县政府任社会科长。赵约文遵中共三水县工委云昌遇指示，联系在三水县的杜国栋、叶涤如、曹惠芬、唐奇和香港香岛中学教师黄桂荣、曹郁、胡蔚萱等以及一些身为进步人士的亲朋 10 多人到英德。通过黄桐华的关系，安排杜国栋任挺二参谋兼第五中队中队长，赵毓佳任译电员，安排其他人到小学任教。1944 年 3 月，云昌遇从韶关转移到英德，开始在中学教书。时任英德县长欧兼是海南人，云昌遇也是海南人。黄松坚指示云昌遇利用同乡关系，以大学毕业生名义进入国民党英德县政府。后来云昌遇任国民党英德县政府教育科长，为中共地下党在国民党上层活动提供了方便。

1945 年初，日军迫近英德，国民党英德县政府和挺二司令部撤至大湾圩，在英东地区设英东办事处。黄松坚通过黄桐华的关系，争取莫雄的推荐，云昌遇任英东办事处主任。其间，云昌遇及时将英德县国民兵团副团长胡杰夫在桥头圩召开东乡反共联防会议，策划组织地方反动武装企图将立足未稳的北江支队赶出英东地区的情况报告北江支队；先后安排一些进步人士到学校隐蔽；及时将参加国民党英德县党政军会议了解到的情况报告党组织；

利用合法身份在宣传舆论上同敌人开展斗争，如利用挺二政治部主办的《挺进报》、国民党英德县政府主办的《政报》，开展进步宣传。

在学校隐蔽的党员、进步人士，在县城中小学教师和学生中开展了不少抗日救亡宣传，如用"挽救国家危亡要靠谁领导"这句话，启发引导师生们加深对共产党的认识；组织师生举行月光晚会，抒发对祖国的情怀，展望胜利的明天。

党组织的恢复和建设

一、党组织的恢复建立

英德党组织在土地革命战争时期，由于受国民党的严密搜捕和"清剿"及党内"左"倾错误的影响，多次遭到破坏，损失严重，一批领导人和骨干牺牲。英德党的领导机构一度改设区委，隶属曲江县委领导。1932 年 12 月两广工委遭到破坏后，1932 年 12 月至 1938 年 9 月近六年时间，英德党组织第三次与上级党组织失去联系。

1938 年 4 月成立以张文彬为书记的广东省委，贯彻中共中央《关于大量发展党员的决议》和中共中央长江局"猛烈地十倍百倍地发展党组织"的批示精神，确定"广东工作应以建党为中心"的方针，先后派出党员到广东各地恢复、建立和发展党的基层组织。大革命时期和土地革命战争时期，英东地区的潭坑乡、五石乡、板铺乡、钳石乡的党组织活动比较活跃。全面抗日战争开始后的 1938 年 9 月，由省委直接领导的曲江县马坝党支部副书记廖宣，受党组织派遣到英（德）翁（源）佛（冈）边区恢复建立党组织。廖宣到英翁佛边区后，吸收一批先进分子入党，恢复建立钳铺乡党支部、坝仔党支部、文光乡党支部、黄塘乡党支部和佛冈县白石乡党支部。党组织恢复建立后，利用公开合法的方式，开展抗日救亡宣传，物色建党对象，发展新党员。

1938 年 11 月，在翁源县翁源中学读书的林名勋因日军飞机轰炸，学校停课，受党组织派遣回到家乡溪板乡江古山村活动，发展党的组织。12 月，林名勋发展了 4 名党员，建立江古山党小组。随后，林名勋发展了第二批党员 4 人。次年春，建立溪板乡党支部，书记林名勋。1939 年 3 月，省委组织部秘书长黄松坚到英德，在文光乡青石塘圩主持成立英东特别支部委员会（含佛冈二区），隶属省委，机关设在英东地区，书记廖宣。下属组织有：钳铺乡党支部、坝仔党支部、文光乡党支部、黄塘乡党支部、溪板乡党支部和佛冈县白石乡党支部。此后，党组织向英西地区发展。

夏，曾在延安中国人民抗日军政大学学习的邝达回到家乡浛洸，负责发展英西地区党组织。邝达首先发展在浛洸圩内第三、第四、第五、第八区联合第一小学校（以下简称联合一小）教书的胞弟邝哲民和校长李乃仁入党，成立西乡党支部，书记邝达。随后发展张翠珍（国民党北江挺进纵队副司令张纬周的女儿）等人入党，将联合一小发展成为党组织向英西地区发展的基地。不久，上级党组织又增派几人到联合一小工作，进一步加强党在英西地区的力量。7 月，按照省委的决定，北江特别委员会①在韶关河西成立，黄松坚任书记，管辖曲江、乐昌、乳源、南雄、始兴、

---

① 1940 年 12 月至 1941 年秋，为了便于对国统区和沦陷区（包括接近日军占领区的前沿地区）党组织实行有区别的领导，广东省委划分为粤南、粤北两个省委，同时将北江特别委员会（以下简称北江特委）划分为北江前线特别委员会和北江后方特别委员会（以下分别简称前北江特委和后北江特委），受粤北省委领导。1941 年秋至 1944 年 7 月，粤北省委下属组织改为特派员制，前北江特委和后北江特委分别改称北江前线特派员和北江后方特派员（以下分别简称前北江特派员和后北江特派员）。1944 年 7 月至 1945 年 10 月，前北江特派员和后北江特派员重组为北江特别委员会。抗战期间，英德党组织先后受北江特委、前北江特委、前北江特派员、北江特委领导。为叙述方便，本章对北江特委、前北江特委、前北江特派员一般称北江党组织。

英德、翁源、阳山、连县、连山、清远、佛冈等县，以及从化、花县、三水等县部分地区的党组织。其时有党员百余人，其中英德40余人。

北江党组织成立后其机关不久即迁往英德，直至1940年5月。在北江党组织的直接领导下，英德党组织发展迅速，在群众中的影响不断扩大。1939年9月，北江党组织组织部部长王炎光传达省委指示，决定重建英德县委，调北江党组织宣传部部长廖宣任县委书记兼组织部部长。县委机关设在英西地区。截至12月，全县恢复建立20多个党小组或党支部。

二、分区域建立党组织

英德被北江和粤汉铁路分隔为东西两个相对独立的区域，随着抗战形势的变化，党在这两个区域的工作也有不同的特点和侧重。根据省委的指示，为了更有效地指导工作的开展，适应对敌斗争需要，自1940年至1949年10月（除1942年2月至1943年春，英东、英西地区党组织合并建立英德县特派员外），英德分英东、英西两个区域分别建立党组织和人民武装。其中，1948年5月至1949年10月，英西地区又分英（德）清（远）阳（山）边区、英（德）阳（山）乳（源）曲（江）边区两个区域分别建立党组织和人民武装。

英东地区。1940年春，刘邦彦、金阳在钳铺乡亚婆石小学举办党员训练班，建立英德县委（不含英西地区）。

英西地区。1940年7月，英西特别支部委员会成立；9月，改为英西特派员制。秋，英西特派员黄孟沾先后在黎溪乡大平村、尧鲤乡石霞村发展一些先进分子入党。冬，黎溪乡大平党支部成立。1941年春，尧鲤乡石霞党支部成立。1942年1月至7月，北江党组织负责人黄松坚先后从英德、清远抽调4名党员到英

（德）清（远）边区的英德黄寨乡黄牛岩、撑篙脚和清远县浸潭乡寨脚等地乡村小学任教，以教书为公开职业隐蔽开展活动。8月，英清边党支部成立。

1941年3月，英德民船工会党支部成立。

1942年5—6月间南委、粤北省委事件后，广东大部分国统区的党组织暂时停止活动，直到1944年8月，中国人民抗日战争开始转入局部反攻阶段时，省临时委员会（以下简称省临委）、东江军政委员会根据中共中央指示，决定全面开展敌后游击战争，同时提出全面恢复党的组织活动并抽调一批党员领导干部到各县恢复党组织，其中林名勋到英东地区，李福海、成崇正到英西地区。

1944年秋，广东党组织恢复活动后，英东地区党组织很快恢复并迅速发展起来。英东县工委成立，书记林名勋，负责英德东部地区和翁源县西部地区（以下简称翁西地区）党的工作，工委机关设在溪板乡江古山村。英东县工委成立后，所辖各地党组织迅速恢复。当年冬成立的党组织有：鱼湾党支部、桥头党支部、大镇党支部、溪板乡党支部、青塘乡党支部、辉南中学党支部。1945年1月，翁源区委成立。2月，成立的党组织有：英东中学党支部、新兴乡中心小学党支部、辉南中学分教处及江古山小学党支部、雅堂小学党支部。英东县工委所属党员200多人，其中英东地区160多人、翁西地区40多人。

党组织恢复发展相对缓慢的英西地区，在黄松坚直接领导和挺二统战工作带动下也迅速发展起来。1944年秋，九龙金造特别支部委员会成立。10月，黄松坚在洸洸圩宣布成立英德西乡区临时工委，工委机关设在洸洸圩。12月，英曲边工委成立。1945年1月，县立中学与洸师迁往大湾圩，合并组成英德县临时联合中学。夏，临时联合中学党支部成立，为英曲边工委下属组织。5

月，李福海任英德县特派员（不含英东地区）；杜路任英清边特派员。

英德党组织恢复活动后，中心任务便转入开展武装斗争。日军打通粤汉线，粤北地区沦陷后，英德党组织和抗日武装，积极配合北上的东纵北江支队、西北支队开展抗日游击战争，建立抗日根据地。

三、党的建设

党组织恢复、建立和发展后，北江党组织采取措施，加强英德党组织建设，培养党的干部，提高党员干部的思想政治素质和工作能力，以适应形势发展的需要。

第一，派出有一定活动能力的党员，到艰苦的地方去锻炼。抗战期间，北江党组织通过关系先后派出谢永宽、林名勋、何俊才、陈仁畿、朱叶邨、邝达、李学林、王式培、黄漫江等 60 多人，进入国民党地方部队挺二。这些党员大都担任一定的职务，如政治大队长、参谋、教官、中队长等。他们利用合法身份，秘密建立党的组织，发展党员和开展抗日救亡宣传等。经过挺二内党员的工作，吸收挺二政治部主任黄桐华等 50 多人加入共产党。黄桐华入党后，在团结莫雄和中上层开明人士，以及掩护配合地方党组织活动等方面，做了许多卓有成效的工作。1944 年 8 月，党组织派遣云昌遇进入国民党英德县政府，先后任教育科长和英东办事处主任。云昌遇利用职务之便，安排一些进步人士到学校隐蔽；将了解到的情况及时报告党组织。1945 年 4 月 12 日，国民党英德县国民兵团副团长胡杰夫在桥头圩召开东乡反共联防会议，策划组织地方反动武装企图将立足未稳的北江支队赶出英东地区。陈仁畿和云昌遇分别以国民党挺二第四大队大队长和英东办事处主任的公开身份参加会议，及时将胡杰夫活动情况报告北江支队。

是夜，北江支队主力大队一部、英佛边大队，在陈仁畿大队和新兴乡乡长张皎如（中共党员）配合下，不费一枪一弹，活捉胡杰夫等参加会议的反动分子 50 多人，缴枪 30 多支。

这些同志进入挺二和国民党英德县政府，既为党组织做了大量的工作，又锻炼提高了工作能力。这是加强党的建设，培养党的干部的好方法。

第二，举办党员训练班。1938 年冬至 1939 年 7 月，在省委组织部秘书长黄松坚指导下，英德党组织举办了 3 期党员训练班：一是钳铺乡亚婆石村党员训练班，廖碧波、朱慰民、官保、杨韶和、石可权等党员参加学习；二是文光乡坝仔小学党员训练班，李拔才、胡希文等 10 多名党员参加学习；三是文光乡五道坛小学党员训练班，李拔才等 10 多名党员参加学习。在 3 期党员训练班上，黄松坚传达毛泽东关于统一战线中的独立自主等问题。黄松坚、廖宣、金阳分别讲授抗日民族统一战线、党的建设、游击战争、工人运动、农民运动、妇女运动等问题，同时还教唱《义勇军进行曲》《松花江上》等抗日歌曲，鼓舞士气。

1940 年 1 月，县委在钳铺乡亚婆石小学举办党员训练班。训练班课程有党的建设、武装斗争、民运工作等，参加培训的党员有廖碧波、朱慰民、陈贻翼等 10 多人。

3 月，县委又在石美乡（今石灰铺镇）走马坪莲塘坪杜屋举办为期 10 多天的党员训练班，参加训练班的党员有邝树桐、杜宇同、莫柱生等 7 人。

1939 年至 1943 年，省委在曲江县马坝、北江党组织在英德县城和英东中学、邝达率领挺二政治大队在黎溪乡，分别举办了多期党员训练班，培训了一批党员。

第
三
节

莫雄在英德的革命贡献

一、佩服并热爱中国共产党

莫雄，字志昂，祖籍英德塱菇乡（今望埠镇内）拱桥头莫屋村。早年毕业于陆军讲武堂，加入中国同盟会，追随孙中山走上革命道路，参加过著名的黄花岗起义、护国战争、讨伐陈炯明、北伐战争等，是辛亥革命时期赫赫有名的粤军将领。20 世纪 30 年代初就与中国共产党建立了一定的联系，特别是冒死向中共提供了蒋介石第五次"围剿"红军的绝密情报，使数万中央红军赶在国民党"铁桶包围"合拢前，开始长征。莫雄还在一·二八淞沪抗战中，临危受命，指挥税警总团与十九路军一起浴血奋战，抵抗日军进攻，表现了凛然的民族正气。

20 世纪 30 年代莫雄在上海结识了中共人士刘哑佛、项与年、严希纯等。受中共人士的影响，他曾提出参加中国共产党的要求。当时上海地下党的负责人李克农通过严希纯转告莫雄："莫先生是孙中山先生忠实信徒，想参加共产党，党是欢迎的。组织上认为莫先生在国民党中资格老，社交广，为方便工作起见，以不参加党为好。今后参加党的机会很多，他虽然不是共产党员，但凡对党有利的事，望莫先生在力所能及的情况下帮助共产党，能做到这样，我们就十分工满意了。"① 莫雄欣然应允，并且践行了自己的承诺。

1934 年初，莫雄到上海找到严希纯、项与年、刘哑佛等几位中共党员朋友坐聊，将蒋介石给莫雄的两份委任状及组织表交给他们看。莫雄对他们说："我要用蒋介石的拳头打他自己，你们把这两份东西拿回去和上级商量研究，假如信得过我莫雄，请你们派些党员来与我一同干吧！我当司令，你们来当我的部下，他要'剿共'，我要'剿蒋'"。由此可见，莫雄虽然没有真正入党，但是他的心可以说是忠于共产党的。

二、"通共""容共"与共合作

1940 年至 1948 年，莫雄在英德扮演"白皮红心"的角色，开义和店、志通行援革命、用"纸包火"妙法消"祸灾"、乐于助共帮共见真情。

（一）开义和店、志通行援革命

1940 年冬，挺二驻浛洸的第一大队大队长李韶光向莫雄提议，以莫雄名义与他合资在浛洸圩附近的鱼咀圩开设名曰"义和"的榨油店，经营榨油、蒸酒。莫雄同意。事实上，义和店的股份完全是莫雄的，莫与李口头约定：若盈利，莫得三分之二，其余归李。

李韶光将义和店交给其侄儿李学林打理。李学林是中共党员，他把义和店变为北江党组织的一个秘密据点。1942 年 11 月至 1945 年 10 月，北江党组织负责人黄松坚和北江党组织机关就在义和店附近隐蔽。义和店不时有三五成群的陌生人进进出出。对于这些情况，国民党英德县党部和反共的国民党别动军有所怀疑，

① 莫雄：《我与共产党合作的回忆》，英德文史资料第五期，第3—4页。

但碍于莫雄是义和店的后台老板，也就不了了之。

义和店所在鱼咀圩对岸的大山，可通英德和清远的抗日根据地，义和店这个"桥头堡"作用十分重要。这里夜间经常有数十人聚会，显得有点半公开。一天，李韶光向莫雄谈起这一情况，说李学林可能搞"共产"。莫雄听罢心里已明白几分，便笑着对他说，李学林要是入了共产党，那可是李家的风水发啦！未待李韶光听明白，莫雄便叮嘱他有关李学林的事，千万不要向别人说，不然于大家都很不利。莫雄还吩咐他转告李学林，不要搞得过分张扬，隐秘一些为好。

义和店不但是北江党组织的秘密据点，而且还是北江党组织重要的经费来源。几年来义和店赚了不少钱，其中大部分都让李学林拿去做革命经费。对义和店的利润，莫雄不仅不过问，而且每月还派人送来 3000 多千克大米，让他们蒸酒。义和店蒸的是"五蒸酒"，香醇味浓，远近闻名，销路极好。义和店还用酒糟养猪，在洸洸圩有一个猪场。义和店的经营利润是很可观的，但莫雄却不要红利，对义和店的一切不闻不问。

1943 年，挺二副司令兼政治部主任黄桐华向莫雄提出，为补贴政治部的经费开支，建议在清远开设商行，做运输和谷物买卖生意，并推荐陈伊林担任经理。莫雄一概应承，并为商行取名为"志通"，让人一看就知道是莫雄名下的商行。

当时清远商贾云集，新开店总得借助地方势力的关照，这是莫雄取名"志通"的考虑所在。莫雄仍担心搞不好，特别吩咐部下第二大队大队长陈锡关照志通行，陈锡一口应承。陈锡除了是莫雄的部下，还是国民党特务组织军统驻清远站站长。陈锡在清远城有权有势，正是莫雄要利用之人。陈锡因莫雄对他有救命之恩，多次表示为莫雄效命。

（二）用"纸包火"妙法消"祸灾"

北江党组织异常活跃，特别是挺二的变化，是不可能瞒住这一地区的反共分子的。国民党英德县党部被视作"赤化"而为此不安，但又慑于莫雄的名望，于是他们向第七战区司令长官余汉谋写了一封控告信。信中列举莫雄如何"通共""容共"，把部队搞成共产党一样的军队，要求惩办莫雄云云。余汉谋为表示对莫雄的信任，将信转给莫雄。莫雄看罢大发雷霆，知道这是县党部那帮家伙干的，因为控告信上的署名是县党部那些人名字中改了一个字，如康祝年、成拨云改作康恭年、成佛云。为此，莫雄下令召集县党部的大小头目李焕章、陈朝任、康祝年等来司令部。莫雄对他们说："我们河水不犯井水，你们抽那么多捐税我从来不占一份，现在你们这帮'契弟'（广州方言，意指家伙）居然要作我（广州方言，意指加害我），写信告我通共，要整死我是不是？我告诉你们就算告到蒋委员长那里我也不怕！念在乡亲乡里的情分，饶你们一次，如果你们哪个'契弟'再敢放肆，我就打死你们！"莫雄的盛怒把他们吓呆了。

1944年夏，余汉谋发了一个电报给莫雄，电文是："亲译：据确报，你部黄桐华……四人系'奸匪'，仰即押解来韶法办勿延！"恰恰这电报由黄桐华译出来，他拿着电报给莫雄，莫雄看罢，将电报揉成一团扔进字纸篓，并说："我这里哪有共产党，你说，你是不是共产党？"黄桐华说，不是。莫雄便说，那就不用理它！

黄桐华向莫雄说道："大哥，不理不行呀，这么大的事，你怎么下台啊?!"莫雄听罢，拿起电话，对余汉谋说："据我多方考察，知道这四人都不是共产党。先说黄桐华吧，他是你们司令部政治部派来的，他要是共产党，请问你们把他派来是想害死我吗？第二个×××①，他是我的亲侄儿，从小在我身边长大，我清楚他不会是共产党。"其余两人，莫雄也是如此这般搪塞余汉谋。余汉谋听完后说："莫大哥，这个责任非同小可，共产党不是开玩笑的，你要考虑一下！"莫雄答道："余总，不用考虑了，我拿人头作担保，如果他们是共产党，你就杀我的头吧！"说罢气冲冲地扔下电话。结果，余汉谋也拿莫雄没办法。

（三）乐于助共帮共见真情

莫雄具有强烈的爱国情怀，坚信只有中国共产党才能救中国强中国。因此，他乐于助共帮共，为中共做了许多实事。

1942 年 5—6 月间，南委和粤北省委遭受到国民党的破坏，广东大部分国统区的党组织暂时停止活动，党员转移隐蔽，唯独挺二内的中共组织仍照常活动，别的地方一些中共党员转移到挺二，一直至 1946 年，北江党组织仍安全无恙，工作活跃。

1944 年 9 月，北江党组织指示挺二内的党组织"支干会"以日军即将进犯粤北、保卫北江为理由，向莫雄提出扩充部队的建议。经第七战区批准，在英德组建了驻英东地区桥头的挺二第四大队、驻英西地区洸洸圩的挺二第二特务中队。但第七战区只给番号，人员、武器、给养等要自筹。在黄松坚的精心策划下，由北江党组织路东地区负责人谢永宽组建以英东地区党员和英东中学学生为主的第四大队（又称陈仁畿大队，150 多人），由英德西乡区临时工委组建第二特务中队（60 多人）。两支队伍的负责人都是地方党组织的领导或骨干，人员、武器、给养分别由英东、英西党组织筹集。

1944 年至 1945 年，北江党组织请莫雄将一些人（都是中共

---

①　在莫雄《回忆录》第 10 页中，莫雄为搪塞余汉谋编造了"第二个×××，他是我的亲侄儿"。在资料中无法找到莫雄侄儿的姓名。

党员）介绍到他们要去的地方，莫雄一一照办。如应陈枫（新中国成立后，中国驻冰岛首任大使）要求，莫雄将他介绍到从化县良口；应林名勋（英德解放后，首任县委书记）要求，莫雄将他介绍到韶州师范学校"读书"。

1945 年，东纵北江支队支队长邬强写信交邓重行等 4 人到英德大湾找莫雄，希望莫雄提供七九式步枪子弹 5000 发、驳壳枪子弹 500 发，莫雄如数照付，并命令副官林光华雇船押送至连江口下步圩，交到游击队手中。

1945 年春，日军攻陷粤汉铁路沿线，由于战乱而辍学在家的莫雄儿子莫仲球、莫三球和堂弟莫志光 3 位青年学生，向莫雄和黄桐华提出想做抗日救亡工作的愿望。莫雄十分赞成。黄桐华根据青年人的特点，认为最好搞宣传工作，他介绍了约 10 位进步青年组成隶属于政治部的战时工作队，莫仲球任队长，潘达（中共党员）任副队长，负责实际工作。战时工作队成立后，在英德西乡浛洸、西牛、大洞、九龙、黄花等地开展抗日救亡宣传，唱歌演戏，出墙报，书写传单四处张贴，搞得有声有色。他们不仅宣传抗日救亡，也宣传反对国民党妥协投降，引起小北江（又称连江）国民党别动军的注意，在连县的报纸上攻击战时工作队是"赤化队"，但碍于是莫雄儿子搞的，也就不了了之。

此外，莫雄不仅支持共产党建立抗日武装，对共产党公开的武装队伍同样采取合作的态度。1945 年 3 月，东纵北江支队、西北支队挺进北江抗日，莫雄表示欢迎，并赠送一批枪支弹药。6 月中旬，余汉谋命令莫雄"围剿"在英（德）清（远）边区文洞活动的西北支队。莫雄派副司令黄桐华负责此次行动。黄桐华根据北江党组织指示制订了一个经莫雄同意的既能保护西北支队又能应付余汉谋的作战计划。当黄桐华率部队进至文洞时，西北支队让出几个山头给挺二"进占"，双方对天放枪打了 1 天，傍晚各自收兵。当晚黄桐华还派人给西北支队送去 8 箱子弹。

三、用激将法平息一场风波

1942 年春，英德县长黄干英招募壮丁，因为黄桐华用挺二司令部预备役的名义，将所有适龄壮丁全部包揽了，黄干英一丁未招到，受到记大过处分。黄干英大发雷霆，气冲冲跑到六十五军军长、第七战区司令部命令传达所所长李振面前告状。李振听罢亦很恼火，到余汉谋面前告状，说莫雄是共产党，他司令部里也有很多共产党云云，余汉谋听罢默然。在一旁的余汉谋秘书张鲁询（韶关乐昌县人，清朝举人，余汉谋笔墨之事多交予他；张鲁询与莫雄相熟）听罢李振告状后，暗中电话告知莫雄。莫雄听罢马上到韶关见余汉谋，故作嗔怒，大骂李振血口喷人，声言辞职不干。余汉谋听罢笑着道："人家话你是共产党，我话你唔系就得啦！我唔信他们的，你放心吧，大小北江不可一日无你。唉，现在抗战嘛，你以为我很想做官吗？你知道我背后挂着个牌子吗？"莫雄诧异不解。余汉谋接着道："这个牌子上写着'不自殒灭，祸延百姓'。我也知道征兵征粮，老百姓一定会怨声载道。但为了抗战，有何办法？我也是不忍心去骚扰百姓的，但出于无奈，你就与我同甘共苦，把持着北江地面，我是不会忘记大哥你的。我对你再说一遍，我十分信任你！"莫雄见此，才答应继续干下去，但莫雄仍强调那些预备役的壮丁任何人不得染指，若黄干英、李振再发难，他则不客气了。

第四节 东江纵队在英德的活动

一、北江支队和西北支队成立及北上

1945 年 1 月，东纵以在增城县待命的北上抗日先遣队为基础组建北江支队，在惠阳县从各部队抽调建制中队组建西北支队，各辖 1 个主力大队。北江支队支队长邬强，政治委员（以下简称政委）兼政治处主任李东明，有 400 多人枪。西北支队支队长蔡国梁，政委邓楚白，约有 400 人枪。北江支队和西北支队的主要任务是：贯彻执行中共中央和省临委北进方针，挺进北江，发动群众，开展抗日武装斗争，在英德东部地区和小北江流域建立抗日根据地，在政治上和军事上揭露国民党顽固派消极抗日、积极反共反人民的政策，并与之作坚决的斗争。

3 月 12 日，按照东纵命令，在省临委委员梁广的率领下，北江支队和西北支队从博罗县罗浮山抗日根据地出发；3 月 17 日，到达英德东部地区的文光乡坝仔白围村，实现挺进北江的第一步任务。

二、坝仔会议与北江支队初期的武装斗争

1945 年 3 月 18 日至 19 日，省临委委员梁广在文光乡坝仔白围村召开部队和地方党组织领导人联席会议（坝仔会议）。梁广传达省临委关于开辟粤北抗日根据地的指示，以及成立粤北路东

工委的决定。会议分析研究北江的政治军事形势，决定部队的行动方针政策，以及地方党组织配合部队行动等一系列问题。这是为打开北江地区抗日游击战争新局面而召开的一次重要会议，对于开展北江地区抗日武装斗争，创建抗日根据地具有重要的指导作用。

会后，北江支队和西北支队按计划分开两个地区活动。北江支队在粤汉铁路以东，沿粤汉铁路向北发展；西北支队渡过北江，以英（德）清（远）边区作为立足点，继续向小北江前进，发展粤桂湘边区的抗日游击战争。

1945 年，日军占领粤汉铁路南段后，由于兵力不足，只能在英德铁路沿线和曲江县马坝、乌石等南部地区这个狭长的北江、粤汉铁路沿线上构筑据点，控制水陆交通。另外，在北江、粤汉铁路沿线上建立一些伪政权和地方反动武装。英德作为一个重要交通枢纽，驻有日军 1 个大队。

根据北江敌我双方的态势，东纵北江支队确定利用日伪力量薄弱，国民党军主力溃逃，广大地区陷于混乱状态，主动出击，广泛开展武装斗争，迅速打开北江东岸抗日斗争新局面。

（一）望埠破袭战

1945 年 3 月下旬，北江支队在地方党组织配合下，打击粤汉铁路英德段河头、沙口以及曲江县段大坑口一带日伪军。一日，北江支队主力大队经侦察和研究部署后，由文光乡坝仔奔赴望埠乡（今望埠镇内），夜袭日伪据点，打击望埠区公所和联防队，俘敌 20 多人，缴长短枪 20 多支。次日晨，驻县城日军 300 多人计划"扫荡"北江支队主力大队驻地望埠乡沙坪。主力大队大队长郑伟灵事先得到情报，率部队占据百磴石附近有利地形，待日军接近时，以居高临下的猛烈火力打击。日军不明情况，不敢冲上山坡，胡乱向山上打炮。战至下午，日军撤回县城。是役，毙伤日军 30 多人，打退日军对望埠乡沙坪的首次"扫荡"。

5 月 15 日，主力大队再袭望埠乡日伪据点，途经黄塘乡中洞与国民党顽固派军队别动大队七八十人相遇。别动大队向主力大队挑衅并发起进攻，主力大队反击。经过近 1 个小时激战，全歼顽固派军队别动大队，毙伤敌 10 多人，俘大队长等 60 多人，缴长短枪 70 多支、战马 2 匹、弹药和其他物资一批。

（二）粉碎顽固派军队曾肇基部进犯

1945 年 4 月底，国民党英（德）佛（冈）新（丰）游击指挥官曾肇基率国民党顽固派军队第一五三师 1 个团，伙同地方反动武装共千余人，从翁源县、新丰县进驻佛冈县烟岭圩，拟进犯北江支队。

北江支队获得情报后，经研究分析，认为文光乡的鱼湾圩是英东地区抗日根据地的中心区域，又是北江支队部队驻地，判断顽固派军队的主攻方向会放在那里。针对顽固派军队倚仗正规军兵力和武器装备的优势，可能采取长驱直入战术，北江支队制定在游击战中运动歼敌的作战方案。

顽固派军队果然长驱直入，以优势兵力直扑鱼湾圩。北江支队以英佛边大队大部兵力和文光乡抗日自卫队、民兵、群众，用"麻雀战"战术灵活地在正面迎击进犯之敌，阻滞敌前进；向敌进击后迅速撤离。敌进入坝仔一带时，遭到地雷的大量杀伤。受到沉重打击的顽固派军队傍晚进入鱼湾圩后，发觉已陷入包围之中。在鱼湾圩正面战斗紧张进行的同时，主力大队及英佛边大队一部长途奔袭，迂回敌侧后，于次日晨到达佛冈县三江圩，首先突袭只有少数地方联防队驻守的三江区公所和粮食仓库，俘敌 20 余人，缴枪 20 余支；接着奔袭顽固派军队留守处佛冈县烟岭圩，俘敌 20 余人，缴长短枪 30 余支和大批军需物资。当晚，又连续奔袭新丰县遥田警察所和英德门园太乡公所，俘敌 50 余人枪。随后主力大队折向青塘圩附近与英翁边大队会合，向顽固派军队设在门园太乡潭头的前方指挥所进逼，并向身陷鱼湾圩的顽固派军队侧后方展开猛烈打击。顽固派军队在前后夹击之下损失惨重，仓皇地向佛冈县和新丰县方向溃逃。北江支队乘胜追击和伏击，歼其一部。经过两天两夜的奋战，粉碎顽固派军队的进犯。

（三）打退日军进犯英东

1945 年 5 月 9 日，驻县城日军 400 多人进犯英东地区。主力大队在黄塘乡金山径一带山地阻击日军，鱼湾、大镇等地抗日自卫队、民兵协同作战，激战 1 天，毙伤日军 30 余人，缴步枪 2 支、战马 2 匹。

三、英东地区抗日武装的发展

东纵北江支队挺进英东地区后，十分重视发展地方抗日武装，先后建立 6 个地方大队，其中活动在英（德）佛（冈）边区、英（德）翁（源）边区、英（德）曲（江）边区的有 3 个地方大队。

1945 年 4 月初，组建以英德文光乡和佛冈县地方党员、老农军、爱国青年为骨干的北江支队英佛边大队（又称独立第一大队），有 130 多人参加，活动在英（德）佛（冈）边区。

4 月中旬在打击胡杰夫的斗争中，陈仁畿和他率领的国民党挺二第四大队的政治面目已经暴露，原先番号的掩护作用已没有意义，北江党组织和北江支队决定，这支由共产党掌握的抗日武装脱离挺二，公开编入北江支队建制，改称英翁边大队（又称野火大队），近 300 人参加，活动在英东地区和英（德）翁（源）边区。

北江支队到达英东地区前，陈仁畿曾对沙口乡（今沙口镇）地方武装首领陈细松进行抗日救亡宣传。北江支队挺进英东地区后，经支队领导进一步的思想教育工作，5 月上旬，陈细松 40 余人的地方武装改编为北江支队沙口大队，活动在粤汉铁路英德段沙口至曲江县段大坑口一带日军占领区。

四、北江东岸抗日根据地的建立和发展

东纵北江支队在迅速打开北江东岸抗日武装斗争新局面的同时，以大量精力投入建立地方各级抗日民主政权工作。支队长邝强是文光乡人，土地革命战争时期在英德东部地区活动过，有较高的威望，与地方上层人士也有一定的交往。他率领民运股长黄琴和民运工作人员与地方党组织共同开展建立抗日民主政权工作。根据上级党组织指示精神，支队领导决定抗日民主政权采用抗日动员委员会（以下简称抗日动委会）的政权形式。抗日动委会组成人员按照抗日民族统一战线的"三三制"原则，由群众代表和各界民主人士代表民主协商、民主选举产生。抗日动委会主要职责是动员群众组织抗日团体、抗日武装，参军参战保卫抗日根据地；减租减息，征粮收税；维护社会治安，处理民政事务，保护群众利益；兴办文化教育事业；等等。经过北江支队和地方党组织的努力，在北江东岸先后建立一批乡级抗日民主政权。

文光乡是北江支队活动的中心地区，群众发动组织工作做得好，抗日民主政权首先在这里建立。1945 年 4 月底，北江东岸第一个乡级抗日民主政权——文光乡抗日动委会在鱼湾圩成立。接着黄塘乡、新兴乡、青塘乡抗日动委会相继成立。随着工作的深入开展和党在北江地区影响的扩大，截至 7 月，在北江东岸先后成立 14 个乡级抗日民主政权，其中英德 8 个乡级抗日民主政权：文光乡抗日动委会、黄塘乡抗日动委会、新兴乡抗日动委会、青塘乡抗日动委会、溪板乡抗日动委会、洪象乡抗日动委会、门园太乡抗日动委会、侧黄乡抗日动委会。

1945 年 7 月中旬，统一领导北江东岸 14 个乡级抗日动员委员会工作的北江东岸抗日民主政权（县级）——北江东岸抗日动员委员会在黄塘乡雅堂村成立。 图为北江东岸抗日动员委员会旧址

　　为了统一领导各抗日民主政权工作，1945 年 6 月，中共粤北路东工委、中共英东县工委（含翁西地区）、北江支队党委在黄塘乡塘下何屋，讨论研究召开北江东岸国是座谈会，成立北江东岸全区性抗日民主政权问题，决定成立北江东岸抗日动员委员会，并提出了正副主任、委员候选人名单。7 月 12 日，北江东岸各抗日阶层、各群众团体、各界民主人士代表百余人参加的国是座谈会在黄塘乡雅堂小学召开，会期 4 天，中心议题是为了统一领导北江东岸的抗日斗争，研究和协商成立北江东岸统一的抗日民主政权，开展全区的各项工作。北江支队政委李东明参加国是座谈会并在会上讲话。国是座谈会充分发扬民主政治精神，听取各方意见，经过充分协商，决定成立北江东岸抗日民主政权（县级）——北江东岸抗日动员委员会。按照"三三制"原则，经过反复协商，民主选举产生正副主任、委员共 20 余人，北江支队派

出民运股长黄琴为驻北江东岸抗日动委会代表。抗日动委会下设秘书、民政、财务、教育、建设、民兵总队等部门，负责统一领导北江东岸 14 个乡级抗日动委会工作。会议还决定开展"二五减租"，征收公粮，对敌斗争，惩处汉奸、特务，以及发展文化教育事业等方面的工作。这是北江东岸抗日根据地一次盛况空前的大会。

北江东岸抗日民主政权的建立，标志着北江东岸抗日根据地的进一步巩固和发展，也标志着北江支队开展抗日民族统一战线与建立抗日民主政权相结合的工作取得显著成绩。北江东岸抗日根据地由英德东部地区扩大到相邻的曲江县南部、翁源县西部、新丰县西南部、佛冈县北部地区，总人口 20 多万人，面积 3000 多平方千米，农抗会、青抗会、妇抗会会员 3000 多人。

五、北江支队武装斗争的广泛开展

东纵北江支队完成在北江东岸建立抗日根据地的第一阶段战略任务后，支队领导根据原定任务和当时形势要求，决定实施第二阶段战略计划，即在巩固现有北江东岸抗日根据地的基础上，沿粤汉铁路东侧向北发展，扩大解放区。各乡抗日民主政权的建立，引起日伪顽军的恐慌，敌人不断向北江支队和北江东岸抗日根据地挑衅，北江支队与地方党组织领导的武装部队在英（德）翁（源）边区与日伪顽军和地方反动武装进行了激烈的战斗，在1945 年 6 月底至 7 月打了几场较大的胜仗。

（一）狮子岭伏击战

1945 年 6 月 30 日，北江支队获悉国民党翁源县大队大队长陈可松拟派陈翠洲中队增援何祖华联防大队，并送去弹药等物资。这将大大增加北江支队向北发展的困难。为扫除北上障碍，支队领导决定派主力大队、英翁边大队各一部设伏于翁源县狮子岭。6

月31日晨，当陈翠洲中队百余人进入伏击圈时，于前一天夜里埋伏的部队首先引爆地雷，接着居高临下向敌猛烈开火。敌一部被歼，一部逃窜。此役毙伤敌20多人，俘中队长陈翠洲及以下30多人，缴长短枪40多支、子弹6000多发等物资一批。

（二）消灭何祖华联防大队

1945年7月8日，北江支队沿粤汉铁路东侧向北发展，进至距翁源县翁城和新江乡不远的英德溪板乡横石水圩。盘踞在翁西地区新江乡的地方反动武装何祖华联防大队伙同翁源县大队1个中队、顽固派军队侦察连，向北江支队发起进攻。北江支队即派东纵独立第一大队（此时暂归北江支队指挥）迎击来犯之敌。战斗在圩旁的横石河两岸展开，激战大半天，双方相持不下。为扭转战局，邬强命令部分队伍趁黄昏偷渡过河，侧击敌人。敌人发现后即向翁城撤退。邬强连夜召开干部会议，分析情况，决定调整战略，设法迷惑敌人，里应外合，变强攻为智取。主力队伍连夜撤出，隐蔽在江古山村后的山谷，在战场正面留下部分人员监视敌情。7月9日晨，联防大队在横石水圩周围没有发现北江支队踪迹，认为北江支队撤走了。当天下午何祖华在翁城召开祝捷大会，狂吃豪饮后，带着队伍回到新江乡联防大队驻地。邬强决定围歼放松防备的联防大队，以吴晃中队为突击队，连夜奔袭新江乡，由打入联防大队的张颂标小队做内应，东纵独立第一大队在翁城至新江乡公路设伏打援，江古山抗日自卫队配合行动。7月10日凌晨1时许，突击队在地方党组织配合下，奔袭新江。此时新江联防大队驻地哨位均是张颂标小队的人，突击队到达后，即由张颂标带领分头突袭何祖华住处和联防大队驻地，当场击毙何祖华，整个联防大队来不及抵抗就全部被俘，不到1小时结束战斗。

是役，消灭了英（德）翁（源）边区一股较大的地方反动武装，毙何祖华等数人，俘敌百余人，缴各种枪支百余支、弹药和物品一批。是役后，翁源县新江乡抗日动委会成立，翁西地区并入北江东岸抗日根据地范围，并与英德、佛冈、新丰、曲江等县抗日根据地连成一片，北江支队向北发展的道路基本打通。

（三）围歼杨永亮曲江县自卫大队

1945 年 7 月 17 日，国民党曲江县自卫大队大队长杨永亮率 200 多人偷袭北江东岸抗日动委会驻地黄塘乡雅堂村。时值大镇圩圩日，敌先头部队化装混入圩内确定北江支队主力不在后，后续队伍迅速跟进，突袭成立才几天的北江东岸抗日动委会，并洗劫大镇圩。驻大镇圩的黄塘乡抗日自卫队立即反击，激战中北江东岸抗日动委会副主任陈自修和战士梁克珍、梁寿珊牺牲。敌突袭后带着抢掠的财物和绑架的商人边打边撤。

北江支队接到北江东岸抗日动委会被袭的消息后，立即调动部队追击。命令驻横石水圩附近的东纵独立第一大队、驻大镇圩西面山边的主力大队、驻桥头圩的英翁边大队火速向大镇圩靠拢，对敌形成三面夹攻之势。支队要求各大队穷追猛打，务求消灭敌人。主力大队、地方抗日自卫队首先在黄塘乡蒲岭与敌遭遇，敌遭迎头痛击后逃至打油岭时又遭东纵独立第一大队堵击，各大队在此实现对敌的三面合围。是役，毙伤敌 30 多人，俘敌副大队长董正国及以下 60 多人，缴长短枪 50 多支，解救被绑架的商人 10 多人，追回大部分被抢掠的财物并归还原主。

（四）抗击国民党的进犯

1945 年 7 月 25 日早上，国民党顽固派军队第六十三军第一五二师 1 个团，从翁源县城龙仙长途奔袭英德青塘乡抗日动委会和驻青塘圩附近周屋小学的北江支队英翁边大队野马中队。来犯之敌兵分两路，形成对青塘圩的合围之势。

野马中队发现敌人时，已经陷入敌包围圈。鉴于敌我力量悬殊,中队长冯浩带领主力向西南山头突围,中队指导员王振声、小队长陈荣畿(内定为中队长)带领 16 名战士坚守学校阵地,掩护主力突围。坚守学校阵地的战士面对数十倍于己的敌人,毫不畏惧,视死如归,打退敌人 10 多次进攻,毙伤敌 60 多人。在弹尽粮绝、突围无望的情况下,与冲进学校的敌人展开肉搏战,最后 18 位勇士全部壮烈牺牲。

国民党顽固派军队进占青塘圩后,于 7 月 27 日向桥头圩发动两路合击。主力大队、英翁边大队各一部在地方抗日自卫队、民兵配合下,怀着为野马中队牺牲战友报仇的大无畏精神,以密集火力给敌以迎头痛击,敌死伤 50 多人,主力大队、英翁边大队也有伤亡。激战至黄昏,考虑到敌兵力优势,装备良好,不能与之硬拼,趁着夜色掩护,分两路迅速撤出阵地,主力大队向横石水圩方向、英翁边大队向大镇圩方向转移。

国民党顽固派军队进占桥头圩后,继续向大镇圩进攻。邬强派参谋陈新在黄塘乡九围村四角楼埋设定时地雷。顽固派军队进占大镇圩后,团部驻扎在四角楼,定时地雷依时爆炸,当场炸死顽固派军队团长及以下数人。

国民党顽固派军队此次进入英东纵深地区,遭北江支队、地方抗日自卫队、民兵英勇抗击。但由于敌集中兵力重点进攻,敌众我寡,北江支队退出英东地区各圩场,向山区转移,北江支队和北江东岸抗日根据地进入困难时期。

六、西北支队武装斗争的开展

坝仔会议后,按照西北支队要向粤汉铁路以西发展,渡过北江,进入英(德)清(远)边区活动并建立抗日根据地,然后向小北江前进的战略任务要求,1945 年 4 月 26 日凌晨 4 时许,由省临委委员梁广率领的西北支队西渡北江进入黎溪乡松子坝,对外番号改称广东人民抗日义勇军西北支队（以下简称西北支队）。

西北支队进入黎溪乡后，为有利于开辟新区，树立军威，更好地鼓舞群众斗志，西北支队根据群众提供的情报，决定在北江畔的南坑伏击日军运输船队。一天上午 8 时许，日军 10 艘木帆船（1 艘开路，9 艘排着三三式队形）沿北江西侧顺流而下，当船队进入伏击圈时，埋伏的刘黑仔（刘锦进）中队依山势居高临下，以密集火力打击船队，日军乱作一团，死伤不少，一些日军还跌落北江。此时，对岸大樟口守护铁路桥的日军用重武器轰击刘黑仔中队阵地。西北支队迅速撤离，安全返回驻地。次日，西北支队政治处一份题为《义勇军旗开得胜　鬼子血染北江河》的油印战报分送到各村庄，大大鼓舞了群众抗战的斗志。北江的战讯，震撼英西南地区，在政治攻势的配合下，不久，怀厚乡（今连江口镇）的伪政权动摇散伙，清平乡（今大洞镇）、流陈乡（今水边镇）等地无日军和伪政权、无国民党军队，在西北支队驻地的黎溪乡更是掀起组织民兵、保卫家乡的热潮。

1945 年 4 月 28 日，由省临委委员梁广主持，在黎溪乡四甲庙角头召开部队中队长以上干部和地方党组织领导会议（四甲会议）。会后，王式培根据西北支队发展抗日游击战争的指示精神，动员组织当地青年农民 80 余人成立黎溪乡人民抗日常备中队，下设 3 个小队。西北支队宣传队分组深入村庄，宣传发动，组织农会和抗日自卫队，开展减租减息、维护地方治安、防敌防奸防匪等工作。5 月，黎溪乡人民抗日自卫大队成立。

西北支队南下英（德）清（远）边区的清远县文洞开辟抗日根据地前，留下支队参谋处主任钟淼、政治处宣教股长钟其良率领王国小队以及黎溪乡人民抗日自卫大队共百余人，在黎溪乡等地扩大战果，巩固抗日根据地。1945 年 6 月初，王国小队和黎溪乡人民抗日自卫大队西进清远县升平、同升等乡，动员组织群众拿起刀枪，成立抗日自卫队，担负维护地方治安、防敌防奸防匪任务。随后，直插英德黎溪乡湖溪村，摧毁伪维持会，打击伪护航大队，俘伪副大队长邓冠雄，缴长短枪 10 余支、弹药一批。

七、英清边区抗日根据地的开辟

为了落实四甲会议精神，建立以清远县文洞为中心的英（德）清（远）边区抗日根据地，就必须粉碎日伪顽军围攻。其时，清远县城被日军占领，国民党清远县政府迁至龙颈。日军占据这座孤城，完全倚靠北江维持补给。西北支队不断在北江袭击日军船只。据粗略统计，1945 年 6 月至 7 月共击沉、毁损日军船只 20 多艘，毙伤日军四五十人。英德黎洞到清远县白庙五六十千米长的日军北江水上运输线基本陷于瘫痪，有力地阻滞日军的军事活动。

西北支队进入英（德）清（远）边区后，国民党顽固派蓄意制造摩擦。1945 年 6 月中旬，第七战区司令长官余汉谋命令莫雄"围剿"在英（德）清（远）边区文洞活动的西北支队。莫雄派副司令黄桐华负责这次行动。黄桐华根据北江党组织指示制定了一个经莫雄同意的既能保护西北支队又能应付余汉谋的作战计划。

在军事斗争进展顺利的同时，民运工作也加紧进行。西北支队在清远县委和英西地区党组织密切配合下，发动组织英（德）清（远）边区群众，先后在黎溪乡成立农会 27 个、民兵组织 26 个，并实行"二五减租"。一个以清远县文洞、高田为中心，东至英德黎溪乡，北至清远县鱼坝，西至清远县迳口，南至清远县附城，拥有 200 多个村庄近万人口、面积 30 多平方千米的抗日根据地初步建立起来。有的地方还建立了抗日民主政权，对动员组织抗日武装、群众抗日团体，保卫抗日根据地，支援抗战发挥了很大作用，为西北支队开展更广泛的敌后游击战争，开辟了可供依托的战略基地。

第五节 英东中学和其他学校的革命斗争

一、创办北江地区第一所由共产党领导的中学

1939 年，巡视北江地区工作的省委组织部秘书长黄松坚多次召开英东地区各乡党支部负责人会议，商议筹办英东中学事宜。经过周密研究后认为在桥头圩办学比较合适，一是桥头圩地处门园太、溪板、黄塘、青塘 4 个乡的中心，生源问题容易解决；二是群众基础好，党组织没有暴露，而且党员集中，有 20 多名党员，国民党乡政权完全由共产党掌握，桥头圩所在的新兴乡乡长石可权、第七保保长廖碧波和国民党区分部书记、县参议员、新兴乡中心小学校长陈仁畿都是共产党员。廖碧波等人不负上级党组织重托，紧紧依靠群众，争取各阶层人士财力物力的支持。首先成立校董会，推举为人正直、热心教育、有威望有号召力的进步人士陈日斋为董事长，聘请留学日本、有资历名望的进步人士杨仙槎为校长。几经周折后学校终于完成备案，在困难中创办北江地区第一所由共产党领导的中学——英东中学。其时，为便于隐蔽和争取县长左新中支持，以其名字命名为私立新中初级中学。1942 年 5 月左新中调离英德后于当年秋改称私立英东初级中学（以下简称英东中学）。1942 年秋，英东中学开始招生，暂借潭峰寺（第八保国民学校校址）上课。1942 年和 1943 年各招生 60人，1944 年招生 100 人。1943 年春，学校迁到桥头圩一旧当铺上

课。1944 年春在下塘村石角岭建校舍，资金由英东地区开明士绅和群众捐献，同年秋新校舍建成。

创办英东中学不仅解决了英东地区穷苦农民子弟读书求知的问题，更重要的是培养青年骨干，为革命输送新生力量。1942 年5—6 月间，南委、粤北省委遭破坏后，广东大部分国统区的党组织暂时停止活动，但在当年秋英东中学开学前，已转入隐蔽的北江党组织负责人黄松坚还是为英东中学调来有丰富教学经验的中学教师、党员李卜凡出任教导主任，以及中共党员李元平、沈章平任教师。1943 年至 1944 年，又陆续安排 14 名中共党员到英东中学任教。尽管当时英东中学里的党员之间不发生组织关系，不过组织生活，但大家都心照不宣，如同在一个党组织内同心同德做好工作。英东中学里的党员大部分是因广州沦陷转移到英德的，也有从延安派来的，如陈枫、邓文礼等。在办学过程中，他们运用延安办学经验，结合当时的形势，利用合法的形式——在国民政府教育部门规定的教材中，加入革命的内容，除了让学生学习文化知识外，还特别注意向学生宣传马克思主义理论和抗日救亡的革命道理。教师们还有意识地把品学兼优的学生集中起来，组织课外阅读研究小组，把党组织编印的资料发给学生阅读，让其接受革命的熏陶，并让学生写读后感、出墙报。

为了给英东中学创造良好的周边环境，北江党组织和地方党组织首先在困难的情况下，逐步掌握英东地区的地方政权，使其按照有利于党的工作和广大人民群众的利益方向行使权力，营造一个较为宽松的办学环境。其次特别注意加强英东中学的师资力量，虽然在当时的战争环境中，教师因为党的工作需要流动较大，但北江党组织始终保证英东中学教学工作的连续性和高水平，确保教师绝大部分由中共党员担任。在抗战时期英东中学存在的三年半时间里，任教的教师中先后有 17 名党员，其中地县级党的领导干部 7 名。

北江党组织十分关心英东中学学生的成长。1943 年寒假期间，北江党组织组织师生 20 余人在新兴乡石角村办学习班，培训建党对象。学习内容有：抗日战争形势和任务、游击战争的战略战术问题、党的建设等等。1944 年秋，党的组织活动一恢复，英东地区党组织即派朱明到英东中学，专门负责在学生中发展党员。通过学生党员协助，先后吸收多名学生入党。1945 年春，英东中学三年级党员学生成立党小组。在学校支委陈汉威领导下，党员学生积极参加抗日救亡宣传，到乡村、圩场张贴和散发传单、战报，为东纵北江支队传递信件、情报等。

为了适应革命形势的需要，学校每月组织开展一次时事报告、出墙报、时事评述等活动，并在学生中开展军事训练，教师向学生讲授开展游击战争的意义、游击战争的战略战术，以及怎样利用地形地物等知识，开展瞄准、射击训练，使学生掌握一定的军事知识。

1944 年 5 月，日军南北两路进犯，企图占领粤汉铁路。陈仁畿、陈枫等组织英东中学和新兴乡中心小学师生 20 余人组成英东抗日自卫大队，进驻潭洞山区，拟建立抗日根据地。后受阻于日军，师生回到桥头圩，组成英东学生暑期工作队，在陈仁畿领导下，到新兴乡各保召开群众大会，宣传发动群众，组织民工担架队，做好抗战准备。1945 年 3 月，东纵北江支队挺进英东地区，开展抗日武装斗争。英东中学百余师生面对山河破碎、民不聊生的残酷现实，为一种同仇敌忾、共赴国难的爱国热情所驱使，弃笔从戎，参加北江支队举办的青年干部训练班后，被编入北江支队。后英东中学被国民党英德当局称为"匪校"，遭国民党英德当局破坏而停办。

在抗日战争中，英东中学师生英勇顽强，不怕牺牲，涌现出不少可歌可泣的英雄人物。如 1945 年 7 月，国民党顽固派军队奔袭北江支队英翁边大队野马中队（以英东中学学生为骨干组织起来的队伍）驻地青塘乡周屋小学，为掩护主力转移，原英东中学学生陈势雄、陈贻滔与 16 位勇士战斗到最后一刻，直至壮烈牺牲。

二、县立浛洸简易师范学校的革命活动

英德县立浛洸简易师范学校（以下简称浛师），创办于 1941 年 4 月。抗战时期，党组织将其改造成为一座坚强的抗日堡垒，一所由共产党领导的革命学校，并以此为基地，对周边学校发挥巨大的辐射作用，有力地促进抗日救亡运动在英西地区的开展。

1942 年 5—6 月间的南委、粤北省委事件后，广东大部分国统区的党组织暂时停止活动。党组织将在广州、番禺等地活动的李株园安排到浛师隐蔽，并担任教导主任，时任浛师校长温裕文，与李株园既是同乡又是印度尼西亚归侨，关系密切，合作默契。温裕文信奉基督教，为人胆小怕事，但有倾向开明的表现。他与挺二政治部主任黄桐华及进步人士秦元邦等均是同乡，常有往来，关系较好。

在上述有利条件下，党组织在浛师的工作迅速开展起来，李株园将教好学生、办好学校作为开展工作的基础，不但促进了学校的发展，还树立了共产党在师生中的威信。李株园很快发现李瑞享（后因国民党反动派阻挠治病，不幸病故）等八九个学生思想比较进步，便以他们为骨干，先后建立各班的班会和学校的学生自治会。通过班会开展以抗日救亡宣传为主要内容的课外活动，如组织学生阅读进步书刊、举办演讲会、出墙报等，以学生自治会名义用墙报、漫画等形式在浛洸圩开展抗日救亡宣传。李株园还以个别谈心的方式启发引导，向学生骨干讲解党的抗日主张，

宣传八路军、新四军英勇抗战的事迹，揭露国民党顽固派假抗日、真投降的真实面目。

1943年开始，洺师的国文课不按当时的统一课本讲授，而是使用进步教师自编的，以鲁迅等人的杂文、散文、诗歌为主编写的教材；历史课用以古喻今的办法讲授；地理课结合抗日战争形势、抗日根据地，以及中国怎样沦为半殖民地半封建社会的等等内容讲授；音乐课则全部教唱抗日歌曲，如《吕梁山大合唱》《黄河大合唱》《延水谣》《在太行山上》等。同时，努力增强课程的实用性，通过课堂向学生灌输爱国、民主、进步思想，揭露国民党顽固派的反动本质，阐明中国青年的革命方向。在课外继续组织学生阅读进步书刊，特别是在学生骨干中秘密传阅毛泽东的《论持久战》《中国革命战争的战略问题》等关于中国抗战和革命的经典论著。

为了争夺学校这个阵地，国民党英德县政府于1943年秋，派出三青团英德县总干事韦耀寰到洺师，要求全体学生加入三青团，校长温裕文将童子军的名册报上。洺师学生虽然被迫加入三青团，但没有开展过有关三青团的活动，相反借悼念李瑞享同学大会，提出坚持抗战、坚持团结、坚持进步的口号。1944年春，韦耀寰再次窜到洺师，要学生响应蒋介石"一寸山河一寸血，十万青年十万军"提议，参加国民党青年军，并用"优厚的待遇""美式装备""美式生活"和封官许愿等诱惑。李株园等开会研究，认为参加国民党青年军，实际上是国民党变相拉壮丁。所谓青年军，并不是抗日的军队，而是国民党顽固派用来对付共产党和人民抗日武装的反动军队，决定动员学生抵制，目标是不让一个学生上当受骗。会后，李株园等分别找学生骨干谈话，再由他们做其他学生的工作。由于突出反对国民党变相拉壮丁，得到学生的拥护、学生家长的支持以及社会各界的同情，温裕文的态度也比较明朗，表示支持师生。再次粉碎国民党顽固派企图控制洸师学生的阴谋。

1944 年 7 月，日军北上进犯粤北，李株园等在学校放假前研究，由李株园以学校名义，组织 20 余人的战时工作队，到洸师学生较集中、小学教师中进步青年较多、有一定群众基础的尧鲤乡石牯塘圩、石霞、秧地塝等地开展抗日救亡宣传，动员群众组织起来保卫家乡。为了锻炼和考验队伍，李株园还组织了 10 多人到战火弥漫的石美乡竹田圩一带慰问伤员。秋，粤北地区党的组织活动全面恢复后，洸师于 10 月建立党小组。此后，洸师的抗日救亡宣传更加活跃。冬，洸师建立党的外围组织抗日青年同盟，不少进步学生加入。入抗盟的手续与入党一样严格，同样要过组织生活。洸师的进步学生一般先加入抗盟，经过教育锻炼后，再发展成为中共党员。解放战争时期，洸师一大批师生先后参加地方的革命活动和参军参战，其中，朱元秀、唐万昌为革命献出宝贵生命。

三、县立中学及其他学校的革命活动

抗战时期，英德党组织为了加强县城党的工作，建立青年学生工作阵地，在县立中学开展一系列的工作。1939 年夏，英东特别支部委员会书记廖宣利用其在国民党英德县政府工作的机会，安排党员廖祥光、廖金堂等到县立中学读书，县立中学开始有共产党人的活动。1941 年 8—9 月间，上级党组织派刘邦彦向廖祥光了解学校里国民党特务活动情况，指示警惕暗藏在学校的国民党特务，注意培养建党对象。冬，刘邦彦第二次指示廖祥光，在学校组织一个以进步学生为主体的读书会，通过读书会的活动，了解青年学生思想等情况，把进步学生团结起来，进一步发展建党对象。廖祥光组织起有 20 多人的读书会，组织学习讨论《共产党宣言》《国家与革命》《大众哲学》《社会发展史》《论持久战》

等著作。通过学习讨论，学生们的思想政治觉悟提高得很快。1942 年春，英德县特派员谢永宽代替刘邦彦与廖祥光联系。8 月，廖祥光、林华在县立中学建立党小组。随后，廖祥光、林华按照党组织要求由学校宿舍搬到县城新街尾郑玉章律师办事处 2 楼的一间小房子居住，一面开展学校党组织的工作，一面协助谢永宽的工作。他俩白天到学校上课，晚上和假日抄写文件资料等，再派人送到学校和县城等地传阅。这间小房子实际上就是英德党组织的宣传部、联络站，至 1943 年春因敌人破坏才停止活动。1943 年春，为反对潜伏在学校的国民党特务、教导主任黄觉父，学校党组织以学校无理开除 1 名违反一般校规的学生为由，通过读书会的号召，全校罢课 3 天。结果校方答应学生要求，把潜伏在学校的国民党特务黄觉父赶出学校。

1945 年 1 月，县城沦陷前，县立中学与洛师随国民党英德县政府机关迁往大湾圩，合并组成英德县临时联合中学，设中学部和师范部。夏，临时联合中学党支部成立。临时联合中学成为一所"白皮红心"的学校。8 月，临时联合中学改组，县政府教育科长云昌遇兼任校长，教务主任雷鸣，训育主任梁志远，师范部主任陈秋原，他们均是中共党员。党组织还陆续派进八九个党员和青年民主同盟（以下简称青盟）盟员，分别担任各班的班主任。抗战胜利后的 9 月，临时联合中学迁回县城。学校党组织安排从游击队撤出的党员赖初阳、马尚和青年朱琼华、曾映全等以及受过进步思想教育的阳山中学学生巫小静、陈铨玉等就读，发展教师刘宝珠、陈琼琚和学生潘健、周平等 5 人入党，发展张裕兴、姚宏来等 30 多人参加青盟。

在英东地区，在当地热心教育的陈日斋、陈汉畿等人的支持下，于 1940 年创办钳铺乡立小学，聘请进步青年任教，组织高年级学生到乡村、圩场以写标语、出墙报、编话剧、开演讲会等形式，开展抗日救亡宣传。1941 年，县委（不含英西地区）负责人吴坚到新兴乡中心小学以教师职业作掩护，开展革命活动。

此外，北江党组织安排不少党员到其他学校，以教师职业作掩护，开展革命活动。1941 年 6 月，党组织为加强溪板乡私立江古山小学的革命力量，先后派遣郭巾英、许足成等 12 名党员任教，使该校成为革命据点之一。

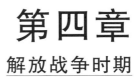

第四章

解放战争时期

第一节 抗战胜利后的革命斗争

一、英德的局势与党组织的恢复

日本投降前的 1945 年 7 月下旬，国民党广东当局为了抢夺北江地区抗战胜利果实，迫不及待地对抗日根据地发动军事进攻，挑起内战。国民党军第六十三军第一五二师、第一五三师各一部，以及龟缩在江西南部的国民党军第六十五军第一六〇师，以"剿匪"为名，大举进攻北江抗日根据地。8 月底，国民党军第六十三军军部和 1 个师驻翁源县城龙仙、第一五二师师部和 1 个团驻青塘圩、1 个营驻桥头圩，大镇圩、鱼湾圩、横石水圩和翁源县新江圩各驻 1 个团。敌人采取所谓"梳篦""填空格"等战术，对北江东岸抗日根据地反复"扫荡"和"围剿"，企图消灭北江东岸的人民武装。

面对国民党军的大举进攻，东纵北江支队和各地方大队、北江东岸抗日根据地各乡政权、抗日自卫队、民兵与国民党军展开激烈战斗，给予敌人重大杀伤后，向山区转移。北江东岸抗日根据地的青塘、大镇、鱼湾、横石水等圩场和交通线先后被国民党军占领，抗日根据地各部队、各乡政权、后方医院、税站等，在战斗中遭到较大伤亡，不少人员被打散失去联络。国民党军所到之处，烧杀抢掠，搜捕北江支队和地方党组织人员，滥杀无辜群众。1946 年 2 月，国民党军驻翁源县翁城的 1 个团"扫荡"英德溪板乡，全乡被捉去群众 400 多人，其中江古山村被捉去 300 多人；全乡有 40 多人惨遭杀害。国民党军在英东地区实行疯狂的"三光"政策，地方党组织和群众受到很大摧残。

1945 年 10 月，根据形势变化，上级决定撤销北江特委，成立粤北党政军临时委员会（以下简称粤北临委），原北江特委书记黄松坚以广东区党委委员身份领导英德、佛冈、清远等县的党组织。各地党组织由委员制改为特派员制，停止组织活动，党员分散隐蔽，保持单线联系。

在英东地区，撤销英东县工委，原工委书记林名勋调广州市委。1945 年 11 月，上级派遣廖宣任英佛特派员，领导英东党组织和佛冈县特派员。英佛特派员下属组织有：英东党组织、佛冈县特派员。英东党组织下属组织有：新兴乡党支部、江古山党支部、鱼湾党支部、李屋角党支部。1946 年 3 月，廖宣调走，汤山于 4 月任英佛边区党组织及武装部队负责人，英佛边区党组织下属组织有：英翁佛民主先锋大队党支部、新兴乡党支部、江古山党支部、鱼湾党支部。

在英西地区，1945 年冬，黄松坚任命李福海为小北江特派员（一说英德中心县委）。稍后，粤北临委任命张江明为小北江特派员，李福海任副特派员兼英德县委书记（不含英东地区）。英德县委下属组织有：九龙（含黄花、西牛）中心支部、洽师党支部、临时联合中学党支部、洽小党支部、洽洸广肇小学党支部、县立初级文澜中学党支部。

二、北江支队的武装斗争

1945 年 8 月，东纵北江支队支队长邬强率 2 个中队和西北支队留下的叶培根中队以及各地方大队，坚持在英（德）翁（源）曲（江）新（丰）佛（冈）边区开展斗争。

9 月中旬，邬强针对抗战刚结束，北江各地即遭到国民党军疯狂进攻，根据地大部分被占，战斗频繁，连续行军转移，战斗减员，伤病员增加，生活极为艰苦，一部分干部战士存在各种模糊认识等情况，及时在文光乡三山召开干部会议（三山会议），着重讨论当时的形势与任务，主要解决日本投降后北江支队向何处去的重大思想问题，坚定斗争信心。会议认为对国民党不能存有丝毫幻想，要求得生存，必须挺起腰杆与国民党反动派展开斗争，必须继续执行分散活动、坚持斗争的方针，依靠人民群众，依托大山，依靠地方党组织，扩大部队活动地区，才能变被动为主动，最后夺取胜利。

三山会议后，北江支队分散到几个点，每个点选择群众基础较好、地形有利的村庄作为立足点，以此辐射出去开展广泛的游击战争。分散到地方的部队再分散为数十人或十几人的小分队和武装工作队（以下简称武工队），依靠地方党组织和人民群众，依托山区开展活动。

部队分散活动后，广泛开展对敌斗争。1945 年 9 月下旬，武工队在地方党组织配合下，镇压了替国民党军带路进入大镇圩、作恶多端的黄塘乡乡长、地方反动分子谢育洲，缴长短枪 4 支及部分子弹，以北江支队军事法庭名义当场审讯，宣判谢育洲死刑，立即执行，并没收其家中财产。还在其家门口和附近张贴《北江支队军事法庭判决书》，公布谢育洲种种罪行，以扩大政治影响和警告其他反动分子。随后，武工队在英翁边大队配合下，化装成国民党军，夜袭青塘乡乡长、地方反动分子范社奖。接着，在北江支队野火大队队员胡灼华的父亲胡仲文配合下，夜袭新兴乡副乡长、地方反动分子郭先基，并没收其家中财产。

10 月初，武工队在林名勋配合下，动员江古山自卫队和群众百余人，突袭溪板乡反动恶霸地主张瑞萍，以北江支队军事法庭名义当场审判并处决张瑞萍。此役缴长短枪 8 支，没收稻谷 40 余担及布匹、油盐等一批。在通往大镇圩、桥头圩、横石水圩的重要路口，张贴《北江支队军事法庭判决书》和反对内战的传单标语。武工队短枪组在英东党组织负责人赖希先协助下，活捉黄塘乡乡长、雅堂村反动地主赖品瑶，经教育后担保释放，缴长短枪各 1 支。此后，武工队到翁源、韶关、新丰等地活动。10 月上旬，组织 13 人的税收小分队，在瀚江鲤㙦湖上游设立临时征税点征税，以解决部队的部分供给。由于税收合理，又保证过往客货船安全，得到船工和客商的支持。一天，税收小分队截击 3 艘国民党物资运输船，缴长短枪 5 支、药品 6 箱以及其他物资一批，对随船的少校军官及以下 18 人，经教育后释放。

11 月中旬，北江支队军训队队长江水率小分队由侧黄乡濂滩农会会长彭观妹作向导，夜袭赤珠乡乡长、地方反动分子温严鹏。接着，在黄塘乡杉木塘塘下军属交通员赖亚业帮助下，活捉塘下反动保长黄某，没收其财产，经教育后罚款及担保释放。

1946 年 1 月，组建手枪队。手枪队在黄塘乡金山径、翁源县官渡附近狮子岭公路设立流动税站，在黄塘乡同乐、黄陂和文光乡青石塘等圩场武装收税，在同乐圩击毙茶山村反动头子曾仲华和反动分子邓某，缴手枪 2 支。

2 月，以文光乡抗日动委会自卫中队为基础，调主力大队和独立第一大队各一部充实，组建鱼湾大队（后称英翁佛民主先锋大队），有成员 43 人主要活动，主要活动在文光乡鱼湾、三山一带，及英（德）佛（冈）、英（德）翁（源）边区。

3 月上旬，江水获悉驻桥头圩的一个连的国民党军调防，圩内仅有桥头警察分局和乡公所三四十人，决定在国民党军接防前，打击桥头警察分局。在地方党员石明以及积极分子邱振东协助下，经过侦察，掌握警察分局开饭时警察集中在饭厅吃饭一般不放哨的情况后，制定化装成村民，选择警察集中在饭厅吃晚饭时，发动突然袭击的战斗方案。一日下午 5 时许，头戴竹帽、化装成村民的手枪队员，突然冲进警察吃饭的饭厅，大喊"不许动！""缴枪不杀！"突如其来的喝令声响彻饭厅，正在吃饭的警察惊慌失措，丢下手中的碗筷举手求饶。这次战斗前后仅 15 分钟，一枪未发，俘分局长卢友、税收主任黄某等 23 人，缴长短枪 20 余支、手榴弹 20 余枚、子弹千余发，以及其他物资一批。在当地群众强烈要求下，将作恶多端、民怨极大的卢友、黄某押到桥头圩附近的山冈枪决，其余 21 人经教育后释放。

在国民党军大规模军事进攻面前，北江支队作出分散活动、坚持斗争的方针，适时转变斗争方式，在地方党组织和人民群众支持配合下，在斗争中通过疏散隐蔽，保存了武装实力，保存了骨干队伍，还不断打击敌人，巩固和扩大了活动地区，为中共中央与国民党当局进行北撤谈判斗争创造了有利条件。

三、粤赣先遣支队英东部队的武装斗争

公开恢复武装斗争后，1947 年 4 月，中共中央香港分局成立瀺江地区工作委员会（以下简称瀺江地工委）和粤赣先遣支队。4—5 月间，粤赣先遣支队先后建立 18 支人民武装，其中，英东地区有第十大队、突击大队、飞虎大队、第三大队、英翁佛民主先锋大队。他们广泛发动群众开展反对国民党的"三征"（征兵、征粮、征税）运动，打击反动派，团结中间派，破开粮仓，救济贫苦群众。

当时英东地区 7 个乡中，只有新兴乡乡长徐雁题与人民武装仍保持联系，其余 6 个乡的乡公所均为反动分子把持。

粤赣先遣支队突击大队选择群众基础较好的黄塘乡打击敌人。黄塘乡西北面是高山，东南面是丘陵，中间是个小盆地，盛产稻

谷，素有"东乡粮仓"之称。雅堂、茶山两地的地主占了全乡八成以上的土地，阶级矛盾较尖锐，有利于发动群众起来斗争。当时，黄塘乡有2个反动据点，一个是驻大镇圩的60多人的县保安队，一个是驻大镇圩东面镇头岭的乡联防队，他们横行乡里，打家劫舍，无恶不作。突击大队采取打击县保安队、瓦解乡联防队的策略，多次打击县保安队，打得他们只能龟缩在炮楼里。1947年7月14日，突击大队获悉县保安队要撤回县城，决定在其必经之路长10多千米的狭长山谷——黄塘乡金山径设伏打击。翌日上午，县保安队进入伏击圈，突击大队发起猛烈攻击，毙伤敌13人，俘敌8人，缴枪20余支。打击县保安队后，突击大队开展争取、瓦解乡联防队工作。选派当地青年曾春风打入乡联防队。曾春风虽然出身富家，却有正义感，秘密加入共产党后，以灰色面目在乡联防队利用各种社会关系，秘密串联发动，不到1个月，就带领乡联防队30多人起义。后来起义队伍被改编为突击大队第二中队。拔掉黄塘乡的反动据点后，乡公所的人逃之夭夭。此时，英东地区分散的小块游击根据地连成一片，群众的革命热情高涨，农会、民兵组织纷纷建立，青年踊跃参军，部队迅速扩大，突击大队第一、第二中队得到充实，又成立第三中队和2个基干民兵中队。9月，突击大队手枪队夜袭河头火车站，毙守军数人，迫使铁路停运；缴手提机枪1挺、步枪3支。手枪队傅应光在战斗中英勇顽强，被粤赣先遣支队授予"战斗英雄"称号。此后，突击大队多次在沙口乡与南岗乡（今大站镇）之间铁路沿线破坏国民党军军用列车，炸毁粤汉铁路的高良桥，阻滞国民党军的军事活动。

1947年夏，粤赣先遣支队飞虎大队围歼溪板乡公所，俘乡联防队20余人，缴步枪17支、子弹千余发。9月，粤赣先遣支队第三大队又围歼溪板乡公所，俘乡联防队40余人，缴步枪81支、子弹 2000 余发和其他物资一批。溪板乡的国民党政权 4 个月内 2 次被围歼。但顽固的反动分子不甘心失败，特别是大地主、大恶霸张桂畬唆使其子张国越担任溪板乡联防队队长，疯狂迫害停租废债的群众，配合国民党军"扫荡"游击队。11 月，飞虎大队手枪队队员化装成农民，突入张桂畬家，活捉张桂畬，缴获国民党军留下的长短枪 14 支、子弹 260 余箱 7 万余发，以及稻谷 2.5 万多千克、衣物布匹一批；处决了民愤极大的张桂畬，铲除了英东地区最大的恶霸。12 月下旬，飞虎大队驻扎新兴乡潭峰寺休整时，遭国民党军 1 个营和县保安队共 500 余人包围袭击。第三大队和溪板乡数百名民兵闻讯后，迅速向潭峰寺增援，敌急忙逃窜。飞虎大队变被动为主动，兵分 3 路追击逃窜之敌，毙伤敌 30 余人，其中毙敌连长 1 人，部队仅伤亡 2 人。

粤赣先遣支队第十大队在新兴、溪板、青塘乡开展停租废债运动，公开张贴布告，号召农民停止向地主缴交谷租，废除欠下地主的一切债务，收缴地主的武装，镇压与国民党军勾结、企图重新组织队伍并自任大队长的溪板乡华屋反动头子华岳生。1947 年 9 月、10 月，第十大队两次打击偷袭文光乡坝仔的门园太乡潭头反动头子邓日池联防队，老游击队员钟恩树在战斗中不幸牺牲。邓日池两次偷袭均遭惨败，仍不肯罢休。11 月，又组织二三十人偷袭文光乡文南游击根据地，被民兵武装阻击。随后，邓日池联防队天天出动袭扰文南游击根据地，有时一天几次，持续 10 余天，均被民兵武装击退。第十大队主力驻小坑乌泥山上，意欲诱敌深入，关门打狗。狡猾的邓日池怕中计，加上 10 余天袭扰未遂，只得放弃进攻文南游击根据地。

1947 年 11 月 25 日晚，英翁佛民主先锋大队打击驻黄岗圩的联防中队，战斗从晚上持续到翌日上午 8 时，联防中队乘大雾溃围而逃，先锋大队虽未达到消灭联防中队的目的，但迫其撤出黄岗圩。是役，游击队员刘运牺牲。12 月，英翁佛民主先锋大队在英德潭洞、佛冈县观音山等地，多次打击进犯的国民党军和地方反动武装。

1947 年 11 月，英东中学师生百余人，在校长杨健之以及教师陈持平、唐庚、熊燎等带领下，参加粤赣先遣支队。英东中学第二次停办。

四、英西地区的武装斗争

1946 年底，英西地区党组织根据当时的形势，决定尽可能多派遣党员到农村，尤其是本地党员要回本地，以便接近农民、教育农民、组织农民。当时，英西地区的反动势力较强，如梁猛熊（国民党英德西区联防主任兼县保安营第二营营长）、陈潮任（国民党英德县党部书记长）、丘炳华（国民党英德县自卫总队队长）、韦耀寰（三青团英德县总干事）等都是英西地区人。这些人与农村的反动势力勾搭，统治着英西地区，发动组织群众的阻力很大。但是，英东地区不断高涨的武装斗争影响着英西地区。

1947 年 2 月，英清佛特派员司徒毅生在清远县召开会议，英西特派员李冲、清远县特派员谢鸿照参加会议。会议研究英西地区工作，认识到英西地区的重要性、开展武装斗争的迫切性，认为英西地区工作比较薄弱，要迅速发展起来与英东地区连成一片。会议决定加强对英西地区的领导，谢鸿照改任英西特派员，负责洺洸以南地区和城区；李冲负责洺洸以北地区的英（德）乳（源）阳（山）边区，专管农村武装斗争。

英西特派员下属组织有：英德城区党支部、西牛党支部。此后，李冲以行医身份作掩护，活动于英西地区广大农村，领导党员、青盟盟员以反"三征"为号召，发动组织群众建立农民自救会。由于在英西地区开展工作的力量太少，总体来说，英西地区武装斗争准备工作跟不上形势发展的需要。

6月，英清佛特派员司徒毅生在清远县再次召集英西特派员李冲、谢鸿照开会，进一步研究关于加快英西地区武装斗争准备工作问题。会议决定：暑假后，县立简易师范学校（前身是县立浛洸简易师范学校，以下简称英师）、县立中学应届毕业生中的党员安排回农村，能回本村的回本村教书。会议结束后，李冲赴广宁县向西江特委汇报并请示开展英西地区武装斗争的具体问题。西江特委同意加快英西地区武装斗争步伐的意见，并要求英西地区党组织分批输送人员到部队受训，作为开展武装斗争的骨干。10月初，英西地区党组织派遣欧赞、潘健、巫开通和农民自救会积极分子李泉、李富等第一批人员赴广宁县受训，随后又派遣钟景、黎绪辉。1948年2月，派遣伍学良、黄志达、巫家远、杨奔流、杨茂良和农民自救会积极分子赖牛、蓝水、巫安邦等第二批人员赴广宁县受训。

在英西地区北部，李冲采取将英西地区北部划分为3片，每片均指定党员负责的方法，发展党组织、青盟组织和农民自救会。由于本乡本土的党员、青盟盟员回乡工作，熟悉情况，工作很快开展起来。经过一年多的努力，到1948年7月武装起义前，发展伍学良、巫振国等一批党员，陈展、巫金声等一批青盟盟员；73个村庄建立农民自救会，有会员700多人，其中，大湾、英阳片300多人，石牯塘、独山片300多人，横石塘片88人。农民自救会组织农民普遍采取"拖""躲"的斗争方式对付国民党的"三征"。

1947年10月，司徒毅生、李冲在尧鲤乡石霞村召开会议。会议决定开展与英西地区北部山区相连的乳源县南部地区大布乡的工作，为武装起义后的队伍活动开辟回旋地，分工由巫大杰负责。巫大杰利用各种关系，秘密串联发动。经过半年多的努力，在大布乡 7 个村建立农民自救会，有会员 40 人。

在英西地区南部，1947 年 6 月，谢鸿照在县城东岸咀约见英师应届毕业生周平、李芳志，听取英师党组织的工作汇报，传达清远会议精神，布置开展农村工作事宜。9 月，一批党员、青盟盟员回到农村，发展党组织、青盟组织和农民自救会。经过深入细致的发动，发展青盟盟员 40 多人、农民自救会会员 42 人。为锻炼、培养武装斗争骨干，谢鸿照先后从黎洞、西牛派遣党员和进步青年 10 余人到广（宁）四（会）清（远）边区总队学习。同月，广（宁）四（会）清（远）边区负责人马奔按照粤桂湘边区工委的战略部署，派遣副大队长冯开平率 50 余人的英清边挺进队，配备机枪 2 挺，进驻清远县文洞，与王式培、张耀伦小分队合编。并动员清远县文洞、英德黎洞原东纵西北支队复员人员归队，成立粤桂湘边区人民解放军英清边独立中队（以下简称英清边独立中队），有 80 余人枪。其时，英（德）清（远）边区土匪很多，有的打家劫舍，有的勾结国民党军与游击队为敌，有的假冒红军抢劫。英清边独立中队决定先从消灭土匪入手，为民除害。1947 年 10 月，英清边独立中队擒获盘踞在清远县文洞下山塘角的政治土匪胡浩泉等 13 人，随后又镇压密谋组织联防队与游击队对抗的文洞保长陈葵和高朗坝反动头子罗华扬。从此，英（德）清（远）边区的武装斗争得到恢复。

五、英东地区游击根据地的土改试点和停租废债

在英东地区，由于执行瀚江地工委正确的方针政策，以及全国革命形势迅速发展的推动，人民武装发展得很快，至 1947 年 7 月，已建立 5 个武装大队，并先后建立新兴、青塘、溪板、黄塘、文光、赤珠 6 个武工队，还有 1 个专门爆破铁路的工作组，共 200 多人。武工队的主要任务：组织农会，发动群众停租废债，反征

兵、征粮、征税；建立普通民兵和基干民兵队伍，镇压地头蛇，打击地方反动势力；筹粮和搜集情报；武装护送干部；配合武装大队打击敌人；等等。

1947年10月，中共中央公布《中国土地法大纲》。滃江地工委根据北方解放区一手拿枪、一手分田，实行停租废债和在山区进行土地制度改革（以下简称土改）的经验，决定在控制地区开展停租废债的群众运动，同时进行土改试点。武工队在各武装大队直接领导下，迅速行动起来。其时，英德的倒洞、翁源县的黄洞、佛冈县的青竹、新丰县的遥田和张田坑等山区，开展土改试点。在更多的山区、半山区和武工队控制的平原地区，普遍开展停租废债。停交的地租一半归农民，一半交公作民兵、农干、游击队粮食以及公益事业用；废债是废除农民所借的高利贷。

新兴武工队发动群众停租废债，建立农会35个，会员3000多人；组织民兵700多人，有武器700多件；建立交通站8个、交通员10人，税站1个；集中公粮10多万千克；举办党员训练班，发展党员12人。配合武装大队参加新兴乡老肖塘、暗径、潭峰寺、猫滩渡口、竹子坑、下塘岭、上杨、碑记石、高车坝等战斗，收缴地方反动武装长短枪150多支；开展统战工作，做好地方上层人士工作，争取新兴乡两任乡长徐雁题、巫薰三对革命的支持，如徐雁题掩护党员石明、廖昌六等，并协助武工队收税。

青塘武工队在"三联保"、黄竹坑、榔下、山子背、黄牛头一带发动群众停租废债，组织农会10个，会员500多人；组织民兵200多人，有步枪150支；在"三联保"、黄牛头建立交通站。配合武装大队打击当地反动保长，协同兄弟部队打击地方反动武装湖洋自卫队、上坪自卫队，缴枪支弹药一批。

溪板武工队发动群众建立村政权、农会、民兵三大组织，溪板乡全乡20个村全面实行停租废债，组织民兵千余人，其中基干民兵四五百人。配合武装大队参加攻打溪板乡公所、喜燕楼、龙屋、圳头等战斗，缴长短枪 72 支、机枪预备筒 4 支、子弹 10 万多发以及军用物资一批，没收恶霸地主张桂畲稻谷 2.5 万多千克，活捉溪板乡华屋反动头子华岳生，多次打退国民党军、翁源县联防队的进攻，策动当地联防队 20 多人弃暗投明。

黄塘武工队发动群众停租废债，组织农会 15 个，组织民兵 1200 多人。组织民兵 500 多人配合武装大队在黄塘乡金山径、望埠乡百磴石打退国民党军 1 个师的进犯。

文光武工队发动群众停租废债，并在文策等地试行土改，建立人民政权。文光乡全乡组织民兵 270 多人，其中脱产集中的基干民兵百余人，拥有长短枪 210 多支。

英东地区停租废债总人口 10 万人，组织农会 80 多个，会员 7500 多人，组织民兵 3000 多人，拥有长短枪一千多支。

在进行土改的地方，贫苦农民分到了土地，生活得到改善，增强了对敌斗争的信心，提高了保卫胜利果实的积极性。在停租废债的地方，农民得到斗争果实，革命积极性和阶级觉悟有了很大提高。但是，由于缺乏经验，只是照搬北方解放区的经验，未与当地的实际结合起来，在新区开展土改和停租废债时树敌过多，脱离群众，使党失去不少可以团结的力量，造成后来国民党"清剿"期间遇到一些本不应该出现的困难。

第二节 人民武装的大发展和人民政权的建立

一、粉碎国民党两期"清剿"和"四县大联剿"

1947 年 7 月起，人民解放军由战略防御转入战略进攻。在外线进攻的同时，于内线作战的各路大军，也先后转入大规模反攻。遭到沉重打击的国民党军队，由"全面防御"转为"分区防御"。

（一）粉碎国民党第一期"清剿"

蒋介石为了加强对广东的统治，于 1947 年 9 月派宋子文到广东，任省政府主席，后又陆续兼任广州行辕主任、广东省保安司令。12 月开始，他以八九万人的兵力，对广东人民武装发动所谓"分区扫荡、重点进攻"的第一期"清剿"。

1. 英东地区的反"清剿"

潖江地区是第一期"清剿"的重点。1948 年 1 月起，国民党军以 7 个团的兵力，进攻活动于潖江地区的粤赣先遣支队，其中 4 个团进攻翁源、2 个团进攻英德、1 个团进攻新丰。潖江地区进入最困难最艰苦的斗争时期。

为配合国民党军的"清剿"，国民党英德县政府对英东地区实行军事、政治、经济的全面"清剿"。他们培植地方反动势力，任命县参议员、恶霸地主杨成光为英东办事处副主任，组织联防队、戡建会等地方反动武装和反动组织，配合国民党军烧杀抢掠；对实行停租废债的地区反攻倒算，强迫群众退回土地、退回租息；

抢粮，破坏人民武装的税站、粮仓，对人民武装实行经济封锁，对游击根据地实施残暴的"三光"政策，并村并粮，"五家联保"，到处建碉堡炮楼，派驻联防队驻守，一方狗吠，四方敲锣；威迫游击队员、农会和民兵干部"自新"，大肆屠杀游击队员及其家属以及革命群众。英东地区处于一片白色恐怖之中。

面对国民党军和地方反动武装的疯狂进攻，粤赣先遣支队迅速组织各武装大队，与敌展开斗争。

1947年12月，粤赣先遣支队突击大队为摆脱国民党军的围困，冲出重围，分头行动，以分散对付集中，实行外线作战。

1948年春，粤赣先遣支队第十大队主力撤到山区，以小股武工队、手枪队分散在文光乡文田、文南平原地区活动，与敌周旋。春节前后，在文田第九保宣传组织群众，仅1个月就完成"清仓查库、平仓平粮、停租废债、平分浮财"工作，把该地区农会、民兵、交通站等组织建立起来。3—4月间转移到第八保，废除反动的保甲制度，成立党领导的基层政权、群众组织。

粤赣先遣支队飞虎大队跳出敌包围圈，分3路到外围活动，一部到英（德）翁（源）边区活动，一部到英（德）佛（冈）边区活动，一部到英（德）新（丰）边区活动。

4月，粤赣先遣支队扩大主力部队，将钢铁大队和飞虎大队合编组建出击大队，共300多人。出击大队成立后，在英德溪板乡溪头山挫败国民党军3次对支队司令部的进攻。4—5月间，驻溪板乡溪头山的支队司令部，在溪板、新兴乡一带组织农会、民兵、贫雇农团、肃反团，突出外围，打击地头蛇和便衣特务。

5月初，粤赣先遣支队第三大队获悉杨成光、郭先基在英德县城组成的"还乡团"在县保安队1个连护送下，从县城返回新兴乡，决定打击这股地方反动武装。新兴乡恶霸地主杨成光，是县参议员、英东办事处副主任兼新兴乡戡建会主任，是英东地区臭名昭著、沾满人民鲜血的刽子手。郭先基是新兴乡恶霸地主、新兴乡乡长兼联防队长。第三大队决定由中队长陈忠和小队长赵瑞珍带领 11 人，选择在"还乡团"的必经之路——猫滩渡口设伏。5 月 4 日，在猫滩渡口埋伏了 4 天的部队，终于等到了这股地方反动武装，当场击毙杨成光、郭先基和敌营长等 10 余人。

粤赣先遣支队英翁佛民主先锋大队活动在英（德）佛（冈）边区，与佛冈县人民武装密切配合打击敌人。

粤赣先遣支队突击大队、飞虎大队、英翁佛民主先锋大队应对数倍于己的国民党军，跳出包围圈，迂回曲折、艰辛地进行反"清剿"，挫败了国民党军妄图消灭英东地区人民武装的阴谋，游击队和人民群众在对敌斗争中经受了严峻的考验。

2. 英西地区的反"清剿"

1948 年 1 月，英德、清远两县地方反动武装 300 余人到英德黎溪乡、清平乡和清远县文洞"清剿"，英清边独立中队奋起迎击。1 月 20 日晚，英清边独立中队从文洞出发奔袭黎溪乡公所，翌日拂晓包围乡公所，趁天亮开门之机突入，俘副乡长吴国强、乡自卫中队副队长谢钦铭等 20 余人，缴长短枪 10 余支；召开群众大会，破仓分粮。2 月，夜袭大山应村匪巢，擒获叛变投敌成为政治土匪的吴神祐等 10 余人，缴枪 16 支，救出被掳青年妇女 7 人。人民武装打击敌人，安定了社会秩序，深受群众拥护和支持，群众纷纷送子弟参军，英清边独立中队从 80 余人枪发展到 150 余人枪。

3 月初，英清边独立中队在英德黎溪乡扫除 4 个敌据点。3 月 14 日，英清边独立中队进入英德清平乡大洞圩，接受清平乡乡长黄扬华投诚，并俘国民党情报员黄志灼等，缴枪 20 余支；召开群众大会，宣告清平乡解放，废除"三征"及保甲制度。随后，英清边独立中队进入黄寨乡南部，捣太平水村反动分子梁坤贤堡垒，开仓分粮，推动春耕。至此，打通英（德）清（远）边区通道，使英德黎溪、清平、流陈、黄寨等乡与清远县咸泰、升平、同升连成一片，并以大洞圩为依托，发展至小北江边。与此同时，英（德）清（远）边区、广（宁）清（远）边区两支部队协同行动，打通笔架山与英德黎洞、清远文洞走廊地带，使英（德）清（远）边区、广（宁）清（远）边区也连成一片。

5月，英清边独立中队扩编为粤桂湘边区人民解放军连江支队英清边人民解放大队（以下简称连江支队英清边大队），下设4个中队、6个武工队。

（二）粉碎国民党第二期"清剿"

1948年夏，人民解放军全面转入外线作战，全国主要战场进入国统区。宋子文在第一期"清剿"破产后，经过一番准备，集中3个补充旅、15个保安团、12个独立保安营及地方反动武装，对广东人民武装发动第二期"清剿"。

1. 英东地区的反"清剿"

1948年7月，中共瀚江地方委员会（以下简称瀚江地委）在翁源县新江乡杨梅坑召开干部会议（杨梅坑会议）。总结5个月来反击国民党第一期"清剿"的经验教训，肯定成绩，分析国内和本地区对敌斗争形势，提出今后的工作任务。把过去停租废债、分浮财、分田政策改为反征兵、反征粮、反征税和减租减息政策。坚决依靠贫雇农，团结中农，联合或中立一切可能联合或中立的社会力量，把斗争锋芒集中对准国民党军及反动恶霸分子。会议的召开以及会议精神的贯彻，为反击宋子文的第二期"清剿"做好了思想准备。

杨梅坑会议后，以粤赣先遣支队领导人名义在英东地区发布《告英东各界人士书》，公开检查过早实行土改和停租废债政策的失误，指出国民党军大肆"扫荡"游击根据地，虽经数月，却遭到惨重失败，国民党 3 个月"肃清"游击队的幻梦已破灭；呼吁社会各界人士起来制止国民党军和地方反动势力的"三光"暴行；劝告敌自卫队立即悬崖勒马，解散或持枪起义；要求因土改和停租废债对游击队抱有成见的一般地主富农，务必认清形势，不要为虎作伥，以免酿成难以设想的后果。

根据瀚江地委指示，英东地区游击根据地先后改变土改和停租废债的政策，加上全国各战场捷报频传，很快出现新的变化，敌阵营开始分化瓦解，不少联防队和地主富农对游击队从敌视转为中立观望，整个局势迅速向有利方向发展。与此同时，各游击队不失时机地集中兵力打击国民党军和地方反动势力，取得很大成绩。

国民党在第二期"清剿"中，集中第六十三师、第六十九师及 5 个保安团的兵力向英东游击根据地进行疯狂大"扫荡"。在地方反动势力配合下，强迫千余名群众上山砍树，特别是对游击队经常活动的溪板乡溪头山和黄塘乡温塘山、九郎洞，砍完树后还放火焚烧。在平原地区则用所谓"拉大网"的办法，凭借绝对优势兵力到处寻找、围追堵截游击队。在艰苦的环境中，英东地区人民武装依托大山，与敌周旋，在山地战、运动战中不断打击敌人。

1948 年 6 月，粤赣先遣支队飞虎大队返回英东地区新兴乡驻竹子坑。国民党地方当局得悉后，纠集保安队、联防队等地方反动武装数百人进犯。飞虎大队奋起反击，俘敌 9 人，缴获武器 7 件。9 月 11 日至 20 日，飞虎大队一部在新兴乡狗子坜，伏击从桥头圩开往青塘圩的县保安队，毙敌 9 人，缴步枪 6 支；在新兴乡丘屋后山伏击潭坑联防队，毙伤敌 10 余人，俘敌 6 人，缴轻机枪 1 挺、步枪 12 支；在黄陂圩附近，伏击到黄陂圩收税的陈山联防队，毙敌 9 人，缴步枪 7 支。10 天时间，飞虎大队三战三捷，民心大快。

在文光乡一带活动的粤赣先遣支队第十大队，与数倍于己的敌人周旋于山区平原之间，利用山地战、运动战打击敌人。1948年7月，抓获作恶多端的胡耀章、胡斯坚兄弟，予以处决，并张贴告示，警告敌顽。9月，阻击门园太乡潭头反动头子邓日池两三百人联防队侵扰坝仔。

冬，粤赣先遣支队突击大队第二中队从佛冈县返回英德黄塘乡温塘山，与第一、第三中队会合后，突击大队转移到沙口乡滑水山时，被国民党军约1个团的兵力包围，突击大队突围后在望埠乡菜子窝附近的竹林里潜伏了4天。第四天晚上，出其不意地从菜子窝到青石，在蒋家洲渡口西渡北江，进入英西地区北部活动了10余天，包围的国民党军仍未发现突击大队的去向。11月17日凌晨3时许，突击大队与石牯塘武工队协同作战，打击尧鲤乡恶霸地主、大土匪黄君连老巢刀背寨新村，炸死敌1人，俘敌2人，缴枪1支、轻机枪预备筒1支、子弹200余发。是役后，国民党军才发觉突击大队已经突围至北江西岸，立即纠集2个营的兵力和驻洽洸圩的梁猛熊反动武装百余人，进行"围剿"。突击大队与敌周旋了1个多月。12月初，突击大队与石牯塘武工队、曲英乳人民义勇大队在曲江县江湾地区挫败英德、乳源、曲江3县地方反动武装的联合"围剿"后，返回英东地区。

2. 英西地区南部的反"清剿"

1948年6月，英德县县长杨璞如、国民党英德县党部书记长徐英群率县政警大队、县自卫总队，集结于水边、黎洞、高道一带，伺机"进剿"。连江支队英清边大队采取声东击西战术，东出流陈乡，镇压水边圩自卫中队情报员黎观廷；西进大洞圩，扫除县自卫总队情报员卜华祥等；南下北江东岸黎溪乡湖溪村，袭击徐英群老巢，缴长短枪18支、鸦片超过15千克。

6月下旬，粤桂湘边区人民解放军连江支队（以下简称连江支队）政委兼第一团政委周明率连江支队第一团先遣小队到达黎溪乡黎洞与连江支队英清边大队会合，决定集中力量打击在英（德）清（远）边区"清剿"的地方反动武装。得知300多名敌人分驻黎溪乡鸡春坝蕉园庙、马头面、乌蛟塘、胡屋。决定打击敌人。7月19日凌晨，部队从蓝山村急行军10千米，于凌晨3时许潜入鸡春坝打击敌人。是役，俘敌60余人，缴日式机枪1挺、长短枪70余支和弹药一批。在水边圩督战"清剿"的杨璞如获悉后，急忙下令进入水边圩、西牛圩的县自卫总队立即撤走。地方反动武装的"清剿"就此草草收场。

面对人民武装的打击，英德代县长周文浩用重金收编英德、清远、阳山3县悍匪数百人，拼凑成立以政治土匪李昌南为总指挥的英清阳边联防指挥部，还派出县自卫总队下属的中队长林晚、丘源训练收编的土匪。1948年11月，李昌南纠集匪徒百余人，冒充人民解放军到塔冈乡（今西牛镇内）大田洞、温屋、赖屋等地，抢走耕牛38头，掳走妇女26人。12月，连江支队第二团在高道乡（今西牛镇内）楼仔角村，智擒李昌南、林晚、丘源及敌骨干分子等36人，缴长短枪30余支；在高道乡犁沙村匪窝解救被掳妇女16人；在清平乡水口村解救被掳妇女5人。经此打击，聚集在英（德）清（远）边区的七八百匪众，慑于连江支队第二团的军威，如鸟兽散。周文浩收编土匪打击人民武装的阴谋破产了。

3. 英西地区北部的反"清剿"

1948年8月初，连江支队第一团挺进阳山县后，国民党英德县政警大队、英西联防大队、大湾自卫中队共800多人向蕉冈乡（今大湾镇内）田心洞扑来，企图消灭刚成立的连江支队英西人民抗征自救队（以下简称抗征自救队）。为避敌锋芒，李冲、黄漫江率抗征自救队撤离田心洞，留下大湾武工队在当地坚持斗争。8月中旬，抗征自救队到达乳源县大布乡坪壑村，与司徒毅生从尧鲤乡石霞村带来的30多人会合，共百余人枪，整编成立粤桂湘边区人民解放军连江支队英阳乳曲人民反蒋抗征队（以下简称反蒋抗征队），队伍编成1个中队、1个手枪队。

1948年11月29日，李冲率石牯塘武工队、张维率粤赣先遣支队突击大队一起挺进曲江县江湾白石村，与谭颂华、何远赤率领的曲英乳人民义勇大队会合。国民党广东第二"清剿"区发现上述3支部队会合时，即令英德、乳源、曲江3县地方反动武装分别从南、北、东3面向江湾"进剿"。面对严峻形势，3支部队负责人于12月1日在胡屋召集排以上干部研究对策，决定采取高度集中兵力打垮一路来敌，迫使其余两路自行退却的战术。计划打击北面来敌，并乘乳源县城守敌不多乘胜解放乳源县城。12月3日，从东面"进剿"的曲江县交警大队向上江湾的三门神、黄屋坝、白石进攻，被当地群众武装击退。12月5日，3支部队与从北面"进剿"的乳源县自卫总队遭遇，毙敌2人，伤乳源县自卫总队总队长邓振旅等5人，缴步枪1支、子弹2箱以及药品一批；敌溃逃。从南面"进剿"的英德县自卫总队得悉乳源县自卫总队溃败的消息后，连夜撤兵。至此，国民党3县"联剿"被粉碎。

（三）粉碎国民党"四县大联剿"

1949年5月下旬，人民解放军南下大军解放江西南昌后直逼广东，南逃广州的国民党政府即将覆灭。国民党军第六十三军、省保安第四师纠集英德、阳山、乳源、曲江4县地方反动武装，对英（德）阳（山）乳（源）曲（江）边区进行空前残酷的"四县大联剿"。

6月22日，国民党军第六十三军1个营纠集乳源县地方反动武装共 600 余人进犯乳源县九仙乡上座村，开始为期 49 天的"四县大联剿"。

1. 大成屋保卫战

1949 年 7 月 2 日至 4 日，省保安第四师纠集英德梁猛熊反动武装、观塘乡自卫中队，连续 3 天进犯游击根据地——观塘乡大成屋（今石牯塘镇大成屋）。

战前，大成屋军民做好各项准备，集中鸟枪 90 支、土炮 4 门、火药铁砂 10 缸，打碎犁头作为土炮的弹片，在村前要道埋设自制的地雷，召开民兵群众大会，振奋士气。

7 月 2 日，国民党反动武装上百人在反动地主成仲、成宝仁引路下进犯大成屋，在村前踏响地雷，陈尸一片。浛洸观塘武工队和大成屋民兵集中火力射击，打退敌 3 次进攻，毙伤敌几十人，武工队、民兵和群众无一伤亡，敌退回浛洸。7 月 3 日，敌出动两三百人再次攻打大成屋。武工队和民兵用步枪、鸟枪、粉炮、土雷对付敌人的机枪、步枪、手榴弹。战斗最激烈时，成汉周等民兵擂响大鼓，敲起大锣，振奋士气。是日，打退敌八次进攻，毙伤敌 30 余人。7 月 4 日，敌来势更猛，除驻浛洸的正规军外，还纠集古道乡（今大湾镇内）黄自来自卫队，尧鲤乡朱鉴、郭楷、黄君连、范庚反动武装共四五百人，集中机枪数十挺，从四面向大成屋压来，战斗异常激烈。战至中午，武工队和民兵的弹药全部耗尽。敌火烧门楼，打开缺口，蜂拥入村。在众寡悬殊、弹尽援绝的情况下，武工队和民兵与敌展开肉搏战。最后，除少数人突围外，34 人（其中武工队员 1 人、民兵 33 人）壮烈牺牲。是役，毙敌 35 人、伤敌 40 人，其中武工队员成俭毙敌 12 人。敌人进占大成屋后，疯狂残害无辜群众，老弱妇儿无一幸免，33 人惨遭杀害；连续多日在石霞、坳头、横山寨、秧地塝一带烧杀抢掠，焚毁房屋 3000 多间，杀害群众 30 多人，抢走耕牛 70 多头。

2. 英（德）乳（源）边区的反"清剿"

1949 年 6 月，英德代县长周文浩、县政警大队大队长张隆率队并纠集横石塘李富、黄行新等自卫队共 500 余人，兵分 5 路围歼横石塘武工队。横石塘武工队获悉情报后，立即撤离，跳出包围圈，敌一无所获，转而迫害革命家属，勒索稻谷数千千克。7月 7 日，古道乡乡长陈贯图和自卫中队正、副队长黄来、李苟率百余人乘夜远途偷袭跳村。民兵仓促应战，突围后撤往横山寨，敌抢走耕牛 20 头。7 月 12 日，三山乡（今波罗镇）自卫中队中队长黄昌率队进犯三山乡民兵中队控制地区。三山乡大木园冯屋、长尾岭冯屋民兵和群众奋起抗击，毙敌 1 人，缴步枪 1 支，打退来敌。7 月 13 日，梁猛熊纠合尧鲤乡几股地方反动武装近千人，兵分两路：一路进犯石霞村，石霞村群众已转移到乳源县大布乡，敌火烧石霞村，烧毁房屋 2000 多间；一路进犯坳头村，武工队和民兵阻击来敌，掩护群众上山，然后撤出战斗。7 月 14 日至是月底，地方反动武装不断袭击英西地区北部、乳源县南部村庄，武工队和民兵奋起反击，毙敌一批，缴获枪弹一批，民兵和群众也有遭杀害和牺牲，并出现一些叛变者和内奸。

3. 英（德）阳（山）边区的反"清剿"

1949 年 7 月底，在尧鲤乡一带"清剿"的省保安第四师、英德县自卫总队、英西联防大队转至英（德）阳（山）边游击根据地的大湾一带"清剿"。7 月 30 日，省保安第四师、英德县自卫总队黄家全中队、大湾自卫中队数百人，分两路"进剿"游击根据地。他们首先进犯马屎坡，烧毁房屋 64 间，抢走耕牛 14 头，粮食等物资被洗劫一空，抓走群众 16 人到大湾警察所勒索保释；又到墩头李屋烧毁房屋 4 间。7 月 31 日，进犯上车村，烧毁房屋 40 多间，抢走耕牛 2 头，粮食等物资被洗劫一空。

1949 年 8 月 2 日，敌进犯长山圩，烧毁房屋 8 间。到长陂烧毁房屋 18 间，粮食等物资被洗劫一空。敌进犯羊寨时，民兵占据村后山制高点，以步枪、鸟枪、粉炮与敌对峙 1 天，毙敌机枪手 1 人，伤 1 人。民兵牺牲 1 人，负伤 1 人。8 月 5 日，敌进犯茅塘村。大湾武工队、英阳边武工队占据村后山还击，毙伤敌各 1 人。敌不敢上山，冲入村内抢劫。8 月 6 日，敌重组优势兵力进犯，大湾武工队、英阳边武工队转移至鸡蓬坳村，两名民兵牺牲。敌抓走群众几十人，抢走耕牛 5 头，粮食等物资被洗劫一空。8 月 8 日，敌 300 多人，胁持一批群众走在前面，向鸡蓬坳村进犯。大湾武工队、英阳边武工队阻击。战事从早上至下午 4 时，毙敌分队队长杨金，伤敌 1 人。敌进占鸡蓬坳村后，烧毁房屋 229 间，抢走生猪 25 头以及生活物资一批，全村被夷为平地。

8 月 9 日，省保安第四师、英德县自卫总队、英西联防大队撤离鸡蓬坳村。至此，国民党以正规军为主力对英（德）乳（源）边区、英（德）阳（山）边区的"清剿"结束，也是英阳乳曲边区"四县大联剿"的结束。

二、人民武装和人民政权的建立

（一）广东人民解放军北江支队成立

1948 年 10 月，中共中央香港分局决定，将粤赣先遣支队改为广东人民解放军北江支队。12 月，北江支队决定加强支队主力团，并成立地方团队。支队下辖第一、第二、第三、第四团和 1 个总队。原粤赣先遣支队突击大队、英佛民主先锋大队、第十大队一部和佛冈县地方武装整编为北江支队第二团，原粤赣先遣支队飞虎大队、第十大队一部与翁源县钢铁大队整编为北江支队第四团（主力团）。

1949 年 1 月，中共瀚江地委决定，成立英佛边区县委员会，县委机关驻英德文光乡三山，统一领导英东地区、英（德）佛

（冈）边区、英西地区铁路沿线党政军民工作。

此时，英东地区没有国民党军，只有一些地方反动势力，如戡建会、联防队。英东武工队抓住这个有利时机，组织各地武工队大力宣传共产党的政策和人民解放军作战的目的，开展强大的政治攻势，分化瓦解敌人，孤立和打击地方反动势力，逐步恢复、发展农会和民兵组织，建立税站、交通站。

（二）北江第一支队与英东县人民政府成立

1949年4月30日，中国人民解放军粤赣湘边纵队决定，将广东人民解放军北江支队改为中国人民解放军粤赣湘边纵队北江第一支队（以下简称北江第一支队）。

8月，英东地区黄塘、新兴、文光、青塘、溪板、门园太、洪象7个乡先后解放，分别成立乡人民政府。9月初，经中国人民解放军粤赣湘边纵队政治部批准，成立英东县人民政府（含佛冈二区），管辖英东地区黄塘、新兴、文光、青塘、溪板、门园太、洪象7个乡和佛冈县北部白石、陂头、观石、台山4个乡。

（三）连江支队第四团与黎溪、大洞人民政权成立

1949年4月1日，连江支队英清边大队遵照粤桂湘边区工委、边区工委军委命令，改编为连江支队第四团，有700余人。

从4月开始，第四团着手建立健全各种制度，加强根据地建设，协助地方整顿农会、民兵组织。6月，经英清阳边区县委批准，分别成立黎溪、大洞人民行政动员委员会。

（四）英乳边区人民政权成立

1949年4月13日，英乳边区人民联防办事处（以下简称大布办事处）成立。同时，成立英乳边武工队。大布办事处管辖范围：乳源县大布乡全乡（江湾河西岸地区除外），英德古道乡水浸洞、长铳、陶金洞、坳头、白石塘、坑尾寨以北，波罗河东岸的北部山区。大布办事处体现了反蒋统一战线的组织形式，是人民政权的雏形。

（五）连江支队第六团与中共英阳乳曲边工委成立

1949 年 8 月 1 日，连江支队公开宣布成立；8 月 5 日，对外发表宣言，公开连江支队番号；整编成立下属各团，英阳乳曲人民反蒋抗征队整编为连江支队第六团。

8 月 10 日，中共英阳乳曲边工委成立，为英阳乳边党组织下属组织。英阳乳曲边工委成立后，整编和新建部分队伍，以东山队为基础调整加强成立英乳曲边工委主力中队、原东山队谢民武工队改建为江湾武工队、原东山队杨博武工队改建为乳源城郊白竹武工队，成立大湾麻步武工队。

三、英东地区的地下交通线

1947 年 4 月成立的粤赣先遣支队，活动于英德东部地区和翁源、新丰、佛冈 3 县，曲江县南部、清远县滃江区、连平县西北部，以及江西龙南、虔南两县的广阔地区。当时，支队仅有 1 台利用旧收音机改装的收讯机，接收新华社电讯。为加强支队司令部与各大队以及地方党组织的联系，5 月，粤赣先遣支队成立交通总站（1948 年 10 月改称北江支队交通总站，1949 年 4 月改称北江第一支队交通总站），总站配备交通员 10 人，按部队建制和活动范围设 5 个交通分站（5 条交通线），每个交通分站设站长、政治服务员各 1 人，交通员 3—5 人。各交通分站根据路程远近、大队（团）活动范围建立若干交通站（点）并配备交通员。交通站由所在大队（团）和交通总站双重领导，任务由总站布置。整个支队交通站队伍 200 余人，交通线数百千米，纵横交错的交通网络使分割的游击根据地连成一片。

交通站的基本任务：一是传送上级、支队司令部指示、命令和机要文件、报刊；二是武装护送过境干部，接送国统区地下党输送来的进步人士、青年学生、一般来往人员；三是输送重要物资，如地下党在国统区采购的药品等；四是安排来往人员食宿；五是侦察敌情，搜集情报；六是保持与地方党组织的联系，安排接头地点等。当时既没有交通工具，也没有通信设备，以上任务均靠交通员的两条腿去完成。

交通站的任务决定了交通员要有坚韧顽强的意志、强烈的革命事业心。一有任务，不分白天黑夜、晴天雨天、酷暑寒冬，交通员就要立即出发，马不停蹄地依时送达。执行任务时大都是单枪匹马，交通线路大多要经过国统区。重要信件的传送或接送领导干部过境，为确保安全，要走自己开辟、罕有人烟的山路，以避开敌人的岗哨、封锁线。走山路要爬山涉水，攀山越岭，挨饿是经常的事。交通员大多练就"铁脚"（像铁铸的脚一样坚实，翻山涉水只等闲）"马眼"（马的视野开阔，前方、侧方、后方均能观察到，喻机警）"神仙肚"（能忍耐饥饿）的本领。一般信件的传送可走通常的道路，但要通过敌人的岗哨、封锁线。善于伪装是交通员的基本功，执行任务时或化装成走亲戚的、商人，甚至是乞丐，等等。

交通站的任务决定了交通员要有机智敏捷的能力、敢于牺牲的大无畏精神。交通员执行任务时，孤身独闯国统区，周旋于敌人眼皮底下。不少交通员为了完成任务，不畏艰险，出生入死，甚至牺牲宝贵的生命。交通员林品茂是溪板乡江古山打油林村农会会长，年过六旬，经常冒着大雨爬山涉水，化装绕过敌人岗哨、封锁线，把情报、粮食、生活用品等送到温塘山支队部。一次，林品茂挑着40多千克大米深夜通过敌人封锁线，老远就被敌哨兵发现，敌哨兵大喝："哪个？"林品茂灵机一动，"唔——哎哟，唔——哎哟"地嚎叫。敌哨兵以为遇到鬼，躲进庙里不敢出来。林品茂迅速从敌哨兵眼皮底下通过。后来，林品茂被敌抓去，遭受"吊飞机"、灌辣椒水等酷刑，要他说出游击队在哪里，粮食藏在什么地方。林品茂坚贞不屈，虽被打得皮开肉绽，仍只字不吐。敌人从林品茂身上得不到任何线索，便残忍地用刺刀将他刺死，割成几块挂在树上。林品茂用生命保护了游击队和粮食的安全，体现了一个革命战士对党对人民的赤胆忠心。新兴乡板铺村交通站站长陈瑞初、溪板乡江古山村交通站副站长林作尤、侧黄乡黄岗分站站长阮英、翁源县柳下张屋交通员胡冬娣等，在敌"扫荡"时被拘捕，英勇牺牲。

交通员有严格的工作纪律，如，出发前要充分估计可能发生的情况；发现敌情时想方设法毁灭信件；不幸被捕，未被发现证据时，决不能暴露身份；被发现证据时，只能承认是一般的游击队员，不能承认是交通员；不得拆看信件；发现前方交通站（点）被破坏时，要及时报告。

解放战争时期，粤赣先遣支队交通总站 200 多名交通员忠诚于党的交通事业，默默地肩负起交通工作的神圣使命，纵横交错的交通网络将分散在方圆 500 里的各大队（团）联结在一起，为人民的解放事业作出特殊的贡献。

四、英西地区的地下交通线

（一）英西地区北部的地下交通线

早在抗日战争时期，北江党组织负责人黄松坚就在浛洸乡鱼咀圩莫雄的义和店秘密建立了北江党组织的总交通站。

1947 年，英西地区党组织建立了以浛洸圩内和圩场附近几个秘密交通站为中心，南至金竹、九龙、水边（王式培部队），北至灰沙坡、石霞和东至独山（李冲部队）的交通网。浛洸是英西地区反动统治的政治、军事中心，在浛洸收集情报十分重要，也十分危险。许多军事情报，都是浛洸党支部支委张锡勤、罗绍勋利用统战关系，深入到国民党机关或会议获取的。一次，国民党召开会议部署对游击根据地"扫荡"，张锡勤以洺洸乡中心小学校长身份参加会议，获得有关情报并及时将情报送往游击队。为了确保往来洺洸人员的安全，张锡勤利用关系，常与管理国民党身份证的副乡长傅有炳来往，先后取得身份证 20 多份，使往来于洺洸的包括司徒毅生、谢鸿照等在内的领导干部一直未遇到麻烦。交通站除收集情况、送出情报外，还负责护送人员和购买、运送物资等，困难和意外随时发生。一次，交通员巫碧霞、巫群英负责将国民党即将对游击根据地"扫荡"的紧急情报送往游击队驻地。当时正值雨季，山洪暴发，江河水涨，麻圻渡口不能过人，两人不顾危险，泅渡过河，星夜兼程将紧急情报送到目的地。为了给游击队购买炸药，洺洸党支部书记杨锡柱、支委张锡勤以炸鱼为名，通过国民党军的下层军官、士兵，多次购买。购买次数多了，恐引起怀疑，杨锡柱、张锡勤便将一些炸药做成鱼炮，到河边放炮炸鱼，以迷惑敌人。交通员张应、张冠为把 40 多千克炸药送往游击根据地，将炸药分装在 4 个格罗（一种装物品的竹制品）里，由 2 名妇女挑着去探亲，2 名男子（实为武工队员）一前一后跟随，终于瞒过国民党军哨卡，将炸药送到目的地。交通站不但负责运送物资，还负责接送过境洺洸的地下工作者。一次，交通员罗绍勋护送一位地下工作者南下广州，当船行至白银坑口时，遇国民党军临时检查，罗绍勋将地下工作者伪装成病人瞒过检查，到江口后改乘火车顺利到达广州。此外，交通员还临摹过一份冒险从敌方取得的英阳乳曲五万分之一的军用地图送给游击队。

为迎接连江支队第一团北上连阳地区（指连县、连山、连南、阳山 4 县，以下简称连阳），尧鲤乡石霞党支部专门安排人员负责交通，按平原通往山区的线路，在大成屋、斗山、石霞、杨屋、径背、秧地塝、水浸洞、坳头、锦潭 9 个地方设立交通联络点，指派专人负责。

（二）英西地区南部的地下交通线

连江支队为挺进连阳，开辟了广宁、四会、清远等县游击根据地至阳山、连县等县国统区的交通线，建立了洺洸乡鱼咀圩义和店、塔冈乡西牛圩罗财家、蕉冈乡蓑衣滩村李芳志家、黄寨乡九龙圩罗佛金家、黄寨乡金造村罗佛金果园和罗朗胜家、清平乡苗花村罗俭家、黎溪乡山口村莫坤家，以及清远县鱼咀乡蒙塘村罗荣家和罗华侨家、浸潭乡石坎村温棠家、南冲乡白芒村梁亨家、桃源乡桃中村罗继华家和成记中伙店等交通联络点。交通员麦冠常、莫坤以协助罗德金（罗佛金胞弟）做生意为名，常驻金造村。黄寨乡金造村成为交通线上的中心点，往来于游击根据地和国统区的干部、物资等大都经过金造村，如广清区队负责人周明在罗佛金安排的地方——金造村的一座炮楼上，与广东区党委派来的李福海见面，接受广东区党委的指示；连江支队第一团、第二团北上连阳均经过金造村补充物资。金造第三次保卫战后，千余军民安全有序向黄寨乡太平水村、清平乡、黎溪乡和清远县鱼咀乡一带转移，沿途交通联络点的接应、安排起了很大的作用。

五、九龙起义与金造保卫战

1948 年 8 月，连江支队第一团经英德黎溪、清平、黄寨、黄花、蕉冈等乡挺进连阳后，为配合支持连江支队第二团挺进连阳，英清边特派员谢鸿照根据形势发展需要和英西地区南部的敌我态势，决定在黄寨乡九龙圩举行武装起义，组建人民武装。为此，请调受党组织派遣在香港达德学院读书的罗发返回黄寨乡协助开展起义前的准备工作，主要是做好其父罗佛金的统战工作，争取其父武装起义。

　　位于英德西南部的黄寨乡，地处英德、清远两县交界，战略地位重要，谢鸿照多次到黄寨乡金造村与英德县四乡联防大队大队长兼黄寨乡乡长罗佛金商谈起义问题。在全国形势影响和长期统战工作推动下，以及罗发等各方面配合下，罗佛金同意起义，将全部武装人员和武器交给粤桂湘边区人民解放军。

1949 年 1 月 9 日，中共粤桂湘边区工委在清平乡大夫田村召开边区工委扩大会议（大夫田会议）。 会议确定积极展开军事行动，打击地方反动势力；同意在九龙圩举行武装起义。 图为大夫田会议旧址

　　1949 年 1 月 9 日，粤桂湘边区工委书记、粤桂湘边区人民解放军指挥员兼政委梁嘉率边区直属第一团（东风团）、第二团（北风团）共 600 多人到达英德清平乡，与连江支队第二团会师。为贯彻中共中央香港分局对粤桂湘边区工委"应着重小北江连县一带及清远、英德等铁道边工作"等一系列指示，粤桂湘边区工委在清平乡大夫田村召开边区工委扩大会议（大夫田会议）。会议确定当时的任务是迎接与配合南下大军解放广东。工作的总方针是积极展开军事行动，发动春季攻势，打击地方反动势力；同意在九龙圩举行武装起义，并派参谋处主任林锋和丁八、杨巨、

区伯祥等一批干部协助武装起义的实施，从指挥部和边区直属第一团、连江支队第四团抽调 13 名骨干，安排在九龙地区活动的郭坚等人和原西北支队复员人员共 20 多人加强起义队伍的领导和军事力量。大夫田会议，是粤桂湘边区人民武装斗争进程中的一次重要会议，对进一步开创粤桂湘边区新局面起到重要作用。

1 月 14 日晚，罗佛金按与粤桂湘边区人民解放军商议的起义计划率所属联防大队 80 余人，携机枪 3 挺、长短枪百余支从驻地洽洸圩回到家乡黄寨乡金造村，向粤桂湘边区人民解放军移交。

为扩大部队军威，壮大起义声势，保证九龙起义顺利进行，1 月 15 日晚，在梁嘉指挥下，粤桂湘边区人民解放军独立团（以下简称边区独立团）力强队和飞鹰队一部突袭梁猛熊老巢黄花乡乌坭坑村，摧毁黄花乡公所；连江支队第二团远道奔袭清远县坝仔乡雷公冲反动据点、黄寨乡太平水村反动据点，和平进入黄寨乡九龙圩，占据黄寨乡公所、警察所。3 个地方作战毙敌 63 人，俘英德县参议员、九龙区分部书记王昌平，黄寨乡警察所巡官罗润金，黄寨乡副乡长许学德，反动头子许开明等 45 人，缴机枪 3 挺、勃朗宁轻机枪 1 挺、长短枪 54 支、子弹万余发以及其他物资一批，打开粮仓，把粮食分给老百姓。

1 月 16 日，粤桂湘边区工委在黄寨乡金造村召开群众大会，大会宣布九龙起义，边区人民解放军抽调的骨干和罗佛金起义队伍整编成立粤桂湘边区人民解放军连江支队英（德）清（远）阳（山）边人民解放大队（代号太阳队，以下简称连江支队英清阳边大队）。

九龙起义和乌坭坑、雷公冲、太平水 3 场战斗的胜利，是粤桂湘边区人民解放军春季攻势的一次大胜利。它沉重地打击了地方反动势力，使小北江流域连成一片，对开展小北江流域的武装斗争和连江支队的发展有着重要的意义，也为连江支队第二团北

1949 年 1 月 16 日，中共粤桂湘边区工委在黄寨乡金造村召开群众大会宣布九龙起义，成立粤桂湘边区人民解放军连江支队英（德）清（远）阳（山）边人民解放大队。 图为起义广场和九龙金造革命纪念馆

挺连阳创造了有利条件。

九龙起义和乌坭坑、雷公冲、太平水 3 场战事，震惊国民党当局。1 月 26 日，驻浛洸乡的省保安第十七团从小北江北岸进入南岸的西牛，准备"清剿"。英德代县长周文浩频频向上告急搬兵。在省保安第十七团受连江支队英清边大队牵制未能"进剿"的情况下，周文浩亲自出马纠集地方反动武装"进剿"金造村，粤桂湘边有史以来的一场大战——金造保卫战发生了。

1949 年 2 月 13 日，周文浩纠集地方反动武装 600 余人进犯金造村，其中，张隆（"国民党反共救国军"第七军第二十一师第六十一团团长、县政警大队大队长）率 300 余人从正面进攻，梁猛熊（国民党英德西区联防主任兼县保安营第二营营长）、陈成英（县自卫总队副总队长）各率百余人从侧面配合。敌人从牛岗栋直上制高点狮头岭，迫近金造村前面的制高点庙角山。驻守庙角山的 8 名民兵，打退敌人几次进攻。下午，驻守连塘下村的连江支队英清阳边大队派小队长廖火率机枪班增援，打退敌人多次进攻，毙伤敌 20 余人。在西牛一带活动的边区独立团，闻讯后立即驰援，深夜抵达牛岗栋。由飞鹰队、力强队各组织 1 支突击队，分两路登上狮头岭，突然出现在敌人阵地后方，从左右两侧打击敌人。敌人惊慌失措，连滚带爬撤出阵地逃回县城。是役，毙敌多人，俘敌 5 人，缴机枪 2 挺、步枪 10 余支。恼羞成怒的梁猛熊败退时将九龙圩洗劫一空，并火烧九龙圩几十间店铺、民宅。

2 月 18 日，省保安第十七团第二营伙同英德县政警大队第一、第二中队，梁猛熊、陈成英、张观带（县自卫总队第二大队大队长）等反动武装共千余人，在周文浩指挥下，再次进犯金造村。敌人首先向庙角山打了数十发炮弹，然后在轻重机枪火力掩护下，扑向庙角山。庙角山上的部队和民兵借着防御工事和漫山遍野的竹钉，打退敌人 5 次进攻。在激烈的战斗中，群众冒着枪林弹雨送饭送菜送弹药到前沿阵地和抢运伤员，梁嘉、欧新（边区独立团团长兼政委）亲自上庙角山看望部队和民兵，鼓舞士气。下午，庙角山上的部队和民兵组织反攻，一路以突击队正面打击敌人，一路以飞鹰队从右侧插向敌后，前后夹击，敌人乱成一团，仓皇撤退。是役，毙敌 17 人，伤 80 余人。边区独立团谭庆、植平和连江支队英清阳边大队罗亚炳牺牲，军民负伤数十人。

敌人两次攻不下金造村，恼羞成怒。国民党广东省政府出动淮海战役中战败南逃的胡琏兵团第一五三师第四七三团，配备钢炮、八二炮、六〇炮多门，纠集英德、清远两县地方反动武装共 3000 余人，于 3 月 5 日第三次进犯金造村。是日晨，在第一五三师师长指挥下，百余名敌人围攻独石寨村，近 200 人（后增至 800 余人）围攻苏坑村，第四七三团主力进攻庙角山，其余兵力作为第二梯队从东、西、北三面对金造村形成包围之势。上午 8 时许，敌人向庙角山和金造村发射几百发炮弹后，在轻重机枪火力掩护下，扑向庙角山。庙角山上的军民利用居高临下的有利地形，沉着应战，待敌靠近时集中火力杀伤，打退多次进攻。敌人正面进攻庙角山没有得逞，寄希望于攻下独石寨，从背后威胁金造村。上午 10 时许，百余名敌人在大炮轰击后，疯狂扑向独石寨。防守独石寨的 10 余名战士和民兵凭借有利地形，顽强坚守阵地，使敌人无法前进。在苏坑一线，80 余名战士和民兵凭着石山、石洞和居高临下的地形，阻击敌人前进。下午，庙角山的部队组织突击队偷袭占据制高点狮头岭的敌人，被敌人发觉未能成功。此后，敌我对峙。晚上，敌人向庙角山上空发射照明弹，庙角山上空如同白昼，敌人随即从 3 个方向疯狂扑向庙角山，并派小分队摸上庙角山北侧，企图断人民军队的退路，坚守庙角山的部队和民兵击退敌人的进攻，并挫败敌人的包抄阴谋。

鉴于敌我力量悬殊，不宜与敌人决战，加上有千余名群众被敌人重兵围困，为减少损失，保存力量，边区人民解放军指挥部决定撤出战斗，跳出包围圈。命令下达后，部队迅速派出小分队迷惑敌人，组织群众坚壁清野。当晚，由飞鹰队担任前卫，力强队居中护送，连江支队英清阳边大队殿后掩护，千余名群众扶老携幼有序向黄寨乡太平水村、清平乡、黎溪乡和清远县鱼咀乡一带转移。

第三节 南下大军解放英德

一、迎军支前工作

1949 年 4 月 23 日,中国人民解放军占领南京,宣告国民党二十二年反动统治覆灭。接着,中国人民解放军向全国进军,追歼国民党残余军队。中共中央关于向广东进军的命令发出后,粤赣湘边区军民受到极大鼓舞。7 月 29 日,粤赣湘边区党委发出《做好准备工作迎接南下大军的指示》,向全区军民发出迎军支前的总动员令。9 月上旬,北江第一支队成立北江人民迎接大军支援前线动员委员会。动员委员会成立后,随即发布组织章程、通知、通令、决议案等,提出"修好路,架好桥,让大军大步向前跑"的口号。9 月 18 日,中共中央华南分局决定成立黄松坚任主任的粤赣湘边纵队北江支前指挥部,统一领导瀚江、五岭、粤汉铁路以西地区的支前工作,指挥部下设 3 个支前司令部,其中,北江第一支队支前司令部领导翁源、英德、清远、佛冈、新丰 5 县的支前工作。

南下大军向广东挺进时,北江第一支队支前司令部将任务分配到各个县。其中,英德负责保护粤汉铁路的遥步桥,负责稻谷 300 万千克、马草 300 万千克、柴 600 万千克,英东、英西各半。除此之外,各县还需做好以下工作:一是普遍安置路标指示各路方向、供给站、茶水站、可驻民房及其他机关等;二是筹定驻防地写明可住多少人；三是有公路的地区大量定制造桥铁钉；四是调查各地车路、大路小路沿途的桥梁路向情形、群众条件、敌情，供给大军了解情况；五是每县准备 15 个会听和会讲国语的知识青年，送大军作向导；六是组织好民工队，具体有担架队、运输队、修路队、架桥队、代耕队（帮主力民工耕田）、妇女队；七是每县准备 200 副担架床，准备好竹竿、麻绳。

南下大军进入英德前，在北江第一支队第二团支前司令部（含佛冈二区）领导下，英东地区群众在南下大军过境的青塘、大镇、横石水、鱼湾、太平、白沙、桥头等地沿途设立支前粮食供应站、茶水站，组织担架队、运输队等。并动员群众捐献铁钉 1000 多千克，组织群众奋战几昼夜架好官渡、青塘 2 座大桥。尽管英东地区屡遭国民党军的抢掠，群众生活十分困难，但群众宁愿以杂粮充饥，将主粮和柴草贡献出来，支援子弟兵。据不完全统计，英东地区群众捐粮借粮 236 万多千克、马草 25 万多千克、花生油 1.5 万多千克。其中，青塘乡群众捐粮 15 万多千克、花生油 5000 多千克、生猪几十头以及马草一批；新兴乡群众捐献大米 7 万千克；门园太乡筹粮 5 万多千克。

黎溪、大洞人民行政动员委员会，组织担架队、运输队万余人，筹集粮食 15 万多千克，并把稻谷加工成大米，民兵、民工夜以继日运送到黎洞和清远县横石等地，供应南下大军。英乳边区人民联防办事处支援粮食近 2.5 万千克；洸洸党支部发动商家向解放洸洸圩的南下大军捐献粮食 1.8 万多千克；连江支队第六团横石塘武工队把封存在仙桥的 1.8 万多千克粮食，以及英德附城武工队在马口筹集的 3 万多千克粮食，日夜兼程运往县城支援南下大军。

二、配合南下大军解放英德

1949 年 10 月 2 日，中国人民解放军南下大军分左、中、右 3 路，自湘赣边区开向广东，广东战役正式打响。

（一）解放粤汉铁路沿线及英德县城

1949 年 10 月 6 日，南下大军（第四野战军第十五兵团第四十三军第一二七师）经始兴县深渡水司前圩，进入翁源县新江、翁城，然后分兵进占曲江县大坑口和英德沙口、河头等粤汉铁路军事要地。沙口圩、河头圩、望埠圩解放。

10 月 7 日，解放韶关的南下大军（第二野战军第四兵团第十四军、第十五军）分别沿北江西岸和东岸的粤汉铁路南下。从曲江县马坝南逃到英德的国民党军第三十九军第九十一师为阻挡中国人民解放军南下，在粤汉铁路英德段的遥步桥安装炸药，准备炸毁遥步桥。遥步桥小学教员吴昂延获悉国民党军企图炸桥的情况后，即通知武工队员吴祖银向活动在铁路沿线的英佛县委委员、英东县第一副县长兼英西区委书记廖碧波报告。廖碧波感到事关重大，即派吴祖银北上接应沿粤汉铁路南下的大军，并指示驻附城长岭的北江第一支队第二团肖国全武工队派员到三隅乡（今横石塘镇）联系接应沿北江西岸南下的大军。是日下午，国民党军第三十九军交警队到长岭附近的社前埗拉夫准备逃跑。肖国全武工队主动出击，毙俘敌各 1 人，缴获卡宾枪 1 支、子弹 6 发、三八式步枪子弹 2 排。

10 月 9 日，沿粤汉铁路南下的南下大军（第二野战军第四兵团第十五军第四十五师第一三三团），在北江第一支队第五团、第二团、第六团配合下，进至英德县城对岸的英德火车站附近，部署第一营攻打县城、第二营进攻英德火车站守敌、第三营和师直侦察连向遥步桥迂回。此时国民党军（第三十九军第九十一师第二七二团）扼守英德火车站及遥步桥，该团团部及 2 个营据守英德火车站和遥步桥北头，1 个营据守遥步桥南头高地。是日下午，攻打县城的第一营不费一枪一弹进入英德县城，英德县城解放（此前的 9 月底，国民党英德县政府与张隆等地方反动武装逃到大湾圩）。晚 7 时许，第三营第七连和师直侦察连迅速插入英德火车站与遥步桥之间，堵住据守英德火车站的国民党军退路，与正面进攻英德火车站的第二营，经过 4 小时激战，击溃据守英德火车站和遥步桥北头的敌人，俘敌 200 余人。晚 10 时许，第三营第九连抢夺遥步桥，然后指战员冒着枪林弹雨，用 3 分钟时间冲过长 280 多米的遥步桥，用刺刀砍断炸药导火线，保住了遥步桥。第三营第八连紧接着冲过遥步桥，将据守桥南高地的敌人大部歼灭，控制了遥步桥。

10 月 10 日早上，南下大军由武工队员肖家山带路，向粤汉铁路的军事要地连江口圩挺进。在连江口圩歼国民党（第三十九军第九十一师第二七二团、第二七三团）2 个营共 800 多人。连江口圩解放。

（二）解放浛洸圩

沿北江西岸南下解放乳源县的南下大军（第二野战军第四兵团第十四军第四十一师），于 1949 年 10 月 11 日到达英（德）乳（源）边区的乳源县大布洞和英德的平址洞、狮岭、长田一带。10 月 13 日，连江支队第六团英乳边中队随南下大军进军英西地区。途经大竹凼时，地方反动武装唐炳勋开枪阻击，南下大军开炮轰炸敌炮楼，敌逃遁。中午时分，南下大军到达尧鲤乡石霞。随后，英乳边中队、石霞武工队随南下大军向浛洸圩挺进。驻浛洸的梁猛熊等反动武装闻讯仓皇逃往小北江南岸。南下大军不费一枪一弹解放英西地区最大的集镇浛洸圩。英乳边中队与石霞武工队在浛洸圩缴机枪 3 挺，然后撤出。英乳边中队驻扎尧鲤乡水浸洞村，石霞武工队返回石霞，防止地方反动武装乘虚侵扰后方。同日，洸洸党支部书记杨锡柱、支委张锡勤公开表明身份与南下大军接洽，率领党员、青盟盟员发动洸洸圩商家支援南下大军，计捐献粮食1.8万多千克。3天后，逃往小北江南岸的梁猛熊等反动武装企图过江反扑，洸洸党支部召集党员、青盟盟员、农民自救会会员，组织起20多人枪的武装队伍，严加防卫，防止敌特破坏；做好宣传，稳定商家和群众思想；坚守在洸洸圩，等待部队接管。

10月19日，连江支队留下在英西地区活动的联络员李学林，派出交通员送信预约大家进驻洸洸圩。是日，何健生、文丹率领英乳边中队和部分民兵队伍，会合石霞武工队共200多人枪自西北面进入洸洸圩，李学林和鲤鱼武工队自东北面进入，与杨锡柱率领保卫洸洸圩的武装队伍会师，正式接管洸洸圩。

几天后，英阳乳曲边工委负责人周平率巫大杰、欧赞、赖明威、李芳志及主力中队、英阳边武工队、大湾武工队共200多人枪从杉树乡（今波罗镇内）蒋家洞出发，开进洸洸圩。

（三）解放黄花圩、西牛圩、大湾圩

1949年11月下旬，南下大军（第四野战军第十五兵团第四十八军）和北江军分区决定，分北、中、南3路发起解放连阳战役。其中，南路的任务是歼灭英德大湾和阳山县城敌人。12月初，以第四十八军第一四三师机关炮营和北江军分区暂编第三团（前身为连江支队第四团和第六团的一部分）、清远人民保安团（前身为连江支队第三团）、连江支队第五团的2个连组成南路部队，在北江军分区参谋长黄云波率领下，挥师向英西地区北部挺进。此时，9月底从县城逃往大湾圩龟缩的张隆，在收到中共英德县委书记兼县长林名勋通过莫雄转给其"应审时度势，弃暗投明"的函告后，慑于中国人民解放军的军威，只身到暂编第三团驻地——浛洸圩内的县立初级文澜中学，进见北江军分区参谋长黄云波和暂编第三团团长兼政委王式培。黄云波、王式培令张隆回大湾与大湾麻步游击队联系商量"解放大湾"问题，并嘱其移交防务前，一定要维持好大湾的治安。接着，南路部队兵分两路：一路以机关炮营和暂编第三团 1 个营为主，由黄云波指挥，会同由清远人民保安团团长兼政委苏陶率领的 2 个连，挺进黄花圩，直捣阳山县；一路以暂编第三团为主，由团长兼政委王式培率领，进军大湾圩。12 月 7 日，在暂编第三团追击下，"国民党反共救国军"驻西牛圩的 1 个中队百余人投诚。黄花圩、西牛圩先后解放。

英德市博物馆内的英德市革命史陈列馆入选广东省中共党史教育基地

张隆在浛洸接受南路部队"切实维护大湾社会治安，向当地游击队移交防务后，率队到浛洸报到，接受改编"的命令后，回到大湾，主动联系大湾麻步武工队临时负责人钟景，商议交接大湾圩具体事项。12 月 8 日早上，张隆将他的队伍集中在小北江的船上等待大湾麻步武工队接管。是日，钟景率大湾麻步武工队 20 多人，并组织民兵、群众近千人，浩浩荡荡开到小北江畔的金山上。张隆走上金山向钟景移交大湾防务后，率队乘坐拖着 2 艘木帆船的"越南号"轮船，顺流东去洽洸。大湾圩和平解放。至此，英德全境解放。英德人民经过二十五年的浴血奋战，终于迎来新民主主义革命的胜利。英德的历史，从此翻开新的一页。

第五章

探索建设发展时期

第一节 过渡时期的经济与社会发展

一、建立、巩固新生的人民政权

（一）各级党组织、人民政府的建立

1949 年 10 月 9 日，英德县城解放。10 月中旬，英德县人民政府（以下简称县政府）、中共英德县委员会（以下简称县委）相继成立，县委书记林名勋兼县长。

县委、县政府成立后，立即建立各区中共组织和各区政府。全县设英中、英东、英西 3 个区，34 个乡，废除保甲制，乡以下设村、闾。

全县设 3 个中共区委员会（以下简称区委）。英中为第一区，区委驻英城（县城）；英西为第二区，区委驻浛洸圩；英东为第三区，区委驻桥头圩。

全县设 3 个区政府、34 个乡政府、432 个村民委员会。第一区政府驻英城，第二区政府驻浛洸圩，第三区政府驻桥头圩。

（二）清剿国民党残匪

英德的剿匪斗争开始于 1950 年 2 月，结束于 1952 年 8 月。

英德解放后，盘踞山区的国民党残匪，四处打家劫舍，恐吓威胁群众，阻挠清匪反霸、减租退押，猖狂破坏土地制度改革（以下简称土改）。在美国发动朝鲜战争后，他们更加猖獗，成立反动武装，袭击乡政府（水边、古道、青塘等 8 个乡政府均遭到

国民党残匪的侵扰），杀害干部群众，妄图推翻新生的人民政权。

针对反动势力猖獗的情况，1950年6月，县首届各界人民代表会议通过剿匪反霸决议，并成立英德县剿匪反霸委员会。同时，成立英德县围剿杨策雄委员会和英德县围剿连石太乡匪特委员会。在县委统一领导下，全县党政军民一齐行动，实行军事搜捕与广泛发动群众相结合的方针，开展剿匪斗争。

1950年2月5日至7日，北江地方委员会（以下简称北江地委）派出北江军分区第十团和第十二团配合野战军，在黄花乡进剿"广东反共救国军"军长梁猛熊股匪，经激烈战斗攻陷匪巢，毙伤土匪百余人，俘土匪几十人，解救被土匪胁迫在山洞内的群众200余人，缴获机枪2挺、步枪160余支、掷弹筒1个。解放军伤亡近百人，其中营长霍伦等32人牺牲。匪首梁猛熊逃脱（1951年下半年逃往香港）。

1950年春，北江军分区第十团第二营和野战军第一四三师侦察连，奉命到英德执行清剿杨策雄股匪任务。年底，号称数百之众的杨策雄股匪土崩瓦解，只剩下杨策雄及贴身卫士等几人在曲江、英德、翁源县3县交界地带的深山流窜。1951年5月，剿匪部队和民兵在今望埠镇龙头山击毙负隅顽抗的杨策雄。

6月，北江军分区第十团第一连和英德、翁源两县出动大批民兵在翁源县周陂马鞍山江屋围剿自任"中国人民反共救国军粤北第一支队"司令、原国民党英德县青塘乡联防大队大队长卢家豪股匪，活捉卢家豪，并在青塘圩召开公审大会，处决罪大恶极的卢家豪。此后，隐藏在各地的卢家豪部百余残匪纷纷下山缴械投降。

1951年1月，野战军主力、护路（铁路）部队、北江军分区部队3次进剿连石太乡（今连江口镇、下石太镇内）残匪。3月，剿匪部队和民兵击毙"反共救国军"支队长李富。5月，搜山民兵击毙"粤桂反共救国自卫军北江纵队第八支队"副司令陆忠良。7月,民兵生擒"广东民众反共救国自卫军北江纵队第八支队"政治部主任邓飞龙。盘踞在连石太乡的土匪 200 多人全部被肃清。此外,剿匪部队和民兵先后抓获匪首郭炳南,击毙匪首曾镜、黄定武、刘朗林、张观带、黄昌、郭池等。

截至 1952 年 8 月,全县击毙土匪 282 人,俘虏 993 人,3787 名土匪向政府自新,缴获迫击炮和六炮 3 门、掷弹筒 2 个、轻重机枪 22 挺、长短枪 2269 支、子弹 3962 发、炮弹 48 发、手榴弹 18 枚、炸药 6.25 千克、鸦片 4.44 千克。

(三) 禁赌、禁娼、禁毒

1949 年冬,县政府开展打击赌博和取缔卖淫嫖娼行动,捣毁赌馆(场),没收赌具,处理一批赌徒。原有的娼妓经过教育改造,安排其就业,成为自食其力的劳动者。1950 年,全县基本禁绝卖淫嫖娼丑行,公开聚赌的现象基本绝迹。

1950 年 2 月,政务院第 21 次政务会议通过并发布《关于严禁鸦片烟毒的通令》,严禁鸦片烟毒及其他毒品的制造、贩运、贩卖、吸食。1952 年 6 月,英德县禁烟禁毒委员会成立,全县 15 个区相继成立禁毒会。7 月,全县禁烟禁毒工作会议召开,并调整县禁烟禁毒委员会成员,县长任主任委员、县公安局局长任副主任委员。县禁烟禁毒委员会下设办公室,负责全面计划,布置督促检查,推动禁烟禁毒工作的开展。同时,依靠群众,发动群众,检举揭发制造、贩运、贩卖毒品的烟毒犯。实行镇压与宽大、惩治与改造相结合方针,以达到教育改造大多数的目的。7 月县禁烟禁毒工作会议后,全县各地召开大小群众会议 303 次,到会群众 20952 人次。在掌握情况、取得证据材料的基础上,8 月 30 日,开展第一次清查行动,逮捕一批烟毒犯。之后,在县城召开有干部群众 1800 余人参加的动员大会,抽调机关干部 30 人为骨干力量开展禁烟禁毒宣传，发动群众检举涉烟涉毒犯罪行为，掀起禁烟禁毒高潮。分别在县城、浛洸圩召开宣判大会，判处 5 个烟毒犯有期徒刑。宣判大会后，召开烟毒犯家属会议，开展烟毒犯坦白登记工作，追缴毒品毒具；组织机关干部和工人共 59 人组成规劝工作组，深入开展政策宣传，耐心细致教育和规劝有关对象；举办 51 人参加的烟毒犯训练班，争取教育"小犯"，从中找出"大犯"。9 月 22 日，开展第二次清查行动。9 月 29 日，再次分别在县城、浛洸圩召开宣判大会，判处 1 个烟毒犯死刑、8 个烟毒犯有期徒刑。会后，再次掀起禁烟禁毒高潮，收缴鸦片及烟具一批。至 11 月初，全县大规模的禁烟禁毒运动结束。在禁烟禁毒运动中，逮捕 31 个烟毒犯，收缴鸦片烟膏 6.18 千克及烟具一批；坦白登记的烟毒犯 125 人，教育改造烟民 544 人，训练改造烟毒犯 92 人。

（四）英德县各界人民代表会议

新中国成立后，县委依照《中国人民政治协商会议共同纲领》的规定，建立各界人民代表会议制度，开辟各界人士参政议政的通道。截至 1953 年底，先后召开五届（六次）各界人民代表会议，选举产生各界人民代表会议常务委员会，行使人民当家做主的权力。

1950 年 6 月 11 日至 14 日，英德县第一届各界人民代表会议在县城召开，出席会议代表 264 名。县长陈仁畿在会上作《英德县人民政府施政工作报告》。会议选举产生英德县各界人民代表会议常务委员会组成人员 15 名，选举出席广东省第一届各界人民代表会议代表 4 名。会议通过剿匪反霸决议、生产度荒决议。

11 月 15 日至 20 日，英德县第二届各界人民代表会议在县城召开。出席会议代表 265 名。县长陈仁畿在会上传达省政府主席叶剑英所作的形势报告和省第一届各界人民代表会议精神，并作县政府 5 个月来的工作报告。会议选举出席广东省第二届各界人民代表会议代表 4 名。会议通过关于今后工作的决议、成立中国人民抗美援朝总会英德县支会的决议、拥军拥政的决议。

1951 年 6 月 27 日至 7 月 2 日，英德县第三届第一次各界人民代表会议暨首届民兵代表会议在县城召开，到会代表 292 名、列席代表 14 名。会议全体代表给毛泽东主席发去致敬信。县委副书记李冲作《关于抗美援朝的形势报告》，县公安局局长王东生作《关于清理案犯，继续镇压反革命的报告》。会议选举产生英德县第三届第一次各界人民代表会议常务委员会组成人员 20 名。会议通过 10 条爱国公约，通过关于镇压反革命、抗美援朝、土地改革问题的三大决议。

1952 年 5 月 22 日至 25 日，英德县第四届第一次各界人民代表会议在县城召开，到会代表 272 名，列席代表 21 名。会议全体代表给毛泽东主席发去致敬信。县长陈克作题为《为战胜夏荒，完成今年粮食增产任务而斗争》的报告，县委书记王士英作《关于土改复查工作的报告》，县公安局局长王东生作《关于镇压反革命的报告》。会议选举产生英德县第四届第一次各界人民代表会议常务委员会组成人员 21 名。会议通过《关于〈为战胜夏荒，完成今年粮食增产任务而斗争〉的决议》《关于〈为今冬彻底完成全县土改复查而斗争〉的决议》《关于〈保证做好转业建设工作〉的决议》。

12 月 5 日至 9 日，英德县第四届第二次各界人民代表会议在县城召开，到会代表 354 名，其中人民代表 266 名、拥优劳模代表 88 名，列席代表 21 名。县委书记王士英作题为《动员起来，为完成全县查田定产工作而努力》的报告，县长陈克作题为《积极做好今冬明春生产准备工作，迎接 1953 年农业大生产运动》的报告。会议选举产生英德县人民政府委员 17 名。会议通过《全体动员起来，积极做好农业生产准备工作的决议》。

1953年12月19日至22日，英德县第五届第一次各界人民代表会议在县城召开，到会代表262人。会议主要贯彻国家过渡时期总路线总任务和粮食统购统销政策。会议通过《坚决贯彻国家在过渡时期的总路线总任务，在总路线灯塔照耀下加强各种生产建设工作》等8项决议。

（五）镇压反革命运动

根据1950年7月政务院、最高人民法院《关于镇压反革命活动的指示》精神，1951年1月，英德县镇压反革命活动临时指挥部成立。指挥部根据全县的实际情况，制定打击反革命分子的统一计划，分工包干。从1951年1月到1953年9月，开展了一场声势浩大的镇压反革命运动。镇压反革命运动分3个阶段开展。

第一阶段（1951年1月至9月）。1951年1月，破获"广东民众自卫反共救国军独立第一旅第一团"，抓获团长谢冠球、营长吴生等42人。2月，破获"青年党北江独立团"，逮捕团政治部主任龙振华、组织组组长龙省党、联络站站长龙宝机；破获"青年党反共救国军"，逮捕副指挥兼书记官陈伟文等12人；破获"广东民众自卫反共救国军北江第二纵队第四支队第一大队"，逮捕大队长肖家驹等2人。3月，破获"广东民众自卫反共救国军北江第二纵队直属特务大队"，依法处决大队长李伯林等5人，逮捕14人；破获"粤北专区601案"，抓获国民党保密局特务冯炳。4月，破获连石太乡土匪组织"中国国民党广东反共救国青年'剿共'纵队第一支队"，依法处决匪首邓益烟等5人；破获"青年反共救国军"，逮捕总司令李国华等35人。5月，破获"反共救国军第二纵队第一支队第一大队"，逮捕大队长兼交通站站长赖石光。

在第一阶段镇压反革命运动中，县人民法院（庭）先后召开宣判大会 21 次，处决罪大恶极的反革命分子 51 人，判处 6 人死刑缓期 2 年执行，判处各种徒刑 26 人；逮捕逃亡外地反革命分子 63 人。

第二阶段（1951 年 10 月至 1952 年 7 月）。破获多个潜伏的国民党地下军队组织，番号分别为"北江反共司令部""中国青年反共救国军北江第一军""青年党北江地下大队""国民党中央社会部劳工福利委员会广东分会英德劳工联络通讯站（劳动局）""广东反共救国军第四军""广东民众反共救国军北江纵队独立第四团""青年党地下组织"等，抓获 84 人。

第三阶段（1953 年 2 月至 9 月）。主要有 4 项任务：一是调查反动会道门；二是追捕外逃反革命分子；三是肃清在乡反革命分子；四是建立健全治保会，整顿管制组织。全县组织追捕逃亡小组 74 个 503 人，捕获外逃反革命分子 11 人，查出残余的反革命分子 375 人，批准逮捕 117 人。

截至 1953 年 9 月，全县在镇压反革命运动中，清查和镇压反革命分子 3152 人，其中土匪 1990 人、恶霸 568 人、特务 222 人、反动党团骨干 252 人、反动会道门头子 28 人、汉奸 2 人、叛徒 5 人、反动军政官吏 61 人、现行反革命犯 24 人，逮捕 2707 人，判处死刑 1242 人、死缓 32 人，关押 1277 人，管制 277 人。

（六）抗美援朝运动

1950 年 11 月，县第二届各界人民代表会议通过成立中国人民抗美援朝总会英德县支会的决议。此后，全县各地利用宣传栏、黑板报、标语、报刊及组织文艺宣传队，演小话剧、街头剧、山歌剧等多种形式开展抗美援朝、保家卫国的宣传发动工作。1951 年 2 月春节期间，全县各中小学、中国新民主主义青年团、文工团以腰鼓、秧歌、舞狮、街头剧等形式开展抗美援朝宣传，演唱《中国人民志愿军战歌》《中朝人民力量大》《歌颂祖国》等歌曲，鼓励人们积极捐献，报名参军，支援抗美援朝战争。

1951 年 6 月 1 日，中国人民抗美援朝总会号召各界人民捐献飞机大炮，以更好地装备中国人民志愿军，争取抗美援朝战争的伟大胜利。6 月 19 日，北江地委和北江抗美援朝分会发出《响应"六一"号召捐献飞机大炮的指示》，提出半年内实现捐献一个航空中队（飞机 13 架）的目标。此后，英德捐献支前运动进入高潮，社会各界各行业纷纷认捐款物。全县多数干部捐出 1 个月工资、部分干部捐出 2 个月工资。第五区 12 个村村民捐出 39 万余元（旧币①）、稻谷 4.25 万千克、木柴 8 万多千克、杉木 700 根和笋干等物资一批。第二区沙坝乡村民除捐钱外，每人每月捐木柴 10 千克；西牛乡第十五村一位 70 多岁的孤寡老人，捐出 15 千克稻谷。截至 1952 年 4 月，全县捐献飞机大炮款（包括实物折款）21.79 亿元（旧币），大大超过一架战斗机的捐款额②。

为了更好地以实际行动支援抗美援朝，县委领导人民开展增产捐献活动。工人们制定"增产节约"计划和爱国公约，开展劳动竞赛，提高生产效率，将增产所得捐献。农民积极投入农业生产，提出"多交一斤粮，多消灭一个美国鬼"的口号。

为支援抗美援朝，青年工人、农民和学生踊跃报名参加中国人民志愿军。1951 年全县 4000 多人报名，其中 1292 人入伍。西牛圩店员刘祚有入伍前，还捐出一只金戒指。在抗美援朝战争中，在朝鲜战场牺牲的英德籍志愿军战士 43 人。

---

① 旧币指 1948 年 12 月 1 日成立的中国人民银行同日开始发行的第一套人民币。新币为 1955 年 3 月 1 日中国人民银行开始发行的第二套人民币，同年 5 月 10 日第一套人民币停止流通。新币与旧币的兑换比率为 1∶10000。

② 当时以捐款 15 亿元折算为一架战斗机的统一口径计算。

二、国民经济的恢复和发展

（一）稳定市场物价

新中国成立初期的英德，由于国民党遗留下来的恶性通货膨胀和多年战争的破坏，工农业生产一时未能恢复，市场上物资严重缺乏。资产阶级和投机分子占据市场，凭借手中掌握的商品和货币，兴风作浪，囤积居奇，投机倒把，哄抬物价。1950年2月前，物价发生4次较大的波动，上涨15倍。恢复国民经济，稳定物价，安定人民生活，成为全县一切工作的中心任务。县政府提出稳定物价的基本要求是：不管当时某些物价是否合理，首先使各种物价稳定下来；其次在物价稳定后，对一些不合理的价格进行调整。

1950年3月，县政府根据社会上出现的金银外币走私、倒卖、制贩假票等扰乱社会金融秩序的情况，参照广州市军事管制委员会（金字）第三号文的有关规定，制定并发布《禁用银元外币的布告》，明令禁止银元外币在市场上使用。此后，物价停止上涨，且略有下降。5月，英德县国营贸易公司成立，为新中国成立后英德最早的国营商业公司，经营百货、针纺织品、烟酒果菜、粮油及其他农副产品，对其价格实行调控。是年，成立英德县粮食局，组织粮源，控制粮食市场，打击投机粮商，平抑粮价。国营商业系统掌握关系国计民生的粮食、棉纱、布匹、食盐等重要物资，开展各项购销业务，以逐步占领市场，平抑物价。重点以组织好粮食购销、控制粮价为中心，辅助管好其他工业品、副食品价格。供销系统按照县政府制定的农副产品收购价格，积极收购柴、炭、竹、木、粮食、花生、生猪等，促进城乡物资交流，限制私商抬价压价，使农村市场物价逐步稳定。

1950年6月朝鲜战争爆发后，市场物价有所上升，县委、县政府坚决执行中共中央"边抗、边稳、边建"方针，加强市场物价管理，打击投机势力，使物价保持基本稳定。

1952年，通过大张旗鼓地开展"三反""五反"运动，全县财政状况得到根本好转。随着生产的发展，市场物价日趋稳定，为有计划地进行经济建设奠定了良好的基础。

（二）合理调整工商业

新中国成立初期的英德，私营工商业利用金融、市场混乱，各项新民主主义经济政策尚未建立的空隙，有较大的发展。全县私营工商业4383家，从业人员7295人，资本额94.8亿元（旧币）。

1950年3月，采取"三大措施"（统一全国财政收支，控制货币投放；统一全国现金管理，大量回笼货币；统一全国物资调度，集中大量物资投入市场）稳定市场物价以后，国营经济的主导地位开始确立，投机资本受到重创，市场上虚假的购买力消失，通货收缩，物价日趋回落，加上支前借款、推销公债及部分税收偏重，大部分私营工商业出现亏损，陷于困境。英德和全国多地一样，出现局部的市场冷淡、货物滞销等萧条现象。特别是"三反""五反"运动后，大部分私营工商业持消极观望态度，采取"三干"（卖干、支干、食干）、"三停"（停工、停伙、停薪）的对抗行为，有的甚至携资逃往港澳，导致工人失业人数增加，公私关系和劳资关系紧张。

1950年6月，中共中央召开七届三中全会。全会决定合理调整工商业，调整税收，使工厂开工，解决工人失业问题，改善与资产阶级和知识分子的关系。县委、县政府贯彻中共中央七届三中全会精神，执行中南局、中南军政委员会先后联合发布的《关于调整工商业与公私关系的指示》《关于调整工商业与救济失业工人的补充指示》，按照"公私兼顾、劳资两利、城乡互助、内外交流"的"四面八方"方针，围绕调整工商业这一财经工作的中心任务，为恢复和发展私营工商业采取了一系列的措施。

采取积极扶持私营工商业和集市贸易的措施，支持私营工商业发展业务，搞活经营。1951年和1952年两次进行以鼓励私营工商业增加投资和调整各种商品批零差价、季节差价、地区差价、农副产品收购价格为主的工商业调整，使私营工商业正常经营有利可图，打消私营工商业主思想顾虑，调动其积极性。为扭转城乡市场滞销局面，国营商业系统积极组织城乡物资交流，分别在县城和浛洸圩召开两届物资交流大会，活跃城乡市场，稳定市场物价。第二届物资交流大会成交额83.8亿元（旧币），其中土特产占84.3%、工业品占15.7%。通过物资交流大会，向外推销农副产品，购进百货、布匹、煤油等日用品，并使私营工商业从中得到发展。

1951年2月，县委、县政府贯彻北江专员公署工商会议精神，号召全县公营和私营工商业共同组织同业公会和工商业联合会。3月，英城手工业同业公会成立。3—4月间，英城花纱布百货同业公会、英城米面粮干鲜货同业公会、英城饮食业同业公会、英城旅业同业公会先后成立。全县各地先后成立16个同业公会。

在私营工商业初步恢复发展的同时，又暴露出大量的贪污盗窃和不法资本家行贿、偷税漏税、盗骗国家财产、偷工减料、盗窃国家经济情报的"五毒"行为。1952年1月，中共中央发出《关于在城市中限期展开大规模的坚决彻底的"五反"斗争的指示》。6月，县委在私营工商业中开展"五反"运动。运动中，检举揭发出有违法行为和其他问题的私营工商业119家，偷税漏税金额7.35亿元（旧币）。最后，采取补、退、罚、没的形式和手段挽回国家经济损失。

"五反"运动以后，私营工商业人员思想复杂，消极经营。

1953 年 2 月，县委从继续发挥私营工商业的积极作用出发，根据党的"利用、限制、改造"政策和"统筹兼顾、全面安排、积极改造"方针，采取一系列措施，再次进行工商业调整。缩小国营贸易的零售范围，在一些与国计民生关系不大的商品领域，国营商业、供销合作社让出一些零售业务，由私营商业采取批发、经销、代销等形式继续经营。同时，进一步调整私营工商业内部的劳资关系、师徒关系。经过 3 次工商业调整，私营工商业人员积极性有所提高，开始大胆经营，增加投资，增设门店、货摊。1953 年底，全县私营工商业 2531 家，从业人员 6641 人，资本额 107.5 亿元（旧币），比新中国成立初期增长 13.4%；营业额比 1952 年增加 461 亿元（旧币），经营比重占社会零售额的 62.4%。

（三）经济的恢复和发展

1. 农业

1950 年 3 月和 8—9 月间，英德发生水灾、旱灾、虫灾，受灾农田 8113.33 公顷。县委、县政府成立英德县救灾委员会，一方面组织灾民生产自救，一方面发动各界人士募捐，全县筹措救灾款 2249.36 万元（旧币）、稻谷 2.26 万千克、大米 4287 千克、小麦 1796 千克、木薯 975 千克。省民政厅拨标准面粉 2.78 万千克，北江专员公署拨救灾米 1.5 万千克，县政府发放农贷米 9.5 万千克、农贷谷 40 万千克，发动群众互相借粮 15 万千克，使灾民顺利度过灾荒。

与此同时，县委、县政府贯彻农村十大政策，在大力发展粮食生产的同时，组织种植经济作物，逐渐恢复北江、小北江（又称连江）两岸原有的蔗糖生产。县政府还向英德解放前受国民党军残害的观塘乡大成屋（今石牯塘镇大成屋）、尧鲤乡石霞（今石牯塘镇石霞）等村庄发放种子，解决耕牛问题，组织互助，使群众度过春荒，恢复生产。1950 年，全县种植早稻 3.33 万公顷、晚稻2.94万公顷，全年生产稻谷8900万千克，比1948年增长9.3%；按农业人口计算，人均生产稻谷245千克。1950年冬，全县发放冬修水利、春耕生产贷谷151万千克，贷款4.39亿元（旧币），支持农村发展生产；扩大冬种面积2.09万公顷；兴修小型水利工程214宗，疏通水圳2876条，受益农田4520公顷；成立英德县筑路委员会，组织人力修复英德唯一一条公路——县城至洸洸公路，全长35千米，1951年3月竣工。

1951年春耕时节，县内连续下雨40余天，淫雨成灾，河流两岸因洪水暴涨，很多秧苗被淹死，有些地方甚至播种3次。不少农户把口粮（稻谷）用作稻种，全县灾情和粮荒严重。县委、县政府成立英德县生产救灾委员会，各区（镇）成立生产救灾分会，宣传生产救灾，发动社会自由借贷，互助互济，组织副业生产自救；发动各界人士募捐，县委、县政府干部带头捐款。全县筹措救灾款1.76亿元（旧币）；其次由银行发放种子贷款6000余万元（旧币），县财政发放种子贷款1200万元（旧币），帮助灾区恢复生产。县委要求土改工作队在春耕时节要以组织生产为主，一是要广泛宣传省政府《关于土改区保障耕种者的收获权利和劳动果实的布告》，向群众讲清楚"谁种谁收"政策，并使之家喻户晓。二是要分别召开乡、村、闾干部会议，明确任务，实行干部包干；召开农民代表大会，宣讲省政府布告的政策，并组织代表会后到各村宣传；召开村民大会进行宣传，并在会上解答村民提出的问题。三是要组织巡回检查小组到各村检查，召开座谈会了解情况，发现问题，及时处理。四是要求各乡在组织生产中交流经验，推动生产全面发展，保证不荒芜田地。采取上述措施后，全县没有出现荒芜田地现象。1951年，全县种植早稻3.55万公顷，比1950年增加2200公顷；全年生产稻谷9650万千克，比1950年增长8.4%。同时，扩大经济作物种植面积，种植黄麻

62.87 公顷、糖蔗 34.67 公顷。

1952 年 3 月 9 日，县政府发出《关于开展春耕生产的指示》。3 月 10 日，县委发出《关于保证执行英德县人民政府春耕生产指示的决定》，要求"各级党组织必须努力保证英德县人民政府春耕生产指示的贯彻实施，动员和组织一切力量，领导开展春耕生产运动"。号召共产党员、青年团员在春耕生产中起模范带头作用，保证全年农业生产任务的完成。县委、县政府成立英德县春耕委员会，抽调机关干部 39 人，组成春耕生产工作队，分 7 个组到各区指导春耕生产，实行"到田里办公"。大张旗鼓地宣传贯彻保障佃权、谁种谁收，允许农民雇工自由、借贷自由和奖励生产的政策，纠正农民"以穷为荣""靠斗争吃饭"的错误思想。组织变工互助，解决农具不足、人力和耕牛缺乏的困难。一切从实际出发，利用群众习惯的生产组织形式，搞好春耕生产。7 月，各地秧田普遍发现稻苞虫，预示晚稻将发生稻苞虫害。8 月 5 日，县委、县政府发出联合指示，指示各区委、各区乡政府，把防虫害工作作为一项政治任务，要求各区成立防虫委员会，由区委书记、区长分别任正副主任，乡成立防虫大队，村成立防虫小队，把全体农民组织起来，开展群众性的防虫运动，于 8 月 25 日前扑灭稻苞虫，争取晚稻丰收。

1952 年，全县种植早稻 3.71 万公顷、晚稻 3.19 万公顷；全年生产稻谷 10450 万千克，比 1949 年增长 34.6%、比 1951 年增长 8.3%。小麦 1.6 万公顷，比 1949 年增长 4.3%；总产量 720 万千克，增长 56.5%。大豆 3680 公顷，比 1946 年增长 15.7%；总产量 312.87 万千克，增长 31.1%。芋头 3893 公顷，比 1946 年增长 65%；总产量 1751.4 万千克，增长 2.96 倍。甘蔗 273.33 公顷，比 1950 年增长 10.8%；总产量 969.84 万千克，增长 39.9%。芝麻 200 公顷，比 1950 年增长 50%；总产量 6 万千克，增长 1

倍。黄麻、红麻50公顷，比1950年增长7.1%；总产量6.75万千克，增长28.6%。1952年，全县征收农业税269.3万元，比1950年增长27.5%。

农业生产特别是粮食产量的恢复和稳定增长，保证了人民生活的基本需要，为国民经济的恢复提供了基础条件。

2. 工业

英德解放前夕，全县机械总动力124.12千瓦，工业总产值84.6万元。1951年12月，县政府没收地主兼工商业者姚星朝的刷板厂，改建为全县首家地方国营工业企业——新生板厂（后改称英德县造船厂）。同时办起英光发电厂（后改称英德县发电厂）、望埠发电厂。英光发电厂白天碾米，晚上供电给居民照明。1952年8月，县政府成立地方国营英德县印刷厂，接管私营友和米店。1952年，全县工业总产值681.84万元，比1949年增长7.06倍。

3. 手工业

县政府采取扶持手工业发展的政策，由县供销合作总社（以下简称县社）向缺乏资金或原材料的个体手工业户尤其是竹木铁器行业，预付货款，供给原料，实行收购包销；组织失业和生活无着落的手工业者，建立生产服务小组，进行生产自救。1951年，大湾、沙口、连江口、水边等乡分别成立竹器生产合作社，英城竹器棕草合作社发展到5个，从业人员141人。税务部门不征收所得税，银行给予季节性贷款。是年，全县手工业户数从1948年的37户增加到116户，增长2.14倍。1952年，县社在北江专员公署合作事业指导科指导下，以英城、浛洸、望埠等地的制鞋、铁器竹业为试点，试办手工业合作组织，组建成立县社附属鞋厂、3个铁器生产合作社；英城20户车衣个体手工业户响应县委、县政府号召，自带缝纫机入股，组成英城车缝站，实行独立核算、自负盈亏、按劳取酬的管理形式。主要生产任务是承接商业部门和群众来料加工，兼营印染和破旧衣服修补。1952 年，全县手工业总产值 101.74 万元。

（四）供销合作经济的发展

新中国成立初期，英德多地农民为解决自身的生产生活需要，在政府的推动下，用现金、稻谷或实物折款入股，自发组织办起乡村合作社。

1949 年 10 月，黎溪乡政府拨出 7500 多千克稻谷，成立黎溪乡合作社。12 月，在三隅乡政府倡导下，按每股股本 6 千克稻谷，筹集股本 1.5 万多千克稻谷，成立三隅乡合作社。

1950 年 5 月，文光乡按每股股本 1 箩（25 千克）稻谷，筹集股本 1.5 万多千克稻谷，成立文光乡消费合作社。6 月，大湾乡合作社成立；三隅乡合作社改称横石塘合作社，增设坑口咀分社；麻步乡合作社成立，按每股股本 25 千克稻谷，筹集股本 2500 股。冬，横石水合作社成立。

1951 年 1 月土改开始后，农村封建势力垮台，旧有商业萎缩，广大农民政治觉悟和生产积极性高涨，纷纷要求参加合作社。县政府根据省政府指示，设立合作指导科，负责组建合作社的计划安排和掌握物资、资金分配。3 月，大镇合作社成立。5 月，望埠合作社成立（同年冬，增设沙口分社）。6 月，西牛合作社、城关消费合作社成立；文光乡消费合作社改称文光乡供销社；竹田合作社成立。7 月，水边合作社、石嵩头合作社、白沙合作社、石灰铺（含独山）合作社成立。8 月，横石水合作社增设黄陂分社。10 月，连江口供销合作社成立。秋，桥头合作社、青塘合作社成立。冬，九龙供销合作社成立。

1951 年 10 月，英德县供销合作总社成立。县社贯彻省合作总社扩大会议关于放手发展农村供销合作社的精神，派人到各区乡宣传，组建供销合作社。1951 年下半年重新组建、登记供销合作社，截至年底建立区、乡（圩镇）供销合作社 19 个，社员 11.9 万人，股金 10.82 万元。冬，县社召开全县社员代表会议。12 月，县社举办第一期供销合作社干部训练班，至翌年 2 月结业，学员 30 人被派往各基层供销合作社（以下简称基层社），充实基层社的力量。

1952 年 3 月，中南军政委员会颁布《关于一九五二年农业生产十大政策》，提出"发展供销合作，密切城乡交流"。县委、县政府号召广大农民积极参加供销合作社。县委书记王士英在全县干部会议上作题为《巩固与发展供销合作社的几个问题》的报告，提出供销合作社的基本营业方针。供销合作社股金的筹集，一是发动群众凑股；二是办理存款业务，吸收农村游资。在发动群众凑股时，少数贫雇农家庭拿不出股金，可用劳动力入股，或土产入股、分期缴纳的办法解决。没有收入的老弱残废者，免除入股义务，但仍享受社员待遇。这些优惠政策的实行，促进了供销合作社的发展。

县社按照县委对发展供销合作社的要求，派人到各区、乡组建供销合作社。1952 年春，波罗供销合作社、美村供销合作社、洽洸供销合作社成立；文光乡供销社改称鱼湾供销合作社。5 月，县社配售粮食 58 万千克，价格比销售牌价低 7%，优惠供应社员，帮助农民度过夏荒。9 月，县委决定县长兼县社主任，并对供销合作社给予多方扶助。县社配合有关部门，采取一系列措施，逐步稳定市场物价。各基层社执行政府制定的农副产品收购价格，积极收购柴、炭、竹、木、粮食、花生、花生油、花生麸、硫黄、生猪等，并开展农副产品的推销，经营生产资料以及粮食、生盐、煤油、纱布、百货、食糖、花生油等，进一步扩大批发零售阵地。销售的商品明码标价，限制私商抬价压价，使农村市场物价逐步稳定。冬，县社派人到广州、佛山、清远、曲江等地参加物资交流会，积极开展购销业务。同时，县社选送 38 名学员到粤北行政公署合作社干部训练班学习财会、统计专业知识，学员学习回来后被分配到各基层社。

1952 年，县社根据省合作事业管理局有关"组织（圩、镇）大基层社"的指示精神，以 3 万人口为建立供销合作社标准，整顿、合并原有基层社。年底，全县组成 22 个供销合作社，其中 9 个区社、13 个圩镇社，社员 17.65 万人，股金 19.73 万元。

县社和基层社开展为国家代购、代销、代储粮食业务，经营花生、木材、硫黄、黄糖等；坚持为生产服务的正确方向，扶持商品生产，由单一服务转变为多功能综合服务。建社初期，供销合作社主要是帮助推销农产品，以后逐步发展到提供信息、生产技术、优良品种、生产资金、产品加工和推销等服务，有效促进农业生产的发展。1952 年，全县供销系统商品销售总额 327 万元，利润总额 15 万元。

三、农村土地制度的改革

（一）土改运动的开展

土地制度改革（以下简称土改）是中国共产党领导的，以废除地主阶级封建剥削的土地所有制，实行农民的土地所有制为根本目的，旨在解放农村生产力，发展农业生产，为新中国的工业化开辟道路的一场伟大的社会变革。

1950 年 6 月 30 日，中央人民政府颁布《中华人民共和国土地改革法》（以下简称《土改法》）。11 月 2 日，省政府制定并通过《广东省土地改革实施办法》。11 月中旬，毛泽东主席指示广东要加速土改进程和扩大土改面。根据毛泽东主席的指示，中共中央华南分局于 11 月 23 日决定在原来 3 个试点县的基础上增加 8

个试点县,英德是新增加的 8 个试点县之一。11 月 27 日,包干英德土改的省政府办公厅先头部队 7 人到达英德,开展土改干部训练班的准备工作。12 月,省土改工作队其他队员陆续到达。省政府办公厅王士英带领 20 多人报到后,即赴英德土改试点乡之一的第三区黄塘乡开展工作。12 月 5 日,英德县土地改革委员会成立,北江地委委员兼英德县委书记林名勋任主任。随后,县土地改革委员会制定《英德县土改工作计划》,成立由县长陈仁畿任庭长的英德县人民法庭和英东、英西 2 个分庭。

英德、曲江两县作为省第二批土改试点县,率先在北江地区开展土改。为取得土改工作经验,英德县委选择第三区①黄塘乡和第二区美村乡作为土改试点,以黄塘乡为主点、美村乡为副点。黄塘乡是革命老区,经多年的游击战争,群众参加革命或受革命思想影响,有较高的阶级觉悟,开展土改工作有较好的群众基础;美村乡,离县城较近、交通方便。由北江地委土改训练班结业派来的干部 90 人,分 2 个工作队,结合当地干部,分别进驻黄塘乡和美村乡。1950 年 12 月 15 日,2 个土改试点工作同时展开。经过土改试点,积累了经验,培养了干部,为土改的全面开展做了较为充分的准备。

12 月 22 日,参加县土改训练班的干部 820 人,被编成 6 个区队、1 个宣传队分赴乡村。随后,各区委召开干部、党团员大会,进行土改动员;集中乡村干部训练,学习上级有关土改的指示、划分阶级的决定和工作纪律,结合地方情况与干部思想,展开讨论,扫除土改的思想障碍。

1951 年 1 月 1 日,全县 6 个区、1 个镇(城关镇)开展土改

---

① 1949 年 11 月至 1950 年 5 月,全县设 3 个区,下辖 34 个乡。1950 年 6 月,全县改设 6 个区、1 个城关镇,下辖 34 个乡;乡下辖 448 个村。

工作。土改工作以南下大军和南下干部挂帅，参加英德土改工作队员1280人，其中中南局120人、省政府440人、北江地委90人、县内区乡干部250人、乡村抽调训练的农村干部380人。

按照县土改试点的经验，除第二区、第三区、城关镇外，4个区各选择1个乡作试点，城关镇则全面展开。各区一面试点，一面开展宣传，发动农民群众，为全面开展土改工作创造条件。经过10天左右的试点后，第一批140多个村的土改工作同时展开。土改工作队贯彻执行"依靠贫农，团结中农，有步骤地、有分别地消灭封建剥削制度，发展农业生产"的土改总路线，进村后与贫雇农同食同住同劳动，通过访贫问苦，扎根串联，组织贫雇农小组；贯彻减租法令，宣传《土改法》和中共中央关于镇压反革命的指示，宣传"天下农民一家亲，团结起来闹翻身。反对封建斗地主，分田分粮做主人""打倒封建主义，铲除封建势力，消灭地主阶级"等口号。

为解决土改工作"依靠谁？斗争谁？斗争的目的是什么？"等问题，在1951年1月20日召开的县委第一次扩大会议上，县委强调要贯彻依靠贫雇农方针。县委扩大会议后，第一批开展土改的140多个村大张旗鼓地发动群众诉苦申冤，斗争反动恶霸地主，公开宣判反动恶霸地主的罪行，依法以杀、缓、关（押）、管（制）、迁（移）等手段制裁反动恶霸地主，做到该杀的杀，该关的关。经过反霸斗争，一是打垮了反动恶霸地主的嚣张气焰，使其接受群众的监督改造；二是教育了广大群众，使群众了解反动恶霸地主压榨、剥削劳动人民的罪行，提高了群众的阶级觉悟；三是使广大群众认识到，有人民政府支持撑腰，可以用合法斗争方式来打击制裁反动恶霸地主；四是检验了群众的强大力量，使广大群众相信只要团结起来是可以战胜反动恶霸地主的。在斗争中，培养了一批积极分子，大部分地区群众基本发动起来，地主阶级当权派被打倒，乡村土改领导权掌握在贫雇农手上。

1951年3月，第一批140多个村的土改工作进入高潮。这一时期，主要是组织划分阶级、没收或征收土地及其他生产资料、分配土地及其他生产资料。县委和土改工作队贯彻执行政务院《关于划分农村阶级成分的决定》，依据新中国成立前三年生产资料占有情况和收入，生活来源主要是靠自己劳动或靠剥削来划分阶级成分。做法上是自报公议，民主评定，三榜定案。① 剥削阶级成分的评定，通过群众控诉、算剥削账进行，最后经县土改工作委员会批准。划分阶级前，土改工作队首先向干部讲清楚地主、富农、中农、贫雇农的区别标准，什么叫作主要劳动、附带劳动，什么叫作剥削。然后由干部向群众讲解。在划分阶级中，先划分地主、富农，与其他农民分开阵线，力求做到不将其他阶级提高为地主，也不将地主降低为其他成分。在地主、富农划定后，再去区别小土地出租者。

划定阶级后，土改工作队按照《土改法》《广东省土地改革实施办法》的规定，没收地主的土地、耕畜、农具、多余的粮食以及在农村多余的房屋，征收富农多余的土地。地主在城市、集镇的房屋以及在农村直接用于经营工商业的房屋保留不动；工商业主兼地主直接用于经营工商业的土地和财产不予没收，其在农村出租的土地予以征收。同时，依法保护富农利益，富农的自耕土地和其他财产不予没收。在没收或征收过程中，结合开展追赔偿、反分散、反隐瞒、反破坏斗争。对地主按其在土改中的表现区别对待，以此分化地主阶级。发动群众，挖找地主隐藏的财物，

---

① "三榜定案"指，第一榜，由各户自己申报评定阶级成分；第二榜，由土改工作队、农会和群众公议各户的划定阶级成分；第三榜，在土改工作队和农会的领导下，由群众民主评定各户阶级成分。

美村乡查出地主隐藏的大批资财，城关镇查出地主隐藏的大批布匹、花生油、食糖。所有没收或征收的土地及其他生产资料，按照《广东省土地改革实施办法》中"所有没收或征收的土地及其他生产资料，除规定为国家所有外，均由乡农民协会接收，统一地、公平合理地分配给无地少地及缺乏其他生产资料的贫苦农民所有""应分配土地者，一般按其农村家庭人口；不分男女老幼、婚与未婚，均应分得一份"的规定分配，一般以自然村为分配单位。

3月底全县完成第一批140多个村的土改工作。4月初县委召开会议，部署开展第二批160个村的土改工作，要求7月底夏收前完成土改工作后，接着开展第三批140个村的土改工作。

9月8日至17日，县委召开土改干部扩大会议，总结8个月来的土改工作，解决部分土改干部"四想"（想回城市、想家想爱人、想地位、想休息）、"四怕"（怕长期土改、怕工作困难、怕吃苦、怕匪特）和"松一口气"思想问题，进行土改工作队伍的思想整顿和组织整顿。

（二）土改的复查

县委土改干部扩大会议后，县委、各区委主要负责人带领工作组对完成土改分田的327个村进行检查摸底，发现50%的村的土改存在原则性的错误，如斗争走过场，不少地主阶级当权派漏网；地主分到好田、贫雇农分到坏田。

针对存在的问题，县委从各区抽调骨干，组成土改复查队，对第二区洚洸乡22个村土改进行复查试点工作。土改复查队发现土改时划定的46户地主中26户地主的原耕地不动并分到好田，51户干部分到好田，226户贫雇农分到坏田、远田、散田，18名长工婢女未分到田，26名应照顾的单身汉未照顾。经过复查，查出漏网地主32户，其中恶霸地主卢绍荫在新中国成立前雇长工婢女12人、短工500个，放高利贷5000千克稻谷，全家11人，无主要劳动，却被评为富农。浛洸乡出现问题的主要原因是完全依靠不作为的旧基层干部及坏分子进行土改。鉴于土改后浛洸乡基层仍为兵痞、流氓、坏分子把持的情况，土改复查队选择第二区新洲乡庄洲村为重点，越过乡村干部，直接深入贫雇农家，访贫问苦，扎根串联，大张旗鼓地提出"查阶级（查打垮地主没有，查有无漏网地主）、查田（查没收地主的田彻不彻底，分得公不公）、查翻身"的"三查"口号。在发动群众的基础上，召开乡农民代表会议，进行思想发动，开展诉苦运动，反复学习划分阶级标准。最后，依照划分阶级标准查出4户漏网地主。

1951年10月19日，县委发出《关于彻底的深入的搞好查阴谋报上当的指示》，要求严格执行"代藏无罪，自报有功，自动自觉，不追不迫"政策，并大张旗鼓地开展政策宣传，使之家喻户晓，深入人心。随后，浛洸乡22个村全面开展诉苦运动，贫雇农吐出苦水，提高了阶级觉悟，自动自觉报出在土改期间为地主分散隐藏的财物，控诉地主破坏土改的罪行。10月下旬，浛洸乡各村先后开展查田、查阶级、查漏网地主、查清算赔偿工作，斗争地主阶级当权派和漏网、反攻、有破坏行为的地主。

12月，在浛洸乡土改复查试点工作的基础上，县委召开全县土改复查会议，部署全县246个小乡①分3批开展土改复查工作。第一批从1951年12月开始至1952年6月，第二批从1952年7月开始至9月，第三批从1952年10月开始至1953年1月，历时14个月。复查的切入点是斗地主阶级当权派、划评漏网地

---

① 1951年9月，全县改设246个小乡、1个县城镇。1952年4月，全县改设14个区、1个城关镇，下辖246个小乡。1952年8月，城关镇改为附城区，全县设15个区。

主。具体做法是初步摸底、重新估计，宣传复查政策，宣传复查的目的意义，肯定土改成绩，找出遗留问题，为贫雇农撑腰壮胆，消除群众的思想顾虑。同时，在访贫问苦、扎根串联的基础上，普遍运用各种会议发动群众，提高群众的阶级觉悟，斗地主阶级当权派和划评漏网地主，组织征收或没收与分配，调整土地，分配"四大浮财"（粮食、农具、衣物、资金）。全县划评漏网地主 1137 户。

（三）查田定产发证

1952 年 9 月，在完成第二批小乡土改复查的同时，县委在第十一区莲塘和第十五区洋江、江南 3 个小乡进行查田定产发证（土地证）试点。经过试点，培训区乡领导骨干 300 余人、技术人员千余人。在试点取得初步经验后，县委决定在 11 月、12 月全面铺开查田定产发证工作，要求全县在 1953 年 2 月底前完成查田定产发证工作。查田定产发证工作分 6 个阶段进行。

第一阶段是政治动员。进行查田定产发证的政策宣传，做好干部培训和清丈田亩（即查田）准备。一是由上而下开好动员会议，宣布不没收、不处分、不提高阶级成分、不追交公粮四大口号，宣传查田定产发证的政治意义，统一思想，做到家喻户晓，深入人心，使查田定产发证成为群众的自觉要求；二是适时召开会议，发动自查自报；三是成立组织机构，进行技术训练，做好清丈田亩前的准备。

第二阶段是清丈田亩。集中试丈量，发动群众参观，打消思想顾虑。对平原地区和半山地区的田亩全部丈量，对山区的田亩则采取自报与抽查丈量相结合的方法（在实际操作中 90% 以上为普遍丈量）。

第三阶段是划片分等。划片分等的基本原则是以自然条件为主，结合常年产量进行。一是按土质类型划分评等地块，然后在各土质类型中确立标准地，以确定地块的等次，并进行抽块归等；二是召开干部会议，确定标准，拟出定等方案，成立乡评议委员会，召开乡评议委员会会议讨论通过方案；三是在乡评议基础上，由交界地入手，由少到多，相比归并，进行并等；四是组织力量填写土地证。

第四阶段是收费发土地证，开展爱国主义教育、保田保翻身教育、合理负担政策教育、生产政策和远景教育。

第五阶段是组织力量复查，审查改正丈量中漏丈错丈的、划片分等特好特坏的、更正土地证中错写的地名或田亩面积。

第六阶段是由县定产。在做好典型调查、考察常年产量的情况下，由县提出定产方案。1953年2月，召开全县农民代表大会讨论通过定产方案。

通过查田定产工作，一是查出一批"黑田"。1952年，全县夏粮计征依据为水田3.74万公顷、旱地1.37万公顷。经过查田丈量核实，全县水田3.97万公顷、旱地1.77万公顷，即查出"黑田"的水田2260公顷、旱地4030公顷。二是查田定产后，从根本上改变地区间严重不平衡问题，负担大体合理。三是解决部分土改复查时期的遗留问题。

（四）土改的成绩与问题

英德的土改运动从1950年12月开始至1953年2月查田定产发证工作结束，历时两年零三个月。经过土改运动，一是从政治上摧毁封建地主阶级的统治，巩固了人民民主专政，农民在政治上得到翻身，农村政治清明，共产党和人民政府在农民中的威信空前提高，农民群众深刻认识到，只有跟着共产党才能有光明前途。在土改运动中开展的清匪反霸、肃清各种反动组织斗争，摧毁了农村的封建政权，肃清了土匪和反动地方武装，锻炼和培养了大批农村干部，建立起农民协会和乡村政权，树立了农民的政治优势。到 1953 年，全县农民协会会员发展到 10.78 万人，占总人口的 25%，共产党、青年团组织也有很大发展。二是从经济上消灭了封建剥削制度，废除封建土地所有制。土改的完成，消灭了封建土地制度，农民成为土地的真正主人，从根本上改变农村的生产关系。在土改运动中，全县没收地主土地、征收全部公尝田和富农出租部分的土地 2.21 万公顷，分配给无地少地的农民，没收地主多余的房屋 34054 间、耕牛 13847 头、农具 51815 件、稻谷 43.53 万千克、衣物 15 万件，现款 4795.1 万元（旧币）分配给贫苦农民和其他劳动人民（1953 年 11 月前，又在 133 个小乡中没收或征收山林 1.73 万公顷，按政策分配给无山少山的农民）。与此同时，对地主也给予生活出路，按政策分配土地给他们。这种新的生产关系，解放了农村生产力，为发展农业生产创造了有利条件。1952 年，全县粮食总产量 11900 万千克，比 1950 年增长 18.8%，其中水稻产量 10470 万千克，比 1948 年增长 26.9%。三是划定阶级成分，加强党在农村的路线方针政策的贯彻落实。土改中，全县划定阶级成分为雇农 10223 户，占农户数的 10.3%；贫农 56857 户，占 57.2%；中农 21357 户，占 21.5%；富农 3174 户，占 3.2%；地主 4584 户，占 4.6%；小土地出租者 588 户，占 0.6%；其他 2630 户，占 2.6%。

四、计划经济建设和工业化的起步

（一）党的过渡时期总路线的宣传与贯彻

1953 年 9 月，中共中央公布了党在过渡时期总路线：在一个相当长的时期内，逐步实现国家的社会主义工业化，并逐步实现国家对农业、对手工业和对资本主义工商业的社会主义改造。1954 年 2 月 7 日，县委发出《关于深入学习总路线结合检查工作总结工作的通知》，要求全县党组织有计划有步骤地组织党员干部学习党在过渡时期总路线，并结合检查工作、检查思想，提高对党在过渡时期总路线的认识。2 月 15 日开始，县直机关和各区组织党员干部，分三步学习党在过渡时期总路线。第一步采用大会报告、阅读文件、小组讨论方式，学习党在过渡时期总路线。第二步检查工作、检查思想，以马列主义和党在过渡时期总路线为武器，纠正对社会主义工业、农业、手工业及对国家资本主义工商业等问题的错误认识，批判削弱党的领导的分散主义、个人主义及党员干部中参与商业投机、放债、雇工、买田、出租土地等资产阶级剥削行为和剥削思想，进一步划清工人阶级和资产阶级思想界限。第三步讨论部门工作改进意见和做法。4 月 15 日学习结束。接着在全县乡村掀起宣传学习党在过渡时期总路线的热潮。通过宣传学习，群众的社会主义政治觉悟普遍提高，转变了小农经济的保守落后思想，怀疑社会主义以及生产情绪不高、满足现状的现象得到改变。由于深入宣传贯彻党在过渡时期总路线，广大群众坚定走社会主义道路的信心，全县掀起工农业、商业企业生产高潮。农业方面，互助合作组织大发展，带动农业技术改革，新技术、新方法普遍应用，农业生产在稳步提高的基础上获得丰收；国营商业、供销合作社与其他企业广大职工焕发搞好社会化大生产、促进社会主义商贸流通的热情，提高了生产质量和工作效率，改善了无序经营、盲目进货、管理混乱等状况，收到较好的经济效益。

（二）英德"一五"计划的制定与实施

根据 1952 年 12 月《中共中央关于编制一九五三年计划及五年建设计划纲要的指示》精神，1954 年 9 月县政府制定《英德县农业生产五年计划（草案）》，12 月经县第四届第二次各界人民代表会议通过实施。在此基础上，县人委①于1955年12月编制完成1953—1957年《英德县国民经济第一个五年计划（草案）（农林部分）》。

以发展农业生产为主的英德县国民经济第一个五年计划（以下简称英德"一五"计划），贯彻党在过渡时期总路线精神，逐步实现对农业的社会主义改造，积极稳步发展农业生产互助合作组织，开展爱国增产运动，办好农业试验场。要求到1957年英德"一五"计划结束时，粮食总产量比1952年增长80.4%。其中水稻产量比1952年增长53.5%。努力增加番薯、芋头、玉米、黄（青）豆、大麦、小麦、荞麦、绿豆、木薯等粮食作物产量，大力发展花生、芝麻、油菜籽、油茶、向日葵等油料作物和甘蔗、黄麻、茶叶、水果等经济作物，增加耕牛、生猪养殖量。

1956年6月，中共英德县第一次代表大会提出要在1956年提前一年完成英德"一五"计划。截至1956年底，全县基本完成英德"一五"计划。1956年，农业生产获得丰收，粮食产量虽未达到英德"一五"计划指标，但比1952年有较大增长。粮食总产量15450万千克，比1952年的11900万千克增加3550万千克，增长29.8%；其中水稻产量12800万千克，比1952年的10450万千克增加2350万千克，增长22.5%。在发展农业生产的同时，县委、县政府（县人委）利用本地资源，发展地方工业。通过国家投资以及对企业进行社会主义改造，建立一批地方国营工业企业。

---

① 1955年6月，英德县第一届人民代表大会第二次会议决定，成立英德县人民委员会。1967年3月，由于"文化大革命"的冲击，英德县人民委员会陷于瘫痪，由英德县抓革命促生产领导小组取代英德县人民委员会职权。1968年4月，英德县革命委员会成立。1980年7月，英德县第六届人民代表大会第一次会议决定，撤销英德县革命委员会，恢复设立英德县人民政府。

1956 年，全县工业总产值 1748.48 万元，比 1952 年的 681.84 万元增长 1.56 倍。

（三）加快发展农业

1953 年开始，农村经济从个体向集体所有制转变。县委、县政府（县人委）领导全县人民兴建山塘、水库、陂头等水利设施；改进耕作技术，提高土地利用率和单位面积产量；合理利用荒山荒岭，植树造林和扩大经济作物面积；加强农作物病虫害防治；改进家畜家禽防疫工作。

1. 兴建山塘、水库、陂头

1952 年 10 月 16 日，新中国成立后英德第一宗小（一）型蓄水工程——江湾水库动工兴建，当年 12 月 17 日竣工。该水库位于附城区江湾乡（今英城街江湾村），总库容 148 万立方米，有效灌溉面积 72 公顷。1952 年，县农建科在附城区江湾水库建设工地举办第一期水利培训班，学员 105 人。此后，县政府（县人委）年年拨款兴修水利工程，从小型发展到中大型，浆砌石陂、水泥陂代替竹、木、乱石陂。1953—1957 年第一个五年计划期间，国家对英德水利投资 185.95 万元，全县动工兴建 452 宗水利工程，有效灌溉面积扩大 6600 公顷。较大型的水库有：望埠区的枫树坪水库、寺前水库、鹿颈水库；桥头区的岩下水库、上围背水库；鱼湾区的石墈水库。并先后兴建浛洸区九牛陂、沙光陂、观塘陂、东鱼陂、河江渡、新陂、泥陂，大湾区蕉冈陂，美村区斗湾陂，望埠区文陂，桥头区冲子陂，大镇区新建陂，附城区波罗坑，鱼湾区汶罗河，九龙区岩口陂等有效灌溉面积千亩（66.67 公顷）以上的引水工程。其中有效灌溉面积万亩（666.67 公顷）以上的引水工程有九龙区岩口陂、附城区波罗坑、大镇区新建陂、鱼湾区汶罗河。这些水利设施的建成，为农业生产发展提供可靠的保障。

2. 改进耕作技术，提高土地利用率和单位面积产量

农业灌溉条件改善后，旱耕区变为水耕区，扩大了水稻种植面积，增加了粮食总产量。1955 年至 1956 年，全县"旱改水"面积分别为 1320 公顷、1013.33 公顷。在"旱改水"的同时，提倡单造改双造，实行早晚两造水稻。1954 年至 1956 年，全县单造改双造面积分别为 626.67 公顷、700 公顷、980 公顷。同时，推行水田两熟改三熟，凡有条件的地方，多种一造小麦或油菜、绿肥。全县冬种面积占水田面积的 57.9%，以"稻—稻—麦"三熟面积比较大，每年"稻—稻—麦"三熟面积均占水田面积的 50% 以上。1955 年，提倡以早造特早熟种或早熟种的田地作晚造秧田，以增加种植面积。当年利用 1120 公顷早造特早熟种或早熟种田地作晚造秧田，1956 年扩大到 2260 公顷。1955 年试种冬种绿肥 600 公顷，1956 年扩大到 820 公顷。

3. 合理利用荒山荒岭，植树造林和扩大经济作物面积

县委、县政府（县人委）制定一系列有利于造林发展的政策，开展植树造林，做好荒山荒岭的合理利用。采取群众造林与国营造林、封山育林与造林、个体造林与集体造林、群众突击造林与专业队伍造林（办林场）并举方针，大力发展用材林种苗基地，从种苗、资金、粮食等方面优先投放用材林种苗基地。建立育林基金制度。实行粮食统购统销政策后，拨出粮食指标补助造林。1955 年，随着农业合作化运动的发展，造林形式由个体与集体相结合转为以集体为主、个体为辅。1953 年至 1956 年，全县植树造林 4006.67 公顷。与此同时，县政府（县人委）发放种子、肥料及生产贷款等，扶持农民种植甘蔗、大豆、黄（红）麻、棉花、黄（红）烟、药材、桑蚕、蔬菜等经济作物。1956 年在洤洣区鱼咀圩建成地方国营机榨糖厂（生产黄片糖），并调整糖价，全县甘蔗生产发展很快。到 1956 年，利用荒山荒岭加上原

有蔗地种植甘蔗 1106.67 公顷，总产量 3050 万千克。

4. 加强农作物病虫害防治

1953 年，县建设科内设专管农业生产的农业组。1954 年，县政府设立农业科，扩大农业技术队伍，在英东、英中、英西 3 片各设立农业技术推广站。1955 年，按 15 个行政区分区设立农业技术指导站，站内指定人员兼管农作物病虫害防治。县农业科设立植保股，专人负责农作物病虫害防治。从 1956 年开始，先后选定气候条件、耕作制度和作物种类、品种等有一定代表性的浛洸区、大镇区，建立农业病虫测报站，负责收集、综合各地病虫害预测、调查结果，定期或不定期发出短期农作物病虫情预报，提出防治措施，指导全县农作物病虫害防治。同时，推广生物防治病虫害，采取措施保护寄生蜂、蛙类和有益鸟类、昆虫。

5. 改进家畜家禽防疫工作

新中国成立之初，县政府就颁布《禁止宰杀耕牛条例》，促进保护耕牛。1953 年，英德县畜牧兽医协会成立，在连江口、水边、西牛、大湾、美村、大站、大镇、附城、九龙等地设分会。1954 年，县政府在英东、英中、英西 3 片分别设立农业技术推广站，各站配备畜牧兽医人员 1 人。1955 年，发现第三区的鲜水、西联，第五区的美村，第七区的古道、茅塘、中步等乡耕牛患炭疽病，县区两级畜牧兽医协会和防疫部门及时治疗。采取疫苗预防后，全县多年未见耕牛炭疽病发生。1956 年，省血吸虫病防治研究所在曲江县开展血吸虫病防治试点中，发现与曲江县毗邻的望埠区沙口乡洲西村有血吸虫病人及钉螺，确定洲西村为血吸虫病流行区，并对血吸虫病患者进行治疗、对耕牛进行普查。年末，全县耕牛存栏量 9.34 万头，比 1950 年增长 68.3%。1956 年，农业生产合作社开始配给生猪饲料地和母猪饲料粮，鼓励农民养猪。

1956 年，全县粮食种植面积 11.53 万公顷，比 1952 年的

9.33 万公顷增长 23.6%。粮食总产量 15450 万千克，比 1952 年增长 29.8%。其中水稻面积 7.13 万公顷，总产量 12800 万千克，比 1952 年增长 22.5%。农业总产值 8662 万元，比 1952 年的 6675 万元增加 1987 万元，增长 29.8%。

（四）积极发展地方工业

逐步实现国家的社会主义工业化，是党在过渡时期总路线的一个重要内容、一项重要工作。

1953 年，县商业采矿队会同当地区、乡政府在第四区九龙乡枫木村兴办三级联营的九龙硫黄厂。

是年，国家在英德第十区文峰乡工村投资建设广东省英德硫铁矿。该矿硫铁矿储量 1324.1 万吨，年采矿量 15 万—40 万吨。初期隶属中央轻工业部，后隶属化学工业部。该矿曾经是中国化工行业主要的硫铁矿生产企业。20 世纪 50 年代，中学地理课本中国矿产资源中有记述该矿的内容。在国民经济恢复时期和第一个五年计划期间，该矿打破帝国主义对中国原材料的封锁，对国内造纸、橡胶、医药乃至国防工业发展起到重大作用，为支援中国工农业生产和化学工业作出重要贡献。

1954 年，根据国家工业化的发展需要，县政府投资进行规模较大的工业基本建设，扩建发电厂、硫黄厂，改建新生板厂等。全年完成工业基本建设投资 10.83 万元，工业基本建设项目当年全部建成投产，大大提高全县工业生产能力。

1954 年 6 月，县委按照粤北区委的部署发出《关于发动劳动人民群众找矿报矿的指示》，并于 6 月下旬召开干部扩大会议和在 6 月底召开的县第一届人民代表大会第一次会议上宣传、部署找矿报矿工作。以县委工业部、县工业科为主，成立英德县报矿总站，统一管理全县找矿报矿工作，各区相应成立报矿登记站。全县找到矿物 15 种、矿点 241 处，初步掌握地下矿产资源线索。

　　同年，第九区八宝乡八宝山矿场（后称八宝山钨矿）收归国营，由粤北有色金属管理局管辖。该矿钨矿地质储量 4023 吨、铋矿地质储量 3382 吨。钨精矿始采于 1934 年，为英德最早发现和开采的矿山。

　　随着地方国营工业的建立和发展，县委、县政府加强工业企业管理。1954 年前，县属工业企业由县工商科管理。1954 年，县政府设立工业科，统一管理全县工业企业。1954 年上半年，英德县整顿地方工业委员会成立，按县委统一部署，分两批整顿地方工业企业。通过整顿，解决职工雇佣思想和企业内部混乱现象，转变经营作风，改善经营管理，为实行计划管理创造条件。下半年，国家开始下达企业产品产量指令性计划。秋，在八宝山钨矿、县印刷厂实行定额管理，推行"一长制""组长责任制"。1955 年，各工业企业相继制定定额指标，建立仓库管理、财务开支、操作规程、产品检验和技术学习培训制度。

　　1954 年开始，全县工业企业执行《广东省地方国营企业提用企业奖励基金办法》，凡实行经济核算的工业企业，在完成国家下达的生产总值、销售利润上交计划后，根据企业类别，确定不同的企业奖励基金提取比例。

　　1955 年，县属工业发展加快，新建和扩建地方国营九龙硫黄厂、白水寨硫黄厂、新生板厂、附属砖瓦厂（英德建材厂），全年完成工业基本建设投资 3.63 万元。年底，白水寨硫黄厂、英德建材厂建成投产。在抓好工业基本建设的同时，进一步推行计划管理、"一长制"，加强党的思想政治工作。

　　1956 年 3 月，根据省工业会议精神，进一步抓好地方国营工业企业计划管理工作，各工业企业都有较完整具体的作业计划，分别编制季、月、旬、日作业计划和按车间、小组、个人编制作业计划。

同月，韶关地委工业部战地会议召开后，县委、县人委在县属工业企业中开展以先进生产者为中心的社会主义劳动竞赛，发动职工提合理化建议，推广先进经验，改进生产中的薄弱环节。1956年职工提合理化建议700件，其中采纳551件，实施498件。通过开展社会主义劳动竞赛，企业出勤率、生产率普遍提高，其中县造船厂提前56天、县人民印刷厂提前40天超额完成国家下达的年度生产计划。在社会主义劳动竞赛中涌现出一批先进生产者，全县评选出先进生产者277人，评选出优秀厂2家，其中县人民印刷厂连续2次被评为优秀厂。

1956年，对4家私营工业企业进行社会主义改造，实行公私合营。公私合营后，有3家公私合营企业根据资方自愿，进行企业改组，与国营企业合并。

1956年，全县完成工业基本建设投资13.21万元，工业基本建设项目当年全部建成投产。是年，县属工业企业实现产值187.02万元，比1952年增长31.13倍；实现利润12.12万元，比1952年增长16.31倍。

（五）供销合作经济的大发展

1953年4月，县社根据省合作事业管理局关于"整顿巩固，适当发展"方针，在省供销合作社工作组协助下，分两批整顿全县22个基层社。从整顿业务入手，实行独立核算，以区为单位建社。至10月，全县15个区全部建立区供销合作社，设分销处45个、零售门店97个、货摊15个、收购站22个，干部职工590人，社员16.8万人，股金19.88万元。

6月，县社部署第六区供销合作社试行"拨货计价实物负责制"，随后在全县供销系统零售单位全面实行这一核算制度。7月，县社设立驻穗工作组和河头供销站、连江口供销站。10月，供销系统抽调212人，增设62个收购站，组织35个收粮小组分别到余粮乡收购粮食。至 1954 年 1 月底，供销系统为国家代购稻谷 1647.5 万千克，占全县粮食收购总量的 50.1%。

1954 年 10 月，英德县供销合作总社改称英德县供销合作社（以下仍简称县社）。基层社受国家委托预购稻谷、花生，经营柴、炭、竹、木、柑橘、生猪等和回收废品。农副产品收购以方便群众、有利生活为原则，固定设点与临时设点相结合。根据就地取材、就地加工、就地供应的"三就地"原则，建立季节性或常年性生产的加工企业。全县供销系统建立起县社河头锅头加工厂，第六区供销合作社浛洸锅头厂、砖瓦厂、酿酒厂，第七区供销合作社大湾豆豉加工厂，第十四区供销合作社鱼湾犁头加工厂，第十三区供销合作社桥头犁头加工厂。供销系统积极配合县委、县政府中心工作，组织干部下乡，采取"实地示范、组织观摩、新旧对比"办法，推广新式农具。年底，全县 15 个区供销合作社设圩镇分社 33 个、乡分社 75 个、零售门店 190 个、货摊 33 个、收购站 22 个，干部职工 792 人，社员 16.94 万人，股金 35 万元。

1955 年，县社根据国家对农村私营商业进行社会主义改造的部署，按照"统筹兼顾、全面安排、积极改造"和"先安排后改造、既安排又改造"方针，对归口供销系统管理的私营商业进行改造，利用其资金及人员为社会服务。上半年，纳入改造的纯商业、饮食服务业私营商业 611 户。县社设立农副产品机构，负责农副产品收购和废品回收业务。

1955 年 7 月，英德县供销合作社第一届社员代表大会在县城召开。大会审议县供销合作社建社以来的工作，讨论决定 1955 年的工作任务，制定通过《英德县供销合作社章程》，改选县供销合作社理事会和监事会，决定进行第一次股金分红。

同年，全县农业合作化运动发展迅速，县社派员到省外组织新式农具。全年供应五一步犁 413 部、双轮双铧犁 2 部、农药械

673 件、打禾机 166 台。年底，全县乡供销合作分社发展到 80 个、零售门店 235 个（其中专业性门店 80 个）、批发门店 32 个、收购站 40 个、加工企业 5 家，干部职工 890 人，社员 16.36 万人，股金 37.62 万元。

1956 年，农业合作化运动高潮后，县区两级供销合作社根据农业生产发展的需要，组织加工、安装五一步犁，建立新农具铸造厂 2 家，加工生产五一步犁头（壁）3.5 万余件，全年销售双轮双铧犁 226 部。随着国家对私营商业的社会主义改造进入高潮，供销合作社根据不同情况，对私营商业按不同形式进行改造。对公私合营、合作商店（小组、饭店）的财产、人员，按照有关政策进行清产核资、人事安排和评定工资。同年 2 月，纳入改造的纯商业、饮食服务业私营商业 1959 户 2431 人，占私营商业户数的 93.8%。

1953—1957 年国民经济第一个五年计划期间，县社根据"整顿巩固、适当发展"方针，进一步扩大购销业务，支援农业发展；县社通过整顿基层社，扩大经营范围，配合有关部门贯彻粮油、棉布统购统销政策，受国家委托代购代销粮食、油料、纱布等有关国计民生的重要物资；采取扩大和增设经营机构，广设网点与私营商业竞争；做好生产生活资料供应，购销业务有很大发展。1957 年，全县供销系统国内纯购进 1046 万元，纯销售 1333 万元，均比 1952 年增长 1 倍多。其中农副产品采购 290 万元，增长 35.5%；生产资料销售 187 万元，增长 10 倍多。

供销合作社不仅成为满足农民生产生活需要、组织农村商品流通的主渠道，而且成为连接城乡、联系工农、沟通党和政府与农民联系的桥梁和纽带，对恢复国民经济、统一财经、稳定物价、促进农业和农村经济的发展、改善农民生活、引导农民走社会主义道路方面发挥重要作用。

（六）兴办农村信用合作社

1953 年，中国人民银行英德支行根据 1951 年 5 月第一届全国农村金融工作会议提出的"自下而上、广泛组织农村信用合作社"的要求，先后在第十三区板铺乡和第六区鱼咀乡试点，分别办起农村信用合作社（以下简称农信社），社员 2300 人，收集股金 6 万余元。

1954 年 4 月，中共中央华南分局《关于开展农村信用合作工作的指示》指出，在农村发展信用合作事业是党在过渡时期对农业实行社会主义改造的一个重要组成部分。要求广东省在 1954 年内要有三分之一至三分之二的乡建社，两三年内达到全省一乡一社。并要求各级党委，尤其是县委、区委，把农村信用合作与农业生产合作、供销合作统一抓起来。

县委、县政府根据中共中央华南分局指示，领导和组织全县农村三大合作运动，全县农信社如雨后春笋般蓬勃发展。1954 年 4 月开始，中国人民银行英德支行先后两批培训 210 余名农信社干部，并大张旗鼓地在各乡开展建立农信社工作。同年建立 134 个农信社，社员 4.2 万人，收集股金 7.69 万元。

1955 年，中国人民银行英德支行举办训练班，培训 97 名农信社干部，充实到基层农信社。同时，继续在各乡建立农信社。同年建立农信社 194 个，社员 11.66 万人，收集股金 18.4 万元。

1956 年为，为配合农业生产合作运动，加快农信社建设步伐，建立新农信社 236 个，社员 14.16 万人，收集股金 23.54 万元。至此，全县建立农信社 564 个，社员 30.02 万人，股金 49.63 万元，达到乡乡有农信社要求。农信社全年发放贷款 161.99 万元，为国家银行同期贷款的三分之一；收回贷款 95.14 万元，占全年贷款的 58.7%；吸收存款 787.03 万元，其中个人存款 13.84 万元。通过吸收存款，培养农民储蓄习惯，补充农贷资金的不足。

在县委直接领导和支持下，农村信用合作工作取得丰硕成果。建立农信社，并通过打击农村高利贷的剥削活动，及时解决农民的生产生活困难，有力支持农业生产，促进了农业生产合作运动的巩固和发展。

五、对私有制经济的社会主义改造

（一）农业的社会主义改造

1953 年，县委、县政府根据中共中央《关于农业生产互助合作的决议》精神，积极引导个体农民组织起来，实行劳动互助和生产合作。县委、县政府派出工作队，按照自愿互利原则，帮助农民组织一批互助组。是年底，全县组织起互助组 5882 个，入组农户 16648 户，占农户数的 17.6%，其中常年互助组 521 个，入组农户 1598 户，占农户数的 1.6%。由于建立了互助组，解决了农民在分散经营中特别是人力、畜力不足的困难，加上土改后调动了农民的生产积极性，是年，全县粮食面积 9.53 万公顷、总产量 12700 万千克，分别比 1952 年增长 2.3%、6.7%。

1953 年 12 月，中共中央作出的《关于发展农业生产合作社的决议》强调，建立具有社会主义性质的农业生产合作社，是党在过渡时期对农业进行社会主义改造的正确道路。县委根据上级指示，成立县委农村合作部，加强对农业合作化运动的指导，并开展政策调查研究和实施培训干部等工作。同时，组织干部深入乡村，宣传党的办社政策和目的。选择办得较好的常年互助组，派出得力干部，带领工作队在 4 个区各试办 1 个初级农业生产合作社（以下简称初级社），入社农户共 107 户。这 4 个初级社，在抵抗自然灾害、开荒扩种、推广以小株密植为中心的技术改革中起到带头作用，早稻获得增产。通过先行试办 4 个初级社，为全县农业合作化运动创造经验，推动办初级社高潮的掀起。同年夏收前，全县 15 个区有 11 个区共建立初级社 13 个，入社农户 227 户。秋收前，全县再建立初级社 74 个，入社农户 2765 户。至年底，全县建立初级社 329 个，入社农户 10022 户，占农户数的 10.5%，参加互助组户数占农户数的 50.8%。与此同时，在小乡中建立农信社 185 个、基层供销合作社 105 个。在全县推广第十一区莲塘乡下塘初级社的成功经验。下塘初级社《怎样办好农业社》一文，由广东人民出版社结集出版。

1955 年 9 月，县委发出《关于大张旗鼓在农民群众中开展以农业合作化大发展为中心的社会主义宣传教育运动的紧急指示》，部署开展以农业合作化为中心的社会主义宣传教育运动。全县组织近 2 万人的宣传队伍，下乡宣传农业合作化的优越性和重要意义，宣传党的农业生产互助合作政策，全县 90% 以上的农民受到教育，为农业合作化大发展做好思想准备。在此基础上，全面规划，发扬民主，经群众反复讨论修正方案后，由上而下制定农业合作化的发展方案。至 11 月，全县建立初级社 1688 个，入社农户 40972 户，占农户数的 42.5%。

12 月，县委根据上级指示精神，酝酿建立高级农业生产合作社（以下简称高级社）。第十区维塘乡共耕高级社是全县第一个高级社。社主任吴文光，原是第十三区建新乡农民，1953 年春因家乡耕地少搬迁到耕地较多的第十区维塘乡西湖塘村开垦荒地，发展生产。同年 3 月，吴文光牵头 7 户农户自愿组成全县第一个农业生产互助组——劳动共耕互助组，1954 年秋收前改称共耕农业生产合作社（以下简称共耕社），入社农户 26 户。

共耕社实行按劳分配，生产资料归集体所有。为解决耕牛、农具、种子缺乏等困难，共耕社派出劳动力到当地矿山做工，以人工换取牛工，农业生产连续 3 年丰收。到 1955 年，共耕社不但每户每天留有一顿干饭粮食，而且还卖余粮 6000 千克；公共积累有耕牛 12 头、农具 20 件，建有两口小山塘，解决全社 10 公顷水田灌溉。吴文光由于成绩突出，1955 年 11 月在全省区委书记会议上介绍办社经验，同年被评为省第一届农业劳动模范；1956 年 2 月，出席省第一届农业劳动模范代表会议，并在会上发言。1957 年 2 月 18 日，吴文光作为全国农业劳动模范，出席在北京召开的全国首届农业劳动模范代表会议；2 月 22 日，受到毛泽东、周恩来等党和国家领导人接见。同年，被省人委评为特等农业劳动模范。

在共耕社的影响带动下，1956 年春，各区委选择办得较好的初级社为试点，经过社员讨论，向县委申请建立高级社。同年底，全县有高级社 385 个，入社农户 75121 户，占农户数的 77.1%；初级社 277 个，入社农户 20305 户，占农户数的 20.9%；初级社、高级社入社农户占农户数的 98%，全县基本实现农业合作化。

1957 年底，全县有农业生产合作社 689 个，入社农户 97199 户，占农户数的 99.1%。其中高级社 588 个，入社农户占农户数的 91.7%。1958 年上半年，101 个初级社全部转为高级社。

（二）手工业的社会主义改造

手工业的社会主义改造是中国在建立了无产阶级专政的条件下，通过合作化道路，把个体手工业经济改造成为社会主义集体经济的过程。

1952 年，县供销合作社以英城、沧洸、望埠等地的制鞋、铁器、竹业行业为试点，试办手工业合作组织，组建成立 1 家县社附属鞋厂、3 个铁器生产合作社；英城 20 户车衣个体手工业户自带缝纫机入股，组成英城车缝站，实行独立核算、自负盈亏、按劳取酬的管理形式。1953 年，沧洸、沙口、桥头 3 家机缝站成立；同年 12 月，全县手工业代表大会决定，在与农业关系较大的铁器、木器、犁头、棕绳以及群众生活必需的陶瓷、棉织、缝纫、鞋革、弹棉等行业，试办手工业合作组织。

1954 年，县社以手工业生产小组、手工业供销合作社、手工业生产合作社 3 种形式着手进行手工业的社会主义改造。同年 7 月，县财贸委员会下设对私改造办公室，具体领导对私营工商业进行以合作化为主的社会主义改造。11 月，县政府设立手工业管理科，负责对全县手工业生产合作社的行政管理。是年，先后成立英城木器生产合作社、英城铁器生产合作社；在英城、浛洸、望埠、大湾、沙口、连江口 6 个集镇成立 13 个铁器和木器生产合作社，在连江口成立造船、竹器、机缝 3 个合作社，在浛洸成立弹棉合作社。在试点社生产迅速发展的带动下，手工业个体劳动者纷纷申请入社。

1955 年 11 月，县委、县人委制定全县手工业改造全面规划，决定分 2 批培训骨干、分 3 批发展手工业合作组织。12 月，举办 2 期骨干训练班，训练骨干 98 人。同月，英城木屐生产合作社、英城竹器生产合作社、英城棕草生产合作社、英城纺织生产合作社、英城雨帽生产合作社成立；英城五金白铁、玻璃制品、钟表、水笔等修理行业联合组成英城五金修理生产合作社；英城车缝站转为英城缝纫生产合作社。

1956 年 12 月，全县铁器农具、五金修理、车缝、木器加工、竹器制品、食品、陶瓷、石灰、特种手艺等 15 个行业，相继建立合作社（组）113 个，从业人员 885 人，占从业总人数的 92%。此后，手工业生产合作组织隶属县手工业管理科领导，成立英德县手工业生产合作联社。截至 1956 年底，全县个体手工业户 1560 户成立手工业合作社（组）180 个，从业人员 3047 人，全面实现手工业合作化。

（三）资本主义工商业的社会主义改造

1954 年 7 月，县委、县政府按照中共中央《关于加强市场管理和改造私营商业的指示》精神，在县城召开私营商业和小商小贩人员动员大会，宣传中共中央对资本主义工商业实行"利用、限制、改造"的政策，通过国家资本主义的初级形式，逐步以全民所有制代替资本家所有制。对私营商业改造采取"一面前进、一面安排"和"前进一行、改造一行"的方法，有计划有步骤地推进。到年底，全县百货批发商和批零兼营商户的批发业务，全部由国营百货公司经营；建立包销关系私营商业1户、加工关系私营商业6户；纱布行业维持原状86户、经销22户；烟酒副食行业建立卷烟批售7户、副食批售3户、加工订货44户。

1955年12月，县委对资本主义工商业的社会主义改造（以下简称对资改造）领导小组成立，统一领导全县对资本主义工商业的社会主义改造工作。同时，县委、县人委从县直机关抽调一批干部对私营工商业进行以户数、从业人员、资金等为主要内容的普查。

1956年1月，县委对资改造领导小组制定《关于加速对资改造规划意见》，要求在春节前全部完成城镇、农村私营商业改造工作。县委对资改造领导小组从县商业科、粮食局、交通科、手工业管理科、工商业联合会和各国营公司抽调68名干部，从县、区供销合作社抽调63名干部，参加对资改造工作。通过积极的宣传教育和细致的思想发动，私营工商业者表示决心接受改造，并自觉要求参加公私合营。英城、大湾工商业者张灯结彩、敲锣打鼓向当地政府递交申请书要求公私合营。1956年1月21日，县人委批复同意英城国药业的泰源兴、新国华、天益堂、大安堂、泰益等商号，服务业的兴鸿、艺光、赞真商号，文具印刷业的黄聪记、大德、自力商号，百货业的何强、梁有、张发清、杜转、徐光、陈万昌、丁金、陈念、麦镐9户，烟丝制造业的同馨、同泰、工人烟丝小组商号，缸瓦山货的公安、陈汗记、陈记森、天元号商号参加公私合营。此后，全县对资改造工作进入高潮。至1956 年 2 月，全县私营工商业合作化任务胜利完成。全县参加公私合营的私营企业 440 户 900 人，成立公私合营企业 277 户；参加合作商店的私营商业户 1823 户 2386 人，成立合作商店 532 户；代购代销户 366 户 436 人；经销户 124 户 159 人。

六、教育文化卫生事业的发展

（一）教育事业

1. 中小学教育

1949 年 10 月英德解放时，全县有公立中学 4 所（县立中学、县立文澜初级中学、县立辉南初级中学、县立简易师范学校），私立初中 2 所（私立象光初级中学、私立澄清初级中学），高中 3 个班 30 人，初中 16 个班 392 人，初师 3 个班 100 人；公立小学 30 所 4000 人，私立小学 20 所 200 人。

新中国成立后，县委抽调一批党员干部到学校，加强学校里党的领导力量，并注意在教师中培养建党对象。同时，进行教育改革，致力于恢复和发展。废除旧的训导制度，取消国民党的"党义""公民""童子军""军事训练"等课程，禁止体罚学生；建立健全学校的各种组织和制度，完成正课学习，养成新学风；向工农开门，开办夜校及社会教育。

1950 年秋，英德县立简易师范学校与英德县立中学合并，组建英德县立联合中学，设中学部和师范部，中学生 335 人，师范生 131 人；复办英东中学，英德县立辉南初级中学、英德县私立象光初级中学并入英东中学，组建英德县立初级英东中学，中学生 174 人；县立初级英东中学在鱼湾设第二分校，中学生 85 人；英德县立文澜初级中学改称英德县立初级英西中学，中学生 136 人；英德县私立澄清初级中学因学生人数骤减，经费入不敷出而

停办。9 月，撤销英德县立初级英东中学第二分校。1950 学年度
第一学期全县有公立小学 579 所、私立小学 6 所，在校学生 2.48
万人。

1951 年，县文教科制定《英德县五年文化教育建设计划》，
提出全县中小学发展和扫除文盲等工作目标。暑假期间，县文教
科举办中小学教师进修班，提高教师业务能力和对新教育的认识。

1952 年 7 月，全县小学由政府接办，增设 1 所县立小学、9
所区小学，大量吸收工农子弟入学。县文教科进一步向小学教师
提出备课要求，下半年让其开始学习苏联凯洛夫教育学、普希金
教育学等教育理论和教育原则，进行教学改革。年底，全县有中
学 3 所，在校学生 562 人，比 1949 年增长 7.7%；小学 453 所，
在校学生 2.91 万人，比 1949 年增长 5.93 倍。

1953 年 11 月，县委、县政府贯彻"整顿巩固、提高质量、
重点发展、稳步前进"方针，发出《关于开展整顿小学工作的联
合指示》，成立由分管教育的副县长任主任委员的英德县整顿小
学教育委员会。1953 年 11 月至 1954 年 8 月，全县小学按县委、
县政府部署进行整顿。对文化水平过低、年老力弱、不胜任教师
工作或有严重传染病影响学生健康者（126 人，占全县教职工的
十分之一），根据具体情况，作谨慎负责的处理。通过整顿，教
师不安心工作和学校混乱忙乱的情况有所改善；教师的积极性普
遍提高，逐步转向以教学为中心；提拔 72 名优秀教师担任校长或
教导主任，改变认为小学教师无前途的不正确看法。同时，适当
调整教师队伍，调整教师工资，改善教师生活待遇。

1954 年 6 月，政务院发布《关于改进和发展中学教育的指
示》，要求教师逐步学会运用辩证唯物论、历史唯物论的观点和
理论联系实际的方法讲课，并在课堂教学中注意抓好思想政治教
育。县文教科选择在县立小学、县立联合中学组织公开教学，以

取得经验，指导全面工作。为提高教师的业务水平，各中学成立教学研究小组，开展同级同科的集体备课，建立教师间互相观摩的教学制度，组织各教学科目的座谈会，研讨解决教学上的问题。通过组织公开教学、示范教学，教学研究之风日渐浓厚。通过教学研究，改进教学方法，提高教育教学质量。学校领导深入课堂听课，不断总结经验，促进提高教育教学质量。

1954 年 6 月 1 日，共青团中央公布《中国少年先锋队队章》。此后，各学校开展队章教育、建立少年先锋队组织。同时，大张旗鼓地开展劳动教育。

9 月，英德县立联合中学师范部并入广东省韶州师范学校，英德县立联合中学改称英德县立中学。

1955 年，教育部颁布《小学生守则》《中学生守则》。此后，全县中小学认真贯彻守则，校风校貌呈现出一派新气象，读书风气浓厚，学校纪律严明。同年 7 月，县人委成立英德县初中、高小毕业生升学及从事劳动生产指导委员会，开展应届初中、高小毕业生升学及劳动就业指导工作，教育应届初中、高小毕业生正确对待升学和参加生产劳动。依靠共青团、少年先锋队组织，开展应届初中、高小毕业生的思想政治教育，使学生明确学习的目的，就是使自己成为有政治觉悟和有文化知识的人，更好地从事建设社会主义的生产劳动，使应届初中、高小毕业生认识到升学和参加生产劳动同样光荣。大部分应届初中、高小毕业生离开学校前纷纷表示服从祖国需要，到祖国最需要的地方去，不能升学则愉快地到农村去参加生产劳动。9 月，重设英德师范学校，秋季招收第一批学生。

1956 年，英德县推广普通话工作委员会成立，县委书记任主任。各区、各校成立推广普通话（以下简称推普）工作小组，制定推普工作计划，依靠经过国家培训的推普骨干，采取"滚雪球"办法，县区层层举办教师推普培训班，为学校培养大批合格的推普教师。此后，全县中小学普遍推行普通话教学。

县委、县人委贯彻中共中央提出的公办与民办并举的"两条腿走路"方针，设立民办小学2所，学生413人，并且准备逐步把公办小学改为民办小学。是年，全县小学在校学生4.36万人，比1952年增长49.8%；西牛、望埠、鱼湾小学附设初中班。

2.社会教育

新中国成立后，党和政府把提高劳动人民文化水平作为一项政治任务，有计划有步骤地在劳动人民及工农干部中开展扫盲工作，提高文化水平，并组织多项专业教育，培养具有社会主义觉悟的建设人才。1950年9月，教育部《关于第一次全国工农教育会议的报告》提出"推行识字教育，逐步减少文盲"的口号。同年，省文教厅发出《关于开展1950年冬学的指示》，要求各地创办冬学（农村在冬闲时开办的季节性学校），开展季节性的农民业余教育。1950年，英德县冬学运动委员会成立，组织9.55万人参加冬学学习，其中妇女4.82万人，占50.5%。1952年，省扫盲工作会议确定英德为重点开展农民速成识字教育县。是年，英德县扫盲运动委员会成立，贯彻"农闲多学、农忙少学、大忙放假"原则，力求做到农业生产、学习文化两不误。第六区、第十一区各有1所冬学转为常设农民业余学校。县举办6期速成识字班，学员600人，被培训成为扫盲骨干，全面开展扫除文盲工作，文盲在学人数增至12.55万人。

按照省扫盲工作委员会规定的"能认识1000个常用汉字""能读最通俗书报""能写农村常用便条"等农民扫盲标准，开展扫盲工作。1954年，全县15个区的123个乡开展冬学扫盲工作，1.43万人参加学习；13个区建立农民业余学校。1955年，121个乡的冬学转为农民业余学校，1.02万人参加学习。1956年，英德县扫盲协会成立，县长任主任。县扫盲协会办公室制定扫盲工作十二年规划，并自编《记工识字课本》在县内发行使用。各区成立扫盲协会，加强对扫盲工作的领导。全县各区、乡分别召开向文化进军誓师大会，运用各种宣传工具和多种形式开展扫盲宣传。全县组织农村青年扫盲队 7172 人、群众教师 2638 人，并动员和组织中小学生参加扫盲工作。通过开办扫盲班，设立圩日识字站、渡口识字站，采用看图识字卡等多种形式开展识字教学，形成浓厚的学文化社会氛围。同年 7 月，县第一次扫除文盲积极分子代表大会召开，表彰在扫盲运动中取得显著成绩的先进单位和积极分子。1956 年，全县参加文化学习的农民 7.45 万人（占全县农村文盲半文盲人数的 45.5%）、职工 2508 人（占职工文盲半文盲人数的 90%）、市民 288 人。

开展扫盲运动，成功地在短时间内较大幅度改变农民不识字的现状，在文化上使广大农民摆脱旧社会的噩梦，打开知识文化的大门，实现自身的解放。

（二）文化事业

1949 年 10 月，县政府设立文教科。

1950 年，县政府设立英德县收音站，主要任务是收听记录中央人民广播电台新闻等节目，印发给各区、乡。是年，县商会租用广州的电影放映机，用木炭作燃料的发电机作电源，在商会礼堂放映电影。1951 年，县商会电影场因经营困难，移交县总工会接办。

1952 年，县城有线广播开通，4 只高音喇叭分别设在县城的主要街道和县政府大院。同年 3 月，新民主文化供应社（4 月改称英德新华书店）成立，经营 17 大类图书及发行中小学课本。8 月，英德县文化馆成立，负责组织和辅导全县文化艺术工作的开展。其时，县文化馆只有一间面积约 20 平方米的图书阅览室，里面多是报纸、杂志，藏书很少。12月，县文教科接收县总工会电影场，为配合土改运动，以固定与流动放映相结合的形式放映电影。

1953年，县政府拨款给县文化馆购置图书和文化器材（图书4450册、杂志19种、画报8种、报纸5种，留声机1台、幻灯机4台、幻灯片80余套、乐器与演出用化妆品一批）。县文化馆开始发放借书证，创办油印的《俱乐部活动报》。为配合农业生产互助合作运动，县文化馆下乡放映有关农业生产的幻灯片，宣传农业生产互助合作运动，用"组织起来比单干好"的道理和事实教育农民。为配合做好粮食统购统销工作，县文化馆以《山歌报》、图片展览、放映幻灯片等形式，宣传党在过渡时期总路线，教育农民卖余粮支援国家建设。通过这些宣传活动，丰富活跃农村文化生活，提高农民的政治觉悟，推动各项中心工作的开展。县文化馆对流传久远的东乡民间舞蹈《渔夫与蚌精》进行改编。同年4月，《渔夫与蚌精》代表广东省民间艺术节目，到北京参加第一届全国民间音乐舞蹈会演并获奖。在县文化馆的组织辅导下，英城手工业联合会成立业余剧团，以大同茶楼为阵地，排演反映土改和宣传抗美援朝的文艺节目，在县城单位和手工业联合会基层单位演出。英德人民礼堂建成后，成立英德人民电影院，为韶关地区县级唯一的专用电影院，同时又是演出、开会的场所；1954年1月，县政府拨款5亿元（旧币），更换使用20世纪30年代产于加拿大的电影放映机。

1954年，县文化馆以第十一区莲塘乡为重点办起农村俱乐部，把农业生产合作社的记分员培养成为读报员，不定期出版刊物《生产战线》。通过读报和《生产战线》的典型介绍，提高农民的社会主义觉悟和生产热情，激发农民抗旱冬种的积极性，扩大冬种面积。同时，培养10多名山歌手，出版5期《山歌报》

（每期印发 500 份）。是年，县总工会办起工人文化宫，配备文艺骨干，开展多种形式的文化娱乐体育活动；开设各种讲座和培训班，培养文艺骨干；成立工人业余剧团，繁荣县城文化生活。全县 5 个农村业余剧团，排练具有地方特色的文艺节目到县城和各地演出。

1955 年，县文化馆工作重点转到农村。全馆除留 1 人值班兼管图书外，其余全部到农村，宣传工作围绕县委、县政府（县人委）中心工作开展，如配合农业合作社运动，组织一批山歌、话剧、打擂台等节目和图片，到各地巡展。同年 8 月，省电影教育工作队第三〇八队到英德巡回放映宣传。同年，英德第一个文艺刊物《英德文艺》由县文化馆编辑出版，主要刊登供农村俱乐部使用的演唱宣传资料，分发给各区、县直有关单位、业余剧团、农村俱乐部，后改称《英德农村俱乐部》。

1956 年 1 月，省电影教育工作队第三〇一队到英德，加强当地的放映力量。8 月，省电影教育工作队下放到英德，第三〇一队、第三〇八队分别改编为英德县电影一队、英德县电影二队，成立英德县电影三队。全县城乡电影放映网的形成，在宣传党的路线方针政策方面起到积极的作用。同年 3 月，县委机关报《英德农民报》创刊。是年，在省召开的各地方报主编座谈会上，以展览形式介绍《英德农民报》的办报经验。1956 年 5 月，全县举行第一次群众业余剧团文艺会演。7 月，英德县人民广播站成立并正式开播。10 月，《英德农民报》出版 56 期后，改称《大众之声》。

1956 年，县文化馆先后在浛洸、大湾、桥头、美村、望埠等区组织中心俱乐部，辅导业余作者进行民歌、快板、粤曲等创作，开办文化夜校。其中美村区文化夜校推广普通话取得可喜成绩，韶关专区在美村区文化站举办推广普通话现场会。同年 8 月底，全县有 80 个农村俱乐部。农村俱乐部在宣传社会主义思想中发挥重要作用，有力地配合农业合作化运动，并丰富活跃农村文化生活。9 月，县人委在望埠区沙口乡清溪俱乐部举办农村俱乐部骨干训练班，培训全县农村俱乐部主任、副主任。通过参观和典型介绍，总结成绩，交流经验，布置巩固农村俱乐部的措施，进一步发展农村俱乐部。10 月，县文化馆将望埠区沙口乡清溪村一带流行的民间舞蹈《闹花灯》加工整理，参加全省选拔大会演出（1957 年 3 月赴京参加第二届全国民间音乐舞蹈会演）。年底，全县农村俱乐部发展至 160 余个，并建立 60 余个农村图书室。各地农村俱乐部紧密配合党在各个时期的中心工作，搜集真人真事，采取群众喜闻乐见的形式，如山歌对唱、山歌剧、粤曲、快板、广播等，进行广泛宣传。

（三）卫生事业

1949 年 10 月，县政府成立后，卫生工作由县民政科管辖。11 月，县政府接管原国民政府县卫生院。随后，成立英德县政府卫生院（以下简称县卫生院），设病床 12 张，为全县唯一的公办医疗机构，兼管卫生防疫等工作。

1950 年，县政府设立卫生科。同年，县卫生院增设产床 5 张，推行新法接生，并开始培训初级卫生人员。1952 年，县卫生院建住院楼 1 幢，病床增至 30 张，并设化验室。同年 6 月，县卫生院举办助理护士班，培训初级护理人员 10 人。

新中国成立初期，为解决农民看病与疫情控制问题，县卫生科派出干部、医务人员及挑选个体开业医生在各区创办卫生所。1951 年冬，县卫生科吸收个体开业医生充实医疗队伍，在连江口圩、浛洸圩增设卫生所。1952 年 4 月，在九龙圩增设卫生所。是年，县卫生院举办助理护士班，培训男女初级护理人员 20 人，并吸收个体开业西医 10 余人充实医疗队伍。

1950 年，烈性传染病天花在英德多地流行。为扑灭天花，县政府成立英德县种痘防疫委员会，各区亦相应设立机构，组织医务人员培训种痘员，分组下乡普种牛痘，接种 3.88 万余人。因接种率低，是年发生天花 75 例，死亡 12 人。1951 年，县种痘防疫委员会部署大会战，组织群众定时定点集中接种，接种 22.7 万余人，接种率 75%，是年仍发生天花 7 例，死亡 2 人。1952 年，查漏补种 8.55 万余人后，未再发生天花。

1952 年 1 月，英德县种痘防疫委员会改称英德县卫生防疫委员会，县长任主任。是年，美军在朝鲜战场发动细菌战。英德北江专区也发生敌机空投昆虫杂物 36 宗。为粉碎美军细菌战，9 月，英德县卫生防疫委员会改称英德县爱国卫生运动委员会，全县设立分会 23 个。各级爱国卫生运动委员会组织开展以消灭细菌战为主要内容的爱国卫生运动。

1953 年，县卫生院将城镇礼堂改作门诊部，附设产床 10 张；增设区卫生所 11 家。至此，全县 15 个区实现一区一卫生所的设置。

1955 年 1 月，英城黎成超等 4 名个体开业中医与厚和堂中药店，共同组建县城中医联合诊所。2 月，英城唐济民等 3 名个体开业牙医组建县城牙科联合诊所。11 月，2 家联合诊所合并，吸收个体开业跌打、治疗杂病的草医及 1 名西医，组建中西联合诊所，30 余人，归县卫生科领导。该诊所分别在第十五区江湾、龙头、马口等地设综合门诊。

1956 年，英德县卫生院改称英德县人民医院，设儿（传）、外（产）科，病床 50 张，工作人员 48 人。同年 4 月，县人民医院分出公共卫生股，成立英德县卫生防疫站，其任务以预防控制季节性传染病为主，并管理公共卫生，培训农村防疫技术力量，创建农村防疫网。

　　是年，县乡两级医疗机构分别为农业生产合作社培训诊治常见疾病的保健员，由政府装备木质挂包式药箱，并建立保健室。初级社转为高级社时，各保健室普遍充实药械，建立药柜，保健员经复训能做常见病诊治和肌肉、皮下注射操作。保健室改称保健站或卫生站后，全县有 14 个农业生产合作社，按各户社员人口数，在劳动报酬中定额扣除医药费后，看病只收挂号费，不收医药费。

十年探索时期的经济与社会发展

一、社会主义建设的良好开端

（一）突出发展农业

农村经过土改和农业合作化运动，调动了农民的生产积极性。县委、县人委根据《1956 年到 1967 年全国农业发展纲要（草案）》和《广东省七年农业建设规划（草案）》精神，于 1956 年制定《1956 年—1962 年英德县农业发展纲要（草案）》，1958 年制定《1958 年—1967 年英德县农业发展纲要（草案）》，为农业经济建设指明奋斗目标。县委、县人委组织大批干部深入农村，帮助农民解决农业生产中的问题尤其是认真贯彻执行"农业八字宪法"（即土、肥、水、种、密、保、管、工），采取一系列措施，促进以水稻为主的农作物产量的提高。

1. 兴修水利，大搞农田基本建设

1956 年起，兴建鹿颈、枫树坪、寺前、黄洞、金门、古道径等较大型水库，建成波罗坑、汶罗河、新建陂、波罗河、岩口陂、蕉冈陂、九牛陂等引水工程。1962 年冬，在望埠人民公社（以下简称望埠公社）高良村建成全县第一个电力排灌站。此后，北江沿岸的沙口、望埠、大站、附城、横石塘、英城等公社建成多个排灌站。上述工程建成投入使用，为农业生产发展创造良好条件。全县 9333.33 公顷旱地解决了灌溉用水，改为水田。

2. 改进耕作制度

水稻单造改双造，一年生花生改种半年生花生，并通过间种、套种和两熟改三熟（两造水稻再加上一造冬种），提高复种指数。利用晚造秧田，即上造利用下造秧田种早熟种，收割早熟种后再作下造秧田。

3. 改良土壤培肥地力

发动组织群众大量积制农家肥，大搞高温堆肥，通过采青、稻秆、花生藤等回田，犁冬晒冬，种植绿肥，入沙入泥，开排水沟等措施，改良土壤培肥地力。

4. 推广良种

1958年6月，英德县良种公司成立。1959年1月，英德县良种示范场在大站公社①成立，开展农作物的试验、示范和繁育良种。1956年至1965年，先后引进南特、茶粘、大只谷、广场矮、珍珠矮、窄叶青等一批水稻良种。这些良种一般比本地品种亩产高50千克左右；引进的玉米良种有白马牙、黄马牙、金皇后、杂交玉米、双跃三号等；引进的番薯良种有禹北白等；引进的花生良种有狮头企（狮64）、遁地雷、狮选3号、粤油22号等。

5. 合理密植

水稻矮秆良种推广时期，插植规格因地因种制宜，一般为6寸×4寸或7寸×5寸、7寸×6寸，每株8—10苗。番薯的行距一般为3.2—3.5市尺，株距5—7市寸。

---

① 1958年9月至11月，英德撤区设人民公社，人民公社下设管理区（1960年整风整社后，改人民公社辖生产大队、生产队，实行"三级所有、队为基础"的经济制度）。人民公社政社合一，取代区、乡、村政权组织。1983年7月至1984年3月，撤社设区，生产大队改称乡。1986年11月，撤区设镇（乡），乡改称村民委员会。

6. 肥水综合管理

1956 年开始，推广使用钙镁磷肥、氯化钾、硫酸钾，化肥和农家肥搭配使用。针对农作物生长状况勤施、薄施肥料。在施肥操作上，有表层撒施、深层施、全层施、叶面喷施。科学用水，采用田边挖假沟的办法，排灌分家。

7. 植物保护

使用福尔马林对水稻种子进行消毒，防治徒长病，用火灰混合石灰撒施防治稻瘟病，1963 年开始使用国产稻丰散、稻瘟净等。化学农药防治病虫害效果颇佳。

由于县委重视农业生产，尽管出现了三年经济困难，全县农业生产仍保持增长势头。1965 年，全县农业总产值 4790 万元，粮食总产量 18630 万千克，比 1956 年增长 20%。

（二）地方工业的发展

1956 年 11 月，地方国营浛洸糖厂投产，日处理糖蔗 70 吨，日产片糖 3875 千克。1957 年，县属地方国营工业企业有县印刷厂、县鞋革厂、县发电厂、望埠发电厂等。

1958 年 9 月，县人委成立地方国营机械修配厂、地方国营石门台矿场。县人委投资 117.82 万元，兴办县化肥厂、高道水泥厂、河头陶瓷厂、西牛钢铁厂等。

1959 年 4 月，英德第一家水泥厂——高道水泥厂在西牛公社高道建成投产，生产能力为日产水泥 30 吨。5 月，县新生板厂与县手工业生产合作社联合社造船厂合并，组建英德县地方国营造船厂。12 月，县磷肥厂建成投产。

1965 年，县属地方国营工业企业有县印刷厂、县鞋革厂、县化肥厂、高道水泥厂、县造船厂、九龙硫铁矿、县建材厂、县农机一厂、浛洸糖厂等 12 家。是年工业总产值 559.79 万元，比 1956 年增长 1.99 倍；利润 169.83 万元，比 1956 年增长 13 倍。

地方工业的发展，对农业生产的发展起到促进作用，对巩固农村商品基地起到保证作用。工业比重逐步上升，促进农业发展和农民增加收入。如洽洸糖厂的建成，促进周边地区农户大量种植甘蔗，糖厂榨季期间大量雇请临时工。夏金玉砖瓦厂、白水寨硫黄厂、九龙硫黄厂，长期向农民收购木柴、木炭、茅草、竹笠、畚箕等，还吸收周边农民进厂挖土方、修水渠、搬运材料等，让农民在家门口打工挣钱。1955 年至 1957 年，工厂支付 60 万元工钱给 1500 个刚加入农业生产合作社的农民度春荒。

（三）加快交通邮电建设

1. 交通建设

1956 年至 1966 年，全县修筑公路（含简易公路、三级公路、四级公路）59 条（处）535.28 千米；建设连接县城北江东西两岸的浮桥。其中：

1956 年 6 月至 1957 年 2 月，修筑洽洸公社至清远县六甲洞公路 43 千米、简易公路和四级公路 3 条（处）48.3 千米。

1957 年，修筑简易公路（含四级公路）4 条（处）43.85 千米。

1958 年，修筑简易公路（含四级公路）14 条（处）87.9 千米，解放军 3909 部队修筑望埠公社河头至石脚下公路 10 千米。

1959 年，修筑简易公路（含三级公路、四级公路）10 条（处）59.25 千米；建设连接县城北江东西两岸的浮桥，可通行人和自行车，浮桥桥孔可通行船只。

1960 年，修筑简易公路（含四级公路）5 条（处）29.73 千米。

1960 年至 1961 年，修筑望埠公社百段石至青塘公社公路 50 千米。

1961 年，修筑简易公路（含四级公路）8 条（处）50.55

千米。

1963 年，修筑简易公路 2 条（处）7.9 千米。

1964 年，修筑简易公路（含四级公路）3 条（处）18.7 千米。

1964 年至 1965 年，修筑省道广（州）韶（关）线青塘公社至白沙公社太平段公路 22 千米。

1965 年，修筑简易公路（含四级公路）4 条（处）41.5 千米。

1966 年，修筑简易公路 2 条（处）22.6 千米。

2. 邮电建设

（1）邮路。1957 年，全县邮路 2727 千米，其中汽车邮路 274 千米、机动船邮路（连江口至犁头咀）20 千米、自行车邮路 1418 千米、步班邮路 1015 千米；80% 的邮件投递到农业生产合作社。是年，县邮电局成立机要组，办理县团以上单位机要文件，实行专人专程专送。1958 年，贯彻"全民办邮电""自办与委办相结合，充分利用社会力量"方针，由各生产大队（以下简称大队）分别派出 1—3 名公社邮递员负责本大队邮件投递，全县有公社邮递员 318 人；邮路延伸到 3275 千米，其中委办汽车邮路 343 千米、委办机动船邮路 20 千米、自行车邮路 570 千米、步班邮路 2342 千米，实现生产队队队通邮。1961 年，贯彻中共中央"调整、巩固、充实、提高"八字方针，邮电系统充实自编力量，取消公社邮递员。县城至各公社驻地全部实行委办汽车运邮，乡邮除山区不能通行自行车的邮路外，其他实行自行车投递。

（2）电报。1956 年，县内各邮电支局（所）陆续开办电报业务。1961 年 5 月，开通县城—连江口电路 1 条，11 月裁减。在县邮电局增置符号音响电报机 1 台。1962 年，开通英德—韶关无线电定期联络电路 1 条，设 15 瓦无线电台 1 部。1964 年，开通英德—广州无线电定期联络电路 1 条。

（3）长途电话。1957 年，设长途台，使用 30 门磁石式交换机 1 台。1965 年，英德—广州双线电路增至 3 条，开通英德—阳山双线电路 1 条。

（4）市话。1958 年，磁石式交换机容量增至 200 门，用户 168 户。1960 年，磁石式交换机容量增至 330 门，用户 207 户。

（5）农村电话。1956 年，为满足农业合作化运动需要，全县 288 个高级社中有 267 个开通电话。农村电话交换点 19 处，磁石式交换机 19 台，总容量 521 门，用户单机 407 台。1958 年，贯彻"全民办邮电"方针，公社以下线路归集体所有，由公社管理维护。县城至公社线路仍属全民所有，由县邮电局管理维护。1961 年至 1962 年，因管理体制变更，全县有公社集体办总机交换点 6 处；全县有农村电话交换点 22 处，磁石式交换机 29 台，总容量 1380 门，用户单机 866 台。1966 年，全县有农村电话交换点 23 处，磁石式交换机 30 台，总容量 1724 门，用户单机 981 台。

二、国民经济的全面调整与恢复发展

（一）国民经济的严重困难与全面调整

由于"大跃进"和"反右倾"的错误，加上 1959 年起连续几年的自然灾害等，英德与全国各地一样，从 1959 年底开始，出现严重的经济困难，工农业生产大幅度下降，日用品供应奇缺，基本生活资料难以保证，尤其是粮食问题更为严重，个别公社的粮食只能维持几个月，许多农民上山挖山薯、山芋充饥。面对严重的经济困难，县委贯彻执行中共中央"调整、巩固、充实、提高"八字方针和省地委指示精神，采取一系列措施，对农业、工业、手工业、商业以及教育、文化等方面进行调整。

1. 农业的调整

1960年，县委贯彻落实中共中央《关于农村人民公社当前政策问题的紧急指示信》（简称"农业十二条"）；1961年，贯彻落实中共中央《农村人民公社工作条例（草案）》（简称"农业六十条"）；1962年，贯彻落实"以农业为基础、以工业为主导"的发展国民经济总方针，制定相应措施，正确处理工业与农业的关系，确定农业在国民经济中的基础地位，使农业生产迅速恢复和发展。

（1）调整社队规模。1961年上半年，全县19个公社调整为23个，254个大队调整为504个，4600个生产队调整为6031个，较好地解决生产条件不同下的分配的平均主义。

（2）实行农业生产资料由公社、大队、生产队三级所有，以生产队为基本核算单位的管理体制，将生产队的生产权和分配权统一起来，较好地解决大队与生产队、生产队与生产队之间的平均主义。

（3）实行生产队包上调制度。以生产队为基本核算单位，生产队在全部产品和收益中，除上调给大队一定数量的行政管理费、粮油和国家农业税、统购粮油外，其余产品和收益，全部由生产队自主分配。上调任务确定后，生产队多产不多调、少产不少调。包上调的做法，进一步克服平均主义，使社员能看到生产队农业生产好坏关系到自身利益，从而更加爱护关心集体生产，有利于更好更快地发展集体经济。

（4）健全生产队劳动管理、评工记分制度。按社员体能和劳动技能评出底分；合理安排劳动力和半劳动力参加不同的生产活动，各尽所能、各得其所；定额管理，评工记分，按件计工，按工计酬，克服了平均主义的弊端，达到多劳多得、少劳少得、不劳不得的目的。

（5）生产队在口粮、口油分配上，采用基本口粮、口油按牌价，超过基本口粮、口油一律按自由市场价（自由市场价格，以货栈收购价为标准）的办法。一般情况下，每人每月基本口粮不超过 12.5 千克原粮、口油不超过 200 克，个别粮食多的地区口粮不宜超过 20 千克。

（6）恢复和扩大耕地面积，开垦丢荒的田地，旱地改水田等。执行多种多收、高产多收和主杂粮并举方针，大搞冬种，增加粮食总产量。

（7）合理调整征购粮任务，压缩公社、大队机动粮，处理好国家、集体、农民三者的关系。1962 年，全县压缩 355 万千克粮食征购任务。公社、大队的机动粮，分别不超过粮食征购任务的 4%、5%，以保证社员每人每月口粮最低有 10 千克原粮。同时规定开支项目，如有变动超过和另外开支，必须经上一级领导机关批准。

（8）压缩公社、大队企业、专业队和各种非农业人口，以减少生产队粮食负担。县委决定，抽用劳动力公社不能超过总劳动力的 1%、大队不能超过 2%，如有超过者必须经上一级领导机关批准。

（9）鼓励生产队和社员积极繁殖耕牛。1962 年 3 月，县人委转发省人委《关于繁殖耕牛奖励粮问题的通知》，即生产队每繁殖 1 头耕牛，奖励稻谷 35 千克，奖励稻谷的金额从国家公粮税金中减免。小牛卖给生产队按自由市场价（双方议价）付给饲养员作报酬。

（10）扶持社员发展家庭副业，发展生猪、"三鸟"养殖。在以粮为纲前提下，贯彻粮猪并举和以私养为主、公私并举方针，鼓励社员多养母猪，对养母猪户给予优惠以调动积极性。集体饲养的母猪，每头每年由国家供应 30 千克稻谷、55 千克玉糠；私人饲养的母猪，每头每年供应 25 千克稻谷、40 千克玉糠；全民所有制单位饲养的母猪，每头每年供应 30 千克稻谷、75 千克玉糠。对养猪户可多给一两分饲料地；土地少的地方，允许社员开荒种植青饲料。贯彻养猪派购政策，对养猪户采取见猪派购的办法，私人饲养的购四留六，集体饲养的购三留七。

（11）实施以农业为主、因地制宜发展林业的政策。严禁火烧山，有烧必处；禁止毁林开荒；有计划封山育林，把所有水源林封起来；严格控制砍伐山林、竹林，经批准砍伐林木，砍 1 株至少种 3 株，谁砍谁种；铁路、公路两旁种树 5 行，并落实专人管理，1000 米一年补助 20 元，每年 4 次检查评比，有奖有罚。公路两旁不准放牛，损树罚款；办好苗圃，建立林木基地；开展 1 人种 10 株、1 队种 10 亩树活动。生产队种竹 1 亩（60 株计），验收合格补助大米 3.5 千克；将山林固定给生产队，社员在屋前屋后栽种的零星果树谁种谁有谁收益。

（12）坚持三级所有、队为基础。1962 年 9 月，县人委根据上级指示精神，对生产队的耕地、非耕地、山林、果园、水面和房屋颁发生产队土地房产所有证，对社员个人所有的房屋、屋基地，留给的或自种的果树、林木、竹子和归社员长期使用的自留地、自留山，以及适量的开荒地颁发社员土地房产证，以此确保"农业六十条"赋予生产队和社员的合法权益。

通过采取一系列措施，极大地调动了生产队和社员的生产积极性，农业生产迅速恢复和发展。1962 年，全县农业总产值 3827 万元，比 1959 年增长 16.6%。

2. 工业的调整

1961 年，县委贯彻落实中共中央《关于当前工业问题的指示》《国营工业企业工作条例（草案）》（简称"工业七十条"），缩短重工业和基本建设战线，恢复和发展轻工业和手工业，围绕加强对农业的支援，增加农业所需的生产资料供应，增加市场日用品供应。1961 年至 1962 年，根据县内实际，关停高道水泥厂、西牛钢铁联合企业、桥头煤矿、河头陶瓷厂、滑水山木材加工厂，压缩工人 1242 人，并抽调 16 名技术工人支援公社农械厂建设。对厂矿的管理，除执行"工业七十条"的"五定"① "五保"② 外，并实行在企业党委领导下，推行厂长负责制。采用"三包一奖"（包产量、包成本、包工资，超产奖励）和"三高一降"（高产、高质、高工效，降低成本）的经营管理方法，以体现按劳分配原则，克服平均主义。同时，进一步建立健全企业的各项管理制度，使全县工业企业有秩序、逐步地协调向前发展，使工业企业逐步适应工业内部各行业之间、工业与农业之间、市场和农村之间的关系。

3．手工业的调整

1961 年 6 月，中共中央发出《关于城乡手工业若干政策问题的规定（试行草案）》（即"手工业三十五条"）。年底，县委、县人委恢复英德县手工业管理局。1962 年恢复英德县手工业生产合作社联合社，并充实健全领导班子，使手工业管理重新纳入正常轨道。接着，根据中共中央"调整、巩固、充实、提高"八字方针，清理整顿手工业合作社（组）组织和经济关系，解决"大跃进"中的平调问题，将盲目过渡的国营企业恢复为集体所有制，将下放合并的手工业合作社（组）收回和分开。经过 3 年多

---

① "五定"指定产品方案和生产规模，定人员和机构，定主要原料、材料、燃料、动力、工具的消耗定额和供应来源，定固定资产和流动资金，定协作关系。

② "五保"指保证产品品种、质量、数量，保证不超过工资总额，保证完成成本计划并力求降低成本，保证完成上缴利润，保证主要设备使用期限。

的调整，全县手工业集体经济恢复了元气，不仅生产迅速回升，而且生产能力有所扩大。1965 年，全县 81 家手工业企业中，除 2 家合作工厂外，其余 79 家手工业企业恢复合作社（组）的本来面目。是年全县手工业总产值 382.99 万元，比 1962 年增长 69.6%。

4. 商业的调整

1962 年，县委根据中共中央《关于商业工作问题的决定》精神，结合县内实际，作出管好初级市场，活跃农村经济，促进农业发展，允许大队、生产队的粮、油、猪及"三鸟"在完成国家上调任务后，可到农贸市场销售等多项调整政策。

国营商业系统按照"当年平衡，略有回笼"方针，增加高价商品市场供应，将高价商品从糖果、糕点、饭菜，扩大到自行车、手表、部分针织品、酒类等。同时，调整机构，货栈与贸易公司合并为贸易公司，浛洸、河头 2 家国营商店由百货、糖果、贸易公司 3 条线下伸设立 3 个营业部，连江口国营商店改设百货、糖果 2 个批发部和贸易公司 1 个营业部。国营商业系统推行"三包一奖"① 制度。

县供销系统按照城乡分工和商品管理范围，增设网点，组织商品流通，抓好经营管理。基层社按商品流向调整购销网点布局，减少经营环节；接受国家委托收购计划内、计划外一、二类农副产品和三类产品。1962 年 5 月至 8 月，供销系统先后设立货栈 23 个，其中基层社 22 个。对完成计划后的一、二类农副产品实行议购议销，是年收购木柴 1120 万千克、木炭 21.5 万千克、杂竹 200 万千克，并从外地采购稻谷 120 万千克、杂粮 30.5 万千克、生猪

---

① "三包一奖"指包购销任务、包费用定额、包损耗差错，完成"三包"任务的按职工月工资总额的 7% 提取资金进行奖励。

3.45 万千克、食油 2.5 万千克、食糖 3.25 万千克，缓和了市场物资供需矛盾，并使物价下降。1962 年，供销系统从湖南、贵州、广西等地购入耕牛 71 头，县内市场调剂 1147 头，公社之间调剂 370 头；1963 年调剂、供应耕牛 1421 头，其中外地购入 167 头，较好地解决生产队耕牛不足问题。

5. 教育、文化事业的调整

根据中共中央关于中等学校"缩短战线，压缩规模，合理布局，提高质量"方针，县委调整全县学校布局，初级中学由 1961 年的 16 所，调整为 1965 年的 14 所；高中由 3 所调整为 2 所；14 所公社办的半日制农业中学改为业余学校；撤并一批耕读小学。同时，清理一批超龄的中小学生回农村参加农业生产。在调整学校规模时，注重建立正常的教学秩序，提高教育教学质量。

调整文化、文艺体制和队伍。1961 年，县艺术团吸收新生力量，扩大队伍，改名为英德县歌舞剧团。自编、自导、自演的节目有舞蹈《春到茶山》和采茶剧《跑驴》《胖姑娘回家》等，深受群众欢迎。新国风粤剧团配合党的中心工作，自编、自导、自演剧目《向秀丽》《打铜锣》《补锅》等，深入圩镇、农村演出 300 多场。1962 年，成立浛洸电影院，丰富圩镇、农村文化生活。

通过调整，使党和知识分子的紧张关系得到缓和，工作秩序得到恢复，全县的教育、文化事业逐步发展。

（二）国民经济的恢复和发展

经过 3 年国民经济调整，全县工农业生产以及交通、邮电、教育、文化、卫生、体育事业和商贸流通业得以恢复并有所发展；工业与农业的关系、工业内部的关系、积累与消费的关系比较协调；工业支援农业的能力有所增强，企业管理水平和经济效益有所提高；财政收支平衡，物价稳定，市场繁荣，人民生活有所改善。

　　1963年下半年，全县国民经济开始全面好转。一是农业连续3年丰收。1963年起粮食连续3年丰收，1965年全县粮食总产量18650万千克，比1961年增长36.6%。花生、糖蔗、芝麻、油菜籽、茶叶等产量也有较大的增长。粮食、经济作物的增产推动了畜牧业的发展。1965年；全县生猪饲养量26.2万头，比1961年增长1.94倍；耕牛存栏量8.14万头，比1961年增长19.5%。二是造林绿化面积逐年扩大。1965年，全县造林面积3180公顷，比1961年增长9.97倍。三是工业产值持续增长。1965年，县内工业企业28家（不含各公社），工业总产值4010.21万元，比1961年增长37.2%。四是交通、邮电事业有新的发展。交通方面，修筑一批公路，交通条件大为改善。1965年与1961年相比，通车里程从537.7千米增加至697千米，增长29.6%；载货汽车从11辆增加至303辆，增长26.55倍；客运汽车7辆持平。邮电方面，1965年全县安装农话756户、市话205户，全县280个大队实现队队通电话。五是商贸流通业、财政收入实现较快增长。1965年，全县集市贸易成交额659万元，比1961年增长1.33倍；社会商品零售总额4744万元，比1961年增长45.5%。1965年，全县财政收入829万元，比1961年增长49.1%。六是教育、文化、卫生、体育事业有新的发展。1965年，全县中学调整为16所（其中高中2所），在校学生3785人（其中初中3373人、高中412人）；小学830所，在校学生71702人，分别比1961年增长47.2%、22.2%。1965年，县城公共文化设施有文化馆、图书馆、新华书店、电影院、大戏院等，文化艺术团体有电影放映队、文艺宣传队、新国风粤剧团。县文化局不定期组织全县文艺汇演等活动。1965年，全县有县人民医院、县中医院、县卫生防疫站、县麻风病防治站、县血吸虫防治站、浛洸中心医院及24家公社卫生院，有床位322张，医务人员860人。随着医疗技术水平的提高和医疗设备的更新，县内能做剖宫产、子宫摘除、膀胱阴道瘘修补、乳腺癌切除等手术。体育活动较为活跃，"五一"国际劳动节、"十一"国庆节、元旦、春节等节日举办篮球、乒乓球、象棋友谊赛，端午节举办龙舟赛，还组队参加韶关专区举办的体育运动会，并取得好成绩。

第三节 "文化大革命" 时期经济在徘徊中前进

一、英德第四个五年计划的编制与实施

广东省、韶关专区在第四个五年（1971—1975）国民经济发展计划中，均将英德列入重点建设地区。

1970 年为编制《英德县第四个五年（1971—1975）计划时期国民经济发展规划》（以下简称"四五"计划），县革命委员会①（以下简称县革委会）成立英德县"四五"计划小组。同年 5 月，县革委会生产组发出《关于编制第四个五年计划的通知》。提出"四五"计划的指导思想是：以毛泽东主席"备战、备荒、为人民"和"要准备打仗"的伟大战略思想为方针，坚决贯彻"鼓足干劲、力争上游、多快好省地建设社会主义"的总路线和"以农业为基础、以工业为主导"的发展国民经济总方针，立足于"自力更生，艰苦奋斗"。

为编制"四五"计划，以县革委会生产组计划办公室为主，从工业、农业等部门抽调干部组成 10 人的计划小组。各公社、县各工作站、厂矿场革委会相应成立 3—5 人的"四五"计划小组，分别由各级革委会指定一名领导负责。编制"四五"计划采取由

---

① 1968 年 4 月，英德县革命委员会成立，取代英德县抓革命促生产领导小组。

下而上、一上一下、上下结合的方法，从基层编起，由各公社和县农村、工业、农机工作站革委会先提出计划设想，供基层单位参考。各基层单位调查研究后，提出指标和措施，交工人、贫下中农讨论，订出初步方案，最后由各公社和县各工作站革委会定案上报县革委会。宣传、教育、文化、卫生、商业、交通、财贸等由各主管部门直接编报。

1970年6月，《英德县第四个五年（1971—1975）计划时期国民经济发展规划（草案）》编制完成。"四五"计划要求：到1975年，全县粮食总产量翻一番，实现粮食千斤县，平均一亩一头猪，农林牧副渔齐发展；工业产值翻三番，支农体系"小而全"，农业"四化"大发展；各行各业齐跃进，誓为革命多贡献。

从1971年起，"四五"计划各项指标，由县革委会生产组计划办公室分年度下达到各公社、相关单位执行。

为实现"四五"计划中的农业指标，县委采取五项措施：一是大力开荒造田，扩大耕地面积。要求5年内新增耕地面积1.6万公顷。二是大搞水利、水电建设。大搞中小型蓄水、引水和水轮泵工程以及沿河修筑堤围工程，5年内新增灌溉面积1.33万公顷、旱涝保收水田面积1.33万公顷，到1975年全县水电站装机容量1.6万千瓦，比1970年增长3.23倍。三是大抓肥料，推广冬种绿肥，圈猪积肥，积土杂肥，割野生绿肥，迅速发展化肥工业。四是努力实现农业机械化和半机械化。到1975年平均每个公社有2辆汽车，每个大队有1台中型拖拉机、10台手扶拖拉机、10台收割机、12台碾米机，每个生产队有3台插秧机、3台打禾机、2台饲料粉碎机。机耕面积达60%。五是全面贯彻"农业八字宪法"，实行科学种田。大搞群众性科学实验活动，积极推广先进的增产措施。

为实现"四五"计划中的工业指标，县委抓好六项措施：一是大力发展农业机械生产。优先生产当前急需的插秧机、收割机、打禾机、手扶拖拉机、胶轮手推车等，扩建县农机一、二厂和洸洸、大镇公社中心农机修造厂，在英西南或黎溪公社新建 1 家中心农机修造厂，其余各公社均建设 1 家农械厂。5 年内生产手扶拖拉机 320 台、插秧机 1500 台、收割机 360 台、电动打禾机 2400 台、喷雾（粉）器 1 万台、手推车 1700 辆。二是发展以化肥、农药为主的化学工业，实现化肥、农药自给。1971 年新建西牛、桥头 2 家年产 5000 吨的氮肥厂；扩建县化肥厂，达到年产磷肥 3.5 万吨的规模；扩建南山、洸洸 2 家糖纸厂，达到年产胡敏酸铵 1 万吨的规模。新建 1 家农药厂，年产"六六六"粉、乐果等 500 吨，到 1975 年扩大到年产 5000 吨。5 年内生产硫铁矿 30 万吨、硫酸 8 万吨、烧碱 7000 吨。三是发展钢铁、煤、矿生产。扩建西牛钢铁厂，大搞矿渣炼钢，到 1975 年达到年产生铁 1 万吨、钢锭 2500 吨、轧钢 1200 吨的规模；以民矿为主，大搞小煤窑，1971 年新建西牛、桥头 2 家国营煤矿，1975 年达到年产原煤 50 万吨；新建和续建马口硫铁矿、石牯塘铅锌矿、波罗铜矿、洸洸选矿厂、红岩硫铁矿，到 1975 年达到年产铁矿 40 万吨、铅锌矿 2 万吨、铜矿 1 万吨、铅精矿 2000 吨、锌精矿 2300 吨、生产铜 50 吨、电解铜 30 吨、铅锭 150 吨、金属铝 400 吨。四是发展水泥生产。1973 年扩建南山水泥厂，到 1975 年达到年产水泥 4 万吨的规模。五是 5 年内造船 6400 吨（其中水泥船 4000 吨），逐步以水泥船代替木船。六是积极发展陶瓷、酿酒、玻璃、纸、皮革、竹木器、五金加工制品、电子、塑料、纤维等产业，以及农副产品加工业、食品加工业。

"四五"计划期间，正处在"文化大革命"和战备时期，国内国际局势动荡，对经济工作产生一定的影响。1973 年，县委检查"四五"计划执行情况后发现执行情况不够理想。1974 年 9

月，县计划委员会下达《英德县 1974 年工交生产计划》时，调整了"四五"计划中的年度工业生产指标，完成结果好的生产指标略有调高，完成结果差的生产指标略有调低。1975 年，县委检查"四五"计划执行情况，全县工业总产值完成 4739.21 万元，占计划指标的 64%；农业总产值 9600 万元，比 1970 年增长8.9%。粮食总产量 21100 万千克，占计划指标的 50%；除小麦、花生、茶叶产量外，水稻、甘蔗、番薯、大豆、油菜等产量均未完成计划指标。

二、农业学大寨和农田基本建设

"文化大革命"以前，大寨就已经在全国声名远播。"文化大革命"时期，农业学大寨再次被提起。在 1966 年 8 月 12 日中共八届十一中全会闭幕时发表的新闻公报中，将农业学大寨作为毛泽东的英明决策正式推出。从此，农业学大寨运动勃然兴起。

1967 年，县抓革命促生产领导小组①按照上级部署，在全县开展农业学大寨运动。不过，当时只是把大寨当作粮食高产典型来学，学生产技术，学经营管理，搞并队等。1968 年，县革委会开始认真抓典型，树样板，总结推广大洞公社龙潭大队牛潭生产队学大寨的经验做法。牛潭生产队位于县境西南部的天堂山脚下，山高林密，人烟稀少，没有公路，村民出入靠徒步。全村 60 户，73 亩（4.87 公顷）水田分布在 12 条山沟 562 块小丘上，耕作条件差，粮食产量低，水稻亩产只有 100 多千克。村民用"土瘦山高气候凉，禾苗只有尺把长。旱灾虫灾造造有，年年都靠返销粮"形容当地的地理、气候和生产生活环境。当地没有水库，也

---

① 1967 年 3 月，由于"文化大革命"的冲击，英德县人民委员会陷于瘫痪，由英德县抓革命促生产领导小组取代英德县人民委员会职权。

没有河流，唯有架设一节一节竹筒从 1500 米外的石山上引水灌溉。每年盛夏时节水源断流，农田旱裂，多半禾苗干枯，水稻失收或半失收。村里人想过从 1500 米外的石山上引水，但必须在五六米高的悬崖峭壁打入 1 米宽的石面，炸下几千方石头，才能开出一条"悬崖水渠"。由于工程量大，一直没干成。1968 年秋，受大寨人"自力更生、艰苦奋斗"精神的激励，牛潭生产队在一无工程师、二无测量仪器的情况下，土法上马，全村男女老少齐出动，仅靠几十双手，连续奋战几个月凿石搬山，终于修成近千米长的"悬崖水渠"。此后，粮食产量成倍增加。牛潭人还利用"悬崖水渠"的水力，建设小型水电站，解决全村人照明用电和碾米问题。牛潭生产队因此成为全县农业学大寨的榜样，全县很快掀起"学大寨，赶牛潭"的群众运动。

1970 年 12 月 2 日至 13 日，县委、县革委会在县城召开农业学大寨会议。会议总结全县"学大寨、赶牛潭"的工作，介绍牛潭、西湖大队和黎洞、水边公社等 28 个学大寨先进单位的经验做法。会议通过《英德县革命委员会关于进一步深入开展农业学大寨群众运动的决定》，制定《英德县革命委员会关于奋战两年把英德建成大寨县的规划（草案）》和学大寨奋战两年变昔阳的措施。是年，为加强对农业学大寨运动的领导，县委从县"五七"干校挑选 73 名干部和吸收 53 名新干部充实到基层第一线，使 47 个大队摘掉落后帽子。是年，全县开荒造田 1000 公顷，人工造林 5733.33 公顷，生猪存栏量 20.5 万头，集体养猪 2.5 万头，蔗、桑、茶、果等经济作物也有较大发展。

随着农业学大寨运动的深入，县委将农田基本建设作为一项重要内容来抓。英德是广东省陆地面积最大的一个县级行政区，是广东省商品农业重要基地和重要产粮县之一。全县耕地面积 5.42 万公顷，其中水田 3.57 万公顷、旱地 1.85 万公顷。土地肥沃，气候适宜，但水利、耕作条件较差，存在旱涝隐患。针对这一情况，县委决心打好农业翻身仗，因地制宜，分类指导，把全县分为 4 种不同类型的地区，大搞农田基本建设：一是水利条件未过关的公社，大搞农田基本建设，一方面加固原有的农田水利设施和搞好水利设施配套建设，一方面新建扩建续建一批山塘、水库和引水渠；二是沿大小北江两岸的公社，筑堤防洪，消除内涝隐患，同时利用河滩地资源，大搞河滩地造田，扩大耕地面积；三是水利条件基本过关的公社，集中力量，统一规划，分段实施，整治农田；四是"靠天吃饭、十年九旱"的石灰岩山区，大搞中小型山塘、水库，建设水浇地。县委的分类指导，使各地从实际出发，因地制宜，有组织有计划地掀起农田基本建设高潮。

1970 年 11 月，小北江上的浛洸架桥石水电综合利用工程动工建设。总投资 1185 万元，该项目集航运、发电、灌溉、桥梁于一体。船闸设计年过闸量 200 万吨，一次过闸最大船只吨位 100 吨；安装水轮泵 17 台，灌溉渡槽 2014 米，输水管道 2030 米，有效灌溉面积 733.34 公顷；水电站装机容量 4450 千瓦（1972 年船闸竣工，1975 年灌溉渡槽竣工，1984 年水轮发电机组建成投产）。同月，横石水公社上空水库动工兴建。该水库为中型水库，有效灌溉面积 1533.33 公顷，坝后一级水电站装机容量 640 千瓦、坝后二级水电站装机容量 1040 千瓦（1984 年建成）。1970 年 11 月，桥头公社新塘水库动工兴建，有效灌溉面积 66.67 公顷。

1971 年 2 月，大镇公社空子水库动工兴建。大镇公社是英东片粮食主产区之一，但水利条件仍不过关，农田不能旱涝保收。该水库为中型水库，有效灌溉面积 760 公顷，库坝水电站装机容量 1600 千瓦、二级水电站装机容量 4800 千瓦（1980 年停建，1984 年续建，1989 年建成）。1971 年，全县农田基本建设完成土方 250 万立方米、石方 27 万立方米、砌方 1.2 万立方米，涌现出一批学大寨先进典型。如，浛洸公社兴建集航运、发电、灌溉、桥梁于一体的架桥石水电综合利用工程；九龙公社党委带领群众大搞"小、土、群"水利建设，完成土石方27.7万立方米，建成水轮泵站105座，山塘、水库配套工程21宗，新增灌溉面积约533.33公顷；大湾公社鸡蓬大队是个"七分石头三分土地，用水贵如油"的地方，该大队党支部带领干部群众在石山上凿出一条长20千米的引水渠，解决了农田灌溉和村民生活用水难问题；明迳公社鱼坪大队党支部书记带领36名民兵，每天凿石山不止，凿出一条高2米、宽1.8米、长350米的石山隧洞，以排泄洪水，并开荒造田13.33公顷；黎溪公社黎洞大队党支部组织开垦荒地80公顷，分布在9500块小丘上，从缺粮队变成余粮队。

　　1972年9月，县委决定兴建英德第一宗大型水库——石牯塘公社锦潭水库。10月，调集水库周边的石牯塘、浛洸、石灰铺公社万余名民兵进场施工（后因国民经济调整，1980年停建）。同月，县委组织县、社、队三级干部400多人赴山西昔阳县大寨大队参观学习，坚定以大寨精神学大寨、以昔阳经验赶昔阳的信心，推动学大寨、赶昔阳群众运动的深入开展。随后，县委组织党的基本路线教育工作队到公社、大队、生产队蹲点，帮助社队领导班子搞好思想革命化建设，深入开展学大寨、赶昔阳群众运动。1972年，全县兴建一批农田基本建设工程，完成土方173万立方米、石方20万立方米。粮食生产战胜水灾、旱灾、虫灾、风灾，获得增产，全年粮食总产量首次突破20000万千克，达到21500万千克，比1971年增长2.8%，其中水稻产量增长1.2%、旱粮产量增长11.4%；全县6个公社增产10%以上，3个公社粮食亩产超《1956年到1967年全国农业发展纲要》规定的指标，354个生产队粮食亩产超千斤；生猪饲养量38万头，比1971年增长2.5%；糖蔗增长17.2%，茶叶增长40%；林、牧、副、渔业都有不同程度的增长。

1973 年 2 月，县委、县革委会在县城召开农业学大寨先进单位、劳动模范代表 37 人大会。大会表彰奖励 458 个先进单位、688 名劳动模范，37 个学大寨先进单位、劳动模范代表 37 人在会上介绍经验。大会向全县发出倡议书，号召全县人民为实现县委提出的"以路线斗争为纲，以大寨为榜样，两年打基础，三年全面上，五年变昔阳"的奋斗目标而努力。5 月，省委第一书记视察英德重点水利工程——浛洸公社架桥石水电综合利用工程、石牯塘公社锦潭水库工程。9 月，望埠公社朗新防洪堤闸工程动工兴建。10 月，黎溪公社湖溪、铁溪、大湖和望埠公社桥新 4 宗防洪堤闸工程动工兴建（1974 年六七月竣工）；石灰铺公社白石水库工程竣工，有效灌溉面积 33.33 公顷。11 月，大站公社菜洲、联丰、江南和望埠公社高良防洪堤闸工程动工兴建（1974 年 6 月竣工）；大站公社东岸咀北江防洪堤闸工程动工（1974 年 5 月竣工），防洪堤长 9500 米，坝高 10 米，保卫农田 266.67 公顷。12 月，长 53 千米的长湖水库引水工程竣工通水灌溉，消除了大站、望埠、附城、英城 4 个公社 1853.33 公顷农田的旱患。

是年，省革委会副主任罗天到英德视察，提出开发英德、博罗两县为粮食主产区。此后至 1975 年，省拨款 43 万元，建立英德县地方国营机耕队，先后购置大中型拖拉机 14 台。

1974 年 2 月 16 日至 23 日，县委、县革委会在县城召开第一次贫下中农代表暨 1973 年农业学大寨先进集体、劳动模范代表大会。大会总结农业学大寨经验，表彰奖励 1973 年 464 个先进单位、688 名劳动模范，提出 1974 年大办农业的任务。10 月，县委制定《英德县 1975 年至 1980 年农业发展规划》，强调要认真贯彻"以粮为纲，全面发展"方针，抓好粮食生产，发展多种经营。11 月，望埠公社崩岗河裁弯取直，将弯曲的河道填平造田，整治段流程从 11 千米缩短为 10 千米，河床底宽由 3 米至 5 米扩大到 12 米，增加防洪面积 307.93 公顷。施工高潮时，县委组织上万人上工。省直机关干部分 3 批乘坐专列从广州前来参加劳动，当地驻军也参与劳动。工程于 1976 年竣工。

1975 年 8 月，英德县铁路沿线大搞农田基本建设样板田指挥部成立，县委书记任总指挥。9 月，在大站、望埠公社铁路沿线划分 3 个战区，组织 25 个民兵团 19464 人，历时 20 天，打造出高标准样板田 64.13 公顷。10 月，县召开农业学大寨万人大会，提出"全党动员，万众一心，苦战四年，把英德变成大寨县"的口号。

1976 年 3 月至 8 月，县培训社队农田综合治理骨干队伍 300 多人，进行山、水、田、林、路综合治理的农田基本建设规划。

1979 年，贯彻落实中共十一届三中全会精神，工作重点转移到经济建设上来，轰轰烈烈的农业学大寨群众运动告一段落。

三、工业学大庆

大庆是新中国工业战线的一面旗帜，是依靠毛泽东思想作指导，自力更生、艰苦奋斗为国家作出巨大贡献的先进典型。大庆油田是在 1959 年发现的，大庆 4 万多名职工在十分艰苦的条件下，经过 3 年多时间的会战，开发出一个大油田，并且锻炼培养出一支有一定技术素养、干劲大、有组织、有纪律、能吃苦耐劳、能打硬仗的石油工业队伍，创造出一套建设和管理现代化大型企业的经验。

1964 年，毛泽东发出"工业学大庆，农业学大寨，全国学人民解放军"的号召，中共中央下发《关于传达石油工业部〈关于大庆石油会战情况的报告〉的通知》。通知指出：大庆油田的开发是一个多快好省的典型，大庆职工系统地学习和运用解放军政治工作经验，把政治思想、革命干劲和科学管理紧密结合起来，把工作做活了，把事情做活了。它的一些经验，不仅在工业部门适用，在其他部门和机关中也都适用。

1965 年，县委组织开展工业学大庆运动。广大干部职工学习铁人王进喜，发扬大庆人"吃大苦、耐大劳""有条件要上，没有条件创造条件也要上"的艰苦创业精神。通过工业学大庆、学北京、学上海、赶阳山的群众运动，办工业的方向更加明确，重点突出抓好"转、土、战"（工业转轨，大力支援农业；大搞"小、土、群"；大搞以煤、钢、电为中心的大会战），坚决把工业部门的工作转到以农业为基础的轨道上来，使工业生产有很大的发展。在生产中，广大干部职工开展"比学赶帮超"活动，因陋就简，土法上马，大搞技术革新，攻克技术难关，研制出一批新产品、新项目。如，县造船厂制造出三车钢质平板渡船，成为当时全省县级第一家；县农械厂创造出多刀切削技术，生产效率提高 3.5 倍；县五金厂成功试制镀锌广播线；浛洸糖纸厂首次生产出双面有光纸；县农械厂首次大批量生产电动脱粒机和车床。1969 年 9 月，县农机一厂先进工人冯潮，赴北京参加国庆 20 周年观礼活动，10 月 1 日在人民大会堂受到毛泽东主席的接见。

1970 年 9 月，中共英德县第三次代表大会召开。会议总结开展工业学大庆的经验。县农械厂、浛洸糖纸厂等企业，被评为工业学大庆先进单位。会后，县委制定工业发展规划，提出工业转轨，为农业服务，全力支援农业的要求，做到农业要上去，工业要上去，工农业齐发展。规划要求到 1972 年工业总产值 4150 万元，比 1970 年增长 1.5 倍。提出要学习大庆人艰苦创业精神，自力更生，不依赖外援，企业自己生产车床，武装公社农械厂，建立县、社、队农机修造网，实现农机小修不出队、中修不出社、大修不出县。

1972 年，九龙硫铁矿木工组开展创"五好""比学赶帮超"

活动，大搞技术革新，土法上马，成功制造出流动式切木机，提高工效40倍。

1974年2月，县委在县城召开工业学大庆先进集体、劳动模范代表大会。会议总结交流1973年工业学大庆的经验，表彰先进，部署工业生产，把工业学大庆运动不断引向深入。会议强调必须贯彻"以农业为基础、以工业为主导"的发展国民经济总方针，重申工业要转轨支农，工业为农业服务。是年，全县工业总产值首次突破亿元大关。

1971年1月20日，采取民办公助、民工建勤的形式兴建的英德人民大桥建成通车，为当时横跨北江、县城连接省道1911线（后改称省道347线）的唯一公路桥梁。图为英德人民大桥

自1973年省革委会提出建设英德粮食主产区后，英德大力发展粮食尤其是水稻生产，英德成了"吃肥"大县。为此，县委加快推进县氮肥厂建设。1975年1月，历时4年多、位于西牛公社西联大队的英德县氮肥厂建成投产。同年11月15日至21日，新西兰作家路易·艾黎为写作《中国见闻》再次访问英德（第一次访问时间为1938年），其间参观了英德县氮肥厂、农机一厂、农机二厂、英德人民大桥、洽洸架桥石水电综合利用工程等。

　　1977 年，县委从实际出发，根据地处石灰岩地区，水力资源、石灰石资源、矿产资源丰富的优势，大力抓好水电、水泥生产和采矿大会战。

　　1978 年 12 月，中共十一届三中全会召开，全党工作重点转移到以经济建设为中心，工业学大庆运动随之告一段落。

　　工业学大庆运动促进了英德工业的发展。工业战线上的广大干部职工发扬大庆人"吃大苦、耐大劳""有条件要上，没有条件创造条件也要上"的艰苦创业精神，依托当地资源优势，大力发展水电、水泥生产，为工业的发展打下坚实基础。

第四节 拨乱反正时期的经济与社会发展

一、继续开展农业学大寨运动

1976 年 10 月粉碎"四人帮"后，县委采取一系列措施，经过广大干部群众的努力，工农业生产初步恢复，生产秩序和工作秩序开始步入正常轨道。但由于"两个凡是"方针，延续"文化大革命"的"左"的错误，结果导致国民经济仍处于徘徊状态。

粉碎"四人帮"后，英德和全国一样，继续开展农业学大寨运动。县委从实际出发，注重革命干劲与科学种田相结合，贯彻"农业八字宪法"，大搞科学种田，把"农业八字宪法"中的"种"，作为提高粮食产量的首要措施来抓。

1976 年 12 月，第二次全国农业学大寨会议在北京召开。会议提出，到 1980 年全国要有三分之一的县建成大寨县，各省、市、自治区都要实现粮、棉、油、猪达到《1956—1967 年全国农业发展纲要》规定的指标、超计划，基本上实现全国农业机械化的目标。同月，省农业学大寨会议在广州召开，会议号召全省各地迅速掀起农业学大寨、普及大寨县新高潮。会后，全县进一步掀起农业学大寨，大搞农田基本建设高潮。

"文化大革命"结束后农业学大寨运动的重要内容仍然是农田基本建设。1977 年秋，全县分英东、英中、英西南、英西北 4

个战区成立指挥部，以战区为单位，统一领导、统一规划、统一行动，开展农田基本建设大会战。英中战区，开展长湖水库引水工程维修和大站公社东岸咀 106.67 公顷农田整治；英东战区，续建大镇公社空子水库左右干渠长 64 千米的支渠和附属工程，包括渡槽 16 座、涵闸 48 个、桥梁 53 座；英西南战区，续建西牛公社树山水库和结瓜工程；英西北战区，续建石牯塘公社锦潭水库第三干渠、新建结瓜工程大围塘水库和老虎山水库、开挖老虎山水库第四干渠土方。县委 13 名常委参加战区指挥，从县直机关抽调 22 名科级干部和 96 名一般干部职工，分别参加 4 个战区的政工、技术、后勤工作。各公社抽调 20% 的劳动力到所属战区集中支援，4 个战区上工人数最多时达 3.5 万余人。

1977 年，全县农田基本建设动工水利工程 182 宗，是年完成 56 宗；投入劳动力 12.2 万人，完成土石方 433 万立方米。是年，遭遇旱灾，受旱水田 2.2 万公顷。受旱之年，粮食仍获丰收，全县粮食总产量 24500 万千克，比 1976 年增长 8.2%；17 个大队、642 个生产队亩产超千斤。

1978 年，县委贯彻"以粮为纲，全面发展"方针，粮钱并举，既抓好粮食生产，又发展多种经营，农、林、牧、副、渔一。是年，全县农业总产值 1.4 亿元，比 1977 年增长 30.8%。

二、工业生产的初步恢复

"文化大革命"结束后，英德和全国一样，继续开展工业学大庆运动。

1977 年 1 月全省工业学大庆会议后，县委采取 5 项措施，加快工业发展。一是扩建县氮肥厂。县委、县革委会下发《关于发动群众筹集扩建氮肥厂资金的通知》，动员各公社、大队、生产队投资入股，以 500 元为一股，按股份优先购买化肥，投资不付利息，股金分期分批偿还。二是发展制糖工业。1977 年 12 月，日处理糖蔗 500 吨的英德县白糖厂在糖蔗主产区浛洸公社建成并试产成功。白糖厂的建成，进一步调动周边地区农民种蔗的积极性。三是加强矿产资源管理。1978 年 6 月，撤销县矿产公司，成立英德县社队企业矿山管理站，对矿产资源实行产、供、销、运"一条龙"统一管理，有效遏制非法开采。四是大力开发水力、石灰石、旅游三大资源，将水电、水泥、旅游作为龙头项目，加快发展。五是强化企业管理。1977 年 8 月，成立英德县工业局；10 月，县社队企业管理办公室和县第二轻工业局合并，组建英德县社队企业管理局，加强社队企业管理。

根据省委关于大力发展工业，加强工业对农业的支援，促进农业大上快上指示精神，县委制定工业发展规划，强调县、社、队工业必须为农业大上快上服务，集中主要力量发展农业生产和人民生活急需的化肥、农药、水泥、食糖、造纸、建材和中小型农机农具以及轻工业产品。要求到 1980 年，县氮肥厂年产氮肥从 1.8 万吨扩大到 3.6 万吨，县磷肥厂年产磷肥从 2 万吨扩大到 4 万吨，水泥年产量从 2 万吨扩大到 7 万吨，煤炭年产量从 40 万吨扩大到 80 万吨。糖蔗种植面积从 1066.67 公顷扩大到 2333.33 公顷（其中英西 1333.33 公顷、英中 666.67 公顷、英东 333.33 公顷）；全县糖厂扩建后，日处理糖蔗扩大到 1000 吨以上，上调国家商品糖增加到 1 万吨。

其时，尽管县委下了很大决心，付出很大努力抓工业生产，但由于"文化大革命"时期和多年来"左"倾错误影响没有彻底消除，人们思想仍受到束缚，结果导致工业生产增长缓慢。1977 年，全县工业总产值 1.15 亿元，比 1976 年下降 0.43%。

为加快推进工农业生产，1978 年 3 月，县委召开有 3500 多人参加的全县工业学大庆、农业学大寨先进单位和劳动模范代表大会。大会表彰九龙硫铁矿、西牛硫铁矿等一批先进单位和劳动模范。4月，中共中央下发《关于加快工业发展若干问题的决定（草案）》（简称"工业三十条"）。随后，县委组织贯彻实施"工业三十条"，分期分批开展企业整顿，搞好企业管理。县委从工业系统抽调百余人组成工作队，分别由县计划委员会、工业交通办公室、工业局领导带队，进驻12家企业，除抓好进驻企业整顿、提高企业管理水平外，还帮助年亏损10万元以上的企业扭转亏损。通过企业整顿，取得显著效果，一批企业较快改变了面貌；27种主要工业产品产量有23种上升，其中碳铵、机制纸等4种产品产量增长1倍以上，生铁、脚踏打禾机等4种产品产量增长2倍以上，糖果、色酒产量分别增长3倍、4倍；10家企业扭转亏损。1978年，全县工业总产值1.36亿元，比1977年增长18%。

三、教育科技文化卫生工作的恢复

（一）教育事业的复苏

英德的教育、文化、卫生、科技事业在粉碎"四人帮"后，开始复苏。特别是1977年邓小平第三次复出后，领导了教育、文化、科技方面的拨乱反正，又一个"科学的春天"到来。英德的教育、文化、卫生、科技事业正是在这样的大气候下，逐步得到恢复和发展。

粉碎"四人帮"后，进驻管理学校的工人、贫下中农毛泽东思想宣传队撤离学校，广大教育工作者思想得到了解放。

1977年初，县委召开全县中小学教师大会，贯彻中共中央有关教育工作的指示，肃清极左思潮影响。随后，整顿学校，拨乱反正。春，县教育局恢复教研室，配备教研人员，开展教研工作。全县各片、公社、学校教研室也相继恢复建立，配备教研人员，形成县、片、公社、学校四级教研网。教研工作以"加强双基，培养能力，发展智力"为方针，指导教师学习领会新教材的编写意图，重点突破难关，研究探讨不同类型课文的教法。县教育局教研室在望埠、连江口公社分别举办 2 期新教材教法学习班，全县小学一年级语文、数学教师 800 多人参加，历时半个月。3 次邀请广州市荔湾区教师进修学校教师到英德讲课。公社聘请有经验的教师作"小学识字教学""朗读教学"和中年级的"句段训练"等专题辅导课。9 月，高等学校招生恢复考试录取制度，英德考生 422 人被录取，其中大学本科 43 人、专科 37 人、省中专 142 人、市中专 16 人、省技工 78 人、市技工 20 人、中师 86 人。

1978 年 9 月，教育部颁布《全日制中学暂行工作条例（试行草案）》，恢复原中学学制，初中自同年秋季改为 3 年制，省重点中学高中自 1980 年秋季实行 3 年制，一般中学高中自 1982 年秋季实行 3 年制。

"文化大革命"期间，由于大办民办中小学，吸收不少社会知识青年担任教师；又由于盲目发展中学和"戴帽子"中学（小学附设初中班），为弥补教师不足，对原有教师拔高任教，抽调一些小学教师任初中教师，抽调一些初中教师任高中教师。全县高中教师 310 人，未达到高等院校毕业的 85 人，占 27.4%，初中教师 1520 人，未达到高中、中师毕业的 1446 人，占 95.1%。县教育局采取让教师脱产进修或在职进修的办法，提高教师学历水平。

（二）科技事业的复苏

"文化大革命"结束后，科技战线拨乱反正。县委、县革委加强对科技工作的领导，采取积极措施，推动科技工作的发展。县科技部门及科技工作者，开展农业、工业、医疗方面的科学研究、科研项目的推广应用以及技术革新，尤其是农业方面的杂交水稻育种、种植取得可喜的成绩。

1. 农业方面

1976 年，县科技部门组织开展水稻新技术育种、水稻留头再生、宽行窄株等科研项目的推广应用。是年，杂交水稻育种 25 亩（1.67 公顷）、水稻化学杀雄法育种 68 亩（4.53 公顷）、杂交水稻种植示范田 26 亩（1.73 公顷），建设沼气池 10 个。健全四级农科网，在农村开展群众性科研活动，全县建立农科站 22 个 239 人、农科队 66 个 279 人、农科组 4278 个 13642 人。这支科研大军，为农业发展发挥了积极作用。

1976 年 11 月，英德首次组织 367 人赴海南岛（今海南省）崖城公社租田 68.73 公顷，开展杂交水稻育种。1977 年晚造用收获的杂交水稻种子育秧，种植杂交水稻 5333.33 公顷，喜获丰收，杂交水稻比常规水稻亩产量平均增加 90 千克。1977 年继续组织专业队到海南岛租田开展杂交水稻育种，并在全县大面积推广种植杂交水稻，有效促进粮食产量稳定增长。

1976 年，县科技局下达 1976 年至 1978 年三年科学技术发展重点项目 22 个。

1977 年，为推动科技发展，促进科研出成果，县科技局制定《英德县科学研究重点项目三年、八年规划及二十三年设想》。是年，县拨付科研经费 9 万元，开展水稻新技术育种、无泥育秧、饼肥草纸种稻法、改革耕作制度、水稻深层施肥、茶叶管道施肥、黄豆良种选育、玉米杂交、甘蔗高产栽培技术等 25 个科研项目。一些科研项目取得可喜成果。

1978 年，水稻新技术育种和杂交水稻种植成果显著，杂交水稻在育种规模、数量、技术以及杂交水稻面积、产量上均达到韶关地区和省内先进水平。继 1976 年、1977 年连续两年赴海南岛开展杂交水稻育种获得成功后，1978 年在全县 4 个育种基地，大规模开展杂交水稻育种获得成功。全县育种 661.73 公顷（包括隔离区），收获不育系种子3850千克、"三系"杂种21万千克、化学杀雄杂种一代978千克、化学杀雄杂种二代11.5万千克；出现百亩连片"三系"制种亩产超百斤的典型，获韶关地区百亩连片"三系"制种亩产超百斤一等奖。是年，全县推广种植杂交水稻1.47万多公顷，其中"三系"杂种4000公顷，化学杀雄杂种一、二代1.07万多公顷，普遍比常规水稻增产，对粮食产量连续两年超历史纪录、总产量突破25000万千克起到重要作用。杂交水稻种植技术不断提高，出现53.33公顷杂交水稻单造亩产超200千克的技术指标、连片10公顷杂交水稻单造亩产超千斤的典型，均获得韶关地区一等奖。

是年，县科技部门承担省级科研项目4个：一是防寒育秧新技术；二是"三系"杂种优势利用；三是化学杀雄杂种优势利用；四是高粱蔗高产栽培和榨糖工艺试验。韶关地区下达到英德的科研项目有：水稻、茶叶喷灌技术研究，机械化养猪、养鸡试验等，均取得可喜的科研成果。

2. 工业方面

1977年，县农机研究所与农机二厂共同研制的手扶拖拉机（工农-10）配套机具——小麦联合播种机第三代样机，经韶关地区通过定型。该机结构紧凑，操作简便，工作效率高，每小时播种小麦3亩至6亩。

1978年，县塑料厂自制夹布机、破碎机、搅拌机，结束手工操作的历史。该厂生产的女装布鞋质量在全省位列第二。

3. 医疗方面

1977年，县人民医院开展的"胃手术中灌注中药促其功能性恢复"项目，取得明显疗效，获得韶关地区科技成果三等奖。

（三）文化事业的复苏

"文化大革命"结束后，恢复文化机构，如县文工团、电影公司、电影院、博物馆、文化馆、图书馆等；全县 31 个公社文化站也先后恢复。各公社文化站坚持"小型、自愿、多样、业余、节约"十字方针，开展电影、电视、桌球、棋类、滑冰、节日游园、文艺创作、文艺演出、摄影、书画展览、民间艺术表演、宣传科技成果信息等活动。

1976 年 8 月，县文化馆举行文艺汇演，300 多人参加。10 月，英德县文艺宣传队改称英德县文工团。11 月，占地面积 5600 平方米的县电影管理站在新城和平中路动工兴建。

1977 年底开始，为保留和传承地方剧种，县文工团由原来演出多种戏改为以演出粤剧为主，先后排演大型粤剧《刘三姐》《拉郎配》《梁山伯与祝英台》《燕归来》《火树银花》等 17 个传统古装和现代时装剧目，深受群众喜爱。

"文化大革命"结束后，各级"五七"干校停办，人员撤离。设在英德的省文化界"五七"干校，留下几人在英德县文化馆工作，为英德的文艺创作工作增添了活力。

1978 年 12 月，县革委会公布南山摩崖石刻、碧落洞摩崖石刻、蓬莱塔、文峰塔、苏维埃政府旧址、烈士陵园马口烈士纪念碑、狮头山遗址、李屋大岩、观音岩为英德县首批县级重点文物保护单位。

（四）卫生事业的复苏

1976 年"文化大革命"结束后，拨乱反正，落实党的政策，全县医疗卫生系统 82 名"两退一插"人员重新归队。是年，县卫生局恢复后，于年底在新城建设路新建办公楼，逐步健全完善城乡医疗机构，做好医疗卫生防疫工作。

1. 组建英德县血防、麻防站

1976 年 2 月，县防疫站分出血防、麻防 2 组，组建英德县血吸虫病防治站、英德县麻风病防治站。县血防站设立后，在沙口公社洲西大队新建面积 400 平方米的楼房 1 幢，购推土机 1 台，组织群众对血吸虫病流行的洲西、沙口、园山大队及附近农林场，进行大规模的查螺灭螺群众运动，根治血吸虫病。同时，开展肝吸虫、丝虫"两病"普查，发现大湾、波罗公社"两病"流行，及时开展防治、监测，控制"两病"流行。是年冬，省防疫站在英德召开全省防治白喉专业会议，总结英德 1975 年白喉病大流行（发病 1243 人，死亡 3 人）的教训，做好疾病防治工作，使白喉、流脑、麻疹、流感、百日咳、病毒性肝炎、乙型脑膜炎、疟疾、伤寒、痢疾、狂犬病等传染病发病及死亡人数逐年下降。

2. 建立英德县妇幼保健所

原承担妇幼保健与计划生育双重任务的县计划生育办公室分出县妇幼保健所。1977 年，县妇幼保健所在新城利民路新建大楼，设住院部，病床 15 张，工作人员 11 人，任务是发展与巩固全县城乡妇幼保健网，提高城乡妇幼保健人员技术水平，推行孕产妇及幼童系统管理，开展婴幼儿营养、生长发育状况监测研究及优生优育工作。1978 年，对 1973 年至 1977 年期间 15 岁以下儿童死因进行调查，查出死亡 2518 人，其中破伤风死亡 299 人，死亡率占 11.9%；溺水死亡 233 人，占 9.3%；婴儿窒息死亡 142 人，占 5.6%；肺炎死亡 502 人，占 19.9%；其他死亡 1342 人，占 53.3%。同时，根据中央和省的指示，为解决妇女子宫下垂病问题，1976 年至 1978 年，连续 3 年开展妇科病普查，受查数万人，查出子宫下垂病 1083 人，给予手术治疗 370 例，全部免收手术、住院治疗费。为方便妇女实施上环术，各公社卫生院举办女赤脚医生学习班，培训上环卫生员 87 人，实现妇女不出大队即可实施上环术。

3. 加强农村医疗卫生工作。

全县建立洽洸（英西片）和大镇（英东片）2 家中心卫生

院，健全完善中心卫生院基础设施建设。2 家中心卫生院均设留医部、门诊部和内科、外科、妇科、儿科、五官科、手术室、X光室、化验室、理疗室、制剂室等科室，并分别设有 40 张、65 张病床。2 家中心卫生院具备治疗常见病、多发病，抢救危重病人的能力。望埠、沙口、连江口、黎溪、白沙、青塘、桥头、鱼湾、横石水、横石塘、石灰铺、石牯塘、大湾、九龙、明迳、水边、大洞、波罗 18 个公社卫生院医疗技术水平和业务能力不断加强和提高。1977 年，增设下石太、黄陂、张陂 3 家新分公社卫生院。在加强公社卫生院业务建设的同时，大力推广农村合作医疗，扩大合作医疗覆盖面。到 1977 年，全县 339 个大队中有 250 个大队办起农村合作医疗，占大队总数的 73.7%，43.5 万人参加农村合作医疗，占农业人口的 62.4%；大队赤脚医生 945 人，生产队有不脱产卫生员 3388 人，这支新型卫生人才队伍，成为农村医疗卫生防病治病的生力军。为提高赤脚医生医疗技术水平，1976 年2 月 16 日至 5 月 2 日，英德选调 16 名赤脚医生参加中山医学院举办的赤脚医生复训班。经过学习生理解剖、传染病管理、西药知识、内科基础知识、外科基本操作技术、中医基本理论、新医疗法、拔牙技术等医学基础知识后，他们成为农村医疗卫生骨干。为解决农村合作医疗药源不足，各公社卫生院大搞采、种、制、用中药草，组织 16 名医务人员，深入 11 个公社的深山老林进行药源考察，初步摸清全县中草药品种有 597 种，为利用中草药防病治病、开展中草药科研工作打下良好基础。

第六章

改革开放时期

第一节 探索发展　砥砺前行

一、家庭联产承包与农业生产结构调整

（一）家庭联产承包责任制的推行

粉碎"四人帮"后，英德县委于 1978 年 7 月恢复县委农村工作部。

1978 年春节后，大镇人民公社①（以下简称大镇公社）塘下生产大队（以下简称塘下大队）范屋生产队摸索试行包产到组，并取得一定成效。1979 年春节后，根据中共十一届三中全会精神，县委分别在英东、英中、英西南、英西北 4 个片办点，大胆推行 3 种以包工包产为重点的生产责任制：第一种是以组为单位包工包产的水稻生产责任制，即生产队在统一核算、分配的前提下将稻田分给若干个小组承包，实行"定劳力、定地段、定工分、定产量、定成本"的"五定"措施，实行超产奖、减产罚制度；第二种，是定产到户的旱田经济作物生产责任制，即对一些

---

① 1983 年 7 月至 1984 年 3 月，撤销人民公社、生产大队、生产队基层组织编制，全县设 31 个区、1 个区级镇（英城镇），319 个乡、2 个管理区。1987 年，撤区设乡或镇，原来乡的建制改为村。1990 年 2 月，全县31 个乡镇的村（居）民委员会，改为管理区办事处，原村民小组改为村民委员会。1993 年 10 月，黄陂、下砵、大洞、沙坝、岩背、波罗、明迳、青坑、云岭、张陂 10 个乡改为镇建制。

旱地和半旱地，定下旱种作物产量，直接包田到户；第三种是专业组或个人的工副业生产责任制，即根据工副业生产不同项目不同特点，建立专业组或由个人承包，实行包产量或产值，按联产计酬记工分，超奖缺罚。

到1979年下半年，全县5500多个生产队中有3100多个实行生产责任制。凡实行生产责任制的生产队，生产进度快、质量好，达到"三高"（出勤率高、粮食产量高、分配收益高），真正在分配上体现按劳分配原则，在生产上激发农民生产积极性，形成"要活干，争活干，干好活"的生动局面。由于极大地调动农民的生产积极性，粮食生产在遭受较严重自然灾害的情况下，仍然获得超历史纪录的大丰收。1979年，粮食总产量28180万千克，比上年增长7.4%，年终分配两级合计人均超百元，比上年增收18.4元，而"文化大革命"10年间人均分配才增加0.6元。

1980年9月，中共中央下发《关于进一步加强和完善农业生产责任制的几个问题》的通知，充分肯定实行包产到户是联系群众、发展生产、解决温饱问题的一种必要措施。通知明确指出，在边远山区和贫困落后地区，对那些长期"生产靠贷款，口粮靠统销，生活靠救济"，群众丧失信心的生产队，应当支持群众的要求，可以包产到户，也可以包干到户，并在一个长时间内保持稳定。为贯彻文件精神，县委农村工作部在英西南片石灰岩地区按群众意愿率先推行包产到户。是年，实行包产到户的生产队就有110个，其中九龙公社5个、岩背公社105个生产队全部实行包产到户。

1981年6月，县委发出《关于包产包干到户责任制具体问题处理意见》，强调在贯彻落实包产包干到户责任制时，不能卡也不能放任自流。文件发出后，在夏收夏种前后，全县就有75%的生产队实行包产包干到户责任制。

12 月，县委发出《关于完善农业大包干责任制问题的通知》，对维护土地等生产资料公有制，对划分责任田的对象和方法，对集体财产如何处理，对生产队干部的设置、职责、报酬，对社员超支存社款处理等问题作了进一步更为明细严密的规定。

由于大包干责任制优势突出，1981 年年终分配后，全县 96% 以上的生产队实行大包干责任制。

1982 年夏收时，全县 5500 多个生产队全部实行大包干责任制，宣告结束人民公社高度集中、统一经营的管理体制。随着大包干责任制的逐步完善，1983 年，全县粮食总产量 31700 万千克，农民基本解决了温饱问题。不仅如此，勤劳致富的万元户也如雨后春笋般冒了出来。

此后，中共中央将各地不同名称的生产责任制统称为家庭联产承包责任制。1984 年 1 月，中共中央发出《关于 1984 年农村工作的通知》（简称 1984 年中央 1 号文件），要求全国进一步解放思想，完善家庭联产承包责任制，实行"大稳定、小调整"的工作方针。2 月，县委召开三级干部会议，学习讨论 1984 年中央 1 号文件，要求各区乡积极贯彻执行文件精神，并要求各部门密切配合，更好地为农业工作服务，为农村商品生产服务。会后，组织工作队到各区乡协助宣传贯彻 1984 年中央 1 号文件精神。

实践证明，家庭联产承包责任制，符合生产力决定生产关系的规律，是解决农民温饱问题的有效途径，是改革开放人民富裕奔小康的必由之路，是社会主义初级阶段的必然选择。

（二）农业生产结构调整

1979 年 1 月，省委召开四届二次全体扩大会议，要求积极贯彻中共十一届三中全会精神，把农业搞上去，并对农业生产结构调整提出新的要求。

英德土地资源丰富，但是资源禀赋、区位条件差异较大，北江、滃江、小北江（又称连江）沿岸地区易涝，一般年景受淹农田 4000 公顷，石灰岩地区、丘陵地区则易旱。根据英德实际，县委在贯彻省委四届二次全体扩大会议精神的四级干部会议上指出，要较快地发展英德经济，必须积极推广多种经营，合理开发丰富的自然资源，并提出在往后的三年经济调整中，要着重抓好粮食、甘蔗、油料、茶叶、林业、畜牧水产 6 个生产基地，抓好农村多种经营和社队企业管理。

没有了"以粮为纲"的紧箍咒，各地从实际出发，宜粮则粮，宜糖则糖，宜油则油，宜茶则茶，宜桑则桑，因地制宜调整生产结构。黎溪公社黎洞大队黎洞、下坑、坑口等 8 个生产队，地处北江沿岸低洼地区，每年上造被洪水淹没一两次，浸坏禾苗，下造则旱，亩产只有三四百斤，而且下造每亩还要花抽水费 20 多元。为了趋利避害，在县统销粮扶持下，8 个生产队将 46.66 公顷水田中的 40 公顷改种桑，发展养蚕。1980 年，在 9 月开始连旱 40 多天少养两批蚕的情况下，全年产茧 3.9 万千克，总产值 14.31 万元，比水稻年产量最高的 1974 年的总产值还多 8.5 万元。是年，人均分配 153 元，比历史最高的 1978 年的 83 元增加 70 元，增长 84.3%。浛洸公社有 173.33 公顷沙质田、沿江低洼易浸田，种水稻非旱即涝，产量低。调整生产结构后，106.67 公顷改种一造水稻一造花生，66.66 公顷改种甘蔗。结果，水稻面积虽比上年减少，但由于精耕细作，单产高了，总产量仍比上年增产 90 万千克；甘蔗总产量 680 万千克，花生总产量 17.5 万千克。人均分配 120 元，比上年增收 33 元。该社的燕石三队过去是个内外欠债的穷队，调整生产结构后，在抓好水稻生产的同时，种了 5.67 公顷甘蔗，结果粮食增产 57%，甘蔗也获得大丰收，人均分配 302 元，比上年增加近 200 元，一举跃上富队行列。

不久，国务院发文大幅度提高 18 种主要农产品收购价格，英德随后出台提高糖蔗、蚕茧价格和种蔗种桑补粮奖肥政策，农民调整生产结构、发展多种经营的积极性更高了。

由于政策越来越宽松，多种经营的项目越来越多，劳动致富的道路越走越宽广，农村种养专业户、重点户、万元户如雨后春笋般涌现。他们中的许多人，致富不忘国家、不忘乡亲，踊跃完成国家公购粮任务，先富帮后富。如粤北重点革命老区（以下简称老区）桥头公社博下大队张路生，全家 8 口人，5 个劳动力，种粮养猪，勤劳致富，1981 年纯收入 1.6 万多元；完成国家公购粮任务，还热心帮助困难户发展种养业，义务供养 3 户五保户。由于事迹感人，《人民日报》对张路生的先进事迹进行了报道。这时的英德农村，出现"三多三少"的可喜景象：一是吃干饭和余粮户多了，吃稀饭和缺粮户少了；二是存款户多了，超支户少了；三是盖新房的多了，住破旧房的少了。

（三）"三高"农业快速发展

根据省委、省政府《关于进一步加快农村改革开放和农业现代化建设若干问题的决定》精神，县委在 1993 年 3 月召开的中共英德县第八次代表大会上提出：到 1997 年，农业总产值 14.23 亿元，年均递增 6%；要增加对农业的投入，在稳定粮食生产的同时，发展"三高"（高质、高产、高效）农业。巩固壮大大宗商品性经济作物基地，逐步向专业化、集约化、规模经营方向发展。

会后，利用英德被国家批准为优质水稻生产基地，获得国家投入 1600 万元的契机，全县（市①）两年内改造低产田 5333.33 公顷，发展优质水稻生产基地 1.6 万公顷，还创办优质水稻种子处理厂和优质谷加工厂。

1994 年 11 月 16 日，广东省召开第九次山区工作会议，明确

---

① 1994 年 3 月 28 日，英德撤县设市挂牌。

1994 年 3 月 28 日，英德撤县设市挂牌暨 118 项工程剪彩奠基。 图为彩车、方队等巡游

"三高"是对农业发展的总体要求，是对农林牧副渔各业的要求，是对山区的要求，也是对全省各种不同类型地区的共同要求。强调广东农业的发展必须走"三高"路子，必须实现"三高"目标。11 月 20 日，省委、省政府发出《关于加快发展"三高"农业的决定》，对发展"三高"农业的指导原则和基本途径作出明确规定。

12 月 1 日至 2 日，英德市委召开全委扩大会议，传达省第九次山区工作会议精神。12 月 8 日，英德市委、市政府作出《关于加快发展"三高"农业的决定》，对发展"三高"农业作出具体的规定和要求。从 12 月中旬起，各镇相继召开会议，传达贯彻市委全委扩大会议精神，制定发展"三高"农业规划。经过一年的努力，全市农村掀起发展"三高"农业热潮，并呈现出五大特点：一是粮食生产稳步发展，并向优质化迈进；二是农作物结构逐步优化，除敢于用水田发展果蔗、反季节蔬菜外，还利用半旱地、山坡地发展糖蔗、水果、笋竹、桑、茶等经济作物；三是初步形成一定规模的区域化、专业化生产的集约经营格局；四是向"名、优、特、稀"方向发展，如发展笋竹、十大香茶、反季节荷兰豆等支柱产品；五是畜牧渔业生产出现新的生机。

1996年，英德市委、市政府在春、秋季初分别召开加快发展"三高"农业工作会议，部署做好春夏、秋冬季节经济作物种植规划。由于有各级党委政府的支持和引导，又有扶贫和农建工作队以及科技部门的帮扶，广大农民对发展"三高"农业热情高涨，自觉调整生产结构与布局，充分利用荒坡地、水库、滩涂、冬闲水田等发展"三高"农业。

全市各地根据自身的资源禀赋、区位条件，发展各具特色的"三高"农业。截至1997年底，全市经济作物面积2.3万公顷，占耕地面积的43%，相当于水稻面积的88%。是年，老区镇横石水镇种植果蔗、荷兰豆等1666.67公顷，发展成为经济作物种植大镇，全镇全年社会总产值1.15亿元；老区镇沙坝镇（2001年9月并入西牛镇）利用山多的特点，大力发展笋竹生产，1995年起笋竹面积以每年超过333.33公顷的速度增加，1997年笋竹一项全镇人均收入2000元；老区镇波罗镇大力开发山坡地，种植生姜、反季节蔬菜、笋竹178公顷，仅生姜、反季节蔬菜2项，全镇当年人均纯收入增加500多元；英城镇成立农业开发公司，实行"公司+基地+农户"模式，种植反季节蔬菜100公顷；市供销集团采取"公司+农户"模式，发展包种包购包销蔬菜基地40公顷。此外，老区镇鱼湾镇（2004年6月并入东华镇）发展蚕桑，老区镇桥头镇发展糖蔗，石灰铺、英红、英华镇发展茶叶，大站镇发展果蔗，大湾镇发展优质水稻，石牯塘镇发展花生，等等。1994年至1997年，农业总产值年递增率从百分之几上升到百分之十四，农村人民生活水平显著提高。

老区镇黄陂镇（2003 年 11 月并入大镇镇，2004 年 6 月大镇镇、鱼湾镇、英华镇合并，设立东华镇）从支持和培养专业户、重点户入手，以点带面，全镇涌现出一批种养专业户、重点户。在专业户、重点户带动下，全镇掀起农业综合开发热潮，农业生产从原来以单一粮食作物为主逐渐转向蔬菜、果蔗、茶叶、水果等经济作物以及畜牧、水产养殖业全面发展，基本形成多元化、规模化、专业化、商品化的农业生产格局。截至 2003 年底，粮经面积比例调整为 3∶7，全镇种植反季节蔬菜、果蔗、茶叶、水果等 1206.67 公顷，年产值约 5100 万元，经济作物收入成为农民收入的主要来源。农业生产的多元化和种植品种的多样化，提高了农业抗风险能力。1994 年至 2003 年，农业生产遭受几次严重的自然灾害，如 1994 年和 1996 年的特大洪灾、1997 年的旱灾、1998 年的霜冻，但由于多元化的农业生产结构，农业生产在大灾之年仍获得好收成。

老区镇横石水镇大力推广"三高"农业、绿色农业。截至 2003 年底，粮经面积比例调整为 2∶8，形成以优质水稻、果蔗、荷兰豆、甜豆、苦瓜、辣椒、水果等为主的绿色农业基地。蔬菜年种植面积保持在 1200 公顷（复种面积），蔬菜总产量 2500 万千克，年产值 3500 万元，成为英东地区最大的蔬菜种植和流通集散地。

老区镇大镇镇引导扶持农民调整生产结构，广大农民从种植水稻为主，转向种植果蔗、水果、蔬菜等经济作物，截至 2003 年底，全镇粮经面积比例调整为 4∶6。经济作物年产量 1500 万千克左右，产值超过 3000 万元，经济作物收入成为农民收入的主要来源之一。

老区镇大洞镇做好山上、山下两篇文章。一是做好山上文章。鼓励支持农民发展笋竹、用材竹、水果。截至 2003 年底，全镇笋竹面积约 5333.33 公顷，年收入 2000 多万元，人均 1000 多元，笋竹收入成为农民增收的主要来源之一；用材竹 2000 多公顷，年收入 600 多万元；水果 200 多公顷。二是做好山下文章。在稳定以水稻为主的粮食生产同时，发展种菜、种药材、种桑。截至 2003 年底，全镇蔬菜、药材、桑园面积共约 66.67 公顷，占水稻面积的五分之一左右。

20 世纪 90 年代后期，老区镇黎溪镇为解决占全镇人口一半以上的飞来峡水利枢纽工程移民的生产生活出路，根据当地土壤属偏酸沙质土，适合种植砂糖橘的实际，大力发展砂糖橘，先后取得省和农业部农产品质量安全中心绿色食品、无公害产品认证。2001 年，黎溪镇砂糖橘被清远市列为"一乡一品"项目。2003 年，注册彩虹桥牌商标，结束产品无品牌的历史。2005 年，该镇种植规模最大、产量最高的大湖村申报清远市砂糖橘专业村并获通过。截至 2007 年底，全镇砂糖橘种植面积 5333.33 公顷，其中挂果面积 3000 公顷，产值达亿元。2007 年，黎溪镇获评"中国砂糖橘名镇"。该镇还大力发展黑皮冬瓜种植，每年种植面积 533.33 公顷左右。

地处小北江下游冲积小平原的老区镇西牛镇，自明代以来，沙坝、金竹、赤米、树山、花塘、高道等地就种植笋竹，笋制品远销中国广州、港澳和东南亚等地。在加快发展"三高"农业背景下，西牛镇党委政府大做竹文章，做大做强竹产业。鼓励支持农户租赁山地和开垦荒山坡地种植笋竹。与此同时，招商引资发展笋、竹制品加工业。截至 2003 年底，引进笋制品加工企业 7 家，其中 1997 年引进台商投资的震兴笋干加工厂，以加工即食笋、发酵笋为主，年产笋制品 160 万吨，上缴税收 300 多万元。针对全镇单竹（用材竹）资源 3000 多公顷，年产单竹约 5000 万千克的实际，引进民资兴办竹制品加工企业 8 家，拉动单竹价格升至 12 元/50 千克。2005 年 8 月，西牛镇获授"中国优质食用笋基地乡镇"称号。截至 2006 年底，该镇笋竹面积 1 万多公顷，占英德笋竹面积的三分之一，成为英德麻竹笋主要生产加工集约基地。2007 年、2008 年西牛麻竹叶、西牛麻竹笋分别入选国家地理标志产品。2008 年，西牛镇通过省科学技术厅组织的相关评审，成为英德首个省级麻竹笋种植及加工技术创新专业镇。

（四）"四个一批"推动农业产业化

通过实施"四个一批"① 工程，推进农业产业化发展，为社会主义新农村建设提供强大的产业支撑。

1．建立一批优势农产品生产基地

通过基地带动产业规模，以规模经营实现规模效益。截至 2008 年底，全市建成十大规模产业基地，其中粮油基地 6.2 万公顷、麻竹笋基地 3 万公顷、蔬菜基地 2.82 万公顷、优质水果基地 1.57 万公顷、蚕桑基地 1 万公顷、甘蔗基地 6666.67 公顷、优质茶叶基地 1160 公顷、畜禽养殖基地（生猪养殖年出栏 45 万头、家禽年出栏 500 万只、奶牛 4200 头）、水产养殖基地 4493.33 公顷、丰产林基地 3 万公顷。

2．创建一批农业品牌

实施品牌战略，重点发展绿色、有机农产品。先后获授"中国红茶之乡""中国麻竹笋之乡""中国砂糖橘之乡""中国蚕桑之乡""中国果蔗之乡""中国黑皮冬瓜之乡"等称号；老区镇黎溪镇获评"中国沙糖橘名镇"；老区镇西牛镇的西牛麻竹叶、西牛麻竹笋入选国家地理标志产品；金林果业有限公司的杨梅饮料取得清远市首个绿色食品认证。

---

① "四个一批"指建立一批优势农产品生产基地、创建一批农业品牌、培育一批农业龙头企业、创建一批农业经济合作组织。

3．培育一批农业龙头企业

通过财政专项资金扶持和政策优惠等措施，培育30家农业龙头企业，其中省级1家、清远市级19家。农业龙头企业涉及粮食生产加工、蔬菜生产加工、蚕茧加工、竹笋加工、茶叶加工、水果加工、制糖、人造板、畜禽养殖等。

4．创建一批农业经济合作组织

通过引导扶持和创造条件，提高农民和农业产业组织化程度，创立一批农业经济合作组织。截至2008年底，农民专业合作社发展到40家，其中老区镇青塘镇蔬菜专业合作社被农业部评为示范单位，老区镇黎溪镇金溪农资专业合作社、九龙镇农惠砂糖橘专业合作社被省农业厅评为示范单位。农民专业合作社进一步疏通农产品流通渠道，加强农业抵御市场风险的能力，提高农民参与市场经济的组织化程度，带动农民增收。

（五）打造英德红茶产业

英德种茶历史可追溯到1200多年前的唐朝，是当时韶州（今韶关市）3个产茶县之一。

近代茶叶生产始于1956年。1959年，用种植的云南大叶种鲜叶制作红碎茶。1964年红碎茶初制工艺基本定型，通过农业部、商业部、对外贸易部、第一机械工业部鉴定，英德红茶由此起步。20世纪60年代，英德红茶大批量投向国内外市场，出口70多个国家和地区，年出口量400多万千克，年创汇400万至500万美元，被誉为红茶后起之秀。1963年，英国女王在盛大宴会上，用英德红茶招待宾客，之后英德红茶被列为英国王室用茶。

21世纪初期，英德出台一系列政策措施，加大招商引资力度，加大对种茶大户、种茶企业扶持力度，大力培育农业龙头企业，致力于振兴英德红茶产业。近年来，为打好组合拳，加大振兴英德红茶产业力度，采取以下措施：

横石塘茶园（航拍图）

1. 推进茶叶供给侧结构性改革①，确保有效供给

全市规划 4 个产茶区，分别是以英红镇为中心的红茶主产区，以黄花镇为中心的高山有机茶产区，以白沙、东华 2 个老区镇为中心的绿茶主产区，以及以水边、大洞 2 个老区镇等适宜发展茶叶生产的主产区。

以市场需求为导向，调整种植结构。以种植英红九号茶树品种为主，另有少量英州一号、鸿雁十二号、金萱、福鼎大白等高香型品种。2018 年，全市茶园面积 8200 公顷，其中英红九号5000 公顷、老茶园 1000 公顷、其他高香型新品种 666.7 公顷。此外，通过修订《地理标志产品英德红茶标准》，按茶树品种类型、茶叶加工工艺及品质特征，将英德红茶分为英德红条茶、英红九号红条茶、英德中小叶红条茶、英德红碎茶，从标准上扩大英德

---

① 供给侧结构性改革：指从提高供给质量出发，用改革的办法推进结构调整，扩大有效供给，提高供给结构对需求变化的适应性和灵活性。也就是淘汰落后产能，将发展方向锁定新兴领域创新领域，创造新的经济增长点。

红茶的品种范围。

以科技为支撑，选育开发新品种。依托省农业科学院茶叶研究所科研技术力量，鼓励校企合作，支持创新，选育繁育高品质新品种。2016年9月，英德市老一队茶业有限公司提供的50克英红九号茶树种子，随天宫二号进入太空遨游63天进行航天育种，返回的种子已有2颗发芽成活，长势良好。重视茶产业人才培养，多次举办茶行业培训及省市级茶行业职工职业技能大赛等活动。截至2017年底，全市超过2000人取得涉茶职业资格。

2. 规范茶园管理，确保产品质量安全

加强对茶叶种植过程中农药、化肥等投入品的监管，建立茶农使用农药常态化培训制度，推广高效、低毒、低残留农药，加大茶叶质量检测和农药残留及有毒有害物质监控力度，强化对农药残留超标茶园管理。以规范使用"英德红茶"地理标志证明商标和原产地标识为抓手，建立茶叶质量可追溯体系，逐步建立茶叶产品全链条的可追溯制度和追溯电子信息平台，保障茶叶安全生产。

3. 整合多种资源，形成产业集群

推广"茶叶企业＋基地＋茶农""茶社＋基地＋茶农""茶社＋技术＋加工＋品牌＋销售＋家庭农场（农户）"等模式。借助丰富的旅游资源，推广"茶旅一体化"模式，使茶园不仅生产茶叶，还融合休闲旅游、科普、采茶制茶体验、特色餐饮住宿、茶文化推广、会议等功能。在2018年5月第二届中国国际茶叶博览会上，积庆里"红茶谷之旅"被选为全国精品旅游2号线路，是广东省唯一入选的茶叶旅游精品线路。

引导茶叶生产基地进行有机茶园、生态原产地茶园认证，提高品牌建设成效。引导茶叶企业（以下简称茶企）做好品牌建设，如无公害产品认证、绿色食品认证、有机认证、良好农业规范（GAP）认证，从而有效提高茶叶质量。

加快推进英德红茶省级现代农业产业园建设。按照茶叶生产、加工、研发、销售、物流、产业融合等全产业链条布局思路和"一心三区"①的空间功能布局，将英德红茶产业园打造成茶叶主导产业特色鲜明、要素高度集聚、设施设备先进、生产方式绿色、经济效益显著、辐射带动力强的省级现代农业产业园。

4. 加强品牌推广，促进产业兴旺

通过"请进来""走出去"扩大英德红茶知名度、市场占有率。"请进来"指举办中国英德红茶文化节等活动，"走出去"指组织茶企参加第二届中国国际茶叶博览会、第八届广东现代农业博览会等。

2018 年 9 月，历时 4 天的 2018 首届全国红茶加工制作大赛在英德举行。 来自全国各地的 233 名制茶高手同台竞技，这在中国乃至世界茶叶史上是首次。 图为大赛开幕式

---

① 茶叶种植空间功能布局"一心三区"指以建设英德红茶产业园为抓手，着力打造现代化茶叶加工物流中心，英德红茶高新科技创新区、标准化茶园种植示范区、休闲茶旅游体验区。

推进省内跨区域产业合作。2018 年 7 月，清远市与江门市签订协议，两地将致力于推动新会陈皮和英德红茶两个国家地理标志产品的产业合作，丰富和延伸产业链。

加大宣传力度，擦亮英德红茶名片。2013 年至 2019 年举办 5 届中国英德红茶文化节。2016 年在北京人民大会堂举办广东·清远英德红茶推介新闻发布会。2018 年 8 月至 2020 年 8 月连续两年在 3 艘珠江游船外屏、船内屏幕以每日超 100 次的频率播放英德红茶宣传片。2018 年 5 月，首届广东省茶产业大会在清远市举办，英德 3 家生态茶园是大会唯一的现场观摩点。9 月，由中国茶叶流通协会、省农业厅、清远市政府主办的"赛红茶技艺，铸国茶工匠"首届全国红茶加工制作大赛在英德举办；大赛期间举办首届英德红茶互联网文化节，将赛事过程贯穿线上线下，打造专属于英德红茶的互联网盛会。2019 年 10 月，以"品牌引领乡村振兴 英德红茶 香飘世界"为主题的第十五届中国茶业经济年会暨 2019 中国英德红茶文化节在英德盛大举办。

发展"互联网＋"模式，打造电商销售平台。建成英德市电子商务产业园、即送网、英德市农产品电子商务实验基地等电商项目，建立农村淘宝市村两级运营体系，有效促进英德红茶的网络销售。2017 年 10 月，英德市人民政府与京东网上商城签订英德红茶发展战略合作协议，全面推进英德红茶多渠道营销。

截至 2017 年底，全市茶企 186 家，其中种植面积千亩（66.67 公顷）以上的 7 家、500 亩（33.33 公顷）以上的 20 多家、200 亩（13.33 公顷）以上的 80 多家，规模化种植面积占全市茶园面积的八成以上。全市英红九号茶园面积 5000 公顷，占全市茶园面积的 68.2%。全市投产茶园面积 6000 公顷，其中 4600 公顷是英红九号茶园，占 76.7%；英红九号成为英德红茶中当之无愧的当家品种。2017 年，茶叶总产量 500 万千克；茶叶产值

2018 年 10 月 23 日，习近平总书记来到英德市电子商务产业园考察调研，了解英德以电子商务盘活特色产业、以产业发展推动精准扶贫情况。 图为英德市电子商务产业园

18.8 亿元，平均单价 182.5 元/500 克（市场零售平均单价）。集生产销售于一体的茶企 100 家，占茶企总数的 53.7%。全市省级茶叶农业龙头企业 6 家、清远市级茶叶农业龙头企业 15 家。新型经营主体家庭农场（种茶）及茶叶专业合作社发展迅速，均在 75 家以上。全市茶产业从业人员超过 12 万人。

2018 年，全市茶园面积 8200 公顷，茶叶总产量 830 万千克，茶叶综合总产值 36 亿元，茶叶企业 274 家，茶产业从业人员超过 13 万人。

英德红茶先后获法国国际美食协会国际商品金奖（金桂奖）、国际博览会金质奖、国家银质奖等奖项 30 多个。英德红茶入驻中国茶叶博物馆品牌馆。英德连续八年获评全国重点产茶县。英德红茶先后入选国家原产地保护产品、国家地理标志产品、"中欧100 + 100"地理标志互认互保产品清单、广东人民最喜爱的土特产（种植类）、广东十件宝（旅游土特产类）等。

二、旅游业兴起与发展

（一）宝晶宫、英西峰林走廊的开发

英德地域宽广，旅游资源以自然资源为主，其中喀斯特地貌、温泉、英石及茶文化资源尤为突出。

中共十一届三中全会后，英德县委、县政府①决定开发丰富的旅游资源，发展旅游业。1981 年，成立英德县旅游公司、英德县中国旅行社，开始培养导游。同年 8 月，县委、县政府组织专家考察县城附近的喀斯特洞穴（后被命名为宝晶宫）。大自然的鬼斧神工让人惊叹，造化神奇，专家们认为该洞穴可与享誉中外的桂林七星岩媲美，而且独具特色。县政府投资 250 多万元，1984 年 1 月，新中国成立后英德开发的第一个旅游景区——宝晶宫（后被称为宝晶宫风景名胜区、宝晶宫生态旅游度假区）开门迎客。

英德西南片的九龙、明迳、岩背 3 镇（2004 年 6 月 18 日，明迳镇和岩背镇合并为黄花镇），是典型的峰林岩溶地貌，一千多座山峰总体呈线型排列，组成 10 多千米长的峰林走廊，其间流水潺潺，宛如桂林山水。"七五"时期（1986 — 1990），县委、县政府决定开发利用此处旅游资源。为此，组建英西峰林走廊宣传推介团队，1993 年 5 月在广州国际旅游展销会上，推出反映英西峰林走廊原生态的纪录片和诗画作品，省电台、电视台及几家有影响的报刊先后作了报道，使英西峰林走廊的知名度迅速提高。截至 1995 年底，英西峰林走廊景区接待游客 10 万人次。

截至 1997 年底，英德拥有 1 家国际旅行社、2 家国内旅行

---

① 1980 年 7 月，英德县第六届人民代表大会第一次会议决定，撤销英德县革命委员会，恢复设立英德县人民政府。

被誉为"南天第一峰林风光"的英西峰林走廊，密集分布着一千多座石灰岩山峰，田野、溪涧、农舍点缀其间。2015 年，被授予省级地质公园资格。图为黄花镇景点倒影

社、2 个风景区管理处、1 家旅游发展公司；7 家涉外酒店，床位近千张。1993 年至 1997 年，全市接待游客 87.6 万人次，旅游总收入 5710 万元，其中 1997 年接待游客 20.5 万人次，比 1993 年增长 36%，旅游收入 1300 万元，比 1993 年增长 94%。

2001 年 10 月，老区镇黎溪镇引进资金开发大湖碧溪漂流（后被称为飞来峡漂流）。2002 年 8 月投入运营。大湖碧溪漂流位于飞来峡库湾风景区内，按国家 3A 级旅游景区标准建设，总投资 1000 多万元。首期投资 600 万元建设漂流项目，漂流河道长 3.8 千米。

（二）成功创建省旅游强县（市）

2003 年至 2005 年，英德积极实施旅游旺市战略，加快旅游业发展。

一是转变发展思路，改变以政府投入建设经营为主的做法，建立以企业投入建设经营为主的机制，大力吸纳境内外资金，引

进旅游项目 11 个，计划投资总额超过 11 亿元。动工建设的旅游项目有：投资 5.3 亿元的仙湖温泉、投资 3.2 亿元的金海湾旅游度假区、投资 1.8 亿元的海螺国际大酒店。2004 年 6 月，老区镇望埠镇引进深圳市骏霖实业有限公司，按国家 4A 级旅游景区标准，改造原望埠镇镇属温泉。2007 年 5 月，首期投资 8000 万元、占地面积 39 万平方米的奇洞温泉度假区（2014 年改称奇洞温泉小镇）首期项目试业。2011 年，奇洞温泉度假区创建为国家 4A 级旅游景区。

二是以打通出口路为重点，先后完成西南出口省道 348 线英德九龙镇至清新县五一路口段、东南出口英佛公路、南出口省道 253 线银英公路和宝晶大道等，大大改善英西峰林走廊、宝晶宫风景名胜区等景区对外交通条件，主城区到景区公路基本实现硬底化，开通城区至主要景区旅游专线车。

三是精心策划，着力打造旅游品牌，形成北江风景、英西峰林、自然生态三条特色旅游热线和溶洞、峰林、温泉、山水、风情五大旅游品牌的发展格局。捧回"中国英石之乡""中国红茶之乡""中国麻竹笋之乡"等"国字号"牌匾。利用物产资源优势，开发品牌突出、富有地方特色的旅游产品，形成颇具规模的茶园路"奇石一条街"。英西峰林走廊、老虎谷暗河漂流（2014 年改称英西峰林·老虎谷暗河漂流）、仙桥地下河成为珠江三角洲地区游客生态旅游首选之地。宝晶宫风景名胜区跻身清远市十佳景区行列，并入选"清远八景"。长湖省级森林公园成为英德国家森林公园的组成部分，游客络绎不绝。

截至 2005 年底，英德的旅游景区主要有省级风景名胜区宝晶宫、英西峰林走廊、仙桥地下河、飞来峡漂流、老虎谷暗河漂流、九州驿站·英德草原天门沟、通天岩、茶趣园、石景河风景区、茶叶世界、南山 11 个景区；旅游涉外定点接待酒店 16 家，床位

3000 多张，其中三星级酒店 4 家，海螺国际大酒店按四星级标准建设；旅行社 6 家。2005 年，接待游客 128.2 万人次，首次突破百万大关，旅游营业收入 2.5 亿元，分别增长 70.1%、88%，旅游总收入 5 亿元。

为加快旅游资源的开发利用，英德市委、市政府决定创建省旅游强县（市）。2006 年 9 月召开动员大会，启动创建省旅游强县（市）工作。2008 年 9 月，高分通过省创建省旅游强县（市）验收。2009 年 2 月，在广东省旅游工作会议上，英德市获授"广东省旅游强县（市）"牌匾。成功创建为"广东省旅游强县（市）"，标志着英德旅游业的发展达到一个新的高度。

（三）旅游发展的新跨越

2009 年至 2017 年，英德以成功创建广东省旅游强县（市）为新的起点，抓住 2014 年 4 月武广铁路客运专线英德西站开通运营、2014 年 9 月乐广（韶关乐昌市至广州）高速公路全线通车、英德进入广州深圳城市群"1 小时经济圈"的机遇，依托自然山水、森林生态、温泉度假、文化民俗资源，采取一系列措施加快旅游业发展。

1. 统筹规划，强化开发指引和政策保障

2015 年，出台《关于加快乡村旅游发展的实施意见》《英德市农家乐旅游星级评定标准及管理办法》，决定从 2016 年起，每年安排 100 万元，用于扶持国家 3A 级以上乡村旅游景区（点）和三星级以上农家乐发展。2016 年，完成《英德市旅游产业发展规划》《英德市北江旅游发展概念规划》《英德市乡村旅游发展概念规划》《英西峰林旅游集聚区旅游概念规划》的编制。

2. 招商引资，增强旅游发展后劲

一手抓招商引资，一手抓项目建设。着力打造具有核心竞争力的龙头景区和旅游拳头产品，仙湖温泉度假酒店、积庆里红茶谷、云水谣、宝晶宫天鹅湖酒店、中华英石园、宝墩湖生态旅游度假区·湖山温泉度假村（2017 年改称宝墩湖·湖山温泉度假村）、浈阳坊旅游小镇、英西峰林·九龙小镇等投入运营，升级改造奇洞温泉小镇、九州驿站·英德草原天门沟、英西峰林·洞天仙境、英西峰林·老虎谷暗河漂流等景区。投资 38.6 亿元的奥园（英德）文化旅游城、投资 26 亿元的水边温泉旅游度假区及沿江旅游资源开发项目、投资 19 亿元的宝墩湖生态旅游项目、投资 15 亿元的品水锦源休闲生态农业旅游项目、投资 12 亿元的徐家庄生态旅游项目、投资 5.08 亿元的观音鼎温泉度假村项目、投资 3 亿元的广东小桂林生态旅游项目等的建设，进一步夯实旅游业发展基础，增强旅游业发展后劲。老区镇望埠镇利用得天独厚的英石、温泉资源，引入资金发展、做大做强特色旅游产业。2010 年 12 月，中华英石园开园迎客。该园以英石文化为主题，集奇石展示、观赏游览、买卖交易于一体，有大小英（奇）石 5000 多件，占地面积 33.33 万平方米，为中国最大的奇石集散地。2010 年、2011 年连续两届中国（英德）英石文化节均在中华英石园举行。2016 年 1 月，中华英石园增设石头酒店。

2016 年 5 月，位于老区镇望埠镇的宝墩湖生态旅游度假区·湖山温泉度假村开门迎客。该度假村集温泉养生、休闲度假、餐饮会议、康体娱乐于一体，建成别墅 100 幢。2016 年，再投入 3000 万元打造梦幻水城，拥有大型冲浪池、水上滑道、大型水屋、儿童戏水区等项目，是年 8 月开门迎客。

3. 宣传促销，提升旅游吸引力

通过新闻媒体宣传，组织参加博览会、展销会，举办大型节庆、旅游风光摄影大赛等形式开展旅游宣传促销。精心策划打造英德旅游微信公众号，并通过腾讯大粤网、凤凰网、南方网等网络媒体扩大旅游宣传渠道和影响力。在 2015 年至 2017 年举办的广东省县（市）旅游综合竞争力评选活动中，英德旅游微信公众号连续 3 年获评"广东省县（市）最具影响力旅游微信公众号"。

4. 打造品牌，提高旅游竞争力

着力抓好龙头景区、精品景区和旅游拳头产品的培育和打造。2009 年，宝晶宫生态旅游度假区创建为国家 4A 级旅游景区；海螺国际大酒店创建为国家四星级旅游涉外饭店，结束英德没有国家四星级旅游涉外饭店的历史。2010 年，仙湖温泉度假区被省政府批准纳入广东现代产业 500 强。2011 年，奇洞温泉度假区创建为国家 4A 级旅游景区。2014 年，在中国（广东）国际旅游产业博览会上，英德获"最佳生态旅游目的地"称号；积庆里茶园被农业部评为"中国最美茶园"。2015 年，连江口镇被省旅游局评为"广东省省旅游名镇"，石牯塘镇被省农业厅、省旅游局评为"广东省休闲农业与乡村旅游示范镇"。2016 年，仙湖温泉度假区被国家旅游局评为"全国优选旅游项目"，宝晶宫生态旅游度假区、英西峰林·洞天仙境景区被省旅游协会评为"广东省游学旅游示范基地"，积庆里红茶谷、云水谣被省农业厅、省旅游局评为"广东省休闲农业与乡村旅游示范点"，锦源小镇被省发展和改革委员会评为"高科技精品农业 + 生态旅游观光"特色小镇。2017 年，英西峰林·九龙小镇、积庆里红茶谷分别获评首批 3A级、2A 级"广东农业公园"，浈阳峡风景区入选"全国优选旅游项目"，浈阳峡入选"广东十大海上丝绸之路文化地理坐标"，英西峰林·洞天仙境景区创建为国家 4A 级旅游景区；英德入选第二批广东省全域旅游示范区创建单位名单。2012 年至 2019 年，在相关研究单位开展的广东县域旅游综合竞争力评价中，英德连续多年获评"旅游综合竞争力十强县（市）"。

经过多年努力，英德旅游业发展实现新的跨越。2017 年，全市景区（点）20 家，其中国家 4A 级旅游景区 3 家、国家 3A 级旅

游景区 2 家，未评定等级旅游景区（点）15 家，全市宾馆床位
1.4 万张，社会旅馆及民宿 400 家，旅行社 12 家，全年接待游客
1200.1 万人次，比上年增长 12.2%，旅游总收入 69.7 亿元。

三、妥善安置归难侨

1957 年 3 月至 1959 年 12 月，安置到广东省英德华侨茶场
（以下简称英华茶场）的有越南、老挝、柬埔寨、泰国、缅甸、
马来亚（1963 年 9 月后为马来西亚）、新加坡、印尼、菲律宾、
尼泊尔、不丹、巴基斯坦、锡兰（1972 年 5 月后改为斯里兰卡）、
阿富汗、朝鲜、日本、英国、法国、澳大利亚、新西兰、瑙鲁、
美国、毛里求斯 23 个国家的华侨 1016 人。

1959 年至 1960 年，印度尼西亚（以下简称印尼）当局反华
排华愈演愈烈，造成印尼华侨遭遣返回国的局面。

1960 年 2 月，按照省委指示，县委成立英德县接待和安置归
国华侨委员会。3 月，英华茶场成立接侨工作领导小组，县、场
两级分别派出工作组到广州、湛江接侨。

自 1960 年 2 月至 11 月，英华茶场接收安置印尼难侨 4 批共
2592 人，其中第一批 1139 人、第二批 189 人、第三批 561 人、第
四批 703 人。

1962 年 10 月至 1963 年 2 月，印度非法侵占中国领土，恶意
挑衅引发中印边境大规模武装冲突。印度挑起中印边境冲突后，
对华侨的迫害日益猖狂，许多华侨纷纷要求返回祖国。1963 年，
英华茶场接收安置印度等国家难侨 222 人；1963 年 3 月至 1964 年
12 月，接收安置先是被英国殖民地当局逮捕、后被马来西亚当局
驱逐出境的原抗日华侨 150 人。此前，英华茶场已安置非驱逐出
境的马来亚华侨 120 人。

1967 年 9 月，印尼发生"9·30"苏哈托政变，遭其迫害回

国的印尼难侨中，有 1015 人被安置到英华茶场。

1960 年，省接待和安置归国华侨委员会向英华茶场下拨基建救济款 37.44 万元，英华茶场用 8 个月时间建好建筑面积 4809.28 平方米的房屋，基本满足归难侨的住房需求。1980 年，国家拨款 50 万元，帮助英华茶场解决公共基础设施不足的问题。在上级关心支持下，英华茶场归难侨居住、就业、教育、医疗等问题得到妥善解决。

1978 年初，越南大规模反华排华，造成 28 万名在越华侨华人被迫回中国。4 月，按照国务院侨务办公室、省政府侨务办公室紧急通知和省接侨工作紧急会议部署，县委成立英德县接待安置难侨工作领导小组（以下简称领导小组），同时成立接侨办公室、接待站，紧急调拨修建房屋、大棚的建筑材料和生活所需日用品、副食品等物资。因广东省英红华侨茶场、广东省英德华侨茶场、广东省黄陂华侨茶场①（以下简称英红茶场、英华茶场、黄陂茶场）一时难以安置大量难侨，领导小组紧急部署粤北重点老区鱼湾公社知青场和粤北重点老区桥头公社油桐场、知青场等单位腾出房屋临时安置了大部分难侨。各临时安置点的难侨后来分别转到英红茶场、英华茶场、黄陂茶场安置。各茶场在领导小组统一指挥下，热情细致做好安置工作，其中英红茶场安置 11656 人、英华茶场安置 2610 人、黄陂茶场安置 1446 人。在接收安置过程中，各茶场采取以下措施：一是成立专责领导小组及办

---

① 广东省英红华侨茶场前身为广东省公安厅英德劳改农场，建于 1951 年；广东省英德华侨茶场前身为广东省农业厅下属的大镇西北机械示范农场，建于 1952 年 8 月；广东省黄陂华侨茶场前身为粤北国营黄陂牧场，建于 1954 年 10 月。1978 年至 1979 年，以上 3 个农（牧）场接收安置大批越南难侨后改现名，3 个场均由广东省人民政府于 20 世纪 50 年代划拨英德老区十几万亩土地建成。

公室，组成接侨小组到广西壮族自治区东兴口岸接收难侨；二是腾出房屋并日夜加班维修房屋；三是针对难侨两手空空的状况，除按国家标准配置粮、油、肉外，还发放衣、被、锅、碗等生活用品，并对有困难的难侨家庭给予生活补助；四是英华茶场、黄陂茶场共投入 20 多万元打出 21 口机井（其中，英华茶场 15 口、黄陂茶场 6 口），建好水塔，安装水管，将生活用水送到各家各户；五是解决就业问题，凡 18 周岁以上未到退休年龄的难侨都安排工作，与茶场职工同工同酬。此后的两年内，在国务院侨务办公室、省政府侨务办公室及联合国难民署援助下，新建难侨住房 4.85 万平方米，新建教学楼、医院大楼，扩建卫生站所，兴办幼儿园、托儿所，解决难侨的居住、教育、医疗问题，使难侨能安居乐业。

英德为国家分忧解难，1957 年至 1969 年，接收安置印尼、印度、等 26 个国家和地区的归难侨 5115 人；1979 年 5 月到 1980 年 6 月，接收安置 5 批共 15742 名越南难侨，此外，还接收安置柬埔寨难侨 34 人、老挝难侨 21 人，是全国接收安置越南难侨较多的一个县。

开放搞活 振兴经济

一、水利水电事业蓬勃发展

（一）水电事业蓬勃发展

英德地处粤北山区、北江中游，境内除北江、滃江、小北江三大过境河流外，集雨面积 100 平方千米以上的支流有 17 条。全市水力资源蕴藏量 52 万千瓦，可开发量 48 万千瓦。

1978 年，全县水电总装机容量 6548 千瓦，年发电量 1510 万千瓦时。

中共十一届三中全会后，为解决严重缺电问题，1979 年 6 月，县委在三年经济调整四级干部会议上提出，要抓好在建和新立项的小水电建设。1980 年英德县小水电管理站（1981 年改称英德县小水电公司）成立，负责全县小水电管理、维修、安装工作。1983 年 1 月，县委召开扩大会议，部署进一步搞好开发性生产，加快经济发展步伐工作，其中一个主要任务就是要积极开发丰富的水力资源，大力发展小水电。县委、县政府实施"谁建、谁有、谁管、谁受益""以电养电"政策。坚持对小水电建设提供贴息贷款支持政策，并要求各地和县小水电公司贯彻执行"对外开放，对内搞活"政策，积极引进外资，倡导集体、个人股份办电。1983 年，县水利电力局被水利电力部评为"全国小水电先进单位"。1984 年，张陂区水利水电管理所被水利电力部评为

"全国水利电力系统先进集体"。

开放、搞活、保护、扶持的政策，调动了全县上下办电的积极性，掀起了小水电建设热潮。1979年至1984年，全县建成投产的骨干水电站有装机容量3750千瓦的空子二级水电站、1040千瓦的上空二级水电站、1752千瓦的波罗二级水电站、1500千瓦的衣滩英建水电站和1200千瓦的坎山水电站。截至1984年底，全县有水电站49座，总装机容量2.33万千瓦，年发电量6412.4万千瓦时，装机容量、年发电量分别比1978年增长2.56倍、3.25倍。

1987年，为将资源优势转化为经济发展优势，县委、县政府提出"依托资源，市场导向，立体循环，系列发展"的经济发展战略，目的是建立起以资源为依托的小水电等四大工业体系，强调要尽快上马黄茅峡水电站，尽快建好洽洸110千伏变电站，完善全县电网，解决工业电力紧缺和小水电有电输不出去的紧迫问题。

1988年，全县有水电站59座，总装机容量3.18万千瓦，年发电量1.19亿千瓦时，总装机容量、年发电量分别比1978年增长3.86倍、6.88倍。1979年至1988年，小水电发电量7.88亿千瓦时。

1980年至1989年，全县总用电量8.31亿千瓦时。其中英德水电5.17亿千瓦时，占62.2%；省网电3.14亿千瓦时，占37.8%。1990年至1992年，全县总用电量3.7亿千瓦时。其中英德水电2.36亿千瓦时，占63.8%；省网电1.34亿千瓦时，占36.2%。

进入"八五"时期（1991—1995），英德水泥工业发展迅猛，对电力的需求快速增长，而电源电网建设相对滞后，导致电力短缺。为突破电力瓶颈制约，在1993年3月召开的中共英德县第八

总投资 10.6 亿多元、装机容量 9.2 万千瓦的白石窑水电厂，摄于 2016 年 7 月 19 日

次代表大会上，县委提出要抓好能源、电力建设，确保装机容量
7.2 万千瓦的白石窑水电站（1994 年改称白石窑水电厂）如期建
成投产，燃油调峰电站装机容量扩大到 2.4 万千瓦，力争锦潭梯
级水电站上马，并新上一批小水电，新建和完善一批输变电设施。
1994 年，为鼓励发展小水电，除继续执行"谁建、谁有、谁管、
谁受益"政策外，还制定"自建、自发、自用、价格自定"政
策。1996 年 1 月，英德市政府决定从 1996 年 1 月 1 日起，将小水
电上网电价从原来的 0.2254 元/千瓦时提高到 0.3144 元/千瓦时，
提幅 39.5%。这一利好政策，进一步调动干部群众投资办小水电
的积极性，全市掀起小水电建设高潮。1996 年 6 月，英德被国务
院批准列入全国第三批农村水电初级电气化建设县（市）。截至
1997 年底，新建老区镇黎溪镇高朋、沙口镇黄洞等一批中小型水
电站，白石窑水电厂装机容量 1.8 万千瓦的 1 号、2 号机组分别
于 1997 年 4 月、11 月建成投产，全市水电总装机容量 9.37 万千
瓦，比 1992 年增长 93.2%。由于增建 5 个大中小型变电站，新建
一批水电站，迅速缓解缺电的困难，并实现村村通电的目标。

1997 年，地处山区的老区镇大洞镇利用当地水源充足、水流落差大的优势，与英德市供电局合作建设装机容量 6400 千瓦的双鱼潭水电站，2000 年 12 月建成投产。与此同时，该镇引进外来投资，先后建成坪仔、合潭、车龙、黄和洞、仙人坑、观音寨、寨面等水电站，总投资 1300 多万元，装机容量 2850 千瓦。1999 年 9 月，英德农村水电初级电气化建设工作通过省政府授权的省达标验收委员会验收，成为全国第三批农村水电初级电气化达标县（市）。1995 年至 2002 年，全市新建小水电站 85 座，新增装机容量 5.45 万千瓦（不含白石窑水电厂），其中 2001 年动工建设 28 座，总装机容量 1.75 万千瓦，为改革开放以来建设小水电站数量最多的一年。而截至 1994 年底，全市仅有小水电站 65 座，总装机容量 4.81 万千瓦。随着白石窑水电厂、双鱼潭水电站、狮子口水电站、前进二级水电站等一批中小型水电站相继建成投产，截至 2002 年底，全市水电总装机容量 22.94 万千瓦，比 1997 年增长 1.45 倍，比 1994 年增长 3.77 倍。

2003 年，在中共英德市第十次代表大会上，市委提出"工业立市、工业富市"，以水泥、水电为龙头的"两水一钢"（水泥、水电和钢铁制品）发展战略，出台更加优惠、更具操作性的鼓励外来和民营投资发展工业的政策，掀起新一轮小水电建设高潮。这一轮小水电建设高潮的特点是：投资项目大、装机容量多、民营企业投资热情高，如民营企业长江水力发电有限公司投资 4.5 亿元，建设总装机容量 4.476 万千瓦的锦潭梯级（9 级）水电站，是截至 2007 年英德水电建设史上民营资本投资和装机容量最大的项目，于 2002 年底动工建设，2007 年 7 月全部水电站建成投产；民营企业投资 6100 万元建设的狮子口水电站，装机容量 6900 千瓦，于 1999 年 11 月动工建设，于 2003 年 1 月建成投产；民营企业投资 6000 万元建设的架桥石水电站扩机增容工程，新增装机容量6000千瓦，于2003年12月动工建设，2006年1月建成投产。此外，2004年，投资8000多万元的白石窑水电厂扩机增容工程动工建设，新装2万千瓦机组1台，于2005年11月建成投产。与此同时，创新小水电开发方式，通过科学调整小流域规划布局，在流经境内的北江、瀚江、小北江实现梯级开发，首尾相连的各级水电站可充分利用全河流落差；水能资源得到充分利用。

2003年至2005年，建成投产水电站56座，总装机容量6.02万千瓦。2006年，建成投产水电站25座，总装机容量9900千瓦。截至2006年底，全市有水电站279座，总装机容量16.27万千瓦，水电业已发展成为英德的支柱产业。2014年，全市小水电站326座，总装机容量27.56万千瓦，比1978年增长42.09倍；中型水电站2座：白石窑水电厂和广东粤电长湖发电有限责任公司，装机容量分别为9.2万千瓦、8.2万千瓦，多年平均发电量分别为3.2亿千瓦时、2.88亿千瓦时。截至2018年底，全市中小型水电站总装机容量49.96万千瓦，占水力资源蕴藏量的98.4%，水力资源得到充分的开发利用。

（二）白石窑水电厂建设

白石窑水电站（1994年改称白石窑水电厂）地处北江中游，总投资10.6亿多元，装机规模为4台1.8万千瓦、1台2万千瓦灯泡贯流式水轮发电机组，总装机容量9.2万千瓦，设计多年平均发电量3.2亿千瓦时，是当时英德投资规模最大的建设项目，也是当时全国县级行政区投资规模最大、单机容量最大的国产灯泡贯流式水轮发电机组。1992年8月8日工程奠基，10月动工建设。

正当工程如火如荼地进行的时候，各种困难接踵而来。

第一道难关——资金严重短缺。其时英德是省定贫困县。工程动工后，遇到国家由传统的计划经济体制向社会主义市场经济体制转轨，受物价上涨等因素影响，工程总投资额由原来的 3.4 亿元调整为 6.8 亿元，加上国家实施宏观调控，一些计划安排资金难以到位，造成工程资金严重短缺，工程随时有停工的可能。在这关键时刻，白石窑水电站工程指挥部（以下简称指挥部）成立以县委副书记为组长的资金筹措领导小组。资金筹措领导小组经过调查摸底、分析研究，明确了引资方向：一是重点争取国家能源投资公司、省电力局支持；二是争取其他投资者支持；三是动员社会各界参股。几年来，资金筹措领导小组洽谈引资业务近百宗，引进资金 6.7 亿多元，确保了工程建设顺利进行。

第二道难关——特大洪水袭击。1993 年、1994 年连续两年工程遭受北江洪水袭击，尤其是 1994 年百年一遇的特大洪水。1994 年 6 月 18 日，工地上围堰水位 36.58 米，超设计水位 1.12 米；下围堰水位 36.5 米，超设计水位 1.63 米，上下围堰面临随时被洪水冲垮的危险。此时，工程处于基础回填阶段，一旦围堰被冲毁，工期将延长 1 年，已投入的 1 亿多元将付诸东流。在这危急关头，指挥部领导及时召集有关单位领导以及水文、气象、水电工程等方面专家现场会诊，作出保住围堰的决策并紧急制订防洪抢险方案。在市委、市政府统一指挥下，经过军警民抢险大军 5 天 5 夜艰苦奋战，将上下围堰超设计水位 1.12 米和 1.63 米，分别再加高 1.2 米，终于保住围堰。

1997 年 4 月首台机组建成投产，余下 3 台机组分别于 1997 年 11 月、1998 年 7 月、1999 年 2 月建成投产。2003 年 12 月新增的 1 台单机容量 2 万千瓦灯泡贯流式水轮发电机组动工建设，2005 年 11 月建成投产。至此，总投资 10.6 亿多元、总装机容量 9.2 万千瓦的白石窑水电厂工程全面完成。电厂建成后，大大改善英德和清远的缺电状况。同时，渠化北江航道 42.8 千米，使通航能力从 50 吨级提高到 100 吨级，改善上游农田灌溉面积约 733.33

公顷,并兼有防洪、养殖、旅游等功能。2013 年,白石窑水电厂船闸列入广东省北江航道扩能升级工程建设,建成后北江通航能力从 100 吨级提高到 1000 吨级。

截至 2017 年,白石窑水电厂累计发电 59.6 亿千瓦时,创造产值 26.37 亿元,上缴利税 4.2 亿元,支持英德重点工程建设 5.85 亿元,为英德经济社会发展作出重要贡献。

白石窑水电厂的建设,体现了省委省政府、清远市委市政府对老区人民的关心厚爱,体现了英德老区人民勇于开拓创新、敢于攻坚克难的自力更生、艰苦奋斗精神。

(三)飞来峡水利枢纽工程移民

飞来峡水利枢纽工程是广东省"八五"时期基础设施建设重点工程,也是当时全省最大的水利工程。1992 年国务院批准建设飞来峡水利枢纽工程,1993 年省政府成立工程建设总指挥部,1994 年 10 月动工建设。英德是库区部分,责无旁贷参与支持工程建设,主要是做好黎溪、水边 2 个老区镇和连江口镇共 3.6 万名移民安置工作。为确保移民权益,保证工程建设顺利进行,1992 年起,县委、县政府根据广东省、清远市部署,开始规划移民安置工作。在几年的安置过程中,英德坚决贯彻执行党的移民政策,有条不紊地按规划设计流程开展宣传发动、征地拆迁、田地调配、新村建设、人员就业等工作。3.6 万名英德库区移民发扬为大家、舍小家的牺牲精神,为飞来峡水利枢纽工程建设作出重大贡献。1995 年 1 月,整体搬迁的黎溪镇区新址破土动工。由于移民工作出色,英德受到广东省、清远市有关部门表彰。

(四)成功创建全国"十五"水电农村电气化建设达标县

英德河流众多,人均水资源 6219 立方米,高于全国、全省平均水平。2001 年 12 月被国务院批准为全国"十五"水电农村电气化建设达标县后,采取一系列措施,有计划有步骤地开展农村电气化建设。

1. 改革投资体制，确保资金投入

依据实施方案和省水利厅批复，2001 年至 2005 年，全市电源电网建设投资规模 6.56 亿元。为解决资金不足困难，坚持执行国家关于农村小水电"自建、自管、自用"方针和"谁建、谁有、谁管、谁受益""新电新价""丰枯期峰谷分别计价"政策，对小水电投资管理体制进行三大改革：一是投资主体多元化，水电投资体制由依靠国家拨款无偿使用，转变为股份制和引入外资。截至 2005 年 11 月，引进 10 家外来投资商，投资 1.4 亿元，占电源建设项目总投资额的 17.5%；建成小水电 13 宗总装机容量 2.15 万千瓦。二是继续执行小水电贴息补助和贷款政策不变，充分利用中央下拨的农村电气化建设资金、省级配套资金、农村电网改造专项资金，进行电源项目建设和农村电网改造。三是改变水电行业原有的建设、投资、经营相互脱节的局面，实行水电项目业主责任制，投资经营一体化。截至 2005 年 6 月，筹集 11.81 亿元投入电源电网建设，超额 80% 完成计划投资任务，其中电源项目投资 9.38 亿元、电网项目投资 2.43 亿元。

2. 建设电源电网，保障发展需求

电源建设情况。2000 年，网内建成水电站 106 座，总装机容量 13.62 万千瓦（不含广东省长湖水电厂，2003 年改称广东粤电长湖发电有限责任公司），但这些水电站大部分为径流式水电站，装机容量小，调节能力差，且部分水电站存在设备老化问题。为增强全网调控能力，满足用电需求，上马白石窑水电厂扩机增容工程（增加装机容量 2 万千瓦）、波罗水电站、锦潭梯级水电站等。

电网建设情况。新建 4 宗 110 千伏输变电工程，改造扩建 1 宗 110 千伏变电站工程，新建 7 宗 35 千伏及以上输变电工程，改造 2 宗 35 千伏及以上变电工程，改造 10 千伏及以下配电工程，新建 10 千伏配电线路 32 千米。

截至 2005 年 6 月，全市地方电力拥有 110 千伏变电站 31 万千伏安，输电线路 194.5 千米；35 千伏变电站 3.59 万千伏安，输电线路 525.7 千米；10 千伏配电变压器 2786 台 20.5 万千伏安，配电线路 3155 千米，低压干线 7328 千米。

3. 改革科技体制，推动管理现代化

对新建的双鱼潭水电站、英华水电站、架桥石水电站（扩机增容）、锦潭梯级水电站同期上马计算机监控系统，对具备调节能力的黄茅峡水电站实行自动化改造，对新建的 110 千伏变电站采用微机监控系统。在农村电网改造中应用新型节能设备，淘汰旧型号高损耗设备，提高电源电网自动化水平。逐步对装机容量较大的水电站、变电站进行微机监控改造。全市电网在调度室搬迁新址后实现遥测、遥调等功能，实现"无人值班，少人值守"。在进行科技创新的同时，采取多种形式提高员工技术业务水平。2004 年 6 月，水电系统在岗人员 2602 人，其中，大学、大专、中专学历分别占在岗人员的 1.9%、12.3%、16.5%，专业技术人员占职工总数的 11.3%。

截至 2005 年底，全市通电用户 25.77 万户，通电户率 99.9%，合格通电户率 98.6%，供电可靠率 98.2%，全市七成以上的农户以小水电代替燃料；全市用电负荷 21.6 万千瓦时，总用电量 5.35 亿千瓦时，比 2000 年增长 78.3%；全市人均年用电量 510 千瓦时，比 2000 年增长 52.2%；全市生活总用电量 1.3 亿千瓦时，比 2000 年增长 10.2%；户均年生活用电量 503 千瓦时，比 2000 年增长 3.3%。2003 年，农村水电提供市网电量 5.3 亿千瓦时，占全市镇及以下农村用电量的 98.5%，各项指标均超过农村电气化标准。

2004 年 12 月，英德"十五"水电农村电气化建设通过省水电农村电气化验收委员会验收，成功创建为"全国'十五'水电农村电气化建设达标县"。

二、乡镇企业与民营经济发展

（一）乡镇企业兴起和发展

中共十一届三中全会后，县委、县政府在三年经济调整中，注重引导和推动社队企业①发展，社队企业逐步从公社办扩大到大队办、生产队办。1984 年，全县乡镇企业 5183 家，总产值 6670 万元。是年，县委、县政府对乡镇企业明确提出"积极扶持、合理规划、正确引导、加强管理"十六字方针，并给予投资、纳税等方面的政策优惠。

在县委、县政府高度重视和积极扶持下，种植养殖业、交通运输业、商业饮食业、矿山采掘业、水泥建筑业、铁器竹木加工业、小水电等乡镇企业如雨后春笋般蓬勃发展。1985 年，全县区办、乡办、村办、联户办、个体办五级企业 1.33 万家，比 1984 年增长 1.57 倍；总产值 1.06 亿元，比 1984 年增加 58.9%，首次突破亿元大关。

1987 年，县委、县政府鼓励乡镇企业"四轮驱动"，即乡办、村办、联办、户办一起上，把发展壮大的重点放在农副产品加工业及为其服务的储运、包装、供销，放在小水电、建材工业、小型采矿业等企业，要求财政、税收、金融部门一如既往地积极扶持乡镇企业发展，采取灵活变通的办法，给予更多的政策优惠。

———————

① 1984 年 3 月 1 日，中共中央、国务院转发农牧渔业部《关于开创社队企业新局面的报告》，同意将社队企业改称乡镇企业，指出乡镇企业是农业生产的重要支柱，是广大农民群众走向共同富裕的重要途径。

1987 年 8 月，县委下发《关于扶持发展乡镇企业的几项政策措施》，出台更具体明细的优惠政策。

扶持力度的加大，使乡镇企业快速向广度和深度发展。青塘镇，既重点巩固发展老项目煤矿企业，又大力发展新项目水泥企业，早早就跃上产值千万元镇行列。沙口镇，两三年就办起 7 家包括年设计产能 12 万吨水泥厂在内的、年产值 2000 万元的镇办企业。英城镇，1989 年有 24 家乡镇企业。下石太乡，1989 年有 8 座总装机容量 5590 千瓦的小水电站、1 家 3 条炉的硅铁厂、1 家玻璃马赛克厂，乡镇企业年产值 1050 万元，比 1984 年增长 7.75 倍。大湾镇英建村，办起 7 家村办企业，年产值 210 万元。浛洸镇供销社 4 个人联办的蔬菜加工厂，年产值 76 万元，纯利润 10 万元，人均 2.5 万元，年纳税 1.5 万多元。大湾镇李苟办起铁钉厂、机修厂、养鸽场，年产值 50 多万元，每年纳税 1 万多元。

1991 年 3 月 30 日至 31 日，省委书记谢非到英德检查指导工作。其间，参观沙口镇水泥厂等乡镇企业，就如何发展乡镇企业与英德党政领导和有关部门负责人进行座谈；对沙坝乡发挥山区优势，户户种笋竹，大办绿色企业，以及桥头镇板铺管理区为农民发展反季节荷兰豆提供产前、产中、产后服务的做法和经验，给予高度评价，勉励英德各级领导振奋精神，突出经济建设中心来，提高办事效率，进一步办好乡镇企业，加快山区经济发展。

截至 1997 年，全市各镇有水泥厂 22 家，年设计产能 203 万吨，占全市年设计产能一半以上；水电站 60 座，装机 148 台，总装机容量 2.4 万千瓦，年发电量 1.89 亿千瓦时，占全市总发电量的四成；上规模、效益好的乡镇企业 885 家，从业人员 1.42 万人，其中总产值超百万元的 30 多家；全市乡镇企业总产值 13.42 亿元，总收入 14.62 亿元。

（二）民营经济的发展壮大

改革开放以来，在坚持国有、集体公有制前提下，英德的民营经济经历一个从小到大、从弱到强的过程。

1984 年冬，中共中央出台《关于经济体制改革的决定》。此后，英德计划供应商品品种、范围、价格逐步放开，商品进货从单一渠道改为多渠道，工厂产品可以自行销售，零售部门可以直接从工厂进货，个体工商户不断增多，商品购销两旺。1993 年，英德社会商品零售总额 7.26 亿元，其中个体商业 3.75 亿元，占 51.7%。1998 年 6 月，为加快非公有制经济发展，英德市委成立非公有制经济工作领导小组，负责研究、协调非公有制经济发展事项，监督、处理"三乱"（乱收费、乱摊派、乱罚款）等问题。8 月，在中共英德市第九次代表大会上，市委要求全市根据中共十五大精神，将非公有制经济视为国民经济的重要组成部分，采取一系列政策措施促进发展，并在法制上保障其权益，对非公有制经济与国有企业、集体企业一视同仁。2000 年 1 月，市委制定《英德市关于进一步加快发展个体私营经济的若干规定》，推动民营经济发展。由于扶持、保护、优惠政策到位，广大民营经济人士得以有宽松创业环境，积极经营。截至 2002 年底，全市个体工商户 1.64 万户，从业人员 2.44 万人，注册资金 3.23 亿元，分别比 1997 年增长 12.6%、17.5%、2 倍；民营企业 113 家，从业人员 2338 人，注册资本 3.54 亿元，分别比 1997 年增长 25.6%、68%、8.8 倍。民营经济纳税 7517 万元，占全市税收的 41.5%。

2003 年 3 月，中共英德市第十次代表大会提出"近期抓工业基础，长远抓教育发展，中心抓经济建设，突破抓民营经济"的工作思路，要求各级领导干部在发展民营经济中做到"四放"①

---

① "四放"指思想要放胆、发展要放手、市场要放开、政策要放活。

"四个不忌讳"①；提出"民营企业的事情就是市委、市政府的事情，谁为难民营企业就是为难市委、市政府"的口号，出台《关于鼓励外来和民营投资发展工业的优惠政策》《英德市强化保护民营企业监察工作实施细则》；建立市四套领导班子成员、市直有关单位联系民营企业制度，与民营企业家交朋友、沟通信息，帮助民营企业解决发展中存在的困难和问题，为民营企业发展保驾护航。由于措施得力，全市形成民营企业建设广东省水泥生产英德基地热潮，形成民营企业大办小水电热潮，形成民营企业参与国有企业改革热潮。

截至 2005 年底，全市个体工商户 1.48 万户，从业人员 1.98 万人，注册资金 5.7 亿元。民营企业 366 家，从业人员 4459 人，注册资金 12 亿元，分别比 2002 年增长 2.24 倍、90.6%、2.39 倍；民营经济纳税 3.34 亿元，占全市税收的 68%。民营经济成为英德经济发展的主力军。

2006 年至 2008 年，市委、市政府进一步加大对民营经济的支持力度，放宽市场准入，落实发展民营经济的各项政策措施，维护民营经济合法权益，营造诚信、高效、安全环境，促使民营经济做大做强。2008 年，全市个体工商户 1.9 万户，注册资金 6.6 亿元，分别比上年增长 9%、14.3%；民营企业 771 家，注册资金 15.3 亿元，分别比上年增长 22.4%、10%；民营经济纳税 10.1 亿元，占全市税收的 80.4%。

2010 年至 2015 年，市委、市政府落实"放管服"改革要求。2015 年，整合市工商行政管理局和市质量技术监督局职能，组建

---

① "四个不忌讳"指不忌讳与民营企业老板交朋友、不忌讳听取企业特别是民营企业的意见和建议、不忌讳重点支持当地企业和民营经济发展、不忌讳民营企业做大做强。

英德市市场监督管理局；70 个市直单位进驻市政务服务中心集中办公，市政务服务中心设 52 个窗口，"两集中、三到位"①"一门式、一网式"② 改革持续发力。下放委托镇街办理行政审批事项125 项，取消行政审批事项 63 项，比 2010 年压减近四成；全面梳理并向社会公布 25 个政府部门、1 个事业单位权责清单；全面清理非行政许可审批，不再保留非行政许可审批事项；开展降本增效专项行动，进一步清理行政事业性收费项目，清理规范行政审批中介服务，实施县级权限行政事业性收费、经营服务性收费优惠政策，打好组合拳，最大程度降低企业人工成本、税费负担、社会保险费、财务成本等。2016 年，落实减税降费各项政策，为企业减负 3.71 亿元（不含营业税改增值税减少部分）。加快投资体制改革，结合上级要求，建立完善企业投资负面清单，按照"非禁即入"原则，各类市场主体可依法平等进入清单以外的领域。实行负面清单以外的项目政府不再审批和备案，优化和再造项目审批流程，压减和理顺审批事项的前置条件，促进企业投资便利化。扎实开展商事登记制度改革，探索建立"宽准入、严监管"新机制，在实施"三证合一、一照一码"③ 登记制度基础上，

---

① "两集中、三到位"指将部门行政审批职能向一个科室集中，行政审批科室向政务服务中心集中，切实做到审批权限授权到位、审批事项集中到位、审批过程监督到位。

② "一门式、一网式"指群众进一扇门就能办理所有的审批事项，上一个网站就能找到所需要的政府服务。

③ "三证合一、一照一码"指企业登记依次申请，分别由工商部门核发工商营业执照、质监部门核发组织机构代码证、税务部门核发税务登记证，改为一次申请，由工商部门核发一个加载法人和其他组织统一社会信用代码的营业执照的登记制度。由原来的三个证变成一个营业执照和一个统一社会信用代码。

2016 年 10 月 1 日起实施"七证合一、一证一码"① 登记制度，11 月 1 日起实施个体工商户"两证合一、一照一码"② 登记制度改革，商事登记只保留 13 项前置审批事项，108 项改为后置审批，实行"一审一核"③ 或"审核合一"④，激发社会创业创新动力和市场主体创造力。2015 年，出台《英德市商事登记改革后续监管工作方案》，落实对商事主体和后续监管部门双告知制度。

2013 年 12 月，商事登记改革全面推开。截至 2017 年底，市场主体增至 4.25 万户，比商事登记改革前增长 1.1 倍。其中个体工商户 3.47 万户，从业人员 7.42 万人，注册资金 24.1 亿元，分别比商事登记改革前增长 46.4%、66.2%、1.4 倍；民营企业 5204 家，投资者 8576 人，雇工 3.43 万人，注册资金 195.84 亿元，分别比商事登记改革前增长 1.3 倍、1.1 倍、1.2 倍、2.7 倍。2017 年，注册资金 100 万元至 500 万元的民营企业 1567 家，500 万元至 1000 万元的民营企业 398 家，1000 万元至 1 亿元的民营企业 577 家，亿元以上的民营企业 22 家。

---

① "七证合一、一证一码"指工商部门核发加载统一社会信用代码的营业执照，在整合组织机构代码证、税务登记证的基础上，将与人社部门核发的社会保障登记证、统计部门核发的统计登记证、公安部门核发的印章刻制许可证、海关部门核发的进出口货物收发货人注册登记证书进行再整合。

② "两证合一、一照一码"指将个体工商户登记时依次申请，分别由工商部门核发的营业执照、税务部门核发的税务登记证，改为一次申请，由工商部门核发一个加载统一社会信用代码的营业执照。

③ "一审一核"指行政机关授权本部门设在政务服务中心窗口一般工作人员（简称审查员）对行政许可申请依法予以审查；窗口负责人或科室负责人（简称核准员）审核把关直接签发的审批制度（需集体讨论研究、专家论证的除外）。审查和审核除书面形式外还包括现场检查、勘验等。

④ "审核合一"指窗口人员受理审查和直接审批发照，也就是审查员和核准员职责合并。

三、造林绿化与建设林业生态县

（一）荒山造林攻坚战

自中共十一届三中全会召开到 1984 年，英德推行各种林业生产责任制，划出自留山，落实承包责任山，采取奖励与扶持相结合的办法造林，并做好山林纠纷调处和山林定权发证工作，极大地调动干部群众造林护林积极性和自觉性，年均造林 1.06 万公顷，林业得以复苏和发展。

造林成绩不俗，但造林任务仍十分艰巨。1984 年 8 月二类资源调查确定，英德林业用地面积 35.2 万公顷、荒山 17.35 万公顷。

1985 年 11 月，省委、省政府作出《关于加快造林步伐，尽快绿化全省的决定》。12 月，根据省委、省政府决定精神，县委、县政府出台一系列政策措施，打响造林绿化、消灭荒山攻坚战。

1. 领导办点，带动全局

通过点的突破，推动全县造林运动的开展。1986 年春，县委书记、农委主任、林业局局长分别到青塘镇青北村、白沙镇车头村、青塘镇青南村办造林绿化点。是年青塘镇青北村完成造林绿化任务，基本消灭荒山。入秋，县委、县政府组织各级领导到造林绿化点参观学习，并作出实行领导办点责任制，层层办好造林绿化点，推动全县造林绿化工作的决策。9 月，县委召开全委扩大会议，制定"五年消灭荒山，十年绿化英德"奋斗目标，并安排县城机关和乡镇主要领导到荒山大户或工作难度大、造林进展慢的地方挂钩造林绿化。会后，各乡镇党政领导成员、机关单位，以及村委会党支部书记、村委会主任办造林绿化点 413 个。

在层层以点带面推动下，1986 年冬和 1987 年春，全县人工造林 1.54 万公顷，是市下达任务的 1.5 倍，比上年同期增长

26.3％，其中，542 个造林绿化点造林 7700 公顷，占全县造林面积的 50％。

2. 明确责任，严明奖罚

1986 年 8 月，省委在东莞召开全省县委书记会议，提出十年绿化广东分两个阶段进行，用五年时间消灭所有宜林荒山，再用五年时间补植，加强抚育管护，实现绿化广东目标。9 月，县委、县政府建立健全造林绿化工作责任制，将造林绿化、封山育林、森林防火、改燃节柴任务下达到各区（1987 年改为乡或镇）、县直和驻英单位，分派到各级领导干部和干部群众身上。实行县、区、乡（1987 年改、村）三级干部包干责任制，实行环环检查督促。1987 年起每年检查评比，对造林绿化、封山育林、森林防火、改燃节柴成绩显著的单位和个人给予表扬奖励，对措施不力、工作成效差的单位，视情节轻重分别给予通报批评、提醒注意、黄牌警告。对农民在规定时间内没有完成打穴和种植任务的，每亩征收荒芜费 30 元，收回自留山、责任山，不下达砍伐指标。1988 年 9 月，县委、县政府召开全县三级干部会议，对造林绿化成绩显著的 12 个乡镇颁发奖金，对造林质量差、成活率低的 5 个乡镇给予"提醒注意"。会议印发县委、县政府新制定的《关于改燃节柴的奖罚办法》《关于封山育林护林防火的奖罚办法》，对评奖条件、检查验收、奖罚作出更具体明细的规定。

3. 全力以赴，造林攻坚

面对荒山多（全县仍有荒山 14.33 万公顷）的严峻现实，1987 年 6 月，县委、县政府规划 1988 年飞播造林 5.33 万公顷、封山育林 6.67 万公顷、人工造林 2.33 万公顷；并制定 5 条措施：

一是搞好规划，积极筹备资金和种苗；二是落实林业"三定"政策①，建立健全造林绿化责任制；三是提高办造林绿化点质量，扩大办点范围，将办点范围从县五套领导班子成员、县直部委办局（公司）和乡镇领导扩大到县直副科级单位、乡镇站所、村委会负责人，每个点造林 800 亩（53.33 公顷）以上；四是加强林政管理，搞好封山育林；五是切实加强领导。

1987 年冬和 1988 年春，采取飞播造林、人工造林双管齐下方法，动员干部群众掀起大规模造林高潮。截至 1988 年冬，全县荒山减少到 4.67 万公顷。虽然取得很好成绩，但仍是全省荒山大户。因为 1987 年冬和 1988 年春造林质量差，1988 年 8 月英德被省委、省政府给予"提醒注意"，要求英德在 1992 年达到绿化县验收标准。县委、县政府迎难而上，规划人工造林 2.67 万公顷、飞播造林 2 万公顷，于 1988 年冬和 1989 年春再度掀起大规模造林高潮。1989 年 10 月，经省林业勘测设计院对英德地类实地调绘，消灭荒山 13.81 万公顷，还有宜林荒山 3.52 万公顷。

1990 年，是省委、省政府提出五年把全部荒山种上树的最后一年。针对荒山多（3.52 万公顷）、造林难度大（绝大部分荒山是零星分散的高山、远山、石头山）等情况，县委、县政府于 1989 年秋召开全县三级干部会议，动员干部群众把消灭荒山、造林种果作为 1989 年冬至 1990 年春农村工作的重要任务来抓。抽调 400 名干部到尚有万亩（666.67 公顷）以上荒山的 19 个荒山大户乡镇蹲点抓造林。全县投入 215 万元，组织 3 次行动高潮，县五套领导班子成员带队到各乡镇进行 4 次检查验收，5 月召开两次对账会。到 5 月底，全县完成 3.52 万公顷荒山造林，同时还

---

① 林业"三定"政策指以稳定山林权、划定自留山、落实承包责任山为主要内容的林业生产责任制的简称。

完成疏残林补植 1.33 万公顷、迹地更新 4000 公顷，村旁、路旁、水旁、宅旁"四旁"植树 82 万株，县城绿化率 27.9%。

1990 年 7 月，省造林绿化检查组对英德"五年种上树"情况进行检查，认为英德 17.53 万公顷荒山全部种上树，封山育林落实到位，县城也是全省绿化率较高的城镇。全县宜林荒山栽植率 91.4%、绿化率 74.2%。8 月，省委、省政府对造林绿化成绩突出的英德给予表扬。

在成绩面前，县委、县政府清醒地看到存在的问题，针对荒山死角、疏林待补、造林失效、公路缺绿、宜林荒山栽植率未达 95% 以上等薄弱环节，按照省达标验收标准，要求全县下足决心，坚决消灭荒山死角，两年内绿化全县公路，三年内彻底完成石头荒山死角的造林任务，确保如期绿化达标。随后，编制绿化达标规划方案，规划全县 31 个乡镇从 1991 年到 1994 年分 4 批限期达标。1990 年冬，全县造林 1.61 万公顷，其中疏残林补植 4500 公顷、高山远山石头山点种 4700 公顷、林中空地补种 6900 公顷。

1992 年 12 月，省委、省政府根据全省造林绿化消灭荒山进展情况，作出提前到 1993 年绿化达标的决策。1992 年冬开始，为确保 1993 年上半年绿化达标，采取查漏补缺、营养器具上山、专业队种植等措施提高宜林荒山栽植率、绿化率，将余下的宜林荒山、林中空地种上树，对疏林残地补植、幼林抚育，确保造林成活，全县造林 1.2 万公顷。

4. 综合治理，开源节流

1984 年，森林资源赤字（森林资源消耗量大于生长量）4000 立方米，原因是对森林资源消耗量缺乏有效控制。为改变过去单一造林的形式，采取"造、封、管、节、限"措施综合治理。封，就是封山育林，将任务逐级分解下去，责任包干，专人管理；管，就是从造、封、育、伐、防等方面搞好管护，制定乡规民约；

节，就是改燃节柴；限，就是严格执行木材砍伐计划，坚持有计划地限量采伐。

截至 1992 年 6 月，全县封山育林 9.53 万公顷，其中 4.93 万公顷达到有林地标准，占 51.7%。

1986 年冬，把改燃节柴作为造林绿化的一项重要配套措施来抓，在城乡釜底抽薪，堵住木材消耗口子。一方面在全县城镇禁烧木柴；一方面引导农村群众改烧柴为烧煤、烧草、烧煤气，并在资金、技术、燃料、炉具等方面提供配套服务，把改燃节柴工作逐步从城镇推广至农村，从机关单位、饮食服务行业扩展到各家各户。1990 年，全县的砖、瓦、石灰窑和加工厂、集体饭堂全部改烧柴为烧煤、烧草，县城、非林区圩镇和辖区内厂矿场、部队、铁路干部职工家庭改烧柴为烧煤气、用电；非林区农村改建节柴灶。5 个地处石灰岩地区的乡镇近 2 万户农户的 40% 改用高标准的英华灶，余下的农户要求在 1993 年完成改燃节柴任务。

在釜底抽薪的同时，1990 年，加强林业公安警力配备，设立 7 个木材检查站，强化对木材市场的管理，并全面实行森林资源消耗的全额管理，在采伐上实施"四个一"①"四凭证"② 管理措施，从重从快查处违法违章乱砍滥伐和乱经营者。1986 年至 1990 年，全县查处违法违章案件 158 起，逮捕 2 人，行政拘留 46 人，收缴木材 2.54 万立方米。

通过抓好森林防火宣传，强化火源管理，依法查处违法违章案件人员，落实层级责任制，制定乡规民约，加强扑火队伍和通

---

① "四个一"指木材生产一个计划、审批一支笔、采伐一个证、结算一本账。

② "四凭证"指砍伐有采伐证、收购有经营证、加工有许可证、运输有放行证。

信网络建设等措施落实，减少森林火灾发生。因为森林防火成绩显著，英德继 1979 年 8 月被林业部评为"全国二等护林防火先进县"、被省森林防火指挥部评为"广东省护林防火一等先进县"后，1987 年被省森林防火指挥部评为"广东省防火先进县"，1991 年 12 月被列为"广东省森林防火示范县"，1992 年 12 月被列为"全国南方林区森林防火示范县"。

1986 年起消灭森林资源赤字，1989 年森林资源生长量 32 万立方米、消耗量 12 万立方米，森林资源进入生长大于消耗的良性循环。

5. 因地制宜，注重效益

在造林绿化过程中，因地制宜，适地适树，既注重生态和社会效益，更注重经济效益。主要通过工程造林和开展多种经营实现。推广阳江营造"工程林"经验，即在造林前先规划设计，具备"两书一图"（设计任务书、承包合同书、作业施工图）；形成造林规模，实行项目管理。明确生产者和国家、集体之间的责、权、利；高标准造林抚育，达到速生丰产标准。1986 年至 1990 年，全县人工造林 11.71 万公顷，其中 21.4% 是"工程林"，成活率在 95% 以上，改变过去林业生产周期长、效益低的状况。

注重将造林绿化与建设商品生产基地紧密联系起来，引导农民积极主动把造林作为农业开发的重头戏。在 1987 年冬和 1988 年春、1988 年冬和 1989 年春的两次造林高潮中，不少专业户、重点户、联合体成员，在山上安营扎寨，精心经营，不少地方出现"山顶山腰造林绿化，山腰山坑种竹种茶"的喜人景象，这种科学立体的造林绿化是英德林业的一大亮点。1991 年，建设商品生产基地 2.31 万公顷，其中笋竹基地 1.25 万公顷、茶叶基地 8000 公顷、水果基地 2500 公顷。沙坝乡在全面完善"两山"（自留山、承包责任山）到户山林承包责任制基础上，经几年的努力, 于 1988 年消灭荒山。在造林绿化过程中, 该乡根据山地资源优势和群众有种植笋竹习惯的特点, 组织群众大种笋竹, 走出一条治山致富的道路。该乡山地面积 5800 公顷, 耕地 365.27 公顷, 山多田少。过去, 在"以粮为纲"的束缚下, 人均收入不足 100 元, 是全县贫穷落后乡镇之一。1982 年起, 每年种笋竹 200 公顷以上。1990 年, 全乡笋竹面积 2000 公顷, 生产笋干 26.1 万千克, 农民人均年收入 1028 元, 其中笋产品人均年收入 600 多元。

6. 多方筹措, 确保投入

采取多渠道、多层次集资办法, 即上级支持一点, 银行贷一点, 县财政拨一点, 部门扶持一点, 乡镇投入一点, 干部职工集资一点, 群众自筹一点。1986 年至 1993 年 6 月, 全县筹集 1440 万元, 投入造林绿化。

1993 年 8 月, 英德通过省绿化达标验收; 年底, 经省委、省政府批准, 英德成为绿化达标县, 同时全省成为石灰岩地区绿化达标县。

(二) 成功创建省林业生态县 (市)

造林绿化达标后, 英德林业生态建设的脚步并没有停下来。2008 年至 2010 年, 开展创建省林业生态县 (市) 工作。

1. 加快绿化步伐, 推进生态建设

一是实施林分改造, 提高森林质量。2008 年至 2010 年, 对森林质量较差、森林生态功能较低的林分进行改造, 种植以乡土树种为主的阔叶混交林。三年时间, 87 万人次义务植树 345 万株, 非公有制造林 1.21 万公顷, 公有制项目造林 2600 公顷, 旅游大道两旁绿化 26 千米, 林分改造 651.33 公顷, 国家生态林补植套种 414.73 公顷, 京珠高速公路 (2009 年改称京港澳高速公路) 生态修复 333.33 公顷。

二是落实管护措施, 提高森林生态功能等级。财政部门将效益补偿资金按时足额发放到户；林业部门制定管护制度，与管护人员签订责任书，落实建设管护责任。2008 年，英德有省级以上生态公益林 10.85 万公顷，管护人员 400 多人。通过加强管护，提高生态公益林生态功能等级。

三是优化树种结构，建设绿色通道。公路部门在新改建完成的二级公路旁建造多树种、多结构、多功能的复合生态群落，改变公路绿化以桉树为主的状况，因地制宜种植木棉、细叶榕、大叶紫薇、紫荆、台湾草等。

四是建设保护区体系，保存物种资源。先后建成广东英德石门台省级自然保护区①、英德滑水山市级自然保护区②、英德国家森林公园③，三者总面积约 24.06 万公顷，占全市土地总面积的 42.7% 。建立自然保护区和森林公园后，严格控制林地使用，加强和完善防火基础设施建设，确保森林资源物种资源免遭破坏；开展林相改造，提高森林生态功能等级。

五是改善城区环境，打造绿色城市。为实现"花园式"现代

---

①　广东英德石门台省级自然保护区总面积 8.23 万公顷，是广东省面积最大的自然保护区，主要保护对象为南亚热带季风常绿阔叶林与中亚热带季风常绿阔叶林过渡特征的森林生态系统类型及其野生动物。2012 年 1 月，经国务院审定，广东英德石门台省级自然保护区升格为国家级自然保护区，总面积 3.36 万公顷，为广东 6 个国家级自然保护区之一，也是清远市首个国家级自然保护区。

②　英德滑水山市级自然保护区总面积约 5.07 万公顷，主要保护对象为南亚热带与中亚热带过渡地带的常绿阔叶林生态系统、珍稀濒危保护动植物及其生存环境。

③　英德国家森林公园总面积 10.77 万公顷，森林覆盖率 71.4%，植被以天然阔叶林和针阔混交林为主。2018 年，国家林业和草原局作出准予英德国家森林公园改变经营范围的行政许可，英德国家森林公园经营范围面积调整为 5 万公顷。

文明城市形象定位，三年来，投入2亿元，完成滨江公园绿化景观工程、文化体育休闲中心和文化广场中心园林绿化工程、月桂湖建设工程等，增加绿地面积200万平方米，栽种移种补种乔灌木3.3万株，种植袋苗33万株，铺植草皮4.4万平方米。

六是开展万村绿行动，弘扬生态文明。根据《广东省开展"建设林业生态文明万村绿大行动"方案》，2009年至2013年每年遴选20个村作为示范点。截至2010年4月，按计划完成40个广东省级、清远市级示范点建设，种植桂花、阴香等2.96万株，铺植草皮4380平方米。通过示范点建设，推进万村绿大行动的开展，带动其他村林业生态文明建设。

七是推进集体林权制度改革。根据广东省、清远市部署，2009年9月启动集体林权制度改革（以下简称林改），11月召开全市动员大会，部署林改。抓好林改配套改革，筹建森林资源资产评估中心和交易中心。加强基层调处力量，解决一些久拖不决的山林纠纷案件，从源头上预防山林纠纷群体性事件发生。三年来，立案受理山林纠纷案件70多宗，结案40多宗，协商化解1800多宗，为明晰林权产权打下了坚实的基础；林权登记换发证完成面积8.72万公顷，发证率96.4%，确保了集体林权制度改革的顺利完成。

2. 加强生态保护，巩固绿化成果

一是加大行政执法力度。宣传《中华人民共和国森林法》等林业法律法规，增强人民群众的法制观念、爱林护林和野生动植物保护意识。做好林地管护工作，依法做好各项申请的办理，规范木材经营许可证年度审查。强化林地征占用审批制度，加强林地资源和木材市场管理，开展打击破坏森林资源专项行动。定期对经营野生动物的酒楼、食肆进行清理整顿，打击各种违法犯罪活动。

二是建立森林防火机制。首先,落实防火责任。把森林防火工作纳入市政府对镇政府、镇政府对村委会、林业局对林业站年度工作考核内容,严格兑现奖罚;严格执行农事林事用火管理制度,制定《处置森林火灾应急预案》,做到"有警必接、有火必救"。其次,抓好森林防火基础设施建设。1999 年,实施生物防火林带工程建设,至 2010 年营造生物防火林带 1822 千米,面积 1970 万平方米。最后,加强专业防火队伍建设。2006 年组建 100 人的市属机动专业森林扑火队伍,分别驻扎 5 个重点火险区。镇、街各组建一支 20 人以上的半专业森林扑火队伍,共 600 人;镇、街、村各组建一支 15 人以上的专职护林队伍,共 400 人,负责当地防火宣传、巡护、野外火源管理,负责村民农事林事用火管理监督。

三是加强病虫害防治。贯彻"预防为主,科学治理"方针,做好林业有害生物测报、检疫、防治,严密监测森林病虫害、检疫对象动向,严防检疫对象流入辖区。

四是开展古树名木保护。2003 年,开展对古树名木调查、拍照、挂牌、建档、保护管理工作。全市古树名木 279 株,其中一级保护古树 8 株、二级保护古树 26 株、三级保护古树 245 株,还有国家一、二级保护植物桫椤、观光木、穗花杉等。

2010 年 12 月,创建广东省林业生态县(市)工作通过省检查验收组检查验收。在 2011 年 2 月召开的全省林业工作会议上,英德获授"广东省林业生态县(市)"称号,英德市政府、连江口镇政府获授"广东省集体林权制度改革工作先进集体"称号。

四、城市面貌日新月异

(一)早期的城市建设

英德县城位于北江畔的英城镇,地势低洼,几乎年年受淹。

城内街道狭窄，无发展余地。1972 年，开始在县城北面的荒坡丘陵地建设新县城（以下简称新城），规划街道基本保持"井"字形格局，这是新城建设的最大特点和亮点。1973 年，新城陆续建起办公楼和商业设施。20 世纪 70 年代中期，新城基本形成。1979 年，英德县基本建设局成立，并组建英德县城市建设办公室，负责新城规划编制和建设。1982 年，县城遭受特大洪水袭击，县委、县政府机关处于一片汪洋泽国中，严重影响指挥抗洪救灾。此后，加快建设新城逐渐提上县委、县政府议事日程。1984 年至 1987 年，新城建设进入较快发展时期。1985 年冬，在原规划基础上，制定《英城镇 1986—2000 年建设总体规划》，规划将新城建设成为面积 10.8 平方千米、人口 12 万人的市级规模的新县城。1986 年，县五套领导班子及在县政府大院办公的部委办局机关搬迁到新城和平中路新建的县政府办公楼办公。随后，其余的机关单位陆续在新城建设办公场所。

要建城，先修路。1981 年 1 月 1 日，连接新旧城的主要道路和平南路（水泥路）建成通车。1984 年至 1991 年，掀起建设新城水泥路的高潮，建成的道路主要有桥西路、和平路、迎春二至六巷、建设路、梅花路、富强路、利民路、峰光路、教育路、环城北路、百花路等，其中，建设路、峰光路、教育路、百花路是 30 米宽路面，桥西路是 46 米宽路面，排水设施、绿化带、路灯、地下通信管道与道路同步建设。

截至 1991 年底，城区从新中国成立前的 0.6 平方千米、7000 多人，发展到 5.4 平方千米、5.6 万多人。自 1986 年起，县城连续三年分别获评省、市级文明、卫生、规划建设与管理先进城镇。

1995 年至 2002 年，积极实施城市主导战略，在由天津市城市规划设计研究院与英德共同修编、经省政府批准的《1996 —2010 年英德城市总体规划》指引下，拉开中心城区中等城市建设序幕，重点抓好城区防护体系工程、浈阳大桥、英州大道扩宽、国家安居工程仙泉花园等市政基础设施建设。

——浈阳湖工程。浈阳湖面积160公顷，有效容积400万立方米，城区防护体系工程配套工程，也是城区最大的人工湖和湖滨城市公园，具有旅游休闲、调节气候、水产养殖、防洪蓄洪等综合功能，由英德自筹资金7000万元建设，于1998年8月动工，2002年6月完工。

——浈阳大桥工程。鉴于中心城区只有一座横跨北江连接省道347线和中心城区东西两岸的英德人民大桥（该桥于1971年1月建成通车），且20世纪90年代末被鉴定为危桥后，市委、市政府决定在英德人民大桥上游800米处建设北江大桥（后命为名浈阳大桥）。总投资1.98亿元，于1997年11月动工，2002年12月建成，2003年1月1日通车。浈阳大桥通车后，市政府将英德人民大桥改为步行桥，并作为英德桥梁史上的重要文物和人文景观保护起来。

——英州大道拓宽工程。英州大道长5千米，原宽60米，位于中心城区中部，是中心城区南北方向的交通主轴。20世纪90年代中期随着经济建设的加快，城区车辆不断增加，为解决道路拥挤问题，经讨论研究，市委、市政府决定将英州大道拓宽至80米。总投资4462万元，于1995年7月动工，2009年8月完工。

——国家安居工程仙泉花园。1997年3月，建设部批准英德为实施国家安居工程179个试点城市中仅有的2个县级市之一，总投资5000万元。英德抓住试点机遇，于1997年5月至2003年12月，总投入2.1亿元，建起89幢楼宇3150套房（含部分商住两用房）的国家安居工程仙泉花园，解决了部分中低收入家庭的住房困难，安置了大批城区防护体系工程拆迁户、旧城改造户以及省重点工程飞来峡水利枢纽工程移民。

为加快城市化进程，积极进行户籍制度和住房制度改革。在户籍制度改革方面，规定凡在城镇有相对固定职业，拥有自己固定住所的人员，可转为城镇户口，不必"买户口"和交纳城市增容费。在住房制度改革方面，建立住房公积金制度，取消住房实物分配，实行住房商品化。

通过实施城市主导战略，初步改变中心城区面貌，改善工作和居住环境。2002 年，城市建成区面积 19 平方千米、常住人口 15.23 万人，城市集聚效应初步显现。浛洸、望埠、英红、东华、连江口等中心镇规划、建设、管理初步形成自己的特色，全市城镇化体系已显雏形。

（二）城市建设的加速时期

2003 年至 2005 年，围绕"一江两岸"山水城市的特色定位，树立经营城市的新理念，城市建设进入加速发展时期。

在小城镇建设方面，走工业化促进城镇化道路，工业园区建设与小城镇建设相结合，实现产业连片开发、规模建设、集约发展，加快英红、望埠、东华等中心镇的发展。

在土地市场管理方面，完善土地收购储备制度，控制城市土地一级市场，放开激活二级市场，规范地产交易市场，经营性国有土地使用权、划拨土地使用权出（转）让全部纳入"招、拍、挂"规范管理，实现国有土地收益最大化。

在房地产开发方面，鼓励自然人（私人开发商）组建房地产公司从事房地产开发，吸引大量外来资金和本地民间资金投资房地产领域，有效解决住房制度改革后房地产投入机制问题。房地产业的发展，不仅有效改善居民的居住条件、居住环境，改变城市的面貌，推动城市的繁荣，还拉动经济的发展，增加地方财政收入。

在市政基础设施建设方面，2003 年 7 月，投资 5200 万元的西城污水处理厂一期工程（日处理污水3万吨）正式投入运行。完成和平北路等一批市政道路改造以及绿化美化亮化。建成海螺国际大酒店、供电大楼、新英德市第一中学、龙山庄住宅小区等一批标志性建筑；英州大道中轴线和新行政中心周边区域的建设，进一步扩大城市建成区。2005年，总面积53.29万平方米的西岸城区龙山公园、滨江公园动工建设。全市城镇化率由2002年的20.1%提高到2005年的39.4%。

2006年至2010年，继续加大城市建设力度，加快推进城镇化进程。

城乡规划进一步完善。2010年，出台《关于加快推进城镇化进程的若干意见》及一系列配套政策，确立"工业强市、山水宜居名城、旅游休闲胜地"的发展定位，启动新一轮城市总体规划修编。

市民休闲娱乐的好去处——月桂湖与市民广场

城市品位进一步提升。一是推进环城水系规划编制和建设，目标是将市区"五湖"（月桂湖、浈阳东湖、浈阳西湖、仙水东湖、仙水西湖）与北江、翁江连为一体，打造"城中有湖、湖中有城"的湖城景观。2006年12月完成环城水系输水管道安装，加快推进月桂湖开挖以及浈阳湖、仙水湖整治等城市湖景工程。二是完成中心城区几条道路沥青路面铺设和人行道改造，实现"一路一树一灯"的绿化美化亮化。三是完成西岸城区龙山公园、滨江公园、文化体育休闲中心、金子山大道、观音山大道等市政道路建设，建成英州明珠广场、维多利广场等高档商城，成功引进沃尔玛、国美电器、苏宁电器等知名品牌连锁店进驻。2007年至2010年，全市商品房竣工面积139.9万平方米，销售面积122万平方米。凤凰城、盛世豪园等一批花园式住宅小区相继建成，浛洸、东华等中心镇的房地产市场健康发展，居民居住条件、居住环境明显改善，还提升了城镇承载能力。

城市管理力度进一步加大。深入开展城乡清洁工程，整治"六乱"（乱搭乱建、乱堆乱放、乱设摊点、乱拉乱挂、乱贴乱写乱画、乱扔乱吐），强力推进山边、路边、水边整治，加大宜居城乡建设力度，城乡面貌明显改观。

城镇户籍准入门槛进一步降低。实行农民工积分制等制度，加快人口向城镇集聚，城市框架进一步拉大，2010年城市建成区面积21.91平方千米，常住人口20万人。2008年，英德成功创建为"广东省卫生城市""广东省旅游强县（市）"；2010年，成功创建为"广东省文明城市"。

（三）城市的扩容提质

2010年至2017年，以规划为引领，按照建设中等规模城市和清远市副中心城市的发展定位，加大投融资力度和城市建设力度，全力推进中心城区扩容提质和城镇化建设。

加快推进"多规合一"①，2011 年启动修编《英德市城市总体规划（2011—2035）》，2015 年修编《城区东岸新城控制性详细规划》，制定《英德市关于加快建成区域性中心城市行动计划》。《英德市城市总体规划（2011—2035）》规划中心城区"东连、西接、南改、北拓"，将英城、大站、英红、望埠 4 个镇街包括广东顺德清远（英德）经济合作区②（以下简称"两德"经济合作区）、英红园③纳入大市区范围。

加大城市建设投融资力度。2012 年，投融资平台建设取得重大突破，成立英德市土地开发储备局，清华园④、英红园分别成立兴德投资有限公司、英红园经济发展有限公司。2012 年两个园

---

① "多规合一"指将国民经济和社会发展规划、城乡规划、土地利用规划、生态环境保护规划等规划高度衔接统一，实现一个区域一本规划、一张蓝图，解决现有各类规划自成体系、内容冲突、缺乏衔接等问题。

② 广东顺德清远（英德）经济合作区，简称"两德"经济合作区，位于清远英德市英红镇和横石塘镇境内，与清远华侨工业园英德英红园相连，规划面积 36 平方千米。2010 年 12 月，英德市政府与佛山市顺德区政府签订《区域经济合作协议》，共建广东顺德清远（英德）经济合作区，合作期限二十五年。合作期内，"两德"经济合作区产生的税收地方留成部分、地区生产总值、工业产值由双方按 50∶50 比例分成。合作期满后，"两德"经济合作区移交英德市。

③ 英红园全称清远华侨工业园英德英红园，成立于 2008 年 8 月，位于清远英德市英红镇内。2010 年 12 月，英德市政府与佛山市顺德区政府签订《区域经济合作协议》，在英红园规划范围内划出 36 平方千米共建广东顺德清远（英德）经济合作区。规划修改后，英红园现规划面积 37.8 平方千米，分南部的英红片区和北部的粤北产业新城。

④ 清远华侨工业园，简称清华园，位于英德市东华、桥头 2 个老区镇。是清远市委、市政府于 2008 年 6 月在原英德市英东工业园基础上创办的一个新园区。园区规划总面积约 118 平方千米，其中工业用地面积 40 平方千米。2008 年 12 月，经省侨务办公室同意命名为"广东省华侨经济产业区"。

区投融资平台整理储备土地 187 公顷，融资 1 亿元。2013 年，利用中心城区储备土地资源，向中国农业银行英德支行贷款 1.99 亿元。由市发展和改革局、市财政局、市城建综合开发公司联合整合全市地产、房产和其他优质资本，总额 27.5 亿元，委托广州证券有限责任公司为英德发行 10 亿元元城市建设债券。与此同时，加大招商引资力度，2013 年 12 月与广东鸿发投资集团有限公司签订《合作开发东岸新区协议书》，城区东岸新城起步区市政基础设施 BT① 项目投资额 10 亿人民币。此外，"两德"经济合作区、清华园、英红园在融资方面也取得重大突破。2013 年，三大园区分别融资 5 亿元、1.5 亿元、9000 万元。2011 年至 2017 年，中心城区市政建设总投资 30.67 亿元。

加大城市建设力度，推进中心城区扩容提质和城镇化发展。

2018 年 2 月 12 日，总投资 5.85 亿元、工期 6 年 9 个月的清远首座单索面斜拉桥——英德江湾大桥正式通车

① BT 是英文 Build（建设）和 Transfer（移交）的缩写，意即建设—移交，是政府利用非政府资金进行非经营性基础设施建设的一种项目融资模式。

2011 年至 2017 年，实施中心城区城建工程 203 项，完成迎宾大
道、英德江湾大桥（原称北江三桥，2016 年 12 月命名英德江湾
大桥）、武广铁路客运专线英德西站广场等一批市政道路、桥梁
等基础设施建设，完成城北片区路网铺设沥青路面，形成内外通
达的城市快速通道。迎宾大道长 6486 米，南连乐广高速公路英德
西出入口、武广铁路客运专线英德西站，北接金子山大道，于
2010 年 4 月动工，2014 年 1 月完工。北江三桥为横跨北江连接中
心城区东西两岸和省道 347 线的第二条过江通道，项目包括大桥、
A 匝道桥、东西引道，全长 4271 米，按一级公路标准建设，总投
资约 5.85 亿元，于 2010 年 12 月动工，2018 年 2 月建成通车。大
桥为清远首座单索面斜拉桥，长 1505 米。2011 年，启动 33.6 平
方千米的城区东岸新城规划编制和建设，其中起步区 4.59 平方千
米，规划建成一个以居住、商务为主，配套教育、医疗、文化、
体育、休闲、娱乐等公共设施的城市发展新核心区。2014 年，英
德市新行政中心建成投入使用，有效促进城西、城北片区发展。
2017 年，建成碧峰华府、维港半岛、滨江尚品等一批花园式住宅
小区；华润管道天然气累计铺设管道 68 千米，基本覆盖市区主要
街道，居民用户累计超过 2.6 万户。2011 年至 2015 年，全市新增
就业岗位 7.11 万个，转移农村劳动力 8.24 万人次，扶持 1.4 万
人成功创业，城镇失业率控制在 2.5% 以内；英德获评"广东省
农村劳动力转移就业示范县""广东省创业先进城市"。加快智慧
城市建设，完成数字化城市管理指挥平台建设并投入运行，在市
区 18 个公共场所设置免费无线网络。市图书馆、市博物馆、市文
化馆、市体育中心建成开放，其中市文化馆、市图书馆分别获评
国家"一级文化馆"、国家"一级图书馆"。推进环城水系规划编
制和建设，完成"五湖"整治改造。月桂湖公园、江湾湿地公
园、金子山公园建成投入使用，市区建成 18 个大型休闲公园和广

场，绿化覆盖面积989.28万平方米，绿地面积950.97万平方米，公园绿地面积313.37万平方米，人均公园绿地面积17.89平方米，绿化覆盖率36.1%，绿化率34.7%。累计建成城乡绿道300.8千米。坚持绿色发展理念，严格按照主体功能区规划，在发展经济的同时，加强生态环境建设，2011年，英德获评"中国绿色生态宜居城市"。城市建成区面积由2010年的21.91平方千米扩大到2017年的35平方千米，常住人口由2010年的20万人增加到2017年的28万人。

加快小城镇建设，按照县城标准推进东华镇、浛洸镇2个副中心城市规划编制和建设。2012年，老区镇浛洸镇获评第三批"广东省历史文化名镇"；2014年，英红镇获评"岭南魅力名镇（特色镇）"、黄花镇获评"广东省休闲农业与乡村旅游示范镇"；2015年，石灰铺镇、老区镇桥头镇获评第四批"广东省宜居示范城镇"；2017年，老区镇浛洸镇获评"2017年度全国综合实力千强镇"，连江口镇获评第二批"全国特色小镇"。

新中国成立六十多年，特别是改革开放四十年，英德县城从新中国成立前的破旧小县城发展为具有一定规模的现代化新兴城市，先后获得"广东省历史文化名城""广东省旅游强县（市）""广东省卫生城市""广东省文明城市""广东省林业生态县（市）""广东省教育强市""全国义务教育发展基本均衡县""广东省推进教育现代化先进市""全国双拥模范城"等一系列荣誉称号。在2013年至2015年的《广东县域经济综合发展力研究报告》中，英德综合发展力连续三年位居全省67个山区县第二名。

（四）城区防护体系工程建设

英德中心城区地处北江与滃江交汇处，地势低洼。1915年7月11日，县城最高洪水位37.03米（警戒水位为26米），为有水文资料记载以来最高洪水位。1994年6月，市区警戒水位以上持续 8 天，6 月 18 日市区最高洪水位 34.51 米，超过警戒水位 8.51 米，是 1931 年以来最大洪水，全市 31 个镇（其中重灾区 12 个镇）、271 个管理区受灾，受灾人口 51.68 万人，直接经济损失 13 亿元。

为改变中心城区对洪水不设防的局面，英德计划建设城区防护体系工程。城区防护体系工程，主要分为两个项目：西岸城区防护工程、东岸城区（大站片）防护工程。

西岸城区防护工程，按"拦、截、提、排、滞"几大功能分为三大工程。一是拦，建设沿江堤防。防洪标准五十年一遇，保护面积 30.59 平方千米。沿江堤防北起洋塘山（今滨江尚品），向南延伸至南山读易亭，以英德人民大桥为界，分为南北两段。南段钢筋混凝土结构，为防洪、公路、商铺（商铺 460 间）三用的大堤，堤长 1918 米；北段为土堤，堤长 2321 米。二是截，建设截洪沟。防洪标准五十年一遇，排涝标准为十年一遇 24 小时暴雨 3 天排干，在城区西区西南面建设一条长 6800 米截洪沟，使城区西区西北片 42 平方千米集雨面积洪水绕开西区直接流入北江，以减轻中心城区内涝压力。三是提、排、滞，在何公坑建设排涝站、排洪闸，将城区西区内涝水抽排到北江，排涝标准为十年一遇 24 小时暴雨 3 天排干；在何公坑上游建设有效容积 400 万立方米的涢阳湖滞洪。截洪工程和提、排、滞工程总集雨面积 70.17 平方千米。

1995 年 9 月，市委、市政府成立英德市城区防护体系工程工委及指挥部，启动城区防护体系工程建设。

1996 年 2 月，省计划委员会同意英德西岸城区防护工程按 50 年一遇防洪标准立项，工程投资 1.7 亿元。

1996 年 5 月 7 日至 8 日，中共中央政治局委员、省委书记谢非到英德视察，其间察看市区南山北端待建的沿江堤防地形，指示要在飞来峡水利枢纽建成之前完成西岸、东岸沿江堤防等工程。随即，市委、市政府加快工程资金筹集、测量设计、施工招投标工作。1996年8月，西岸城区沿江堤防工程奠基动工，2010年3月完工，完成投资2.65亿元。

2000年8月，东岸城区（大站片）防护工程动工建设。该工程包括长7590米沿江堤防，保护范围21.8平方千米；建设1座装机容量1280千瓦的排涝站，用于抽排内涝水，排涝标准为十年一遇24小时暴雨1天排干。2001年2月，省计划委员会同意大站片沿江堤防防洪标准三十年一遇，工程总投资控制在1.301亿元以内。2007年，省计划委员会同意大站片沿江堤防防洪标准由三十年一遇提高到五十年一遇，追加工程投资1790万元。2009年8月提标工程动工建设，2010年12月完工。

2007年5月，西岸城区沿江堤防北堤工程获省计划委员会批准立项，工程南起洋塘山（今滨江尚品），北至观音山脚，堤长13.7千米，设泵站3座，排涝标准为十年一遇24小时暴雨1天排干。2007年11月动工建设，2010年9月完工，完成投资2.05亿元。

在总投资6亿多元的城区防护体系工程中，省级以上投资仅占28.7%，71.3%的投资来自地方政府自筹。城区防护体系工程建设，体现了英德老区人民不等不靠、自强不息、锐意进取、敢为人先的奋斗精神。

城区防护体系工程的全面建成，结束中心城区对洪水不设防的局面。

五、交通基础设施建设

（一）早期的公路建设

新中国成立前，英德仅有简易公路一条，由县城至浛洸，全程 35 千米, 路况差, 雨季不能通车。新中国成立后, 公路建设由国家投资, 当地出劳力, 后逐步形成三级投资体制, 即国道、省道由国家投资, 县道、乡道民办公助, 县道由国家补助一部分, 乡道、村道由县补助一部分。

1978 年, 全县有公路 616 千米, 公路密度 10.9 千米/百平方千米, 实现社社通公路。1979 年开始, 各公社、大队按照 "谁的路谁出力" 原则, 农闲时组织生产队社员开辟路基, 平时则以专业队为主修路筑桥。到 1984 年, 31 个区 1 个镇绝大部分乡通上简易公路, 全县基本形成初级公路网络, 区区建有汽车站。

加大公路建设投入。1985 年至 1989 年, 县财政年均投入 450 万元以上进行公路建设; 1990 年至 1992 年, 县财政投入猛增, 年均投入 3173 万元。

经过多年努力, 公路状况大为改观。到 1992 年, 新建县道以上公路 18 条 293 千米, 其中等级以上公路 155 千米（其中水泥路 42.3 千米）, 英洸线（县城至洸洸镇）、洸六线（洸洸镇河江渡至清远市清新县六甲洞）铺设柏油路 48 千米、铺设水泥路 15 千米。

南出口省道 253 线银英公路建设。长期以来, 县城南下清远、广州的公路交通, 一是从东线经大镇、桥头、青塘、白沙和佛冈县城到广州, 二是从西线经西牛、九龙和清新县禾云到清城再到广州。1988 年 5 月, 英德争取铁道部广州铁路分局衡广复线建设指挥部支持, 将英德火车站南头至清远市清城区旧横石站复线建设不使用的旧路基、桥梁产权移交英德县政府。1991 年 10 月, 省计划委员会批复, 同意利用已废弃的京广旧铁路路基及现有的地方公路, 建设清远市清城区银盏坳至英德大站镇公路（银英公路）。1992 年 1 月 20 日, 总投资 6000 万元的银英公路动工建设, 1993 年 2 月 28 日建成通车, 银英公路长 84.3 千米（其中英德段

45.3 千米），在清城区银盏坳接国道 107 线。银英公路的建成，使英德中心城区南下广州的路程比东线缩短 122 千米、比西线缩短 53 千米。

1992 年 1 月，县境内继县城北江英德人民大桥后的第二大桥，位于西牛镇小北江总投资 1050 万元的西牛大桥建成通车。大桥的建成通车，贯通国道 106 线、107 线，结束粤北地区最后一条省道轮渡车辆过江的历史，结束英德西南片西牛、水边、大洞、九龙、明迳、岩背、沙坝 7 个乡镇往县城轮渡过江的历史。

1992 年 1 月 20 日，总投资 1050 万元的西牛大桥建成通车。

（二）公路建设高潮的掀起

1. 老区镇公路建设

1994 年至 2003 年，老区镇鱼湾镇争取上级支持，多方筹措资金，不断完善交通基础设施。公路建设方面：建好 6 条长 18 千米二级水泥路（鱼狮公路、新街路、邮电路、市场路、文宝公路、教育路），长 6.5 千米的省道 252 线坐下至东联路段、长 4.7

千米的茅园公路按二级水泥路标准铺设好路面；兴建 8 座桥梁（鱼湾大桥、狮子口大桥、黄竹桥、坝仔桥、坳下桥、土金田桥、下塘唇桥、三驳桥），尤其是投资 410 万元、2003 年 10 月建成通车的鱼湾大桥大大改善了交通状况。

1994 年至 2003 年，老区镇桥头镇全力建设境内东西主干线、南北交通大动脉及乡村公路，形成村村相通、路路相连的公路网络。全力支持配合省道 347 线改道工程，横亘镇境的东西主干线——省道 347 线于 1995 年通车，大大缩短镇区至市区路程和改善沿途 5 个村的交通状况。2002 年，投资 700 万元的北至老区镇横石水镇、南接老区镇白沙镇、纵贯镇境约 20 千米的南北交通大动脉——横沙二级水泥路全线贯通，大大改善沿线 7 个村的交通状况，造福老区 2 万余人。在上级公路部门支持下，将途经镇区长 1080 米的省道 347 线改造为宽 20 米的一级水泥路，省道 347 线至红桥、新益两村公路改造为二级水泥路，省道 347 线至五石、红梅、红联、亚婆石及横沙线至博下村等公路进行不同程度修建和改造。截至 2003 年底，全镇修筑、铺设、改造公路约 100 千米、桥梁 3 座。

1994 年至 2003 年，老区镇大镇镇形成"四纵三横"（"四纵"即塘下—江镇—九郎线，重新—镇区—牛岗岭线，大船顶—九围线，蒲岭—金门—茶山线；"三横"即省道 347 线，空子水库—双寨—九围线，塘下—古滩—重新线）公路网络。镇境有省道 45 千米、乡村公路 130 千米；水泥和沥青路从 1993 年的 25 千米增加到 2003 年的 120 千米。

2. 东南出口英佛公路建设

1995 年 7 月，为快捷沟通国道 106 线和即将建设的京珠高速公路，英德市委、市政府将建设英佛公路，打通东南出口提上议事日程，积极主动与佛冈县协商达成共识。1998 年 12 月，省政府批准英佛公路建设项目。1999 年 8 月动工建设。

英佛公路，起于英德大站镇大蓝村，终于佛冈县石角镇与国道 106 线相连接，距京珠高速公路佛冈出入口约 1000 米，长 35.43 千米，按山岭重丘区一级公路 4 车道标准建设，总投资 6.17 亿元，为英德公路建设史上投资规模较大的投资项目。建成后，从英德中心城区到广州白云国际机场约 1 小时、到广州约 1.5 小时车程，分别比原来缩短约 1.5 小时。英佛公路全程都是崇山峻岭，地质条件复杂，被专家称为"广东省施工技术难度最大、最具挑战性的国省道项目"，难度不亚于高速公路。

该公路无论工程之艰难还是耗资之巨大，都是英德公路建设史上前所未有的，急需上级资金支持。但当时上级支持地方建设的政策是每个地方项目先筹集总投资额 51% 以上的资金，才能拨补资金。其时英德无法按时筹足上级规定的资金比例，一时得不到上级的拨补资金，以致前期工程进展缓慢，2001 年更因资金不足停工。市委、市政府毫不气馁，采取向干部职工、市民集股和号召社会各界捐资以及向外地金融部门拆借的办法，保证了测绘设计等前期工作的顺利进行，也为后来省政府批准项目后动工建设提供了基础条件。

2001 年 9 月，省交通厅交通集团路桥建设发展有限公司与英德市英佛公路建设经营有限公司组建合作公司，合股建设经营英佛公路。

2003 年 2 月工程全线复工，2004 年 11 月建成通车。宽阔的高质量的英佛公路，既是节衣缩食、艰苦奋斗的英德老区人民的丰碑，又是坚韧不拔、初心不改的英德老区精神的见证。

3. 北出口省道 253 线英坑公路建设

为英德第一条引进外资合作建设经营公路，起于英德火车站广场、终于曲江县大坑口镇，长 48.44 千米，其中一级公路 14.57

千米、二级公路 33.87 千米，总投资 2.33 亿元，于 1995 年 5 月动工建设，1998 年 10 月建成通车。

4. 京珠高速公路粤境英德段建设

英德段长 38.79 千米，双向 6 车道，途经东华、横石水 2 个老区镇，设鱼湾、大镇 2 个出入口和横石水、鱼湾 2 个服务区。于 1998 年 11 月动工建设，2002 年 2 月建成通车。至此，英德结束不通高速公路的历史。

5. 公路建设大会战

1996 年初，英德市委、市政府发起公路建设大会战，编制出以国省道为主干线、县镇道为支线的英德市"三横十六纵"骨干公路网络建设规划，吹响公路建设大会战的号角。

1997 年，完成省道 347 线老区镇桥头镇至老区镇望埠镇 35.2 千米沥青路改造。同年 6 月，总投资 1.98 亿元、横跨北江连接中心城区东西两岸和省道 347 线的北江大桥（后被命名浈阳大桥）动工建设；11 月，起于浛洸镇、终于阳山县，长 40.6 千米，总投资 8900 万元的省道 347 线浛阳公路英德段改建工程动工建设。

1998 年，由老区镇波罗镇经石牯塘、横石塘、云岭、沙口等镇，到大镇、黄陂、横石水、桥头 4 个老区镇的北部"东西通道"全面动工；由老区镇波罗镇北接坪乳公路（乐昌市坪石镇至乳源县）连老区镇张陂（2001 年 1 月并入浛洸镇）和大湾、明迳、九龙等镇南接国道 107 线的西部"南北通道"全线动工。

1999 年上半年，省道老区镇西牛镇至九龙镇、老区镇波罗镇至大湾镇、老区镇白沙镇至新丰县和县道广东省英德华侨茶场至老区镇桥头镇工程动工建设。

在长达几年的公路建设大会战中，英德市委、市政府在财政极其困难的情况下，仍给予乡村公路建设每千米 5 万元的补助；广大党员干部群众节衣缩食、艰苦奋斗。

各镇各村除积极争取上级支持外，本着"谁受益谁筑路"的原则，用足用活政策，充分利用"两金两工"（公积金、公益金，劳动积累工、义务工），积极发动农户有钱出钱、有力出力，建好自己的"生命之路""生财之路"。仅1997年，全市乡村公路建设投入8700多万元、"两工"73.4万个工日，建设乡村公路761.3千米。

2000年6月，在公路建设大会战正酣之际，全省统一开展扶贫开发"两大会战"，省委要求全省在半年内实现"四通"①"四个一"②的奋斗目标。全省扶贫开发"两大会战"，给英德公路建设尤其是乡村公路建设注入新的动力。

伴随着各类"生命之路""生财之路"的逐步建成，2000年，全市公路通车里程2952.2千米，比1997年增加1382千米，公路密度从1997年的32千米/百平方千米提高到51.7千米/百平方千米，增长61.6%。

2000年12月，省扶贫开发"两大会战"工作检查组检查验收英德以"四通""四个一"为主要内容的"两大会战"工作，认为英德高标准、严要求完成任务，达到省委、省政府要求。这标志着英德"两大会战"任务全部完成。

扶贫开发"两大会战"后，英德进一步完善公路网络建设的脚步并没有停下来。截至2002年底，市区到各镇的公路大部分改造成二级公路，镇与镇之间开通或即将开通直通公路，实现村村通公路。

2003年至2005年，针对因出口路不畅严重制约经济发展的

---

① "四通"指村村通公路、通电话、通邮政、通电。
② "四个一"指贫困户人均一份"半亩保命田"、输出一个劳动力、挂靠一个农业龙头企业、找到一条脱贫奔康的好路子。

现状,英德向打通出口路突破。2003 年 1 月 1 日浈阳大桥通车,为中心城区连接省道 347 线的唯一公路桥梁。2003 年 8 月,西南出口省道 348 线九龙镇至清新县五一路口段竣工通车。南出口省道 253 线银英公路加固维修、东南出口英佛公路建设分别于 2004 年 3 月、2004 年 11 月竣工通车,东出口省道 252 线京珠高速公路大镇出入口到佛冈县交界处二级公路改建于 2004 年 5 月完工,西北出口大湾镇至老区镇波罗镇前进村与乳源县大布镇交界处 35.4 千米公路改建于 2005 年初完工,西出口省道 347 线浛阳公路英德段改造于 2005 年 11 月完工。此外,启动省道 347 线英浛公路(英德市区至浛洸镇)二级公路改造,该路段长 34.02 千米,实际施工路线 28.9 千米,总投资 1.25 亿元。2005 年 9 月,打通南接市区、北接英红镇的观音山隧道,使市区到英红镇的距离由 22 千米缩短为 10 千米。

2003 年至 2005 年,为英德自 1994 年撤县设市以来,公路建设投入较大、建成项目较多的三年,总投资 1.16 亿元,建设或改造公路 900 多千米,其中通行政村水泥路 463 千米。截至 2005 年底,全市通车里程 3111.2 千米,公路密度 54.9 千米/百平方千米。公路技术等级全面提升,基本形成以高等级路面为骨干的“三横十六纵”公路网络,将东南出口英佛公路建成一级水泥路,其余 5 个出口建成二级水泥路。对外出口公路全部打通,从东西南北方向分别连接京珠高速公路、广清高速公路、清连高速公路、国道 106 线、国道 107 线。

英德能够走上跨越式发展的快车道,2004 年至 2011 年连续八年主要经济指标实现两位数增长,离不开新旧世纪交替时期英德市委、市政府带领老区人民进行的公路建设大会战,离不开老区人民在公路建设大会战中的艰苦奋斗的精神和众志成城的力量。

（三）公路建设再掀高潮

2006 年至 2010 年，英德继续加大公路建设投入，开展以"六路一桥"[①]为重点的交通项目建设，打响通行政村水泥路建设攻坚战。2006 年 3 月，省道 347 线英浛公路二级公路改造工程完工。截至 2006 年底，全市 299 个行政村中还有 62 个未通水泥路。2007 年 4 月，英德市政府决定从 2007 年起，用四年时间，在全市行政村村村通沙土路的基础上，将通行政村公路建成宽 3.5 米以上的水泥路。2007 年，投入 1.65 亿元，完成行政村通水泥路550.1 千米。2008 年，是英德"交通建设管理年"，是截至 2020年市财政资金投入力度最大的一年，全年投入 3.7 亿元，新增公路 161.6 千米，其中，投入 3.2 亿元完成通农村水泥路 750 千米。同年 8 月，启动大站镇东环线即重型车辆专用道路建设，该路长3923 米，按一级公路 4 车道标准建设。2009 年 5 月，省道 253 线英坑公路大站镇至望埠镇路面大修竣工；9 月，省道 253 线银英公路扩建工程动工，工程起于大站镇大蓝、终于清城区升平镇，长 38.36 千米，按二级公路标准建设，路基由 8.5 米扩宽至 18米，总投资 5.7 亿元；12 月，争取武广铁路客运专线设英德西站，由英德市政府与武广铁路客运专线有限责任公司各出资50%，共同建设英德西站。2010 年，大站镇东环线建成通车，基本完成乐广高速公路英德段征地拆迁。同年 12 月，市区北江三桥举行动工仪式。2010 年是广东省通自然村公路（新农村公路）建设的启动年，英德投资 6880 万元，完成通自然村公路 172 千米的

[①] "六路一桥"中的"六路"指银英公路扩建、省道 253 线大站至望埠公路路面大修、省道 348 线河江渡至西牛公路改建、省道 348 线九龙至清连高速五一路口连接线改建、英红至红星产业园公路改建、大站东环线即重型车辆专用道路新建，"一桥"指北江三桥的规划建设。

建设任务。2006 年至 2010 年，全市完成通行政村水泥路 2103 千米，总投资 5.26 亿元，全面完成通行政村水泥路建设。截至 2010年底，全市通车里程 5246.3 千米，公路密度 92.5 千米/百平方千米。

2018 年 12 月 28 日，横贯英德东西、境内最长（118 千米）、设立出入口最多（8 个）的高速公路——汕昆高速公路竣工通车

老区镇桥头镇在通行政村水泥路建设攻坚战中投入 1120 万元，加上省 15 万元/千米的补助，全镇 11 个村（居）实现道路硬底化 53 条 160 多千米。四通八达的公路网络使该镇招商引资工作步入快车道。截至 2010 年底，先后引进 12 家工业企业，计划总投资 50 亿元，已完成投资 35 亿元，英德佳特新材料有限公司等 5家企业建成投产。项目的建成投产，发挥了强大的辐射带动效应。一是促进农村富余劳动力转移，14143 名农民实现家门口就业。农村富余劳动力转移，增加了农民的经济收入，提高了农民的生活水平和生活质量。二是"引龙头、建基地"，一批农户以"公司＋基地＋农户"模式养猪、养鸡、种果、种果蔗，农业经济稳

步快速发展。三是小城镇建设步伐加快，镇区建成区面积 2 平方千米，居民近万人。2010 年，全镇工业产值 9.77 亿元（当年价），比上年增长 1.83 倍；固定资产投资 6.06 亿元，比上年增长 25.5%；工商税收 391 万元，比上年增长 50.4%；农村人均纯收入 5218 元，比上年增长 12.6%。

2011 年至 2015 年，交通设施建设实现新的飞跃。2011 年，完成浈阳西路、马山公路改造等一批重点公路项目建设，乐广高速公路英德段全面铺开建设，中心城区连接乐广高速公路英德出入口、英德西站的迎宾大道南段实现单向通车。2012 年 2 月，银英公路扩建工程竣工；4 月 1 日，武广铁路客运专线英德西站建成投入运营，该站为中国首例在已开通铁路客运专线路上建设的客运站，英德成为广东省首个通高铁的县级行政区。高铁的开通运营改变了英德原有的交通运输格局，从英德西站到广州南站 37 分钟、到深圳北站 76 分钟，标志着英德进入广州深圳城市群"1 小时经济圈"。2013 年 10 月，北出口省道 253 线英坑公路路面改造动工，工程起于曲江区大坑口镇与英德交界处，终于望埠镇区，长 34.73 千米，按二级公路标准建设，其中望埠镇区路段按一级公路标准建设，工程于 2014 年 6 月竣工。2014 年 9 月，乐广高速公路全线通车。乐广高速公路双向 6 车道，设计时速 120 千米。英德段从北到南设沙口、英红、英德、连江口、黎溪 5 个出入口，其中英红出入口可便捷通往"两德"经济合作区和海螺、台泥两大水泥基地。从英德中心城区到广州白云国际机场约 1 小时车程，比原来缩短约 1.5 小时。乐广高速公路的开通，结束了英德中心城区不通高速公路的历史。2014 年 12 月，汕昆高速公路清远段在英德石灰铺镇举行开工仪式。汕昆高速公路按双向 4 车道标准建设，设计时速 100 千米。汕昆高速公路英德段 118 千米，从东到西设青塘、桥头、东华、望埠、英红西、石灰铺、西牛东、九龙 8 个出入口及与京港澳、乐广、广连高速公路相交的 3 个枢纽式互通，总投资 103 亿元，于 2018 年 12 月竣工通车。汕昆高速公路是英德境内最长、途经镇最多、设立出入口最多的高速公路，东西向横亘英德全境。汕昆高速公路的建成通车，改变英德只有南北向京港澳、乐广高速公路的格局，进一步优化英德路网结构。2015 年 10 月，北江航道扩能升级工程英德段动工，北江是珠江流域第二大水系，广东最重要的河流之一，纵贯市境 98 千米，占北江干流长度的 38%。随着英德经济的发展，经北江水路运输的建材、矿产等物资越来越多。2015 年，全市水泥熟料 2000 多万吨，其中 50% 通过北江水路运输。北江航道英德段全年可通航 300 吨级船舶。北江航道扩能升级工程整治韶关曲江区乌石镇至佛山三水区河口航道，按内河 Ⅲ 级、通航 1000 吨级船舶标准建设，预计 2021 年 4 月工程完工，工程完工后将大幅提升北江航道的通航能力。2015 年，完成国道 106 线、省道 347 线大湾镇至阳山县峡头等一批国省道路面改造，完成县道改造 32.1 千米、农村公路硬底化 144.17 千米（2015 年，国家调整国道公路网规划，英德境内的省道 253 线、省道 347 线分别升级为国道 240 线保定至台山、国道 358 线石狮至水口的一段）。2011 年至 2015 年，英德境内建成高速公路 85.05 千米，建成或改造国道 25.12 千米、省道 114.49 千米、县道 164.47 千米、农村道路 891.69 千米。截至 2015 年底，全市通车里程 6189.02 千米，比 2010 年增加 942.72 千米，公路密度从 2010 年的 92.5 千米/百平方千米提高到 109.85 千米/百平方千米，增长 18.8%。

2016 年，成功争取将英德通用机场纳入广东省通用航空"十三五"发展规划建设项目，广连高速公路英德段勘察设计等前期工作顺利推进。广连高速公路英德段长 86 千米，途经大湾、浛洸、西牛、水边、连江口、黎溪 6 个镇，所经各镇均设出入口，项目投资 90 亿元。广连高速公路建成通车后，将进一步优化英德路网结构。2016 年，投入 3.78 亿元推进国省道建设。国道 358 线英德市区至大湾镇一级公路先行段改建动工，完成省道 348 线浛洸镇华坝至西牛镇路面改造。全年完成国省道路面改建 66.2 千米、县道改造 188.81 千米、农村公路硬底化 108.9 千米。

2017 年，深入开展交通基础设施建设大会战，着力构建"四高二铁二江一机场"①的综合交通网络，完成《英德市综合交通运输"十三五"规划》编制。汕昆高速公路英德段、北江航道扩能升级工程英德段加快建设，分别累计完成投资 52.9 亿元、7.9 亿元，占计划投资的 45.4%、42.1%。广连高速公路英德段初步设计等前期工作顺利推进，英德通用机场场地得到民航中南局批复。全年完成国省道改造 19 千米、县道改造 52.5 千米、农村公路硬底化 501 千米。全市通车里程 6177.93 千米（2017 年通车里程比 2015 年减少 11.09 千米，是因为公路改建裁弯取直减少了里程。同年，广东省调整普通省道网规划，英德 406 千米县乡公路升级为省道），公路密度 109.65 千米/百平方千米，分别比 1978 年增长 9.03 倍、9.06 倍。

改革开放四十年，在中国共产党的正确领导下，在国家、广东省、清远市大力支持帮助下，经过英德老区人民长期艰苦奋斗，英德交通运输环境发生了翻天覆地的变化。

---

① "四高二铁二江一机场"中的"四高"指京港澳高速公路、乐广高速公路、汕昆高速公路、广连高速公路，"二铁"指京广铁路、京广高铁，"二江"指北江航道、小北江航道，"一机场"指英德通用机场。

六、教科文卫体事业的发展

（一）教育事业的发展

1. 提前实现普及九年义务教育

为确保在省政府规定的时间内实现普及九年义务教育（以下简称"普九"），1993 年 5 月，英德在财政十分困难的情况下（1993 年至 1995 年，年均财政收入只有 7541.67 万元），每年安排 800 万元以上资金用于"普九"，规定各乡镇按人均 1 元的经费投入"普九"，规定干部职工、学生"普九"集资的要求和标准。1993 年至 1995 年，筹集"普九"资金 1.5 亿元，新建 10 所中学，233 幢教学楼，建筑面积 20.8 万平方米；搬迁 5 所中学，新办市直第六小学。

1995 年 9 月新学年开学时，基本实现"普九"；10 月，通过省政府组织的"普九"评估验收，英德成为全国第二批"基本普及九年义务教育县（市）"。

在开展"普九"的同时，开展残疾人教育和扫除青壮年文盲工作。1994 年，在市区办起聋哑儿童康复班。各镇采取办夜校、补习班等形式，对青壮年文盲进行文化补习。1994 年 10 月，通过省政府组织的评估验收，成为广东省第三批"扫除青壮年文盲达标县（市）"。"普九"达标后，积极巩固提高"两基"①成果。市政府每年召开一次全市"两基"巩固提高工作会议，研究对策，统一部署，在财政十分困难的情况下，压减其他开支，增加教育投入，为"两基"的巩固提高提供有力保证。1997 年 5 月，省政府授予英德"广东省'两基'工作先进单位"称号。

"普九"任务刚完成，英德又把教师安居工程作为一件大事

---

① "两基"指基本普及九年义务教育和基本扫除青壮年文盲。

来抓。采取"六个一点"①办法筹集资金，截至 1997 年底，筹集 6797 万元，新建教师住房 1840 套。建筑面积 14.37 万平方米，缓解了教师住房紧张问题。

1994 年至 2003 年，老区镇鱼湾镇按照"办大学校、办大教育"思路，将坝仔中学撤并到鱼湾中学，并完成其他学校的撤并。高标准建设鱼湾中学师生宿舍楼、门楼、围墙，并配备电脑，完善各功能室。2000 年 4 月，鱼湾中学被评为英德市一级学校。

1994 年至 2003 年，老区镇桥头镇通过上级支持，先后投入 600 多万元改造或新建全镇中小学教学楼。截至 2003 年底，全镇实现教学、师生住宿楼房化和体育设施现代化。镇中心小学扩建、桥头中学合并调整工作有条不紊地进行。2003 年高考、中考升学率再创新高。

1996 年，老区镇黎溪镇投入 2000 多万元，按照"普九"标准新建黎溪中学、老区黎溪镇中心小学。2003 年 5 月，黎溪中学、镇中心小学通过验收，成为英德市一级学校。做好改造薄弱学校工作，投入 400 多万元，重点改造教师住房和完善学校功能室等教学设施；投入 100 多万元，建起黎溪中学科技楼。经过几年的不懈努力，全部学校实现楼房化，多媒体教学设备进入各学校。同时在上级和港澳地区有关方面的支持下，新建澳门海联恒昌小学教学楼、湖溪小学教学楼、大坪小学教学楼、大湖协进小学教学楼。教学条件的改善和教师待遇的提高，调动了广大师生的积极性，多年考入清远市、英德市重点中学的学生人数均居英德各镇前列。

2001 年秋冬之际，英德市老区建设促进会（以下简称老促

---

① "六个一点"指财政拨一点、上级支持一点、学校自筹一点、个人出一点、有关部门减免一点、社会集资一点。

会）会同教育部门，足迹几乎踏遍所有的老区小学，从全市 240 多所老区小学中遴选出需要改造的 164 所小学。2002 年至 2004 年，在广东省、清远市老促会的大力支持下，英德市老促会与教育部门通力合作，争取省改造老区行政村小学指标 88 所，资金 2470 万元，其中省财政拨款 1740 万元、佛山市政府支持 730 万元。全市实际投入 3558.9 万元，分 3 批改造老区行政村小学 95 所，新建教学楼 90 幢，课室 690 间，建筑面积 5.3 万平方米；加固维修教学楼 36 幢，建筑面积 1.72 万平方米；同时新建 200 米跑道田径场 3 个、150 米跑道田径场 6 个、篮球场 10 个、校门 6 座、厕所 7 座、水泥校道 7500 米、围墙 56 道 2680 米，绿化美化校园面积 2.67 万平方米，新征用地扩大校园面积 18.78 万平方米。改造后的老区行政村小学教学楼成为当地最显眼、最亮丽的建筑物。

2. 提前实现普及高中①阶段教育。

2009 年，省下达英德普及高中阶段教育（以下简称"普高"）任务，要求 2011 年高中入学率 85% 以上。为此，重点抓好以下几项工作。

（1）保证"普高"经费投入，实施"扩容促优"②，做大做强优质普通高级中学（以下简称普通高中）、职业技术学校。2009 年，投入 1000 万元、建筑面积 7874 平方米的英德中学教学综合楼建成使用，投入 1600 万元、建筑面积 1.4 万平方米的市职业技术学校教学楼和学生宿舍楼基本完工，投入 540 万元、建筑面积 5380 平方米的市第一中学第二饭堂和学生综合宿舍楼建成使

---

① 我国的高中教育包括：普通高中、成人高中、职业高中、中等专业学校、中级技工学校、中等师范学校等。

② "扩容促优"指扩大办学规模，提高办学水平。

用；增加优质学位4000多个，解决了2009年"普高"扩招学位紧缺问题。2010年，投入2375.2万元，建设高中阶段学校校舍等五大工程项目，其中投入790万元在市第一中学建设1幢建筑面积3366平方米的学生宿舍楼，投入253.6万元在田家炳中学建设1幢建筑面积2400平方米的学生宿舍楼，投入880万元完成市职业技术学校实训楼、体育运动场和设备设施建设。

英德市第一中学

（2）拓宽"普高"招生途径。组织中职（含技工）学校招生推介会，主动与省属技工学校、珠江三角洲职业技术学校联系开展春季招生。2009年，全市应届初级中学（以下简称初中）毕业生升学率95.3%；高中阶段学校招生1.3万人，完成任务的1.1倍；外输生源5324人，完成任务的1.1倍；高中阶段毛入学率79.2%，超额完成67.2%的指标任务；市教育局被清远市教育局评为2009年"高中阶段教育招生先进单位"。2010年，全市应届初中毕业生升学率95.6%；高中阶段学校招生2.09万人，外输生源1.44万人，高中阶段毛入学率92.5%，比2009年提高13.3个百分点，顺利通过清远市、广东省组织的"普高"验收，提前一年实现普及高中阶段教育目标。

3．成功创建广东省教育强市。

2009 年，提出创建广东省教育强市（以下简称"创强"）目标，采取一系列措施，加快教育发展。

（1）投入到位，确保"创强"顺利开展。2010 年至 2012 年，市财政投入教育经费 29.6 亿元，其中"创强"经费超过 12.13 亿元。2010 年至 2012 年，筹集善款 5558 万元，改善薄弱学校办学条件，帮助贫困家庭学生完成学业。对学校闲置资源采取"换、并、售、租"等方式盘活资金 1.7 亿元，用于改善办学条件。

（2）抓好"五项工程"，增强教育综合实力。一是抓好学校布局调整工程。根据城市化进程加快，农村生源逐渐减少的情况，抓好学校布局调整，全面整合优化教育资源。二是抓好教育"新装备"工程。坚持"两手抓"：一手抓常规性装备建设。2009 年至 2012 年，投入 6000 万元充实常规教学仪器，教学仪器配备、实验室建设达到国家、省的要求。一手抓信息技术装备建设。2010 年至 2012 年，投入 1 亿多元，新建电脑室 60 间、校园网 30 个，新增电脑 5000 台、电教平台 1000 个。全市所有学校均建有校园网，实现"校校通"；2 所学校成为"广东省现代教育技术实验学校"；所有省教育强镇（街）中学、中心小学实现多媒体课室、教师人手 1 台电脑的目标。三是抓好高中"扩容促优"工程。首先，抓高中教育规模发展。投入 4.93 亿元，新增学位 6830 个。其次，抓高中教育优质发展。普通高中狠抓"三风"（指学校的校风、教师教风、学生的学风）建设，职（技）校打造专业品牌。截至 2012 年底，全市有 9 所高中阶段教育学校，其中广东省国家级示范性普通高中 2 所、广东省一级学校 1 所、清远市一级学校 3 所、广东省示范性中等职业学校 1 所、广东省重点技工学校 1 所；优质学位 3.52 万个，占全市高中学位的 92.3%。四是抓好学校规范化建设工程。截至 2012 年底，全市所有义务教育学校均获评"规范化学校"。五是抓好教育强镇（街）工程。截至 2012 年底，17 个镇街创建为"广东省教育强镇（街）"，占全市镇街的 70.8%，覆盖全市 80.2% 的人口。

（3）建设好教师队伍，师资素质全面提升。一是落实聘任制度，配足配齐师资。2006 年以来，对全市在职教职工科学定编定岗，理顺按劳取酬分配制度，打破教师终身制。2009 年至 2012 年，引进骨干教师和优秀大学毕业生 1042 人，其中本科 656 人、硕士研究生 63 人。师资配备符合省定要求。二是创新管理机制，提升队伍素质。加强校长队伍建设，截至 2012 年底，有市（县）级以上名校长培养对象 34 人，中小学校长全部符合任职资格。加强教师队伍建设，2009 年以来，投入教师培训经费 2000 多万元。截至 2012 年底，在职教师中有中小学特级教师 5 人、高级教师 316 人，市（县）级以上名教师培养对象 74 人；小学教师、初中教师、普通高中教师学历指标均达到国家、省的要求。三是提高福利待遇，教师安教乐教。首先，建立教师工资财政统发制度，保障教师工资逐年增长，按时足额发放。其次，依法落实社保、医保、住房公积金、山区教师岗位津贴等福利待遇。2009 年 1 月起，教师工资福利待遇实现"两相当"①。最后，通过"代转公"考试择优聘用等途径，录用代课教师 134 人，转为公办教师。截至 2010 年底，全面妥善解决代课教师问题。2009 年至 2012 年，投入 6500 多万元建设一批教师周转房。每年的教师节、重大节日，市镇（街）两级开展优秀

---

① "两相当"指县域内教师平均工资水平与当地公务员平均工资水平大体相当，县域内农村教师平均工资水平与城镇教师平均工资水平大体相当。

教师表彰或慰问活动。

（4）突出"四大特色"，教育质量全面提高。一是突出德育特色，构建学校、社会、家庭三位一体的大德育网络，形成教育合力。截至 2012 年底，57 所中小学获评"德育达标示范学校"。2012 年，市第六小学获"广东省德育成果创新二等奖"，31 所学校获评"安全文明校园"。2010 年至 2012 年，中小学生每年德育考核优良率保持在 90% 以上，在校学生犯罪率为零。二是突出科研特色，提升教学实力。2009 年至 2012 年，全市学校有国家级立项子课题 2 项、省级 10 项、市级 39 项、县级课题 60 项；中小学教师 1540 篇（项）教育科研成果（论文）在市级以上刊物获奖或发表，其中国家级 56 篇（项）、省级 416 篇（项）。三是突出教学特色，提高教育质量。建立完善包括国家课程、地方课程、学校课程相结合的基础教育新课程体系，研发具有英德地方特色的《英石》《英德志》《英德历史文化读本》等乡土教材。创新完善"先学后教"等多种课堂教学模式，提升课堂教学实效。2009 年至 2012 年，中考成绩逐年提升，高考整体成绩居清远市各县（市、区）前列；职（技）校毕业生专业技能领证率在 90% 以上，毕业生就业率保持 100%；学生参加学科竞赛，获国家级奖励 250 人次、省级奖励 345 人次、市级奖励 420 人次。四是突出办学特色，培养个性特长。英西中学获评"全国艺术特色学校"、英德华粤中英文学校获评"广东省民办教育特色学校"。

（5）构建大教育格局，各类教育全面发展。一是学前教育快速发展。2009 年至 2012 年，投入 1.5 亿元，建设和改建公办中心幼儿园 21 所。截至 2012 年底，幼儿专任教师学历合格率 97%，符合上级幼儿师资配备要求；拥有清远市一级幼儿园 12 所、县一级幼儿园 20 所；学前三年入园率 90.1%。二是义务教育均衡发展。(详见下文"成功创建全国义务教育发展基本均衡县") 三是高中教育普及发展。2009 年至 2010 年，每年高中阶段毛入学率 85％ 以上。2010 年，顺利通过广东省、清远市组织的"普高"验收，提前一年实现普及高中阶段教育目标。四是特殊教育健康发展。2010 年，投入 540 多万元异地新建英德市智通学校，扩大特殊教育规模。截至 2012 年底，在常住人口 4 万人以上的镇设有特殊教育随班就读资源课室。五是成人教育良好发展。2009 年至 2012 年，市职业技术学校（市播电视大学）、广东省南华技工学校、各镇街成人文化技术学校为农村外出务工人员提供技能证书教育，1.32 万人获得证书，26.1 万人次农民接受专业知识培训，15.2 万名农村青年接受农业技术培训。六是民办教育有序发展。2012 年底，广东英德华粤教育集团属下的英德华粤艺术学校、英德华粤中英文学校、英德市实验小学，在校生 5636 人。英德华粤艺术学校，2005 年被省教育厅评为"广东省先进民办学校"，2009 年被教育部评为"全国先进民办学校"。截至 2012 年底，全市民办中小学 6 所、民办幼儿园 95 所。

2013 年 7 月，英德通过广东省教育强县（市、区）督导验收；9 月，省政府授予英德"广东省教育强市"称号。

4. 成功创建全国义务教育发展基本均衡县

2009 年至 2014 年，以改善农村学校和城镇薄弱学校办学条件及均衡配置教师资源为重点，以建立完善义务教育资源均衡配置制度和长效机制为保障，推进义务教育均衡发展。

（1）建立保障机制和责任机制。出台《英德市推进基本公共教育服务均等化实施方案》等文件，把推进义务教育均衡、优质发展列为政府重要工作内容，并纳入各镇街和市直有关部门年度工作目标责任制考核。一是建立投入机制。首先，义务教育经费单列，教育经费保持"三个增长"①。2012年至2014年，义务教育预算内财政拨款增长分别高于财政经常性收入增长；生均预算内教育费用、生均预算内公用经费逐年增长。其次，财政性教育经费向薄弱学校倾斜。2014年投入736.6万元，改造薄弱学校6所。再次，2012年至2014年农村税费改革转移支付资金中用于义务教育资金占40.9%，高于省定标准。最后，义务教育阶段特殊教育学校（班）生均公用经费按省"不低于普通生的8倍拨付"，普通学校附设特教班生均公用经费按省"不低于普通生的5倍拨付"。二是建立入学机制。首先，凡符合条件的义务教育阶段进城务工人员随迁子女，享受与户籍人口子女同等待遇在公办学校免费就读。其次，成立英德市扶贫助学爱心会，实施农村留守儿童教育关爱工程，扶持家庭困难学生入学。再次，将适龄"三残"②儿童少年纳入基础教育体系，建有特殊教育学校1所，在常住人口4万人以上的镇设有特殊教育随班就读资源课室。2014学年，适龄"三残"儿童少年入学率97.7%。然后，市教育局每年将优质高中招生名额分配到各初级中学，并达到省规定要求。最后，义务教育学校实行划片招生，免试就近入学。

（2）加强教师队伍建设与管理。2009年1月起，实行义务教育学校绩效工资制度；教师工资福利待遇实现"两相当"，2014年教职工年平均工资6.27万元，高于公务员年平均工资。合理配备学科教师，截至2014年底，专任教师专业对口比例95%。2012年至2014年，教师年培训经费达到标准要求。实施义务教育学校

---

① 教育经费"三个增长"指公共财政预算内教育经费增长高于财政经常性收入增长，生均公共财政预算内教育事业费用支出实现逐年增长，生均公共财政预算内公用经费支出实现逐年增长。

② "三残"指智残、体残、肤残。

校长和教师定期交流制度。师生比达到省定编制标准，2014 学年，98 所公办义务教育学校小学师生比为 1 ∶18.59、初级中学师生比为 1 ∶10.03。按城乡统筹兼顾、重点倾斜农村原则配置教师，骨干教师和学科带头人在全市校际间均衡配置。

（3）提升教育质量与管理水平。通过常规工作督查和年度考核等措施，规范中小学办学行为。义务教育学校实行划片招生、常态均衡编班。重视"防流控辍"工作，适龄儿童少年入学率100%。2012 年至 2014 年，小学巩固率、初中巩固率分别达到标准要求。坚持实施《国家学生体质健康标准》，中小学生测试合格率在 95% 以上。

2015 年 11 月，英德通过国家级验收，成功创建为"全国义务教育发展基本均衡县"。

5. 成功创建广东省推进教育现代化先进市

2015 年 8 月，启动创建广东省推进教育现代化先进市（以下简称"教育创先"）工作。

（1）财政支撑，护航教育发展现代化。一是加大投入，保障经费增长。2015 年至 2017 年，一般公共预算教育支出分别为14.51 亿元、16.37 亿元、18.47 亿元，分别比上年增长 12%、12.8%、12.8%；生均一般公共预算教育支出分别为 8706 元、9513 元、10219 元，分别比上年增长 9.6%、9.3%、7.4%。二是夯实基础，改善办学条件。2014 年至 2017 年，投入 4.7 亿元，异地新建学校 2 所、扩建学校 32 所，新建校舍 47 幢，建筑面积10.77 万平方米；募集社会热心人士爱心助学款 446 万元，助建小学教学楼、多幢教学用房；创建广东省教育强镇（街）7 个、标准化学校 288 所、广东省规范化幼儿园 181 所，实现广东省教育强镇（街）、标准化学校全覆盖，广东省规范化幼儿园覆盖率从 39% 提高到 76.4%。

（2）强师固本，推动师资队伍现代化。一是落实编制，充实师资配备。2014年至2017年，招聘教师661名，较好地缓解教师结构性缺编问题；完善学校领导干部聘任选拔机制、考核机制、培养培训机制，2014年至2017年，投入176万元培训学校领导干部1313人次，截至2017年底，幼儿园园长、中小学校长全部符合任职资格。二是弘扬师德，树立师表风范。2014年至2017年，获国家级荣誉称号的教师1人次、省级荣誉称号14人次、市级荣誉称号6人次、县级荣誉称号1280人次，其中，青塘镇益海小学教师马早花获评2014年"全国模范教师"。三是锤炼内功，提升教师素质。加强与华南师范大学等高等院校合作，在英德设点办班办学，对在规定期限内完成大专、本科、研究生学历进修的公办教师，分别给予3000元、5000元、8000元的奖励。2015年至2017年，1760名教师参加高一层次学历进修。截至2017年底，幼儿园专任教师大专及以上学历比例为67.7%，小学专任教师本科及以上学历比例为39.3%，初中专任教师本科及以上学历比例为82%，普通高中和职业技术学校教师研究生学历或硕士学位以上比例为3.1%。四是落实教师专业提升工程。组织教师参加国培、省培、市培、县培、校培等继续教育培训；设立"三名"①工程专项资金，按每人1万元标准资助县级名校长、名班主任、名教师进行教育教学研究；通过委托广东第二师范学院对"三名"工程培训对象进行订单式培训，建立名校长、名班主任、名教师工作室等方式，培养一批在清远市乃至省内有影响力的名校长、名班主任、名教师、学科带头人。截至2017年底，全市有县级以上名校长8人、名班主任7人、名教师23人、学科带头人61人，县级以上名校长、名班主任、名教师、学科带头人培养对象

---

①　"三名"指名校长、名班主任、名教师。

分别有 23 人、10 人、25 人、82 人。

（3）弯道赶超，推动教育发展信息化。一是加大投入，构筑信息高地。2014 年至 2017 年，投入 1.96 亿元完善学校现代教育装备。首先，夯实"三通两平台"①。所有中小学均接入宽带互联网，实现"校校通"；中小学网络多媒体课室覆盖率 100%，每百名学生拥有学习终端 20 台以上，教师人机比为 1∶1；8613 名教师和 4.85 万名学生完成学习空间注册；建立学校网站集群，全部学校能依托英德市中小学校园网站集约平台建成学校门户网站和教育教学管理平台，实现市教育局与学校、学校与学校之间信息资源互通。其次，建立 8 个信息化实验基地（学校），建有标准录播课室 35 间、未来教室 3 间、3D 创客室 3 间。再次，建设英德市教育视频资源云平台，形成独有的视频资源库，实现所有学校（含教学点）数字教育资源全覆盖。二是加强培训，提升信息能力。与华南师范大学联合开展对全市教师"信息化能力提升工程"培训，2015 年至 2016 年，面授教师 8674 人；通过华南师范大学网络学院，让全市 7950 名教师参加信息技术应用能力提升工程"网络研修"培训。截至 2017 年底，教师信息技术应用能力标准比例在 80% 以上。三是立足应用，打造信息特色。首先，开发教育特色资源库。2013 年，市教育局自主研发英德市教育资源库，以该资源库为载体，组织一线教师开发制作符合学情的导学案精品资源并推广应用，围绕导学案开展教学研讨会和教学基本功比赛。其次，共享优质教育资源。依托录播课室系统，让农村学生也能享受到优质教育资源。再次，培养学生科学探索能力。2015 年至 2017 年，组织师生参加各类信息技术应用竞赛，获县

---

① "三通两平台"指宽带网络校校通、优质资源班班通、网络学习空间人人通，建设教育资源公共服务平台、教育公共服务平台。

级以上奖励教师 153 人次、学生 135 人次。2016 年 12 月，成功承办全省推进粤东西北地区基础教育信息化工作现场会。

（4）深化改革，推动教育发展优质化。一是科研引领，倾注发展动力。教科研水平居清远市各县（市、区）前列，2015 年至 2017 年，全市学校有国家级立项子课题 4 项，省级、市级、县级课题分别有 30 项、64 项、242 项，多项教育科研成果在清远市被交流或推广；教师参加课堂教学比赛，获国家级、省级、市级奖项分别有 1 人次、15 人次、67 人次，在国家级、省级、市级刊物发表论文分别有 105 篇、99 篇、13 篇。2015 年 5 月，清远市首届尝试教学区域实验暨尝试教学课堂观摩研讨会在英德成功举办，"以信息化为依托，以导学案为载体，推进尝试教学，构建生态课堂"的英德特色课改道路得到与会人员的肯定和赞赏。二是体艺双馨，彰显素质成果。2015 年至 2017 年，组织学生参加体育竞赛获省级奖励 27 项、市级奖励 183 项。截至 2017 年底，有全国校园足球特色学校 5 所、广东省校园足球推广学校 6 所。2015年至 2017 年，学生体质健康水平达到标准要求。

2018 年，英德创建为"广东省推进教育现代化先进市"。

改革开放四十年，英德教育事业的发展取得骄人成绩。1980年，全县幼儿园 30 所，在校在园幼儿 1908 人；2017 年，全市幼儿园 239 所，在校在园幼儿 4.38 万人，人数是 1980 年的 22.96倍。1979 年高考，全县大专以上录取 56 人。2017 年高考，全市大专以上录取 4926 人，是 1979 年的 87.96 倍。1979 年至 2017年，英德为高等院校输送了 6.65 万名优秀学子。

（二）科技事业的发展

英德的科学技术工作，按照国家"科学技术必须面向经济建设"的基本方针开展。1977 年至 1993 年，全县获省（部）、市、县科技进步和成果奖 86 项、专利发明奖 5 项。杂交水稻的种植与推广，成为英德水稻增产的关键措施，为英德经济发展作出贡献。

1992 年 10 月，县委、县政府制定《关于引进和稳定专业技术人员的若干规定》，提高专业技术人员政治、经济待遇。因为政治、经济待遇较优厚，这一时期招揽紧缺专业技术人才工作卓有成效。仅 1997 年，就从全国多地高等院校引进 115 名应届毕业生。在"八五"时期（1991 — 1995）和"九五"时期（1996 — 2000）前半段，引进 300 多名专业技术人才，缓解了专业技术人才紧缺的状况。

1993 年春，引进塑料软盆育苗抛秧技术。通过 1993 年、1994 年大面积示范种植，平均亩产分别比田垄育苗插秧增产 33.35 千克、47.57 千克，分别增长 8.4%、10.8%。1997 年，全面推广应用塑料软盆育苗抛秧技术，每年增产稻谷 3000 多万千克。

1994 年上半年，引进国家科学技术委员会推荐的高新技术成果：清华大学核子秤和 Y 料位计配料新技术，有效地提高、稳定产品质量以及节能减排。

1996 年 8 月，英德市委、市政府制定《英德市专业技术拔尖人才选拔管理办法》，布置各相关单位选出一批专业技术拔尖人才，由英德市委组织部直接管理。

调动全市技术力量，承担国际、国家、广东省、清远市星火计划和科技攻关、科技扶贫等重大任务，如承担火炬松改良种子工程、DHA 蛋深加工系列产品等 19 个科研项目，争取专项资金 200 多万元。据不完全统计，"九五"时期和 21 世纪初，英德有 25 项科研成果获国家、广东省、清远市科技进步奖，18 项科研成果获英德市科技进步奖。

2003 年至 2005 年，加大科技投入力度，科技三项经费（新产品试制、中间试验、重大科研项目补助费）投入 152 万元。科技总投入 165 万元。向广东省、清远市、英德市科技部门申报 40 多个科技项目，其中省科技厅立项 9 个、清远市科技局立项 3 个、英德市科技局立项 9 个，获项目资金 205 万元。全市有 15 项科技成果通过清远市级鉴定，10 项科技成果获清远市科技进步奖，17 项科技成果获英德市科技进步奖。

　　2007 年，英德市委、市政府召开科技进步奖励暨信息化工作会议，重奖 2005 年至 2006 年度获奖项目，其中 9 项达到省先进水平、2 项达到清远市领先水平。2008 年，科技工作取得四项突破。一是英德市宝江水泥材料有限公司"水泥行业余热发电节能减排技术示范应用"项目被列为省政府重大科技专项，获省 300 万元资金支持，填补了英德市、清远市重大科技专项空白；二是英德广农康盛化工有限责任公司联合中国农业大学向省科技厅申请的"防治蔬菜根结线虫环境友好型农药——98% 棉隆微粒剂的产业化开发"项目被批准立项，获省科技厅支持经费 50 万元，标志着英德农业产学研项目取得重大突破；三是经省科技厅批准，老区镇西牛镇成为英德首个省级麻竹笋种植及加工技术创新专业镇；四是吉欣（英德）热轧不锈复合钢有限公司"纤焊热轧金属复合板（卷）复合管"项目向科技部申请重点新产品认定并被批准立项，实现英德科技重点新产品零的突破。2009 年，英德市奥胜新材料有限公司等 4 家企业成功申报科技特派员项目，英德市宝江水泥材料有限公司等企业产学研合作项目分别被广东省、清远市相关部门立项。2010 年，英德市委、市政府加大对获奖及创新科技项目的奖励力度；老区镇望埠镇入选清远市技术创新专业镇；英德佳纳金属科技有限公司、英德市埃力生亚太电子有限公司被认定为国家高新技术企业，实现英德国家高新技术企业零的突破，5 个产品被认定为高新技术产品；全市高新技术企业增至 3 家，高新技术产品增至 8 个；1 家高新技术企业、1 个地市级专业镇、1 名科技特派员受到清远市表彰奖励。

2006 年至 2010 年，91 个科技项目被广东省、清远市立项，获扶持资金 775 万元；17 个科技项目获英德市扶持资金。37 项科技成果获清远市科技进步奖，29 项科技成果获英德市科技进步奖。专利授权 19 件，其中发明专利授权 2 件。

在信息化建设方面，1998 年至 2008 年，信息化工作以金科网络建设为基础，以山区信息化为突破点，推进国民经济和社会发展信息化。

2003 年 11 月，英德被省信息产业厅确定为全省首批开展山区信息化建设的 15 个山区县（市）之一。2005 年，英德获评"2004 年省山区信息化示范单位"、山区信息化项目建设全省唯一的县级优秀单位。2008 年 6 月，在省召开的信息兴农工程（二期）启动暨山区信息化建设项目总结表彰大会上，英德市科技局获省信息产业厅颁发"优秀组织奖""先进单位""信息化成果奖"。

2011 年，英德市首次设立科学技术创新奖，并兑现 2005 年以来科技创新项目的奖励，英德佳纳金属科技有限公司等 5 家企业、老区镇西牛和望埠 2 个科技专业镇、2 名科技特派员获奖，共奖励金额 19 万元。2011 年 10 月，英德佳纳金属科技有限公司申报的"清远市钴镍高纯冶炼及新材料工程技术研究开发中心"项目被清远市立项，获科研支持经费 30 万元，实现清远市企业工程技术研究开发中心零的突破。

2012 年，科技三项经费投入 125 万元；英德市祥丰百草农林有限公司、英德市宏丰农林发展有限公司、英德市上茗轩茶叶有限责任公司被认定为省民营科技企业；新增 1 家高新技术企业为广东致远新材料有限公司。

2013 年，科技三项经费投入 150 万元；英德广农康盛化工有限责任公司、英德佳纳金属科技有限公司、广东致远新材料有限公司建立的工程中心被省科技厅认定为省级工程技术中心；英德广农康盛化工有限责任公司被省科技厅认定为省创新型企业。

2014年，英德市德丰农牧发展有限公司等5家企业向省申报建设广东省农业科技园区，获省科技厅批准；清远市首个省级农业科技园区落户英德；德高信茶叶种植与加工农业科技创新中心被认定为清远市农业科技创新中心。

2015年，94家规模以上工业企业有10家设立研发机构，16家企业（其中规模以上工业企业13家）新增实施20项技术改造项目，完成技术改造投资5.63亿元，完成年度目标任务的1.1倍；广东埃力生高新科技有限公司的清远市气凝胶绝热材料工程技术研究开发中心、广东金正大生态工程有限公司的清远市缓控释肥工程技术研究开发中心创新平台通过清远市认定。

2016年，设立创新驱动发展专项资金，并制定专项资金管理暂行办法，对"企业创新平台建设"等五大类科技创新活动或成果进行奖励；受理申报材料13份，涉及13家企业、27项具体奖项，奖励金额72.8万元。申报并通过认定的省级工程中心2家、清远市级工程中心3家。广东致远新材料有限公司建立英德首个省级、清远市级科技特派员工作站，获扶持资金70万元。

引导企业建立研发准备金制度。一是争取上级研发补助资金，二是加大本级资金投入。广东埃力生高新科技有限公司等10家企业享受2016年省级、清远市级企业研发财政补助资金645.5万元。英德科技三项经费对10家企业10个项目立项扶持，扶持资金227.2万元。

2017年，继续实施创新驱动发展战略，发挥科技对经济社会发展的引领和支撑作用。受理申报材料14份，发放创新驱动发展奖励资金85.5万元。申报并通过认定的省级工程中心12家、清远市级工程中心 25 家。全市 23 家规模以上工业企业设立研发机构，占规模以上工业企业总数的 20.4%；全市 14 家企业有科技特派员 33 人；13 家企业通过高新技术企业认定，全市高新技术企业 29 家，82 个产品通过高新技术产品认定，比 2016 年增长 2.1 倍。引导市内 26 家企业建立研发准备金制度，2017 年 20 家企业享受广东省级、清远市级企业研发财政补助资金 940.72 万元。英德科技三项经费对 12 家企业 12 个项目立项扶持，扶持资金 227 万元。

2011 年至 2017 年，组织 28 家企业与 39 家高等院校、科研院所开展产学研合作，有 40 个产学研合作项目被广东省、清远市立项，获扶持资金 2405 万元；组织企事业单位申报科技项目，被国家、广东省、清远市科技部门立项项目 170 个，获经费支持 9887.2 万元，获国家专利授权 947 件。2011 年至 2014 年，47 项科技成果获英德市科技进步奖。2011 年至 2016 年，61 项科技成果通过清远市鉴定，1 项科技成果获省科技进步三等奖，36 项科技成果获清远市科技进步奖。①

（三）文化事业的发展

1. 完善公共文化设施建设，丰富公共文化服务资源

1979 年后，各公社（区）陆续建立文化站。1985 年，全县 31 个区 1 个镇全部建立文化站；英德县文学艺术界联合会、英德诗社、英德县社会文化管理委员会成立。1984 年至 1989 年，投入 600 多万元，建设新城影剧院、文化馆、图书馆、博物馆等一批公共文化设施。

---

① 2015 年，根据广东省、清远市通知，取消县级科技进步奖励事项；2017 年，根据国务院、广东省通知，取消省、市级科技成果鉴定和科技进步奖事项。

　　1998 年，针对文化馆、图书馆、博物馆和县歌舞团（前身为县文工团）场地面积小、60% 的镇基本没有公共文化设施的情况，掀起公共文化设施建设热潮。截至 2002 年底，全市 30 个镇的文化站全部建成，并通过省验收。扩建图书馆大楼，增加面积 500 平方米、藏书 3 万册。老区镇桥头镇投入 40 万元，建设文化楼，增加图书室、阅览室报刊和娱乐室器材、设备。1999 年，建设一幢楼高 3 层、建筑面积 1.2 万平方米的县歌舞团排练场，结束县歌舞团没有正规排练场的历史。2004 年，投入 400 多万元建设的市文化局、文化馆新办公场所暨英德学宫建成使用；市奇石馆开门迎客。2005 年 9 月，老区镇西牛镇文化站获评广东省"一级文化站"，这是英德也是清远市唯一一个省一级文化站。2008 年，投入 9000 多万元，建设文化新地标——文化体育休闲中心，其中被列为英德重点工程的新"三馆"（文化馆、图书馆、博物馆）占地面积 1.13 万平方米，建筑面积 1.9 万平方米，总投入 4500 万元。2011 年，新"三馆"建成开放。2012 年 2 月，广东省流动图书馆英德分馆在市图书馆挂牌成立；市文化馆获评国家一级文化馆；市文化广电新闻出版局小剧场建成投入使用；完成一批镇文化站和行政村（社区）综合文化室建设。2013 年，市图书馆获评国家一级图书馆。2015 年，推进镇街综合文化站达标建设，建成特级站 1 个、一级站 5 个、二级站 7 个、三级站 11 个；完成 299 个行政村文化室公共电子阅览室建设。2016 年，完成桥头、望埠 2 个老区镇和横石塘镇省级文体广场示范点建设，完成老区镇西牛镇金竹村基层综合性文化服务中心示范点建设。2017 年，浛洸、黎溪 2 个老区镇和黄花、英红镇文化站按镇一级站标准升级建成；完成 14 个村级基层综合性文化服务中心示范点建设。

　　2008 年起，开展文化进企业、进社区、进军营及新农村建设送戏下乡活动。市歌舞团每年组织送戏进企业、进村（社区）30多场，市电影服务中心每周在滨江公园免费放电影 1 场，并为全市 256 个行政村（社区）送上免费电影。

2009 年至 2016 年，每年举办以英石、红茶、体育、旅游为主题的重大节庆活动，做到文化搭台、经贸唱戏，既弘扬了当地的英石文化、红茶文化，又带动了相关产业的发展。

1962 年 12 月，英德人民革命烈士陵园建成对外开放。 右上图为马口灭火英雄烈士马德林、苏满基、蔡明庄、郭良珍、沈发福半身石像（1996 年春，英德人民革命烈士陵园搬迁到金子山）

2. 加强文物保护利用和文化遗产保护传承

英德历史悠久，早在旧石器时代中期，就有人类在这里劳动生息。英德又是粤北地区开展革命活动较早的县份之一。1924 年开始，中共党员侯凤墀、王蔚垣、刘裕光先后在英德开展革命活动。英德文物有四大特点：古遗址多、古墓葬多、摩崖石刻多、老区村庄多。1978 年，恢复英德县文物管理领导小组；县革命委员会公布第一批县级文物保护单位 9 个。1981 年，省文物管理委员会拨款 1 万元，保护县城南的南山摩崖石刻（唐至中华民国）。1982 年，县政府拨款维修县城的英德人民革命烈士陵园，加固县城北江东岸的文峰塔（明代）。1985 年，基本完成第二次全国文物普查，调查掌握各类文物 270 多项（次）。1983 年至 1984 年，县政府拨款修复南山部分古迹建筑物。1985 年至 1987 年，县人大常委会、县政府分别颁布南山文物保护区管理规定、布告。1989 年，省文物管理委员会拨款 22 万元，全面修缮浛洸镇的蓬莱寺塔（隋末唐初）。1990 年，完成南山、碧落洞、盲仔峡（洭阳峡）摩崖石刻拓片；1990 年 10 月至 1993 年底，完成南山新发现的摩崖石刻拓片。1996 年，英德入选"广东省历史文化名城"；英德市文物管理委员会成立。

截至 2002 年，全市发现并确认的古遗址 28 处、古墓葬 19 座、摩崖石刻 10 多处、古碑刻 15 件、古牌匾 18 件、传世文物 16 件、革命活动旧址 6 处、革命文物 155 件；县级文物保护单位 51 处，其中省级文物保护单位 6 处、市级文物保护单位 29 处；博物馆馆藏文物 584 件，其中二级文物 14 件、三级文物 184 件、未定级文物 386 件。

1997 年初至 1999 年初，英德多次邀请专家到英德考古发掘，先后发现宝晶宫旧石器时代中期打制石器、沙口镇史老墩新石器时代遗址、云岭镇牛栏洞史前人类重要遗址、黎溪镇鸡坑古人类遗址、连江口镇窑头坝古窑址等远古遗存。在此基础上，市博物馆联合中山大学、省文物考古研究所主编出版《英德史前考古报告》《中石器文化及有关问题国际学术研讨会论文集》论著。2004 年，市文化局、市博物馆编辑出版《英德文物志》。2006 年，完成省级文物保护单位（观音岩摩崖石刻、云岭牛栏洞遗址、沙口史老墩遗址）记录档案工作，完善省级文物保护单位（南山摩崖石刻、碧落洞摩崖石刻、蓬莱寺塔）"四有"[①] 工作；

---

① "四有"指有保护范围、有标志说明、有记录档案、有专门保管机构或专人管理。

开展全市非物质文化遗产普查；英石假山盆景传统工艺列入广东省第一批省级非物质文化遗产代表作名录。2007 年，英德市政府公布首批 40 项非物质文化遗产名录，其中闹花灯列入广东省第二批省级非物质文化遗产名录，十点梅花锣鼓乐、黄花醮仪九龙豆腐制作工艺列入清远市第一批市级非物质文化遗产代表作名录；文史资料《英德非物质文化遗产》出版，其中 6 项非物质文化遗产被编入《中国非物质文化遗产荟萃》一书。2008 年，开展第三次全国文物普查；英石假山盆景技艺列入第二批国家级非物质文化遗产名录；林超富《北江女神曹主娘娘》一书出版发行。2011年，做好鱼湾苏维埃政府旧址抢救性修复工作；舜帝登南山传说列入清远市第三批市级非物质文化遗产代表作名录。2015 年，协助省文物考古研究所完成沙口镇园山村石岭坪遗址发掘；印刷发行《英德摩崖石刻》（第二版）；曹主娘娘信俗列入广东省省级非物质文化遗产代表性项目名录（扩展项目名录）；完成第一次全国可移动文物普查基础数据采集、登录。2016 年，投入 340 多万元，完成文峰塔修缮；协助北京大学、省文物考古研究所在老区镇青塘镇狮子岩遗址，发掘出保存较为完整距今约 1.35 万年的古人类化石。2017 年，英德红茶制作技艺、英石园林技艺、黄花肉扎制作技艺、擂茶粥制作技艺、桥头舞春牛、客家鸡公狮舞"列入清远市第六批市级非物质文化遗产代表性项目；组织 3 位英石盆景技艺新生代传承人，代表广东省参加第六届中国成都国际非物质文化遗产文化节盆景制作技艺竞技，获"新生代传承之星""最佳新人奖"；组织舞蹈《舞春牛》代表广东省参加"首届全国千人玩牛大赛"，市歌舞团、老区镇桥头镇民间艺术团分别获二、三等奖。2018 年，"英德红茶制作技艺""擂茶粥制作技艺"列入广东省第七批省级非物质文化遗产代表性项目名录。

3. 抓住机遇乘势前进，开创广播电视事业新局面

1979年10月，英德电视差转台建成启用，转播中央台综合频道、岭南台、珠江台节目。1984年，英德县广播电视局成立，下辖英德人民广播站。1985年，英德广播调频台成立；在县城断岗山（龙山）建设高64米的电视转播塔；在县城建起英德第一座卫星地面接收站，在乡镇设置电视差转机43台，差转中央台综合频道、岭南台、珠江台节目。1988年，英德电视台成立，正式拍摄、制作、播放英德新闻节目。1990年，英德人民广播电台成立；有线电视开通传输中央台综合频道等7套节目。1997年，建成全市新闻微波联网工程，解决了基层收看英德新闻节目问题。1998年至2000年，投入230多万元，解决87个"盲点村"收听收看广播电视问题，实现全市"村村通"广播电视；升级改造市区有线广播电视网络，达到传输30套清晰有线电视节目的目标。2000年9月至2002年12月，投入2300万元，全市农村有线广播电视光缆主干线全面联网，节目增加到30套。老区镇白沙镇，2001年接通光缆传输的有线电视信号，8个村（居）近2000户有线电视用户，清晰收看30套电视节目；到2003年底，除偏远的门洞村未接通有线电视网络外，其余12个村（居）均接通有线电视网络。截至2003年底，老区镇望埠镇采用光缆传输有线电视信号，有线电视用户扩展到塘墩、高良、九麻塘等毗邻镇区的村民小组，朗新、桥新、下塘等村建成村级有线电视站，全镇有线电视用户2800多户。2002年12月，英德人民广播电台FM99.9兆赫高山台开播。1997年至2002年，除采编播英德新闻外，还制作广播专题300多个、拍摄制作电视专题片170多部；56件（次）新闻和专题作品在广东省、清远市获奖。2006年，按照50户以上自然村"村村通"广播电视要求，完成14个自然村"村锅"的安装调试，可以收看卫星电视节目，2个自然村实现有线

电视联网，36 个"盲点自然村"可以收看英德广播电视台差转的电视节目。

2003 年至 2009 年，投入 3500 万元，连接全市电视网络光缆，升级改造镇街网络，拓展农村网络，彻底扫除广播电视接收盲点，实现全市所有村（社区）、自然村均能收听收看中央、省、市的广播电视节目。2010 年，英德市广播电视台获中宣部、文化部、广电总局、新闻出版总署联合授予的"全国服务农民、服务基层文化建设广播电视'村村通'先进集体"称号，成为广东省唯一获此殊荣的集体。2011 年，广东省广播电视网络股份有限公司清远英德公司正式独立运作，市广播电视台归口市委宣传部管理，有线电视网络业务由广东省广播电视网络股份有限公司经营管理。2012 年，实施广播电视"户户通"工程，由政府购买直播卫星接收设备发放到没有通有线信号的村庄及农户，解决边远农村收看不到电视节目的问题；完成市区有线数字电视整转工作，用户可以收看到 60 套标清、10 套高清、35 套付费电视节目；全面启动镇级数字电视整转工作。2013 年，英德电视台电视新闻作品《大爱留人间》，获 2012 年度广东省广播电视节目电视新闻类二等奖。2012 年 8 月，老区镇东华镇洋伞岽 206 高山无线发射台建成投入使用，广播信号覆盖英德 90% 的区域。2014 年 3 月，广播电视"户户通"工程通过清远市验收。2015 年，投入近百万元建设数字硬盘播出及广告插播系统，完成电视节目采编的全面数字化、网络化，全面提升自办频道节目质量。2017 年，启动移动客户端"视听英德"APP 建设，同年 10 月上线试运行，实现广播电视新闻节目在移动手机平台上同步直播，标志着新媒体建设迈上新台阶。

4. 文学艺术事业枝繁叶茂，硕果累累

1991 年，文学、戏剧、音乐、舞蹈、美术、书法、摄影 7 个协会会员从 1985 年的 210 多人增加到 310 人，不少作品在省、市报刊发表或获奖。1991 年，英德文学艺术工作者、文学艺术爱好者创作的文学艺术作品在全省获奖较多，仅戏剧、曲艺作品就分别有 5 篇、8 篇在省、市获奖。1988 年起，县（市）文化馆编辑出版《英德县文学艺术志》《英德民间舞蹈志》，填补了英德艺术史志的空白。此外，编辑出版《岭南古邑——英德》《英石》《英德革命故事选编》《英德名胜诗词》等特色丛书。1999 年，地方志部门向曾在英德"五七"干校劳动的知名文化人征集稿件，编辑出版反映他们在"五七"干校日子的《英州夜话》一书。进入"九五"时期，文学艺术创作连续多年被清远市评为先进。2003年，组织客家山歌歌手代表清远市参加"古风新韵唱小康——广东客家山歌擂台演唱会"，获组织奖、传统山歌唱腔比赛银奖、摸题即兴山歌铜奖、游行山歌手奖；市文化局挖掘、整理、提炼、加工的沙口镇民间舞蹈《闹花灯》获广东省第二届民间艺术表演大赛银奖。2004 年，少儿舞蹈组合《卓玛的故乡》代表广东省参加第五届全国电视希望之星大赛总决赛获并列第一名；少儿合唱《快乐幸福时光》获广东省第六届少儿艺术花会比赛银奖。

　　2003 年至 2005 年，英德文学艺术工作者、文学艺术爱好者的一批作品获国家级、省级、清远市级奖励。2006 年，新中国成立以来第一部《英德县志》出版发行，记述上限为西汉立县时，下限至英德撤县设市前的 1993 年，为英德历史上第十三部县志（其中，宋代 4 部、明代 3 部，均已佚；清代 4 部存 3 部、民国 1部）；市文化馆创作、编排、演出的快板《小村官》代表清远市参加广东省第五届群众戏剧曲艺花会并获银奖；民间舞蹈《闹花灯》参加广东流动演出节目网上大汇演并获银奖；赖展将《英石》一书出版发行，同时被广东人民出版社收入《岭南文库》，成为"岭南文化知识丛书"之一；大型精装画册《中国英石传世收藏名录》出版发行。2007 年，完成《广东客家山歌大典》——"英德客家山歌"录制；市文化馆组织创作、编排的小品《神童的心灵》赴京参加第三届"爱我中华·全国青少年科学与艺术大会"，市文化馆获"优秀组织奖"，并获评"全国青少年科学与艺术实践基地"，3 人获"优秀辅导员奖"，7 名小演员获"特别表演奖"。2008 年，文学艺术创作在清远市各县（市、区）排名第一，市文化广电新闻出版局获清远市文艺创作"优秀组织奖"。

2013 年 11 月，老区镇洽洸镇群乐社的粤曲《痴梦》获"开心广场·百姓舞台"——第二届广东省粤曲私伙局大赛总决赛金奖。截至 2017 年底，全市登记备案的民间文学艺术团体 35 个，2017 年演出 120 场次。2017 年，市文化馆选送的原生态乡村歌曲《客家乡亲》《龙城》参加省"同饮一江水"打工者之歌清远赛区决赛，分别获金奖、银奖。

5. 挖掘英石文化内涵，延伸英石文化价值

英石具有"瘦、皱、漏、透"等特点，是英德的特产，宋代开发利用，元代列入"文房四玩"，清代与灵璧石、太湖石、雨花石同为中国四大观赏名石。20 世纪 90 年代，英石开采和艺术加工产业应运而生。市委、市政府多项举措推动英石文化产业化发展。

赋予艺术价值。市委、市政府责成相关部门出专著，在报纸、电视台设专栏，介绍英石的历史，扩大英石的知名度；时任清远市委常委、英德市委书记江惠生等人先后撰写文章颂扬英石；携石携照拜访贾平凹、启功、王朝闻、刘人岛、张仃、瞿琮等当代名人大家，请他们对英石精品审美命名，在报刊发表鉴赏文章，为英石锦上添花。

开发商品价值。20 世纪 90 年代中期起，市委、市政府出台优惠政策措施，扶持英石文化产业发展。英石主产区的老区镇望埠镇开发独具地方特色的英石经济，弘扬英石文化，促进经济与文化的协调发展。1996年第一届、1999年第二届广东英石展销会均在望埠镇举行。截至2003年底，全镇有盆景场（厂）40多家，从事英石园林景观设计、施工人员千余人，提供服务者近万人，每年为该镇带来2000万元以上的经济收入。至21世纪初，英石主产地的英山有一定规模的采石生产线9条，从事英石贸易、制作英石盆景、从事英石园林景观工程的公司百余家，展销英石、黄蜡石等园林景石的奇石长廊绵延30多千米，成为一道独具特色的风景线。市区茶园路形成奇石销售一条街。全市常年从事英石生产经营活动者万余人，长期外出从事英石园林景观设计、施工人员2000多人，英石专业村3个。1999年昆明世界园艺博览会中"粤晖园"的英石园林景观工程就是由老区镇望埠镇的能工巧匠承建的。进入21世纪以来，市委、市政府加大对英石文化产业的扶持力度。2010年至2016年，举办5届英石文化节和2届红茶英石文化节。2014年至2015年，建立推广中国英石电子商务平台，英石交易开启电商时代。全市英（奇）石年销售产值近10亿元，英德成为南国最大的以英石为龙头的园林景石集散地。

赋予政治价值。1987年9月，省委书记林若访问美国，将英石作为外交礼物。1996年，市委、市政府向日本兵库县神户市和平石雕纪念公园，赠送一块命名为"鸣弦石"的英石作为"和平之珠"。

光大文化价值。英石是英德独一无二的资源，有深厚的文化积淀、文化内涵。1997年，英石主产区老区镇望埠镇获评"广东省民族民间艺术（英石艺术）之乡"。2005年，英德获评"中国英石之乡"。2006年，英石入选国家地理标志产品。2008年，"英石假山盆景技艺"列入第二批国家级非物质文化遗产名录。

（四） 卫生事业的发展

英德过去是天花、霍乱、疟疾和多种地方病多发或流行区，也是血吸虫病、血丝虫病流行区。新中国成立后，加强对传染源的管理，人与家畜同步防治。1985年5月，经省地方病防治领导小组考核，血吸虫病在英德终止流行，验收合格。1986年，经多年防治后抽查血丝虫病区4200人，只发现1人带微丝蚴。1987年基本消灭血丝虫病。同时，基本控制疟疾、麻风病及当地地甲病、肝吸虫病流行。对白喉、百日咳等流行病，广泛进行计划免疫注射。1997年，经广东省、清远市专家评定，英德消灭血丝虫病。

1983年，县中医院建成4层综合大楼；1985年，在新城百花路建成建筑面积2330平方米的县中医院新城门诊部；1990年县中医院工作考评被列为"三达标"（病床、科室、设备达标）单位。

1984年，全县有401个乡村卫生站，有501名经培训合格的乡村医生、赤脚医生，初步形成能防能治、有医有药的乡村医疗卫生保健网络。1986年，经严格考试、考核，对符合条件的363名农村卫生人员颁发乡村医生证书。1991年，经整顿建设，全县376个管理区有561个卫生站，并配足乡村医生，基本形成县、乡（镇）、村三级医疗卫生保健网络。

1989年至1992年，投入2000多万元，在新城教育东路新建成占地面积8.09万平方米、建筑面积3.2万平方米的县人民医院，为当时粤北地区规模较大、设施较完善、设备较先进、技术力量较强的县级医院。

1991年起，为确保"八五"期间全县乡镇卫生院达到"一无三配套"（无危房和人员、房屋、设备配套）目标，大幅增加卫生事业经费，两年内投入417万元，乡镇卫生院工作条件明显改善。

1993 年至 1997 年，投入 1700 多万元，对全县（市）31 家乡镇卫生院（所）、562 个农村卫生站进行规模不等的建设。截至 1997 年底，大部分乡镇卫生院（所）基本实现"一无三配套"，按照"六有"①"六统一"②要求验收合格的农村卫生站 435 个，占 77.4%。

1994 年至 2003 年，老区镇鱼湾镇建好鱼湾卫生院办公楼、留医楼、员工宿舍楼等，重新装修门诊部，新购置 B 超、X 光机。

2000 年、2001 年，老区镇桥头镇得到捐款，投入 60 多万元，建设卫生院医疗办公楼和员工宿舍，购置医疗设备，改善医疗软硬条件。

1994 年至 2003 年，老区镇大镇镇投入 300 多万元，为大镇医院购置 CT 机、医用超声仪器、体外碎石机等设备，建设门诊大院和员工宿舍，同时狠抓提高医疗技术水平和服务质量。大镇医院成为英东地区的中心医院。1998 年，大镇医院被评为广东省"百家文明卫生院"。

1994 年至 2003 年，老区镇水边镇经过十年的努力，镇卫生院建有医院楼，设门诊部、住院部，有 X 光机、B 超、微波治疗仪、洗胃机等设备。各村均有正规医疗站，群众看病难、治病难问题基本得到解决。

英德市人民医院，1994 年获评"二级甲等医院"，1995 年通过"爱婴医院"评审，连续多年被省卫生厅授予"文明医院"称号，1997 年被省委、省政府授予"文明单位"称号。浛洸医院，1985 年获评"一级甲等医院"，1996 年获评"爱婴医院"。市妇

---

① "六有"指有医、有药、有防、有房屋器械、有任务、有管理。
② "六统一"指统一医德规范、统一门诊登记日志、统一处方、统一收费标准、统一管理规定、统一各类卫生统计登记报告规范。

幼保健院，1995 年获评"爱婴医院"。

1998 年至 2002 年，投入 2400 多万元，加快医疗机构基础设施建设。市妇幼保健院大楼，建筑面积 7700 平方米的新市中医院，建筑面积 3800 平方米的市慢性病防治医院综合楼，老区镇张陂镇卫生院门诊楼，老区镇浛洸镇浛洸医院医技楼和第二、第三门诊综合楼，老区镇桥头镇卫生院综合楼，老区镇大镇镇医院留医部楼，大湾镇卫生院综合楼，九龙镇医院综合楼，云岭镇红十字医疗中心先后竣工投入使用。

1999 年 3 月，英德初级卫生保健工作通过清远市评审，如期实现初级卫生保健规划目标。2000 年，实现"农村 2000 年人人享有卫生保健"规划目标。2011 年，实现消除碘缺乏病阶段目标，完成世界银行贷款结核病控制项目任务，并被评为国家防控碘缺乏病先进典型。

2003 年，市慢性病防治医院、英城街卫生院综合楼竣工投入使用；位于老区镇浛洸镇的浛洸医院通过二级综合医院评审，成为清远市首家镇级二级综合医院；面对非典疫情，取得全市无一人感染非典的好成绩。2004 年，黎溪镇卫生院综合楼竣工。

2006 年，建成大站镇、望埠镇 2 个老区镇卫生院综合楼，完成位于老区镇东华镇的东华医院黄陂分院和桥头、水边 2 个老区镇卫生院等一批改造项目建设。2007 年，投入 1490 万元，市人民医院综合门诊楼、市慢性病防治医院综合楼、石灰铺镇卫生院综合楼竣工投入使用。截至 2007 年底，全市基本实现每个村（居）拥有 1 — 2 个卫生站的目标。2008 年 1 月，英德获评"广东省卫生城市"。

2009 年，投入 1753 万元，全年工程项目建设面积 2.12 万平方米，其中是年新开工建设面积 1.02 万平方米。工程项目有：市人民医院城南门诊、市妇幼保健院综合楼扩建、市慢性病防治医院精神科楼、老区镇西牛镇卫生院医技综合楼、九龙镇卫生院住院楼、大湾镇卫生院综合楼。

2010年，在建工程项目有：市中医院医技楼、老区镇大洞镇卫生院业务楼、黄花镇卫生院住院楼，总建筑面积2.11万平方米，是年新开工建设面积9440平方米，完成投入2100万元。九龙镇卫生院住院楼、大湾镇卫生院综合楼竣工投入使用。市中医院医技楼获国家财政拨付资金1100万元，地方配套资金290万元。

2011年至2017年，扎实开展医药卫生体制改革（以下简称医改）。

（1）强基创优，改善医疗环境。2011年至2017年，投入7.44亿元改善医疗环境，基本完成市人民医院外科楼、市中医院住院楼专科楼、市慢性病防治医院精神卫生中心、市急救指挥中心和急救站、镇卫生院和行政村卫生站规范化建设。市人民医院创建为"三级综合医院"，被列为县级医院胸痛中心建设试点单位；市中医院通过"二甲中医医院"复审和省普通高等医学院校教学医院认定，为英德首家脑卒中筛查与防治基地建设单位；市妇幼保健院通过"二级妇幼保健院"评审；老区镇浛洸镇中心卫生院通过"二甲医院"评审，是粤北地区首家镇级二甲医院；老区镇东华镇中心卫生院通过"二级医院"评审。老区镇浛洸镇中心卫生院和老区镇望埠镇、九龙镇、大湾镇、英城街卫生院创建为"全国群众满意的乡镇卫生院"。

（2）科学补偿，稳定基层医疗机构。2011年，基层医疗机构实行公益一类财政供给、公益二类事业单位绩效管理，并实行"收支两条线"管理。市财政对基层医疗机构的基本工资、基础性绩效工资、离退休人员工资等给予足额补助。

（3）合理分配，激发医务人员活力。2011年起，医疗机构实施绩效工资制度。市卫生和计划生育局、市人力资源和社会保障局联合制定奖励性绩效分配指导性方案，具体分配方案由各医疗机构根据"多劳多得、优绩优酬"原则制定，适当拉开不同岗位分配档次，重点向关键岗位、业务骨干等人员倾斜。

（4）科学管理，完善用人机制。实行"县招县管镇用"办法，2013 年至 2017 年，招聘 557 人充实到基层医疗机构。县级公立医院则根据自身需要，自主公开招聘事业编制人员。将副高以上职称人员及儿科、影像、病理、妇产科、精神科 5 个专业中级职称人员列为紧缺专业人才，2014 年至 2017 年，引进紧缺适用人才 54 人。同时，通过对卫生院医生、村医集中轮训以及通过推行对口支援、巡回医疗、送医下乡等措施，提高基层医疗服务水平。

（5）提高津贴，留住基层医务人员。2011 年起，利用统筹基金对卫生院医务人员，按照职称、学历分别给予 300—500 元的山区岗位津贴。2014 年和 2017 年，制定和修订《英德市乡镇卫生院医务人员岗位津贴实施办法》，按照卫生院与市区的距离远近、交通路况、医疗环境、经营状况等因素，把卫生院分为 3 类，每类按职称划分 4 个档次，按人均 800 元/月的标准发放岗位津贴，一定程度上缓解了边远山区卫生院"引不进、留不住"人才问题。

（6）取消药品加成，破除以药养医。2011 年 4 月起，全市基层医疗机构实施国家基本药物制度，实行零差价销售，基本药物全部从省医药采购平台采购。2015 年以来，稳步推进县级公立医院综合改革，4 家市直医院陆续取消药品加成，全部药品（中药饮品除外）实行零差价销售。

（7）探索医联体，落实分级诊疗。2017 年，全面启动医疗联合体（以下简称医联体）建设，初步建立以市人民医院为龙头，市中医院、洸洸镇中心卫生院、东华镇中心卫生院为主体，市妇幼保健计划生育服务中心（前身为市妇幼保健院，以下简称市妇计中心）、市慢性病防治医院为辅助，基层卫生院为基础的三级医联体。出台《英德市建立和完善分级诊疗制度实施方案》，明确各级各类医疗机构诊疗服务功能定位、双向转诊指征等，推进分级诊疗制度建设。

（8）发挥特色，提升中医药服务能力。开展中医药服务体系建设，市人民医院中医康复科通过清远市"中医特色专科"评审验收；市中医院椎间盘科达到"国家农村中医特色专科"标准，脑病科、骨伤科被列为省级"中医特色专科建设单位"，名老中医祝建华传承工作室被遴选为2016年"全国基层名老中医药专家传承工作室"建设项目。全市各镇街卫生院均设立中医科、中药房，开展中医适宜技术15项以上；行政村卫生站开展中医适宜技术4项以上。

（9）加快建设，共享卫生信息。先后投入5000多万元为全市公立医疗机构建设统一的卫生信息平台，实现互联互通、统一管理、医疗协作，开展远程影像诊断、远程医学会诊，落实全市行政村卫生站信息化普及工作。2016年，选取市人民医院、市中医院、洸洸镇中心卫生院、东华镇中心卫生院建立4个医学影像诊断中心，让患者在基层就能享受到专家的诊疗服务。截至2017年底，全市有16家医疗机构接入医学影像诊断中心，日均诊断量299例。

（10）探索医养结合，延伸医疗服务。推行医养结合模式，2016年起，老区镇大站镇卫生院在位于当地的市社会福利中心设立门诊部，开设内科、外科、中医理疗等科室，对社会福利中心老人免费体检、建立健康档案，危重病人及时转送上级医院治疗。

（11）强化管理，完善公共卫生服务体系。累计建立城乡居民电子健康档案 94.42 万份，建档率 96.7%。各类免疫规划疫苗报告接种率保持在 99% 以上，卫生监督协管信息报告率 100%，传染病报告率、报告及时率均为 100%。建成清远市卫生镇 4 个、省卫生村 270 个、清远市卫生村 3032 个。2017 年 12 月，英德通过"广东省卫生城市"复审。推行家庭医生签约服务，成立 121 个服务团队，一般人群签约率 50.6%，重点人群签约率 72.7%。

（12）借力帮扶，提升综合医疗技术水平。抓住广州清远对口帮扶的契机，2014 年与广州市白云区卫生和计划生育局签订对口帮扶医疗卫生工作协议，广州医科大学附属第一医院、南方医科大学南方医院对口帮扶英德市人民医院创"三甲"和专科建设。借力对口帮扶，市人民医院神经内科、心血管内科、神经外科、泌尿外科、临床护理获评"清远市重点专科"，泌尿外科成为省临床重点扶持专科和广东医科大学非直属附属医院重点扶持学科。广州市中医院、广州市白云区人民医院通过医院管理、医疗技术、资金支持、专家坐诊等方式对口帮扶英德医疗机构。

实施医改以来，英德市、镇、村三级医疗卫生服务体系不断完善，县域医疗服务能力和服务水平不断提升，群众"看病贵、看病难"问题得到缓解，人口计划生育工作连续六年受到广东省、清远市的通报表彰，2013 年英德获评"全国计划生育优质服务先进单位"。2015 年，在全省 58 个县及县级市医疗服务能力综合评价中，英德排名第五位。县城住院率从 2015 年的 83.8% 提高到 2017 年的 88.5%，提高了 4.7 个百分点。2016 年，被省医改办确定为广东省县级公立医院综合改革示范县。2017 年，在全省县级公立医院综合改革效果评价中，英德排名第六位。截至 2017 年底，全市有公立医疗机构 31 家，其中市直医院 4 家、镇卫生院和社区卫生服务中心 27 家，另有行政村卫生站 256 家、民营医院 3 家。全市有卫生专业技术人员 4583 人，其中执业医师 956

人、执业助理医师 381 人，正高级职称 26 人、副高级职称 156 人、中级职称 509 人，全科医生 114 人。医疗机构业务量明显上升，全市医疗单位总诊疗人次 550.7 万人次，比医改前的 2010 年增长 2.44 倍。医疗质量稳步提升，药占比、抗菌素使用比、门诊输液比、平均住院天数等关键指标均有不同程度下降，群众满意度持续提高。基层医疗机构医务人员年均收入由 2010 年的 4.1 万元增加到 2017 年的 9.8 万元，增长 1.39 倍。医疗费用得到有效控制，门急诊次均费用降低 27%、药占比降低 23%，患者医药费用负担有所减轻，达到医改的预期目标。

（五）体育事业的发展

1. 公共体育设施建设

改革开放前，英德县城只有一个占地面积 965 平方米、可容纳 2000 名观众的灯光球场。

1979 年，县革命委员会拨款，同时发动县城机关干部、学校师生义务劳动，在新城断岗山下建设占地面积 5.5 万平方米的体育场（后改为人民广场）。至 1985 年先后建成 1 个标准足球场、2 个足球副场、能容纳 1.2 万观众的 9 级看台、2 幢运动员宿舍楼、室内篮球场和篮球训练场、大小 2 个游泳池、室内体育训练场。此后，陆续完成行政办公楼、会议室、招待所及生活配套设施建设。

1986 年，县政府与国家体育运动委员会（以下简称国家体委）签订协议，共同在望埠镇建设国家女子足球英德训练基地（以下简称女足英德训练基地）。2005 年 7 月、8 月，在市区西岸城区分别建设规划面积 33.49 万平方米的龙山公园、规划面积 19.8 万平方米的滨江公园。2008 年，投入 9000 多万元，建设文化体育休闲中心，其中体育中心占地面积 3 万平方米，有 1 座体育馆、1 个全民健身广场、1 个体育场。2011 年至 2015 年，投入

国家女子足球英德训练基地

2293.4万元，在全市23个镇实施农民体育健身工程（配置为：篮球场、羽毛球场各2个，乒乓球台10张，健身器材25件）。2014年至2016年，在市区建设社区体育公园9个，总占地面积5.11万平方米。

改革开放四十年，英德从只有一个不足1000平方米的灯光球场，到建成占地面积3万平方米的体育中心，并实现农民体育健身工程镇级全覆盖，2016年、2017年在505个美丽乡村配套建设303个篮球场，配置1085套健身器材，公共体育设施发生翻天覆地的变化。

随着女足英德训练基地和县城体育场的初步建成，1983年起英德承办大型体育赛事。1983年至2017年，承办全国性比赛19次、省级比赛57次、地市级比赛21次。承办比赛既提高了英德的知名度，又有力推动了英德体育事业的发展。

2. 体育人才的培养

1979年，英德县业余体校重新建立；县里有县体委主办的业余体校，规模较大的中小学也有业余体校。县业余体校开设棋类、田径、羽毛球等普通班，还在县城中小学设立足球、篮球、乒乓球、田径、棋类等项目网点，派驻专业教练辅导训练，逐步形成

以基层为基础、县业余体校为中心的业余体育培训系统。1972 年
至 1993 年，英德为省体工队、省集训队、省体校选拔输送 29 名
运动员。这些英德籍运动员有 5 人次参加国际性比赛、10 人次参
加全国性比赛、65 人次参加全省性比赛。其中，1982 年，王少明
与队友合作获第九届亚洲运动会男子 4×100 米接力金牌，并破亚
洲纪录；1990 年 3 月，赖彩勤与队友合作获第十一届亚洲运动会
羽毛球女子双打冠军；中国国家女子足球队（以下简称中国女
足）队员赵利红，为中国女足夺取亚洲杯冠军、奥运会亚军、世
界杯亚军等佳绩立下汗马功劳。1994 年后，英德选拔输送的运动
员多人多次在全省性比赛、全国性比赛、国际性比赛中取得好成
绩。其中，2004 年 10 月，巫辉与队员合作获全国马术锦标赛团
体第一名；2005 年 9 月，残疾人运动员曾冬娣获 2005 年世界肢残
人运动会 70 米、60 米、50 米、30 米站姿射箭金牌及单项全能射
箭总成绩金牌，平 50 米站姿射箭世界纪录；2014 年 11 月，薛松
获 2014 年澳门羽毛球格兰披治黄金大奖赛羽毛球男单冠军。

3. 群众体育活动蓬勃开展

1985 年后，区（镇）和较大的厂矿场均设立体育机构并配备
专职或兼职干部，组织开展篮球、龙舟、舞狮等群众体育活动；
陆续恢复建立足球、田径、篮球、棋类、农民体育、中老年人体
育协会。各协会在县（市）体育部门指导下，组织开展群众体育
活动。1992 年，充分调动社会力量办体育的积极性，出现多渠
道、多层次开展群众体育活动的喜人局面。1993 年至 1997 年，
每年非政府体育投资都在百万元以上，每年举办大型赛事 15 次以
上，参赛队伍 250 队以上，参赛人数 3000 人以上，观看比赛的观
众 15 万人次以上。此外，体育部门每年举办一次 3000 人以上参
加的全民健身跑步活动。进入 21 世纪，以"开展全民健身，发展
城乡体育"作为新时期体育工作的着力点，推进《全民健身计划

纲要》的实施。在社会办体育方针指导下，利用篮球、足球、棋类等协会，每年组织开展群众体育活动 10 多次，10 多万人次参加。

群众体育取得丰硕成果。1990 年至 2017 年，组织群众参加国家级比赛 3 次、省级比赛 8 次、清远市级比赛 27 次，获国家级奖 5 项，省级集体奖 13 项、个人奖 17 项，清远市级奖 49 项。1990 年，英城镇白沙龙舟队获迎亚运昆明湖杯首届百对龙舟大赛冠军。2010 年，市中老年人体育协会队获全国百城健身气功交流展示系列活动清远大会暨清远市首届健身气功比赛八段锦集体金奖、五禽戏集体金奖。2012 年，英德队获广东省首届百县（区）足球赛总决赛第三名。2013 年，英德队获广东省首届千万人群广场健身排舞展示大赛职工组二等奖。

4. 体育工作成绩显著

英德县（市），1983 年获评"广东省体育先进县"、1987 年获评"全国体育先进县"、1991 年获评"1990 年度为发展广东体育事业作出突出贡献单位""为第十一届亚运会作出突出贡献单位"、2009 年获评"全民健身与奥运同行·全国亿万老年人健步走向北京奥运会活动先进地区""广东省老年体育工作先进县（市）"、2017 年获评"2013—2016 年度全国群众体育先进单位"。

1986 年，浛洸、大湾、望埠、石灰铺、大镇、连江口镇获评"广东省体育先进镇"；1993 年，浛洸镇获评"全国体育先进镇"；2003 年，大湾镇获评"全国'亿万农民健身活动'先进乡镇"；2006 年，英城街获评"广东省群众体育先进单位""全国'亿万农民健身活动'先进乡镇"；2009 年，英城街获评"广东省老年体育工作先进镇"；2013 年，英城街获评"广东省老年体育工作先进基层单位"、老区镇桥头镇获评"全国乡镇体育健身示范工程单位"。

英德市体育局，2002 年获评"1997—2001 年度广东省群众体育先进单位"、2013 年获评"2009—2012 年度全国群众体育先进单位"。

5. 国家女子足球英德训练基地

20 世纪 80 年代初，在改革开放大潮中思想解放的英德人，青睐女子足球这个冷门的体育运动项目。

1982 年初，英德组织 16 支女子足球队训练。1983 年，县体委向国内所有女子足球队发出冬训邀请，是年有 8 支球队来英德训练。此后，国内女子足球队到英德冬训成了惯例。1986 年，县政府与国家体委签订协议，共同建设国家女子足球英德训练基地；中国足球协会韩重德到英德，着手组建中国国家女子足球队。女足英德训练基地位于望埠镇，占地面积 21.48 万平方米，内有 8 个足球场，连同县城体育场及生活配套设施，每年可接待 20 支球队冬训或比赛。

1986 年至 1991 年，中国女足进驻女足英德训练基地训练。1986 年 12 月，中国女足走出基地，赴港首次参加亚洲女子足球锦标赛，以全胜战绩夺冠。之后分别再夺 1989 年、1991 年亚洲女子足球锦标赛冠军，1990 年亚洲运动会女子足球冠军。

1996 年，在国家体委高度重视和大力支持下，英德市政府克服财政困难，拨出专款升级改造女足英德训练基地。1997 年，经中国足球运动学校批准，在女足英德训练基地建立中国足球运动学校英德分校。2005 年，女足英德训练基地青少年俱乐部成立。2007 年 1 月，在女足英德训练基地挂牌成立 20 周年庆典上，中国女足前队长孙雯深情地说："女足姑娘永远忘不了英德人民的深情厚意，在中国女足最困难的时候，是善良好客的英德人民接纳了我们，让我们从英德起步，走出中国，走向世界！"中国足坛元老、中国足球协会原主席年维泗向英德颁授"中国女子足球之乡"牌匾,表达中国女足对英德人民的深情厚谊。

经多年建设,截至 2017 年底,女足英德训练基地有训练场地 10 个,床位 480 张。自女足英德训练基地创建至 2017 年底,举办过 92 次比赛或训练,参赛参训队伍 1081 支,其中全国性比赛 29 次,参赛队伍 388 支;全国性训练 16 次,参训队伍 162 支;省和地方性比赛 47 次,参赛队伍 531 支。

国家女子足球英德训练基地,是社会公认的中国女足的"摇篮"的"娘家",是"艰苦奋斗、顽强拼搏、团结一致"的中国女足精神的发源地。由于中国女足的集训和举办一系列省级乃至全国性的赛事,英德掀起足球热,新城中学(1987 年 8 月改称英城第一中学)被广东省定为女子足球传统项目学校。1983 年 4 月,广东省首届女子足球赛在英德县体育场举行,英德队获亚军。

第三节

跨越发展　致富奔康

一、跨越发展决策的确立

改革开放以来，由于自然地理等因素影响，与珠江三角洲等发达地区相比，英德长期处于欠发达、后发展阶段。20 世纪 90 年代中期，国家实施宏观调控，紧缩银根，治理经济过热，加上 1997 年东南亚金融危机，国内外市场疲软。1996 年以来，英德主要经济指标持续七年低位徘徊，表现为经济总量小，发展速度缓慢，工业基础薄弱，财政收入少。2002 年，全市地区生产总值 42.3 亿元，比上年仅增 5.9%，人均地区生产总值 4962 元；农业总产值 28.92 亿元，工业总产值 14.92 亿元，比上年增 0.6%，工业总产值约占农业总产值的一半；财政收入仅 9627 万元，人均财政收入 112.93 元。

2002 年 11 月，中共十六大提出全面建设小康社会的目标，2020 年实现国内生产总值比 2000 年翻两番。为贯彻中共十六大和省委、清远市委有关会议精神，进一步动员全市共产党员和广大人民群众打好全面建设小康社会基础，中共英德市第十次代表大会于 2003 年 3 月在市区召开。

会议确定今后五年的指导思想和工作目标，其中实现经济跨越式发展的目标为：三年打基础，五年翻一番，为确保十年翻两番、二十年建成全面小康社会打下坚实的物质基础；力争五年工业总产值达到100亿元，地区生产总值年均增长10%以上，十年人均生产总值达到1万元。

会议认为，山区的欠发达就是欠在工业不发达，明确推动经济跨越式发展，工业化是重点，产业化是基础，城镇化是载体。提出全力以赴抓工业，实现由工业立市到工业富市。

会议提出加快工业化的措施，一是要发挥资源禀赋优势，走资源型和劳动密集型相结合的道路。以水泥、水电为龙头，辅之以钢铁产品、铜箔化工等行业，发展"两水一钢"及配套相关的劳动密集型企业。二是要以项目带园区，狠抓工业园区、工业城建设。实行大规划、小开发；实行"筑巢引凤"与"引凤筑巢"相结合，以"引凤筑巢"为主；实行引进国外资本与国内资本相结合，以国内资本为主。在项目引进中，要突出抓好洽谈、签约、动工建设、投产四大环节的落实，确保引进一个成功一个。三是要敢于引进大项目，勤于落实大项目，善于建成大项目。强调没有大投资大项目就没有英德经济的大跨越，要把最多的精力放在大项目上，把最多的财力放在大项目上，把最好的干部人才安排在大项目上，把最优惠的政策落实到大项目上，把最优化的资源配置在大项目上。四是要勤于"走出去""请进来"，加快招商引资工作节奏。五是要坚持"门槛一降再降、成本一减再减、空间一让再让、服务一优再优"原则，千方百计落实各项招商引资优惠政策，积极营造"低洼效应""头羊效应"和环境效应，不断增强招商引资吸引力和竞争力。六是要积极稳妥加大国有企业改革力度。综合运用市场、经济、法律和必要的行政手段，用两年左右时间做到"两个退出"，即国有企业从一般性竞争领域退出，国有集体资本从中小型企业退出，措施体现"三个优"，即优先处置国有企业资产和债务，优先安置企业职工，优惠扶持转制后企业发展，目的是做到"破"与"立"同时进行。鼓励和推动民营资金注入国有企业，从整体上搞活全市企业。同时大胆采用"靓女先嫁"的办法，积极实施资源重组优化政策，以盘活国有资产和资源。在产业化方面，要积极引进龙头企业，增加农民收入，提高农业产业化水平，切实增强农村经济实力。在城镇化方面，要从实际出发加快城镇化步伐。

会议明确推动经济跨越发展的路径和措施：一是根本出路在于发展民营经济。思想要放胆，发展要放手，市场要放开，政策要放活，以此做大做强本土民营经济，走"富民强市"之路。二是要整合人文政治资源，营造环境新优势。通过建立宽容的人文环境、提速的政务环境、公正的法治环境、舒适的生活环境、诚信的市场环境，树立英德对外开放的新形象，充分发挥环境的"吸盘效应"。三是要通过加强党的建设，造就一支务实团结、廉洁高效的领导班子和干部队伍，为加快英德经济发展步伐，打好全面建设小康社会基础提供组织保障。

二、跨越发展决策的实施

2003 年至 2005 年，围绕中共英德市第十次代表大会提出的跨越发展各项奋斗目标，市委、市政府应对复杂局面，克服诸多困难，采取一系列政策措施，推动全市经济加快发展。

（一）加大招商引资力度，打造经济强劲引擎

英德石灰石资源、水力资源丰富，是广东建材产业"十五"规划建设新型干法水泥熟料三大生产基地之一，2001 年被国务院批准为全国"十五"水电农村电气化建设达标县。市委、市政府按照中共英德市第十次代表大会确立的"两水一钢"，工业立市、工业富市的发展定位，走资源型和劳动密集型相结合的道路，把招商引资作为发展的第一要务，抓住省实施区域协调发展战略和珠江三角洲产业转移的机遇，全力以赴推进招商引资工作。

集中力量抓招商引资工作。首先，成立由市长挂帅的英德市招商引资工作领导小组，各镇成立招商办公室，由镇党委书记总体抓。其次，制定招商引资工作责任制、加快镇级经济发展的实施意见、放宽搞活市直单位若干问题的实施意见、关于设立若干奖项的暂行办法。将各镇各市直单位分成 3 类，按类别下达年度招商引资任务，对各镇各市直单位完成任务情况进行督查考核，完成任务的予以奖励，完不成任务的予以处罚。市委、市政府把招商引资重心下移到各镇各市直单位，实行增收共享的分配机制和重奖对招商引资有突出贡献的单位和个人的激励措施，收到明显成效。2002 年至 2003 年签约投资 300 万元以上的 89 个项目中，77 个项目落在镇一级。2003 年以来，市委、市政府逐年大幅提高奖金额度，每年年终召开招商引资工作表彰大会，兑现奖励承诺。

突出抓好大项目引进和服务。为抓好大项目的引进，对特大项目，如海螺水泥（含型材）项目，市委、市政府成立专门工作

英德市委、市政府于 2003 年招商引资的第一个大型水泥建设项目、总投资 30 亿元的海螺水泥（含型材）项目图

小组，主要领导积极抓招商引资方案的制定，带队到安徽海螺集团总部考察，参与谈判，在引资合同多轮艰苦谈判中，与安徽海螺集团负责人一起，共同确定合同重要条款，促成合同的签订。2003 年 1 月，市政府与安徽海螺集团签订投资协议，由安徽海螺集团投资 30 亿元，在英德建设年产 600 万吨水泥生产基地（3 条日产 5000 吨新型干法旋窑水泥熟料生产线）、年产 12 万吨 PVC 型材生产基地，并建设与水泥项目配套的 6000 万条塑料包装袋生产线及涉外酒店。2003 年 6 月，市政府与台泥集团签订投资协议，由台泥集团在英德投资 13.6 亿元，建设年产 400 万吨水泥生产基地（2 条日产 5000 吨新型干法旋窑水泥熟料生产线），以及与之配套的石灰石矿山、码头、铁路专用线。2003 年 5 月、2004 年 10 月，海螺集团、台泥集团英德项目先后动工建设。为抓好大项目的落实，对特大项目，如海螺水泥（含型材）和台泥项目，市委、市政府分别成立由市长任组长的项目协调领导小组；对一些较大项目，安排市四套领导班子成员和市直有关单位一对一跟踪联系，提供"保姆式"优质高效服务。在海螺等大项目征地拆迁等关键时段，市委、市政府每周召开一次现场办公会，召集有关部门、镇街主要负责人，现场听取项目进展情况汇报，现场提出解决问题措施，现场落实责任单位并限期解决。

　　抓好引进企业的增资扩产。为将水泥产业做大做强，2005 年 1 月、5 月，市政府分别与海螺和台泥集团再次签订投资协议，由安徽海螺集团投资 25 亿元，增建年产 800 万吨水泥生产线（4 条日产 5000 吨新型干法旋窑水泥熟料生产线）；由台泥集团投资 1.4 亿美元（约合人民币 11.59 亿元），增建年产 500 万吨水泥生产线（2 条日产 6000 吨新型干法旋窑水泥熟料生产线）及配套项目。至此，海螺和台泥集团在英德的投资分别为 55 亿、30 亿元。海螺 7 条日产 5000 吨新型干法旋窑水泥熟料生产线分别于 2004

年8月、9月，2005年9月、11月、12月，2006年3月、4月竣工点火。台泥2条日产5000吨新型干法旋窑水泥熟料生产线分别于2005年12月、2006年1月竣工点火；2条日产6000吨新型干法旋窑水泥熟料生产线于2008年2月竣工点火。两大水泥集团在英德水泥熟料年生产能力1400万吨，全部水泥熟料生产线建成投产后，水泥熟料年生产能力2300万吨。

2003—2005年投资50亿元的英德市海螺水泥厂

2003年至2005年，招商引资取得历史性突破，签订外来投资项目429宗，合同投资总额302.6亿元，实际利用外来资金110.84亿元。海螺和台泥等一批项目的相继投产，成为英德经济发展的强劲引擎，有力地促进英德经济的快速增长。

（二）加大民营企业扶持力度，搞活民营经济

市委、市政府制定相关政策措施。一是建立市领导联系民营企业制度，及时为他们解决发展中遇到的问题。二是建立"特许卡"制度，在免收本市路桥通行费等方面给予特许优惠。三是，出台《英德市强化保护民营企业监督工作实施细则》，切实保护民营企业合法权益。四是，每年召开民营企业家座谈会，沟通感情，听取意见，解决困难，改进工作。由于政策措施得力，掀起个体民营经济发展的热潮。截至 2005 年底，全市个体工商户1.48 万户，注册资金 5.7 亿元；民营企业 366 家，注册资金 12 亿元，分别比上年增长 36.6%、22.9%；民营经济纳税 3.34 亿元，占全市税收的 68%。民营经济成为英德经济发展的主力军。

（三）加大国有企业改革力度，盘活国有资产

2003 年 3 月市委、市政府出台《英德市全面加大国有企业改革力度的实施意见》，围绕盘活国有资产、协调处理企业债务工作重点，以"两个退出"为原则（国有企业所有制退出，产业退出），调整内外关系，创新改革办法，采取破产、股份制改革、整体出让、撤并解散安置等改制方式；同时，推动民营资本、外来资本注入国有企业，完成 17 家国有企业改革，盘活国有资产1.92 亿元。成功解决白石窑水电厂、龙尾山水泥厂、英德糖厂等国有企业的历史债务，为国有企业增添新的活力。

（四）加大环境建设力度，营造优良发展氛围

在投资硬环境方面，以打通出口公路为重点，先后完成西南出口省道 348 线英德九龙镇至清新县五一路口段建设、西出口省道 347 线浛洸公路英德段改造、南出口银英公路改造、东南出口英佛公路建设。特别是英佛公路的建成通车，英德中心城区到广州约 1 小时车程，比原来缩短约 1.5 小时，大大改善英德对外交通条件。2003 年至 2005 年，为英德自 1994 年撤县设市以来，公路建设投入较大、建成项目较多的三年，总投资 1.16 亿元，建设或改造公路 900 多千米。截至 2005 年底，全市通车里程 3111.2千米，公路密度 54.9 千米/百平方千米，基本形成以高等级路面为骨干的"三横十六纵"公路网络。与此同时，加快电源电网建设。制定优惠政策，鼓励外商和本土民营企业家参与水电开发。

1969 年兴建装机容量为 8.2 万千瓦的长湖水电站

2003 年至 2005 年，全市建成投产的水电站 56 座，总装机容量 6.02 万千瓦。截至 2005 年底，全市建成水电站 256 座（含广东粤电长湖发电有限责任公司、白石窑水电厂），总装机容量 32.08 万千瓦，年发电量 8.54 亿千瓦时。2003 年至 2005 年，电网工程投入 1.03 亿元，先后完成台泥一期输变电工程、海螺一期和二期等输变电工程建设，加强英东工业园等园区配套电力设施建设。此外，推行"引凤筑巢"为主与"筑巢引凤"相结合的做法，加快工业园区这一招商载体的建设步伐。

在投资软环境方面，2005 年 8 月，市委、市政府出台新的《关于鼓励外来和民营企业发展工业的优惠政策》，在用地、用电、用水、规费收取方面给予最大限度的优惠。借保持共产党员先进性教育和以"三个走在前面"为主题的排头兵实践活动契机，整顿机关作风，增强机关工作人员服务意识。深化行政审批制度改革，减少行政审批事项，2004 年 5 月成立英德市行政服务中心，为外来投资者提供"一条龙"服务。

（五）加大农村工作力度，促进农民增收

2003 年至 2005 年，市委、市政府贯彻落实每年的中央 1 号文件和有关"三农"工作方针政策，调整农业产业、产品结构，促进农民增收。2003 年，英德被农业部和省农业厅分别授予"全国粮食生产先进县（市）""全省粮食生产先进县（市）"称号，为清远市唯一获国家表彰的县级行政区。2005 年，全市粮经面积比例调整为 48∶52；英德获"中国麻竹笋之乡""中国红茶之乡"称号，大大提升优势资源知名度，蔬菜、蚕桑、笋竹、水果、茶叶等经济作物成为农民收入的主要来源之一。畜牧水产养殖业发展步伐加快，增长速度明显高于种植业，2005 年种养比例调整为 70.2∶29.8。名优品种比例有了新提高，优质水稻种植面积比例由 2004 年的 51.5% 上升到 2005 年的 60%；优质水产养殖面积 2266.67 公顷，占全部养殖面积的 50%；优质瘦肉型猪占肉猪饲养量的 70%。农业产业化水平进一步提高，引进和扶持温氏等 22 家农业龙头企业，温氏养猪场奶牛场、东方红养牛场、安兴奶牛场、天农食品公司养鸭场投产并逐步扩大生产规模。这些企业以"公司＋基地＋农户"模式发展规模养殖，带动 7 万多户农户每户年均增收 2800 多元。

（六）加快旅游商贸流通业发展，促进第三产业增长

旅游业快速发展。2003 年至 2005 年，以创建省旅游强市（县）为目标，引进海螺国际大酒店、英德迎宾馆、仙湖温泉度假区、金海湾旅游度假区、奇洞温泉度假区、老虎谷暗河漂流等一批投资项目。2005 年接待游客 128.2 万人次，比 2003 年增长 70.5%；旅游营业收入 2.5 亿元，比 2003 年增长 70%。

商贸流通业发展迅猛。2005 年，社会消费品零售总额 30.98 亿元，比上年增长（以下简称增长）18.6%，剔除物价因素实际增长 17.7%；外贸出口总额 2280 万美元，增长 51%；全年货物

运输量 1055 万吨，货物周转量 130154 万吨千米，分别增长 54.7%、9.4%；全市第三产业完成增加值 28.51 亿元，增长 26.9%。

（七）围绕"一江两岸"山水城市定位，推进城市建设

推进环城水系建设，给市民提供一个亲水、近水的生活环境。推进城市改造工程，完成和平北路等一批市政道路新建扩建改造和绿化美化亮化；建成海螺国际大酒店、新英德市第一中学等一批标志性工程，龙山公园、滨江公园初具雏形。全市城镇化水平从 2002 年的 20.1% 提高到 2005 年的 39.4%。

2003 年至 2005 年，英德主要经济指标走出持续七年的低位徘徊，提前一年实现"十五"计划经济总量预期目标。2003 年，全市地区生产总值 40.8 亿元①，比上年增长 9.3%；固定资产投资 16.77 亿元，增长 98.4%；地方一般预算收入 1.16 亿元，增长 21.9%，在清远市各县（市、区）中，率先突破地方一般预算收入亿元大关。2004 年，全市地区生产总值 51.15 亿元，比上年增长 25.4%，自 1996 年以来首次实现 2 位数增长，增长速度在清远市各县（市、区）排第一位；固定资产投资 28.3 亿元，增长 68.8%；地方一般预算收入 1.43 亿元，增长 23.3%，省对英德财政综合考核增长率为 40.4%，在全省 67 个山区县排第十位。2005 年，全市地区生产总值 70 亿元，比上年增长 36.9%，是改革开放以来增长最快的一年，增长速度在全省 67 个山区县排第二位，经济总量排第二十位，比 2004 年上升 9 位；地方一般预算收入 2.21 亿元，增长 54.6%，增长速度在全省 67 个山区县中排第二位，是 1994 年国家实行分税制改革以来增长速度最快的一年；固

---

① 地区生产总值、各产业增加值、工业和农林牧渔及服务业总产值绝对数按当年价格计算，增长速度按可比价格计算。

定资产投资 46.52 亿元，增长 64.4%，固定资产投资规模及增长速度均在清远市各县（市、区）排第二位，增长速度比 2002 年增长 4.5 倍，连续三年增长速度超过 60%，标志着英德经济有相当强的增长后劲。2005 年，取得 2 项具有历史转折意义的经济发展成果：一是实现工农业产值比例调头，全年工业总产值 48.56 亿元，比上年增长 61.5%，农林牧渔及服务业总产值 28.1 亿元，增长 5.1%，工农业总产值比例为 63.2：36.8，工业总产值首次超过农林牧渔及服务业总产值，标志着英德开始进入工业社会；二是实现粮经面积比例调头，粮经面积比例调整为 48：52，经济作物面积首次超过粮食种植面积，标志着英德农业发展上了新的台阶。2005 年，城乡居民储蓄存款余额 54.06 亿元，在岗职工人均工资 17990 元，农民人均纯收入 3665 元，分别比 2002 年增长 58.3%、55.6%、21.2%。2004 年、2005 年，经济工作连续两年获清远市考核一等奖。

英德主城区新貌，摄于 2015 年 1 月

"十一五"时期（2006—2010），英德经济保持跨越发展的良好势头，主要经济指标保持快速增长，其中地区生产总值年均增长 15.8%、固定资产投资年均增长 33.2%、地方一般预算收入年均增长 39.8%、外贸出口总额年均增长 65%、社会消费品零售总额年均增长 23.7%，各项经济指标完成"十一五"计划。产业结构不断优化，三大产业比例由 2005 年的 26：28：46 调整为 2010

年的 20 ：37 ：43 ，现代特色农业快速发展，农业产业化、专业化水平进一步提高。旅游、房地产、金融保险、物流商贸等现代服务业稳步发展。工业初步形成水泥、水电、矿产、彩印、包装、蚕丝绸、食品加工七大支柱产业，特别是水泥产业迅速壮大，成为广东省最大的新型干法水泥生产基地。招商引资取得新突破，抓住珠江三角洲地区产业结构升级的战略机遇，积极主动招商引资。2010 年新签约项目 126 宗，合同投资金额 271.5 亿元，比上年增长 37.4% ，其中合同金额超亿元的项目 40 宗，新签约项目当年实际投入 27.3 亿元，增长 21.9% 。2010 年 12 月，市政府与佛山市顺德区政府签署《区域经济合作协议》，两地在清远华侨工业园英德英红园规划范围内划出 36 平方千米共建广东顺德清远（英德）经济合作区。招商引资项目产业结构呈现由资源型、粗加工型向深加工型及精细化工项目发展的良好态势，一大批项目的引进和建设，极大地增强经济发展后劲。完成粤北电力南送电网改造以及 220 千伏朗新、220 千伏月亮湾变电站等工程建设，引进并加快建设 550 千伏库湾变电站工程。生态环境日益优化。环境污染得到有效控制和治理，生态优势进一步凸现。2010 年全市森林覆盖率 66.5% ，城市建成区绿化覆盖率 41.9% ，城镇人均公共绿地面积 12.62 平方米，城镇生活污水排放达标率 80% 。

城市面貌日新月异，城市规划编制和建设高标准推进，城市框架进一步拉大，城市开发建设管理水平不断提高，配套设施日趋完善，城市功能显著提升，先后获评省旅游强市、卫生城市、文明城市。

2010 年，英德各项经济指标保持快速增长，经济工作实现清远市"七连冠"。全年地区生产总值 208.6 亿元，比上年增长 22.5% ；人均地区生产总值 21017 元，增长 20.8% ；工业总产值 437.99 亿元，规模以上工业增加值 93.05 亿元，增长 45.8% ；农

2008 年 6 月在原英德市英东工业园基础上创办的新园区——清远华侨工业园

林牧渔及服务业产值 49.19 亿元，增长 8%；固定资产投资 195.4 亿元，增长 23.3%；社会消费品零售总额 89.59 亿元，增长 22.3%，剔除物价因素实际增长 20%；实际利用外资 7358 万美元，增长 7.9%；外贸出口总额 2.09 亿美元，增长 1.4 倍，增长速度在清远市各县（市、区）排第一位；地方一般预算收入 11.84 亿元，总量在全省 67 个山区县中排第一位，增长 41.1%；城镇居民人均可支配收入 13366 元，增长 10.5%；农民人均纯收入 6358 元，增长 12.8%。全市规模以上工业企业 146 家，比上年增加 16 家。在 2010 年全省县域经济综合发展力排名中，英德综合发展力在全省 67 个山区县中排第二位。

第四节 新时代　新作为

一、打好扶贫攻坚战

（一）早期的老区扶贫

英德有 2398 个自然村为老区村庄，其中土地革命战争时期 98 个、抗日战争时期 179 个、解放战争时期 2114 个。2398 个老区村庄分布在 23 个镇街、1 个茶果场的 189 个行政村。

1．慰问救济

1950 年至 1957 年，县民政科发放救济大米 9 万千克、稻谷 1.6 万千克、救济款 10.14 万元、棉布 94 匹、棉被 402 张、夹被 208 张、棉衣 1466 件，修建房屋 387 间。1952 年，县委、县政府动员新区群众捐献 2.2 万元，购买棉布 700 匹，帮助老区人民御寒。

1951 年 8 月，由中国人民解放军华南军区北江军分区司令员、原广东人民抗日游击队东江纵队北江支队支队长邬强（广东英德人）率领的中央人民政府南方老根据地慰问团到鱼湾、桥头、大镇等老区，传达毛泽东主席和中央人民政府对老根据地人民的关怀，走访慰问烈军属，向 247 名革命烈士家属及革命老人赠送纪念品。

1957 年 10 月，县委、县人委联合发出《关于切实做好革命根据地工作的联合指示》，要求积极领导老区恢复建设与发展生产。同年，英德县革命老根据地建设委员会成立，领导和大力支援老区人民医治战争创伤,恢复和发展生产。

1957 年至 1962 年,省人委几次拨专款共 170 万元,帮助老区人民修建房屋 467 间,加上社队帮助修建的 965 间,共 1432 间,占新中国成立前被国民党军队烧毁房屋的 42%。1964 年,县革命老根据地建设委员会办公室拨出木材 75 立方米,给老区困难户修建房屋。

1979 年至 1981 年,为老区 424 户困难户发放生活补助款 4.45 万元,发放建房款 7 万元,修建房屋 156 间。

1981 年至 1993 年,发放无偿福利救济款 80.9 万元,帮助老区人民解决照明、饮用水、出行和生活困难问题。

2. 扶持生产

1981 年起,对老区实行扶持与救济相结合,以扶持为主的政策。县每年将省扶持和救济款的 80% 用作有偿无息生产贷款发放,20% 作为无偿福利救济款发放。1981 年至 1993 年,发放省扶持和救济款 335.5 万元,县革命老根据地建设委员会办公室回收再发放 40 万元,合计发放 375.5 万元。老区人民利用有偿无息生产贷款,发展种养、加工、开采业。种养业方面,建立蚕桑、毛竹、冬菇、茶叶基地和鹅苗繁殖场,扶持农户养兔、养牛;加工业方面,办起桥头公社新益爆竹厂、机砖厂、钢球厂,大站公社铸铁管厂,大镇公社蒲岭机砖厂,黄岗区①木器厂、松香厂;开采业方面,办起桥头公社亚婆石小煤窑、新益小煤窑。

---

① 黄岗区:1977 年分别由下石太、鱼湾、大站 3 个公社析出部分村并入国营英德林场。1984 年在国营英德林场增设黄岗区,黄岗区公所与国营英德林场一套人马两块牌子。1987 年黄岗区改镇。2000 年 6 月黄岗镇、国有英德林场分开设置,黄岗镇管辖国有英德林场和 9 个村;国有英德林场管辖 6 个林业生产工区和水果场。2003 年 5 月撤销黄岗镇。2005 年 11 月国有英德林场由清远市林业局垂直管理。

3. 兴修水利方面

1950 年至 1956 年，组织老区兴修小型水利设施 6 宗。1957 年，县人委拨款 2500 元帮助老区兴修水利 9 宗。1958 年，县水电局投资扩建鱼湾公社八角塘水库，有效灌溉面积 26.67 公顷。1971 年，兴修桥头公社新塘水库，有效灌溉面积 66.67 公顷。1977 年至 1978 年，兴修鱼湾公社横岭水库，有效灌溉面积 200 公顷。1990 年至 1993 年，县水电局拨款 500.5 万元，兴修水利 89 宗、饮用水工程 37 宗，整治江河 3 宗，建水电站 1 座。

4. 公路、桥梁建设

1951 年，拨款建设大镇乡①至鱼湾乡公路、大镇乡经桥头乡、青塘乡至白沙乡公路；1957 年拨款 1.95 万元，在鱼湾乡、桥头乡建设桥梁 5 座；1972 年拨款 1 万元，维修鱼湾公社至佛子凹公路；1973 年拨款 5.7 万元，建设鱼湾公社狮公岩公路大桥；1978 年至 1980 年拨款 30 万元，建设桥头公社板铺公路大桥；1981 年拨款 20.5 万元，建设桥头公社亚婆石公路大桥、国营英德林场黄岗大队至坳头公路；1982 年拨款 1.1 万元，维修鱼湾公社至坝仔公路路面和桥梁；1983 年拨款 1.5 万元，建设大镇公社塘下大桥；1984 年拨款 41.5 万元，建设鱼湾区至宝洞公路（1987 年完工）；1986 年拨款 37.6 万元，建设大镇区梁村大桥、白沙区廖湾大桥，加宽鱼湾区至狮子口公路路面；1987 年拨款 35.5 万元，建设大镇区空子水库至九良公路、大镇区至塘下公路；1990 年至 1993 年，县地方道路站拨款 619.1 万元，建设老区公路 2 条 149.1 千米、乡道 36 条 149 千米、桥梁 13 座长 421 米，铺水泥路面 17.4 千米、改造和扩建公路 44 千米。

---

① 以下各乡后改区、乡、公社、区、镇。2004 年 6 月大镇镇与鱼湾镇合并设立东华镇。

5. 教育文化卫生事业方面

老区乡镇办起中学、中心小学和卫生院，管理区办起完全小学和合作医疗站，较为分散的自然村办起村小学和配备卫生员或接生员，读书难、看病难问题基本得到解决。1990 年至 1993 年，教育部门拨款 204.3 万元，帮助老区学校建设教学楼、教师宿舍，增加教学设备，并选送 7 名高中毕业生到大专院校代培。卫生部门拨款 102 万元，扩建 10 个卫生院。

此外，1990 年至 1993 年，供电部门拨款 27 万元，解决山区村庄生产生活用电；邮电部门拨款 89.88 万元，给老区管理区安装电话 13 门，后又开通程控电话；农业和林业部门拨款 8 万元，绿化荒山荒地、改造低产田 26.67 公顷；供销部门供应牌价化肥 1167 吨；财政、银行、信用社给予 545.5 万元无息或低息贷款，帮助老区发展生产。

（二）早期的石灰岩地区扶贫

英德的石灰岩地区，主要分布在岩背、明迳、九龙、青坑、波罗 5 个乡镇一带，属于典型的喀斯特地貌，溶洞多，渗漏大，土少林稀，耕地零碎，物乏人贫。1984 年初统计，全县 1984 年人均纯收入 150 元以下的石灰岩地区贫困乡村 40 个、人口 6.07 万人，其中省扶贫重点村 28 个。

1985 年冬开始，为改变石灰岩地区贫穷落后状况，在县委贫困山区工作领导小组部署和推动下，各相关区委、县直 7 条战线 50 个单位根据县委规划，有计划有步骤地积极开展石灰岩地区扶贫工作。1987 年 8 月，县委、县政府印发《关于石灰岩地区五个乡（镇）几项政策措施的规定》，出台优惠政策和扶持措施，加大脱贫力度。

截至 1991 年底，全县投入扶贫资金 965.4 万元，其中国家拨款 527.9 万元（含粮、棉、布变通款 128 万元）、地方投入 437.5

万元。解决饮用水困难方面，建好每个村庄的饮用水工程，解决
4.3 万人的饮用水困难，在海拔 900 多米的山上建起 2 个蓄水量
32 万立方米的水库，并建成 1 座小水电站。解决交通运输困难方
面，开通 8 条长 64.1 千米的乡村公路，维修公路 98.7 千米。解
决用电困难方面，架设输电线路 63 千米，新增用电户 3500 多户
2.1 万多人。扶持发展种养业和推广科技方面，扶持贫困户造林、
种果、种竹，推广种茶、种桑、种杂交玉米，扶持养猪、养兔、
养羊、养牛。改善生活、通信、教学条件方面，架设通村到户电话
线路、改造 9498 平方米校舍危房。至此，省石灰岩贫困地区岩背
乡 8 个石灰岩管理区实现"四通"（通电、通水、通路、通电话）。

1990 年 6 月，全国人大代表、省人大常委会原主任罗天视察
英德石灰岩地区，充分肯定英德解决石灰岩地区群众食用水困难
的扶贫成果，勉励英德在扶贫工作上发扬成绩，再接再厉。

在对石灰岩地区扶贫的同时，对人口严重超载、资源严重匮
乏的村庄，采取组织劳务输出的办法增加收入。对缺乏基本生产
生活条件的特困人口（以下统称外迁人口），县委、县政府给予
经济补贴，鼓励支持外迁。具体方法有：一是动员外迁人口自找
门路，通过投亲靠友、承耕迁耕等渠道外迁；二是对没有门路的，
政府统筹安排外迁，一部分安置到省内县外的中山、三水、海丰、
花县、清远等地，一部分安置到县内的横石塘、石牯塘、云岭、
石灰铺等乡镇。通过异地迁移，有效地改善外迁人口的生产生活
条件，解决了温饱问题。1993 年至 1997 年，英德完成石灰岩地
区人口迁移 8866 户 44782 人。

青坑区①是典型的石灰岩贫困山区，群众生产生活用水十分

---

① 青坑区后改乡、镇；1994 年 4 月被评为老区镇，2004 年 6 月并入
大湾镇。

困难。从 20 世纪 80 年代初开始筹建饮用水工程，在省、市、县扶贫单位的支持下，青坑区在大江、瑶排、枫林、羊桥等乡（后改村、管理区、村）建起一批蓄水池。截至 2003 年底，全镇建起 200 多个蓄水池，解决 80 多个村民小组 1800 多户 9000 多人的生产生活用水问题；在大江、瑶排村和居委会安装自来水管，30 多个村民小组 500 多户 2500 多人用上自来水。

在省、市、县扶贫单位的支持下，1996 年底，镇区到各管理区公路全部开通。1997 年后，陆续铺好镇区至磅脚管理区（后改村，下同）4.5 千米、镇区至枫林管理区 3 千米、枫林管理区至瑶排管理区 2.5 千米水泥路面，改善管理区至村（后改村民小组）10 多千米乡村道路。截至 2003 年底，除镇区至联和村公路没有硬底化外，通向其他村公路全部实现硬底化，一些大的村民小组也通了水泥路。

1994 年开始，青坑区（镇）开展改造薄弱学校工作。1995 年，青坑镇政府将政府办公场地提供给青坑中学。在省、市、县扶贫单位的支持下，以及香港热心人士彭行心先生的捐资助学帮助下，在原政府办公场地建起 2 座教学楼，并完善教学配套设施。截至 2003 年，青坑中学拥有教学楼、教学实验楼、学生宿舍楼和标准的体育运动场，在校学生 500 多人，成为初具规模的初级中学。2000 年至 2003 年，青坑中学考上普通高中和中等职业技工学校学生超过百人，其中，10 多人考上英德重点中学。与此同时，在香港热心人士的帮助和英德市老促会以及社会各界的支持下，陆续建起金碧希望小学、田心信善小学、瑶排小学、大江小学、联和小学、磅脚小学。截至 2003 年底，青坑镇拥有 11 所中小学，在校学生 2378 人。

1993 年，在有关部门协助下，青坑镇开通第一台程控电话，1996 年至 1997 年陆续开通 200 多台程控电话。1997 年在省、市、县扶贫单位的支持下，全镇 10 个村（居）委会开通程控电话。截至 2003 年底，6 个村部分农户开通程控电话；据电信部门统计，全镇程控电话用户 650 户。中国联通在当地安装 2 个移动通信基站，移动通信信号覆盖全镇。

（三）撤县设市后的老区扶贫与建设

农业部门积极争取上级支持，组织实施农业项目，扶持发展农业生产。实施的大宗农业项目有：

（1）国家糖蔗基地项目。1993 年至 1996 年，先后在张陂、桥头 2 个老区镇和浛洸、石牯塘等镇实施，总投资 485 万元。为项目镇年新增糖蔗产值 5000.6 万元、新增工业产值 8125 万元、新增税收 788 万元。

（2）国家优质稻基地项目。1993 年至 1998 年，在白沙、望埠、西牛、青塘、水边、青坑 6 个老区镇和浛洸、大站等 5 个镇实施，总投资 3663.38 万元，改造中低产田 1.42 万公顷，兴修一批排灌渠道、机耕路、陂头等设施，新增灌溉面积 1880 公顷，改善灌溉面积 1.11 万公顷，优质稻从起步发展到年播种面积 3 万公顷的规模。不仅使生产条件有较大改善，生产能力有较大提高，而且取得很好的经济和社会效益，项目镇农民年人均纯收入增长 15% 以上，群众对农业综合开发的认识和参与的积极性明显提高。

（3）省级"一乡一品"项目。2000 年至 2004 年，在老区镇望埠镇扩种柿子 1000 公顷，扶持农户 4260 户，总投资 2135 万元。截至 2003 年底，扩种柿子 572.8 公顷。

（4）省第二批商品粮基地项目。1995 年至 1997 年，投入 680 万元，在西牛、大镇、桥头 3 个老区镇和九龙、沙口、浛洸、大湾、英城等镇建立商品粮基地，每年提供商品粮 13100 万千克，比项目实施前增加 38%，商品率 42%。

（5）省粮食自给工程项目。1999 年至 2000 年，投资 1000 万元在大镇、望埠 2 个老区镇和九龙、大站镇重点扶持发展粮食生产，通过整治田间渠道改造中低产田 1133.33 公顷，年新增粮食产量 118 万千克。

（6）清远市级"一乡一品"项目。2000 年至 2004 年，每年投入 48 万元，在老区镇黎溪和沙口、连江口、明迳等镇扶持发展砂糖橘 1066.67 公顷、甜桃 333.33 公顷、南药 133.33 公顷。

老区的建设发展离不开社会各界的支持。英德市老促会从做好党委、政府参谋和有关部门以及社会各界协调工作入手，争取他们的重视和支持，协助加大对老区扶持力度，为老区多办实事。

一是协助搞好扶持老区经济发展"八五""九五"总体规划编制。英德市老促会分组分片深入老区村庄，对老区经济发展和行路难、饮水难、用电难、入学难、看病难的"五难"现状进行调研，掌握第一手资料，为总体规划编制提供依据。为反映老区困难和呼声，撰写《检查扶持老区发展经济议案实施情况汇报》，向上级有关部门和英德市委、市政府提出意见建议，使老区得到更多的帮助和支持。1995 年至 1997 年，有关部门投放扶持老区资金 1155.95 万元，较好地解决部分老区"五难"问题。

二是为解决老区行路难问题奔走呐喊。2006 年，市老促会将老区所在行政村 837 千米公路尚未硬底化的情况向广东省、清远市汇报，争取省里在每千米补助 10 万元基础上再增加 5 万元，后来带动全省所有行政村公路硬底化补助均为 15 万元/千米。仅此一项，英德老区增加补助 4000 多万元，其他地区增加补助 8000 多万元。截至 2009 年，240 个老区所在行政村完成 1413 千米公路硬底化，总投资 3 亿多元，基本实现老区所在行政村村村通硬底化公路（尚有 1 个行政村 12 千米公路硬底化未完成）。在解决老区所在行政村公路硬底化的同时，积极争取上级资金，帮助贫困落后的老区自然村建设乡村公路。路通带动老区种养业的发展，涌现出不少"百亩果""千头猪""万只鸡"专业户。路通带动新农村建设，如九龙镇老区村庄塘控村仅用 105 天，全村 58 户全部拆旧房建 58 幢新楼房，成为有文化室、娱乐室，村容整洁，乡风文明的社会主义新农村；桥头镇建成鱼梁头新村、何屋新村、上巫新村等。路通也改变了村民的生活方式，不少村民搬迁到镇区居住，如黎溪镇新增汽车 30 多辆、摩托车 400 多辆，村民在镇区居住，开车到原居住地耕作。

三是科技扶贫。市老促会会同农业部门在黄岗、波罗、横石水等镇开展科技扶贫活动，通过引进、示范、推广、培训，提高老区人民科技致富意识和种养技术，增强"造血"功能。2001年，组织下乡扶贫讲座 13 次，培训农民 1030 多人次；扶持波罗镇种植白果 233.33 公顷，波罗镇、明迳镇新民村种植反季节蔬菜，黄岗镇发展砂糖橘等"一乡一品"项目。2002 年，在黄陂镇光辉村扶持 20 户农户发展蔬菜种植，取得较好的经济效益。

四是突出抓好老区小学改造。2002 年至 2004 年，在广东省、清远市老促会大力支持下，英德市老促会与教育部门通力合作，争取省改造老区所在行政村小学指标 88 所，资金 2470 万元，其中省财政拨款 1740 万元、佛山市政府支持 730 万元，英德实际投入 3558.9 万元，分 3 批改造老区所在行政村小学 95 所。

五是争取上级对农村卫生站建设的重视。英德老促会从 2005年起连续两年，对全市农村卫生站现状进行调查分析，向广东省、清远市老促会提交书面报告。省老促会综合各地调查情况两次向省委、省政府提交书面报告。时任中共中央政治局委员、省委书记张德江，时任省委副书记、省长黄华华均批示。从 2006 年开始，省级财政设立专项资金，对经济欠发达的 14 个地级市及江门恩平市的村卫生站医生予以补贴，每个行政村每年补贴 1 万元；到 2007 年底，全省每个行政村（乡镇卫生院所在地除外）设置一个规范的卫生站。

六是推进边远分散老区村庄搬迁。全面调查边远分散老区村庄，召开会议征求群众意见，写出情况报告报广东省、清远市老促会，要求支持帮助边远分散老区村庄搬迁，改善老区人民生活环境和居住条件。2005 年至 2008 年，安排 29 个边远分散老区村庄 557 户 2533 人和 2 个不具备生产生活条件的老区贫困村庄搬迁安置。2010 年完成搬迁安置。

七是做好党委、政府参谋。2008 年，为贯彻落实省委办公厅、省政府办公厅《关于进一步加强革命老区建设工作的意见》（粤办发〔2008〕8 号），英德市老促会用 3 个月时间，调研老区基本情况，写出《落实粤办发 8 号文精神，做好各项扶持措施，加快老区经济社会发展的意见》报英德市委。市委高度重视，专门召集有关单位领导学习粤办发 8 号文，并成立由市委副书记为组长的领导小组及其办公室，统一协调各有关单位扶持老区工作。市委办公室发出《关于进一步加强我市革命老区建设的实施意见》，要求有关单位作出扶持老区具体规划，进一步解决老区"五难"问题，尽快改变老区面貌。

八是争取各级资金帮扶老区。2008 年，英德市扶贫开发领导小组办公室投入 16 万元用于东华镇古滩村、石灰铺镇保安村、白沙镇石园村道路建设。

2009 年，英德市老促会遴选发展经济比较困难的 10 个老区所在行政村，配对佛山市扶贫单位，开展"一对一"帮扶。

2013 年，争取清远市扶持老区发展项目资金 50 万元，用于老区村庄道路、桥梁、水利等基础设施建设。

2013 年至 2015 年，完成广东省、清远市老区建设项目 14 个，投入 216 万元。

2014 年，争取清远市扶持老区发展项目资金 50 万元，用于老区村庄道路、桥梁、水利等基础设施建设。

2015 年，争取广东省扶持老区发展项目资金 25 万元，用于西牛镇金竹村石门坑新村基础配套设施建设；争取清远市扶持老区发展项目资金 50 万元，用于老区村庄道路、桥梁、水利等基础设施建设。

2016 年，争取广东省扶持老区发展项目资金 25 万元，用于大站镇侧塘村水毁修复项目，争取清远市扶持老区发展项目资金 50 万元，分别用于石牯塘镇八宝村长冲村民小组至石波公路道路项目、西牛镇石金村道路项目、大湾镇中步村道路硬底化项目、白沙镇白沙村道路硬底化项目、黎溪镇恒昌村道路硬底化项目，每个项目 10 万元。

2017 年，争取两批中央扶持老区发展项目资金共 955 万元、广东省扶持老区发展项目资金 25 万元、清远市扶持老区发展项目资金 50 万元，扶贫培训资金 29 万元。第一批中央扶持老区发展项目资金 614 万元，分别用于大湾镇古道村桥梁和道路项目、波罗镇乌田村道路项目、石牯塘镇沙坪村至鲤鱼村道路项目、横石水镇江古山村三面光灌溉渠和陂头项目、青塘镇榄村中心村三面光灌溉渠项目、大洞镇大洞社区水利项目、黄花镇平星村路桥项目、下石太镇沙岗村水利堤坝项目、英红镇新岭村水利堤坝项目、黎溪镇恒昌村灌溉渠项目、东华镇塘下村水利项目；第二批中央扶持老区发展项目资金 341 万元，分别用于桥头镇桥头社区、大洞镇大洞社区、东华镇文南村、望埠镇同心村、大湾镇茅塘村、浛洸镇荷州村、西牛镇赤米村、黎溪镇大埔村、连江口镇初溪村、水边镇黄竹村、沙口镇红峰村、下石太镇下石太社区、大站镇黄岗村。清远市扶持老区发展项目资金 50 万元，分别用于波罗镇板水村桥梁项目、东华镇宝洞村桥梁项目、桥头镇桥头社区道路项目、沙口镇新建村农田坝基加固项目、石灰铺镇惟东村道路硬底化项目，每个项目 10 万元。广东省扶持老区发展项目资金 25 万元，用于东华镇文策溪挡土墙和灌溉渠项目。

2018 年，争取清远市扶持老区发展项目资金 75 万元，用于东华镇宝洞村道路硬底化项目，包括建一座桥梁，并配套基础开挖一条道路；东华镇汶潭村道路硬底化项目；横石水镇横岭村道路硬底化项目；沙口镇新建村水利项目；大洞镇大田村道路硬底化项目；石灰铺镇惟东村道路硬底化项目。

与此同时，社会热心人士积极投身老区建设事业。2011 年，英德市委统战部发动组织统一战线各界人士，开展"我为幸福英德建功业"活动。全年筹集善款 1036 万元，修建老区公路 41.5 千米。企业家邓田保捐款 200 万元铺设大湾镇田心村水泥路 3 千米、捐款 400 万元帮助大湾镇田心村围头村民小组建新村。市工商业联合会执委、民营经济人士捐款 18 万元用于老区乡村公路建设。2011 年开始，英德市委统战部联合市工商业联合会、市老促会、市交通运输局等单位，连续三年开展"百家民企进老区扶百村感恩行动"，每年组织民营企业家结对帮扶老区贫困村庄。截至 2013 年底，民营企业家累计捐款 635 万元，援建老区公路 13.75 千米、桥梁 1 座，改造住房 49 套，开展慰问活动 23 次，慰问 116 人。

（四）精准扶贫、精准脱贫

2016 年底，英德有新时期精准扶贫省定贫困村 78 个，其中省直单位帮扶村 11 个、广州市帮扶村 59 个（白云区帮扶 35 个）、清远市直单位帮扶村 8 个；有分散贫困村 211 个。全市农村贫困人口 18344 户 46796 人，其中一般贫困户 3808 户 13593 人、低保贫困户 10095 户 28619 人、五保贫困户 4441 户 4584 人，无劳动能力人口占全市农村贫困人口 27.85%。

2016 年以来，英德按中央、广东省、清远市新时期精准扶贫精准脱贫三年攻坚的工作部署，创新思路，上下联动，多措并举，强势推进扶贫工作。

1. 加强组织领导，压实工作责任

成立由市委书记任组长的英德市精准扶贫工作领导小组，整合市直单位与驻镇驻村帮扶人员成立驻镇工作组、驻村工作组，组成市、镇、村三级扶贫工作队伍，形成强大工作合力。2017年5月，成立8个脱贫攻坚工作专责小组，组长均由一名市领导担任。压实工作责任，印发《英德市领导精准扶贫"包镇"主体责任清单》，建立市领导包镇、镇领导包村、党员干部包村民小组的主体责任落实机制，市、镇、村三级签订脱贫攻坚责任书，把脱贫减贫任务完成情况作为市镇党政主要领导年度述职考评的重要内容。

2. 突出产业帮扶，增强贫困户"造血"功能

将产业发展作为扶贫攻坚的根本之策，利用本地良好的生态环境、丰富的特色资源，发展产业项目，变单纯的"输血"为有效的"造血"，助推贫困户脱贫增收。截至2017年底，发展扶贫产业项目731个，累计投入财政扶贫资金3.9亿元。产业帮扶主要包括以下内容：

一是推进特色农业种养项目。推广"公司＋合作社＋基地＋贫困户""合作社＋贫困户＋基地""公司＋贫困户＋基地"等模式，在农业种植条件较好的镇打造农产品种植基地，全市打造农产品种植基地15个。如连江口镇连樟村投入60多万元打造大棚蔬菜种植基地，先行扶持有劳动力的贫困户进棚种菜，逐步带动全村大面积发展蔬菜生产，既增加了村集体收入，又直接带动约20户有劳动力的贫困户增收脱贫。

2011年以前，老区镇西牛镇花塘村树山（原树山村，省定贫困村，后并入花塘村）12个村民小组是远近闻名的贫困村庄，绝大部分为老区和水库移民村，"九山半水半分田"，土地少且贫瘠，人均只有 2 分田地，人均年收入不足 2000 元，绝大部分村民住在破败的泥砖房。2010 年，省委、省政府设立广东扶贫济困日，向全省人民及海内外社会各界人士发出"扶贫济困、共建和谐"倡议。碧桂园集团（以下简称碧桂园）积极响应省委、省政府倡议。原树山村作为省定贫困村，成为碧桂园创始人杨国强选定的碧桂园帮扶的第一个点。

　　经过考察调研与论证，碧桂园计划投入 3600 万元，以发展绿色产业为核心，实施住房改造、道路改造、通水、通电、通网络五大工程，争取用三年左右时间全方位帮扶树山村贫困户脱贫致富。首先，整村改造，改善村民的居住条件和生活环境。2010 年 9 月，对 385 户宅基地按自然村统一规划，为每户建设 1 幢相同规格的庭院式小洋楼，每幢建筑成本约 12 万元，大部分由碧桂园兜底，加上政府每幢补助 1.5 万元，每户村民只需要出 3.5 万元，而且可以分期付款，就可以住进小洋楼。2011 年 6 月，第一批熊屋、罗屋 2 个村民小组 123 户农户迁入新居。现在，树山村家家户户住在 2 层半高的小洋楼里，房子里面通水、通电、通网络，门前通水泥路，环境优美，配套完备。其次，产业扶贫，从"输血"到"造血"。碧桂园创始人杨国强认为，扶贫济困不应现金一捐了事，而是全程参与，且更重视授人以渔，实现帮扶对象真正意义上的脱贫。为此，碧桂园帮助树山村发展"造血"型项目，提高树山村自我发展能力，采取"借本你种，卖了还本，赚了归你，再借再还，勤劳致富"方式，将碧桂园的产业优势与当地优良的山水生态环境和土地、劳动力资源结合起来，按"公司＋合作社＋农户"模式发展绿色产业。由碧桂园提供技术、建设苗圃示范基地、免费培训村民、按市场价提供种苗，引导村民成立苗圃专业合作社，村民提供土地、劳动力种植苗木，苗木成本由碧桂园先行垫付50%—90%，苗木栽培达到一定条件后，品质合格者由碧桂园按市场价或保护价收购，然后从出售款项中扣除苗木成本，如此循环。据测算，通常一年期苗木投入产出比约为1:2，即10元成本的苗木种植一年达标后，可卖出约20元。每亩以600棵苗木计，一年一亩地收入约6000元。村民热情高涨，纷纷加入苗圃专业合作社，第一年靠着种植苗木就实现脱贫。2011年4月，时任中共中央政治局委员、省委书记汪洋考察碧桂园花塘（树山）村绿色产业扶贫项目，对碧桂园扶贫模式给予高度评价。2013年6月，国务院扶贫开发领导小组副组长范小建率调研组到碧桂园花塘（树山）村绿色产业扶贫项目调研，充分肯定了碧桂园花塘（树山）村社会扶贫、绿色产业开发成效。

二是探索金融帮扶助推扶贫产业发展。市政府与中国邮政储蓄银行英德市支行、英德市农村信用合作联社签订《扶贫贷款业务合作协议》，可为建档立卡贫困户提供5万元以下、三年期以内、免抵押免担保的扶贫小额信贷，由政府全额贴息，推进"政府+金融机构+公司+贫困户""政府+金融机构+贫困户"等金融帮扶模式，着力破解贫困户"想发展没本钱"问题。截至2017年底，有125户贫困户共贷款611万元。同时，引导贫困户以扶贫小额信贷资金以及自筹资金，集中入股当地的龙头企业项目，在保障本金的前提下每年按照一定比例分红，增加资产收益。

三是用好旅游资源推进旅游帮扶。依托丰富的旅游资源，将旅游开发与扶贫工作紧密结合，打造英西峰林·九龙小镇、安美生态园、奇洞温泉小镇、英州红茶园等一批旅游扶贫项目，成功申报横石塘镇龙华村、石牯塘镇八宝村2个省级旅游示范村，并通过贫困户以资产入股旅游公司、以土地入股旅游景区、在景区务工就业等方式增加贫困村、贫困户收入，开创了一条精准脱贫的新路子。如九龙镇10个分散贫困村庄的贫困户以扶贫小额信贷资金及自筹资金入股英德市国业旅游开发有限公司项目，每年按照比例分红，每户均增收 2500 多元。2017 年，全市"旅游 + 扶贫"项目 11 个，吸纳超过 300 名贫困户务工就业。

3. 全面落实政策，夯实贫困户脱贫致富基础

结合"三保障"① 工作，落实各项帮扶政策，全面落实低保政策。全市符合条件的精准扶贫户 10722 户，其中 10095 户享受民政低保政策，其余 627 户属于扶贫政策兜底范围又不符合民政低保政策条件的贫困户，由市政府采取建立贫困人口政策兜底救助基金的办法，确保做到应保尽保。为确保贫困户学生不因贫辍学，将建档立卡贫困户学生 7322 人纳入教育保障中，累计发放教育生活补贴等资金 2851.15 万元。为所有贫困人口购买医疗保险，制定大病救助、对一般贫困户医疗救助、对残疾人精准康复服务行动等政策，让贫困户看得起病，减少因病致贫、因病返贫。开展贫困户评残、无户籍人口 DNA 亲子鉴定等工作，对 3023 例疑似残疾人进行评定，确定各类残疾人员 565 户，对没有户籍的贫困户子女做 DNA 亲子鉴定 650 例，除部分越南籍贫困户外，全部落实办理入户。抓好住房保障工作，全面完成 2016 年 6616 户贫困户危房改造任务；2017 年完成 3020 户贫困户危房改造任务。严格按照贫困户"八有"② 退出标准执行退出工作，并在精准扶贫精准脱贫攻坚期内（2016—2018 年）原有帮扶政策保持不变，确保贫困户稳定脱贫。

结合贫困户培训和就业转移，增强贫困户自我发展能力。

---

① "三保障"指对精准扶贫贫困户实施的教育、住房、医疗保障政策。
② "八有"指有稳定收入来源或最低生活保障、有住房保障、有基本医疗保障、有义务教育保障、有饮用水、有电用、有电视信号覆盖、有网络信号覆盖。

2016 年以来，组织贫困户种养技术、就业技能方面培训 12273 人次，落实就业扶贫 7927 人。此外，借助碧桂园开展的贫困户铝膜产业工人培训、电工培训等项目，帮助 271 人培训提升并推荐就业。

引进一批劳动密集型企业进贫困村，帮助贫困户实现家门口就业。如连江口镇连樟村、青塘镇青北村均在贫困村内设立玩具加工厂，吸纳有劳动力的贫困户入厂就业。

建设新农村，改善农村生产生活环境。2016 年、2017 年，大力推进美丽乡村建设，两年建成美丽乡村 505 个，进一步改善了农村人居环境。2017 年 8 月，按照广东省、清远市统一部署，开展省定贫困村创建社会主义新农村示范村建设。截至 2017 年底，投入资金约 2 亿元。78 个省定贫困村中除黎溪镇黎洞村整村分散搬迁到镇区居住，暂缓新农村示范村创建外，其余 77 个贫困村全面完成行政村整村、辖区内 1250 个 20 户以上自然村规划编制。1263 个 20 户以上自然村村庄环境"三清三拆三整治"① 工作全部动工（含黎溪镇黎洞村 13 个 20 户以上自然村），其中，463 个自然村全面完成创建新农村示范村工作。

4. 创新扶贫机制，加快脱贫攻坚步伐

率先在清远市探索"以奖代补"激励机制，采用"先干后

---

① "三清三拆三整治"："三清"指清理村巷道及生产工具、建筑材料乱堆乱放，清理房前屋后和村巷道杂草杂物、积存垃圾，清理沟渠池塘溪河淤泥、漂浮物和障碍物。"三拆"指拆除旧房危房、废弃猪牛栏及露天厕所茅房，拆除乱搭乱建、违章建筑，拆除非法违规广告、招牌等。"三整治"指整治垃圾，落实"门前三包"（包卫生、包绿化、包秩序）责任制，建立保洁队伍，健全村庄卫生 24 小时保洁机制；整治污水，建污水处理设施，重点推进农户改厕，实行雨污分流、污水排放暗渠化；整治畜禽污染，建设栅栏圈围，实现人畜分离、家禽集中圈养。

补，以奖代补"方式，鼓励有劳动能力的贫困户发展农业种植、养殖项目或转移就业，并给予其一定的奖励补助（以下简称奖补）资金，奖补资金最高可达8000元，有助于激发贫困户脱贫内生动力，实现贫困户从"要我脱贫"到"我要脱贫"的思想转变。自实施"以奖代补"激励机制以来，共为5359户发放奖补金额1598.21万元。

在全省首创"百企扶百村"模式，加快分散贫困村脱贫步伐。出台《英德市"百企扶百村"结对帮扶工作方案》，采取签约结对、村企共建等形式，组织民营企业（包括商会、协会）与分散贫困村结对帮扶。截至2017年底，121家企业结对帮扶155个分散贫困村，带动2.8万多名贫困人口增收。

加强党建促脱贫攻坚，发挥党员示范引领作用。以基层党组织建设为核心，以扶贫开发为主线，把扶贫开发作为基层党组织建设重要内容。从市直单位选派16名副科级干部驻村担任精准扶贫"第一书记"、125名优秀党员担任扶贫驻村干部。加强贫困村基层党组织整顿工作，以村级"两委"换届为契机，选优配强党组织班子。开展"一共建、双促进"活动，市直单位从所帮扶的分散贫困村中选取其中一个村级党支部作为结对对象，采取"一帮一"方式，加强基层党组织建设，推动以党建促脱贫攻坚，88个市直单位党支部与分散贫困村村级党支部完成结对，2000多名市直单位在职党员与分散贫困村贫困户完成结对。

2016年，全面完成清远市下达的13012人脱贫任务；2017年，预脱贫19143人。在2016年度扶贫开发工作考核中，英德被清远市评为"优秀"等次；同时，英德代表清远市接受省扶贫工作考核，并获评"优秀"等次。

2017年，一批贫困村、贫困户顺利脱贫，预脱贫1.81万人。

2018年，脱贫1.64万户4.15万人。

二、社会主义新农村建设

2013 年至 2019 年，英德将社会主义新农村建设作为落实乡村振兴战略的重要抓手，坚持"政府主导，村民主体"原则，以农村综合改革为引领、改善农村人居环境为重点，以开展村庄环境"三清三拆三整治"为切入点，探索实施"先建后补，以奖代补"激励机制、"六个结合""七先七后"①建设原则，统筹推进美丽乡村建设、省级新农村连片示范建设工程、省定贫困村创建社会主义新农村示范村建设。

（一）美丽乡村建设

2013 年 9 月，英德拉开美丽乡村建设序幕。在清远市下达 2 个美丽小镇、393 个美丽村庄建设任务基础上，自加压力，增加由市四套领导班子成员挂点的 33 个美丽乡村建设。截至 2013 年底，启动连江口镇、老区镇浛洸镇 2 个美丽小镇和 426 个美丽村庄规划编制；清远市下达的 10 个美丽乡村试点村创建项目动工建设；启动 33 名市四套领导班子成员挂点村、256 个示范村建设；建成 24 个镇街生活垃圾转运站、5770 个村级生活垃圾收集点。

2014 年，以点带面，示范带动，推进美丽乡村建设。清远市下达的 10 个美丽乡村试点村创建项目全部通过清远市考核验收。完成 76 个美丽村庄规划编制，创建项目全部动工。274 个"一村一点"美丽乡村建设示范村，其中 150 个村庄动工建设。推进连江口镇、老区镇浛洸镇 2 个美丽小镇建设。

---

① "六个结合"指把美丽乡村建设与农村综合改革、乡村旅游开发、农业转型升级、精准扶贫、创建文明村镇、农村社会治理等工作有机结合起来。"七先七后"指先农综改后美丽乡村、先规划编制后项目设计、先拆危后建设、先地下后地上、先村里后村外、先环境整治后绿化美化、先村庄建设后政府奖补。

2015 年，清远市下达 85 个美丽乡村建设任务，创建项目全部动工，其中 68 个村庄完成村庄环境"三清三拆三整治"。市四套领导班子成员挂点村中的 19 个村完成村庄环境"三清三拆三整治"。274 个"一村一点"美丽乡村建设示范村中有 228 个村庄动工建设（其中 93 个村庄完成村庄环境"三清三拆三整治"）。

2016 年，掀起美丽乡村建设高潮。以推进创建"整洁村、示范村、特色村、生态村" 4 个梯度的美丽乡村为抓手，因地制宜，分类创建。对基础设施一般的村庄，按照美丽乡村"整洁村"标准，开展村庄环境"三清三拆三整治"，在此基础上增加建设生活污水处理设施；对基础设施较为完善、村民居住相对集中的村庄，按照美丽乡村"示范村"标准，在"整洁村"基础上进一步整治村容村貌；对村民积极性高、基础设施较完善、有一定产业或人文历史特色、人口户数较多的村庄，按照美丽乡村"特色村"或"生态村"标准，在"示范村"基础上完善公共配套设施，并合理调整产业结构，确立主导特色产业。

按照"因地制宜、规划先行"原则，聘请多家专业设计单位开展美丽乡村、省定贫困村规划编制，科学谋划具有本地特色的美丽乡村，形成自然生态型、乡村旅游型、农业特色产业型、乡风文明型等类型的美丽乡村。

2016 年全年申报清远市美丽乡村 250 个，其中 245 个通过清远市验收（其中整洁村 197 个、示范村 41 个、特色村 6 个、生态村 1 个）。

是年 10 月，探索实施"先建后补，以奖代补"激励机制，在做好规划编制、项目设计和严格控制创建标准基础上，由村庄实施美丽乡村创建项目，通过竞争性申报创建指标，激发村民筹资投劳积极性。对按照标准完成创建项目并通过验收的创建村，实行政策性定额奖补。按照省新农村示范村整治标准的指标体系，新农村建设分为"三清三拆三整治"、雨污分流、街巷硬底化、人畜分离与环境清洁保洁、亮化绿化美化与公共设施5个阶段性创建项目，实行"阶段性创建，阶段性验收，阶段性奖补"。年底，对通过清远市第一批验收的153个美丽乡村兑现"以奖代补"政策，其中清远市级奖补资金4584.82万元、英德市级配套奖补资金3667.86万元，共奖补资金8252.68万元。

2017年，开展930个清远市美丽乡村"整洁村"创建工作。截至年底，144个美丽乡村"整洁村"通过清远市第一期验收。2016年第二批92个美丽乡村（其中整洁村81个、示范村10个、特色村1个）通过清远市验收。

是年4月，实施"六个结合""七先七后"建设原则。通过"六个结合""七先七后"解决美丽乡村建设无规无序、不可持续等问题。

坚持"政府主导，村民主体"原则，充分尊重农民意愿，避免政府大包大揽，实现村民自我建设、自我管理、自我提升。一是夯实农村综合改革基础。截至年底，全市累计整合土地4.98万公顷、财政涉农资金8.13亿元，农村土地承包经营权确权登记颁证率93.7%，夯实了基层自治基础。构建以村委会、党支部、村民理事会、经济合作社"四驾马车"为架构的基层治理体系。全市参与农村综合改革的287个行政村（片区）成立党总支282个、村民小组党支部2523个、村民理事会4393个，成立经济联合社284个、经济合作社6062个。在此基础上，发挥基层党组织、村民自治组织的"主心骨""领路人"作用，实现民事民定、民事民办、民事民营。二是夯实群众基础。引导村民通过召开代表大会同意开展美丽乡村、新农村建设，讨论通过"四不补"（拆旧、青苗、人工、让地不补）和"筹资投劳"等建设计划方案。三是抓实环境整治基础。在镇党委、村党（总）支部组织指导下，发动村民自行实施村庄环境"三清三拆三整治"，优化建设环境。

2013年至2017年，英德打造了754个"望得见山水，留得住乡愁"的美丽乡村。其中，2016年、2017年美丽乡村建设取得突破性进展，两年建成美丽乡村505个（其中整洁村457个、示范村41个、特色村6个、生态村1个），兑付"以奖代补"资金2.19亿元，其中省级奖补资金3760万元、清远市级奖补资金1.19亿元、英德市级配套奖补资金6250万元。

截至2017年底，在英德5634平方千米的土地上，各种类型的美丽乡村遍地开花，绘就出一幅山清水秀、天蓝地绿、村美人和、业兴民富的乡村画卷。全市有全国文明村1个、省级文明村1个、市级文明村31个、县级文明村17个、省民主法治村（社区）156个、英德市民主法治村（村民小组）1355个。

（二）省级新农村连片示范建设工程

为全面提升社会主义新农村建设水平，发挥示范带动作用，省委、省政府从2014年开始，连续三年要求粤东西北14个市每年启动一个省级新农村连片示范建设工程，每个新农村示范片重点打造5个以上连线成片、具有岭南特色和突出风格风貌的主体建设村，以示范带动周边开展村庄整治。

2015年12月，九龙镇申报项目以总分第一的成绩，入选清远市第三批省级新农村连片示范建设工程，获省级财政专项资金1亿元。九龙镇依托省级新农村连片示范建设工程，选取获得省地质公园资格的英西峰林核心区内4个行政村59个自然村构建新农村示范片。

2016年，九龙镇吹响省级新农村连片示范建设工程号角，完成新农村示范片村庄规划编制。启动宽6米、长16.2千米的旅游公路建设，该公路将新农村示范片内4个行政村59个自然村串珠成线、连线成片，形成一条乡村旅游精品路线；铺设旅游公路路基 5.5 千米。将省级财政专项资金 1 亿元和英德市级财政资金 1.44 亿元共 2.44 亿元作为融资资本金，向中国农业发展银行英德市支行融资贷款 8 亿元，发挥财政资金以小变大效果，增加新农村示范片项目资金投入。全年完成投入 3010 万元，并辐射带动全镇 292 个自然村中的 136 个，自筹资金 9000 余万元，主动参与到村庄环境整治等乡村建设。是年，英德出台《省级新农村示范片建设工程"以奖代补"激励机制的通知》，将新农村示范片内村庄的新农村创建项目委托给村民小组（村理事会）组织实施，实行"先建后补，以奖代补"，奖补资金 7000 万元。

是年，新农村示范片主体村活石水村民小组（老区村庄）入选住房和城乡建设部第四批"美丽宜居村庄示范村"、河头村入选由中国农村杂志社主办的"2016 中国美丽乡村百佳范例"。

2016 年，九龙镇活石水村民小组（老区村庄）入选全国"美丽宜居村庄示范村"

2017 年，加快推进新农村示范片旅游公路建设，及时兑现"以奖代补"政策。截至年底，完成旅游公路 5.5 千米硬底化，拓宽乡村道路（在 3.5 米基础上加宽 1 米）4.7 千米；基本完成旅游公路沿途 5 个驿站建设，分别为山蕉坪门楼、牛一村长洞河蓄水陂头景观、浬田村莲藕鱼塘大水面景观、活石水村油铺、文化馆。4个行政村59个自然村完成新农村建设，54个辐射村全部动工，90%以上的村庄基本完成建设。累计投入1.54亿元，其中财政资金1.17亿元（省财政5941万元、市县两级财政5765万元，其中兑现奖补资金4634万元），村民自筹3730万元。

是年，河头村获中央精神文明建设指导委员会授予的第五届"全国文明村镇"称号、塘坑村入选住房和城乡建设部等5部门"2017年全国改善农村人居环境示范村·美丽乡村示范村"。

2018年，新农村示范片4个行政村59个自然村新农村建设基本达到考核验收要求，旅游公路河头、枫木段完工，完成乡村道路硬底化19.2千米。累计完成投入1.83亿元。

（三）开展省定贫困村创建社会主义新农村示范村工作

2017年8月，按照广东省、清远市统一部署，开展省定贫困村创建社会主义新农村示范村工作，将省定贫困村打造成为党组织领导有力、基础设施配套、基本公共服务完善、生态环境良好、农民持续增收、社会和谐稳定、岭南特色鲜明的社会主义新农村示范村。

近年精准扶贫成效显著，但由于底子薄，英德贫困村数量依然居全省县级行政区第二。截至2017年底，全市有78个省定贫困村。

2017年10月，碧桂园选定英德作为扶贫工作主战场，帮扶英德78个省定贫困村"一年脱贫三年振兴"，成为英德打赢扶贫攻坚战、实现全面小康社会的重要力量。

对于创建新农村示范村工作，碧桂园提出"四不原则"，即"不搞政府大包大揽"，坚持发动组织村民建设美丽家园，充分体现村民主人翁地位；"不搞城市规划模式"，注重因地制宜，村庄与山、水、林、田、路有机结合，与生态环境和谐统一；"不搞城市建设管理模式"，简化建设管理流程，发挥村民主观能动性、创造性，节约建设投资；"不搞大拆大建"，注重保护古建筑、古树木、古器具、村落祠堂等历史文化元素，让乡村留住"乡愁"。主要做法有：

一是政府主导，村民主体。坚持将村民发动工作贯穿整个创建过程，尊重村民意愿，不搞政府大包大揽，形成"政府搭台，村民唱戏"的良性互动局面。首先抓实农村综合改革基础。政府组织完成农村综合改革，确保农村基层党组织、村民自治组织健全完善并发挥作用，抓实土地整合、涉农资金整合，为创建工作打下牢固基础。其次抓实群众基础。引导村民通过召开代表大会同意开展新农村建设，讨论通过"四不补""筹资投劳"等建设计划方案。最后抓实环境整治基础。在镇党委、村党（总）支部组织指导下，发动村民自行实施村庄环境"三清三拆三整治"，优化建设环境。

二是先建后补，以奖代补。在做好规划编制、项目设计和严格控制创建标准基础上，由村庄自行实施新农村创建项目，激发村民筹资投劳积极性，按照标准完成创建项目并通过验收的创建村，实行政策性定额奖补。实施"先建后补，以奖代补"激励机制，体现了农民主体建设地位，有效解决村庄建设中的民事问题，鼓励村民主动改善自身生产生活条件。

三是七先七后，有序建设。

四是阶段性创建，阶段性验收，阶段性奖补。

截至 2019 年底，78 个省定贫困村辖区内 1263 个 20 户以上自然村基本完成村庄环境"三清三拆三整治"，其中 894 个自然村基本完成创建新农村示范村工作，并达到清远市美丽乡村整洁村以上标准。累计投入约 6.3 亿元，使用省级财政补助资金 5.7 亿元，另外统筹 1.1 亿元省级财政补助资金用于非省定贫困村建设。

三、激活电商潜力，助推经济发展

2015年初起，英德大力支持"互联网＋"建设，形成"政府主导、市场驱动、企业主体、大众创业"的电商发展格局，有效助推经济社会发展。2015年，英德获评"广东县域电商发展创新县"。2017年，成为粤北亿元淘宝县。2018年，获"广东省电子商务进农村综合示范县"创建资格；同年10月23日，习近平总书记到英德市电子商务产业园（以下简称电商产业园）考察调研，对英德的电商工作予以肯定。

（一）突出双向引导，营造良好电商发展环境

一方面政策先行作保障。成立英德市农村电子商务建设工作领导小组，建立多部门联动工作机制。2015年开始，每年安排100万元作为电商工作经费。出台《英德市电子商务专项扶持资金管理实施细则》，2017年开始，市财政连续三年每年安排100万元作为电商专项扶持资金。另一方面人才培育作后盾。以市职业技术学校电商专业在校教育为核心，农村淘宝等电商平台开展的电商培训为辅，培育电商人才。截至2018年底，市职业技术学校开设3届电商专业班，培养超过300名电商人才；引进淘宝大学CETC（电商人才能力认证）项目，建立校企合作网络。市人力资源和社会保障局、市信息中心等相关部门联合举办电商培训班75期，培训2800多人次。

（二）突出优化管理，建立完善的电商服务体系

1. 建好服务网络强基础

建成以市电商产业园、市农产品电商实验基地等为代表的电商集聚区，以即送网、果康源等为代表的电商企业，争创全国电子商务进农村示范县，力争把市电商产业园打造成全省乃至全国标杆电商园区。截至2018年底，全市建成市级电商服务中心2

个、镇村级电商服务站点 241 个。2018 年，全市农村电商网上销售额 4 亿元。

2. 建强服务配套抓效益

首先，盘活农村电商物流。依托菜鸟物流、中国邮政、顺丰速运、"四通一达"① 等物流企业，构建从市区至镇区的二段物流配送网络。截至 2018 年底，配置适合乡村地区运营的物流配送车辆 45 辆，基本建成二段物流配送网络，已实现镇村服务站点全覆盖。其次，激活农村金融服务。积极宣传农村电商小额贷款和阿里巴巴蚂蚁金融服务集团（以下简称蚂蚁金服）"旺农贷"，帮助创业青年、种养大户获得发展资金。2016 年下半年接入"旺农贷"业务以来，发放贷款超过 800 万元。最后，用活电子信息技术。开展"智慧县域"② 建设，与阿里巴巴蚂蚁金服达成"普惠金融＋智慧县域"合作，加强大数据、云计算、信用体系、风险控制、移动支付、实名认证等科技手段建设运用。

---

① "四通一达"指申通快递、圆通速递、中通速递、汇通快运、韵达快递。

② "智慧县域"是 2018 年 9 月英德市政府与蚂蚁金服签订的合作项目，英德是广东省第一个与蚂蚁金服签订"智慧县域"项目的县（市）。利用阿里巴巴强大的支付宝、飞猪、淘宝、天猫等手机 APP 的平台优势，将大数据、云计算、信用体系、普惠金融、移动支付、实名认证等智慧城市服务的互联网科技手段充分融入英德市的经济社会发展和群众的日常生活，可轻易实现包括政务、旅游、商务、消费、医疗、教育等智慧服务和普惠金融服务，通过日常点滴的生活场景、资金往来、购物消费等行为，顺其自然地构建英德市企业和个人的信用体系，并可为英德市在研判经济趋势、制定宏观政策等方面提供可视化分析依据。英德市通过"智慧县域"项目的实施，直接争取到蚂蚁金服对英德市普惠金融的支持（20 亿元的额度），增进信用城市建设，提升"智慧县域"服务的软实力，进一步提高英德在全国县域的知名度。

3．优化服务内容促发展

在市电商产业园建成农村淘宝英德服务中心、电商服务中心、青年电商创业孵化中心，为电商创业者提供金融、加工、包装、检测、物流、培训、技术支持等电商服务，为创业青年、企业提供孵化岗位、免费办公场所等。拓展镇级农村电商服务中心、供销社村级电商服务站服务范围，提供农资供应、日用消费品、电商代购、物流快递、电子政务等综合服务，将电商服务触角延伸至农村。

（三）突出搭建平台，促进电商发展转型升级

1．创建电商合作平台

支持农村淘宝、京东、苏宁、厂家网、唯品会、英德家、即送网等电商进农村运营平台和电商服务站点建设。其中，即送网成为英德规模最大、品种最齐全的网上超市体验店，入会会员15万人，提供200多个就业岗位，并在省内外开设5个分站。在英德建成24个镇级助农电商服务中心，实现全市镇街全覆盖，建成村级点7个，涉农综合服务平台61个。2017年3月，在广东省深化供销合作社综合改革电视电话会议上，英德作了"打造县域快捷电商平台，推动传统经营业态转型升级"经验介绍。2018年引入英德家电商运营公司，授权英德家建设运营天猫英德红茶官方旗舰店、京东英德特色馆，力促英德农产品上行。成功举办首届英德红茶互联网文化节，进一步提升英德红茶品牌影响力。

2．打造电商发展模式

采用区域性和时效性较强的"线上+线下"经营模式，打造新供销即送网网上超市，探索实体店转型发展新路子。即送网线上网店与线下实体店均实行市区5千米范围内消费满20元免费送货上门、30分钟送达服务。即送网模式得到国家、广东省、清远市供销系统肯定，英德被列为"全国供销社系统电子商务试点示

范市（县）"。

3. 创建电商扶贫模式

推广"电商＋合作社＋农户（贫困户）"等"1＋N"电商扶贫模式。引导企业、合作社、贫困户按网络销售要求提升产品品质，变成"网品"，通过"电商管渠道、合作社管标准、企业（贫困户）管生产"模式发展农产品电商销售。截至2018年底，培育电商扶贫企业41家，带动贫困户就业或从事相关种植业超3000人；英德入选"广东省电商兴农扶贫合作县"。

四、不忘初心，砥砺前进

2011年至2017年，尤其是中共十八大后，英德人民高举中国特色社会主义伟大旗帜，围绕全面建成小康社会目标，协调推进"四个全面"①战略布局，牢固树立和贯彻落实新发展理念，适应把握引领经济发展新常态，坚持稳中求进工作总基调，克服宏观经济下行带来的持续冲击，战胜2013年"8·16"洪灾等自然灾害，在科学发展和振兴发展道路上迈出坚实步伐，取得新的显著成效。

（一）全面深化改革开放，振兴发展动能加快积聚

2011年至2015年，英德制定深化重点领域改革的实施意见，明确改革阶段性任务、路线图、时间表。积极开展农村综合改革，深入推进"三个重心下移"（基层党建下移、村民自治下移、农村公共服务下移）、"三个整合"（土地整合、涉农资金整合、服务平台整合）。全市参与农村综合改革的287个行政村（片区）成立党总支282个、村民小组党支部2523个、村民理事会4393

---

① "四个全面"指全面建成小康社会、全面深化改革、全面依法治国、全面从严治党。

个、村务监督委员会 403 个，成立经济联合社 284 个、经济合作社 6062 个，全面完成农村集体"三资"① 清理；整合土地 2.18 万公顷、财政涉农资金 9300 万元、村级公共服务站 286 个。稳妥推进行政管理体制改革，完成新一轮政府职能转变和机构改革。整合市妇幼保健院和市计划生育服务站资源，组建英德市妇幼保健计划生育服务中心。整合市工商行政管理局和市质量技术监督局职能，组建英德市市场监督管理局。扎实开展商事登记制度改革。

2016 年，制定《英德市供给侧结构性改革五个行动计划》，开展"三去一降一补"② 工作。淘汰钢铁行业落后产能 195 万吨。帮扶 3 家困难企业脱困。化解房地产库存 8.48 万平方米。金融行业安全平稳运行，金融机构杠杆率控制在合理区间。落实减税降费各项政策，为企业减负 3.71 亿元（不含营业税改增值税减少部分）。投入 44.73 亿元，推进 285 项"补短板"民生工程建设。

重点领域改革深入推进。深化农村综合改革，整合土地 2.84 万公顷、财政涉农资金 2.83 亿元、涉农服务平台 62 个，农村土地承包经营权确权登记颁证试点工作稳步推进，建成英德市农村产权交易服务平台。推进农村金融改革，累计建成农村金融信用合作组织 6 个、助农取款服务点 404 个；"政银保"③ 累计发放贷款 1881 万元，农村淘宝"旺农贷"累计发放贷款超过 500 万元。推进供销合作社综合改革试点工作，48 个村级综合服务社建成并投入运营，英德市"互联网＋供销社＋专业合作社＋农民"模式

---

① 农村集体"三资"指农村集体资金、农村集体资产、农村集体资源。
② "三去一降一补"指去产能、去库存、去杠杆、降成本、补短板。
③ "政银保"指以政府财政投入的基金作担保、农村信用社向符合贷款条件的担保对象提供贷款、保险公司对上述贷款本金提供保证保险的农业贷款模式。

得到上级充分肯定。

深入开展帮扶合作。深化广州市白云区对口帮扶工作，落实广清指挥部和白云区帮扶资金1730万元，推进沙口镇东部饮用水工程等17个民生项目建设，20个市直单位和4个镇街与白云区结成对子深入开展帮扶合作。

2017年，供给侧结构性改革稳步推进。淘汰钢铁行业落后产能240.8万吨，通过国家取缔"地条钢"①的检查验收，清理"僵尸企业"②6家。推进房地产控增量、减存量，全市商品房销售面积123.2万平方米，比上年增长50.8%；商品房库存面积111.8万平方米，比上年下降32.1%。金融机构杠杆率控制在合理区间，国有企业负债率下降到65%以下。多措并举为企业降成本超过4亿元。加快补齐公共设施和社会民生等发展短板，审批备案投资项目312项，总投资额超过190亿元。全面实施质量强市战略，新增省名牌产品5个，在清远市年度县级质量工作考核中获评唯一的A级单位。

农村综合改革成效明显。整合土地2.02万公顷，累计4.98万公顷；财政涉农资金5.43亿元，累计8.13亿元；农村土地承包经营权确权登记颁证率93.7%。创造九龙镇"资源变股权、资金变股金、农民变旅游从业者"的"新三变"模式。供销合作社综合改革经验在全省推广。镇级"三资"管理交易中心完成农村集体资产交易87宗，成交金额7184万元。农村金融改革有序推进，发放农村土地承包经营权抵押贷款4375万元、"政银保"贷

---

① "地条钢"指以废钢铁为原料，经过感应炉熔化，在生产中不能有效地进行成分和质量控制的钢及以其为原料轧制的钢材。

② "僵尸企业"指因生产经营困难造成停产半停产、资产负债率高、连年亏损，主要靠政府补贴和银行续贷维持经营，长期欠薪、欠税、欠息、欠费的企业。

款 2831 万元，启动"政银联合"支农新模式，发放助农贷款 7653 万元。

"放管服"系列改革深入推进。制定行政许可和服务事项统一申办受理标准，清理政府部门权责事项 93 项，规范清理行政审批中介服务事项 22 项。"互联网＋政务服务"稳步推进，政务、社保、交通违章查询、医院挂号等 9 大项 763 小项服务事项进入市政务服务中心自助办事终端。市场主体增至 4.24 万户，较商事改革前增长 1.1 倍。组建英德市代建项目管理中心，规范政府投资项目建设管理。县级公立医院综合改革效果评价在全省排第六位。

（二）加快基础配套设施建设，产业园区竞争力明显提升

2011 年至 2015 年，英德依托产业园区载体，瞄准"两电一机"①、新能源和新材料等行业领域，借力广州市白云区对口帮扶，与佛山市顺德区区域合作，加大招商引资力度，全市引进项目 399 个，合同投资额 1025 亿元，其中超亿元项目 215 个。截至 2015 年底，全市规模以上工业企业 98 家，其中年产值 10 亿元以上的 6 家。建成精细化工基地，投（试）产企业 20 家。正在建设的防水新材料基地引进 5 家企业，其中，大型防水新材料企业天禹建成投产。英德佳纳金属科技有限公司、英德市埃力生亚太电子有限公司等国家高新技术企业，欧姆智能机械、中天创展球铁等一批机械制造大企业进入快速发展阶段，金正大生态、捷西中央空调等一批现代产业项目建成投产，通用电梯产业集群等一批重大项目加紧建设，工业结构不断优化，新的主导产业逐步形成。自主创新能力显著提高。

产业园区竞争力明显提升。按照产城一体化规划加快园区基

---

① "两电一机"指电子、电器、机械装备。

础配套设施建设，2011年至2015年投入26.68亿元。"两德"经济合作区、广州白云（英德）产业转移工业园（清华园）获批为省级园区，清华园、英红园成功申报为省级产业集聚区，产业集聚初见成效。2011年至2015年，重点园区引进项目144个，合同投资额437亿元，建成投产企业57家；工业总产值295.02亿元，工业增加值占全市比重由2010年的6.4%提高到2015年的32.6%，园区已成为工业发展的主阵地。

2016年，围绕园区主导产业开展产业链招商，全年新签项目18个，合同投资额57.16亿元，其中超亿元项目8个，成功引进投资额超10亿元的科恒新能源科技、渔光互补光伏电站等科技含量高、经济效益好的大项目，全省首个新能源电动车产业园落户英德。

产业园区建设水平有新提升。成功争取省级产业园扩能增效扶持资金3000万元支持产业园基础设施建设，重点园区道路、污水处理、水电气、员工宿舍等公共服务配套设施进一步完善。清华园、"两德"经济合作区两大产业集聚区新增动工项目21个，投（试）产项目19个；完成规模以上工业增加值23.1亿元，比上年增长28.5%，对全市工业增长贡献率46.7%，比上年提高2.8个百分点。

2017年，产业园区建设水平进一步提升，园区承载力不断提高，清华园、"两德"经济合作区通过2016年度省级产业园建设管理考核。清华园获省级产业园扩能增效专项资金6587.61万元，用于园区基础设施建设。清华园、"两德"经济合作区两大产业集聚区新引进项目27个，新增动工项目19个，投（试）产项目28个；完成工业投资41.6亿元，完成规模以上工业增加值28.8亿元，比上年增长24.7%，对全市工业增长贡献率39.6%。产业转型升级步伐加快，抓住省实施产业共建和广清对口帮扶战略重大机遇，新引进项目 30 个，合同投资额 225 亿元，其中超亿元项目 16 个。园区新增规模以上工业企业 26 家，新增高新技术企业 12 家，新增高新技术产品 82 个，比上年增长 2.1 倍。

截至 2017 年底，英德产业园区有企业 58 家，其中高新技术企业 22 家，园区就业人数 13537 人，园区工业产值 147.2 亿元，占全市工业总产值的 53.2%，园区提供税收 3.25 亿元，比上年增长 1.06 倍，占全市工业税收的 19.1%。

（三）切实抓好"三农"工作，农业农村发展迈开新步伐

2011 年至 2015 年，英德投入 8.31 亿元完成农村电网改造。推进省级水利建设示范县项目建设和中小河流治理，完成水利工程建设 186 宗，总投资 15.03 亿元。建设 2.64 万公顷高标准基本农田。新农村建设呈现新气象。推进农村泥砖房改造，完成 131 个泥砖房改造示范村庄建设。推进名镇名村示范村建设，创建广东省宜居示范城镇 8 个、广东省宜居示范村 16 个、广东省名镇 2 个、广东省名村 16 个、广东省新农村示范村 18 个。成功争取第三批省级新农村连片示范建设工程落户九龙镇，并结合乡村旅游业加快建设。着力推进美丽乡村建设，截至 2015 年底，建成各级各类美丽乡村 249 个。

2016 年，农业发展基础条件不断夯实，投入 1.54 亿元，完成 8000 公顷高标准基本农田建设。加快民生水利建设，90 宗省级水利建设示范县项目完成投资约 6.88 亿元，上级批复 2016 年 120 千米中小河流治理任务完成 98%，"村村通"自来水工程完成投资 9658 万元，惠及 14.73 万人。

农业现代化水平不断提高。清远市级以上农业龙头企业 45 家，农民专业合作社、注册家庭农场分别为 1197 个、625 个，其中示范家庭农场 177 个。"三品"工程①有效推进，3 家农产品生产加工企业通过 HACCP②认证，新增 2 个无公害产地认定、1 个无公害农产品、1 个有机食品认证，新增 4 个省名牌产品、2 个省十大名牌产品。英德红茶推介新闻发布会在北京人民大会堂成功举行，全年全市红茶总产量 500 万千克，总产值 15.3 亿元，英德获"2016 年度中国茶业发展示范县"称号。全市农业标准化生产基地 9 个，面积 1.03 万公顷。水稻生产综合机械化水平 65.1%，英德"山区丘陵农业机械化发展模式"获广东省肯定。

农村人居环境不断改善，第一批 153 个美丽乡村通过清远市验收，村庄保洁覆盖面 80%，农村生活垃圾有效处理率 75% 以上。建成改善农村人居环境示范村 109 个。九龙镇省级新农村连片示范建设工程完成投资 3710 万元，新农村示范片主体村塘坑村活石水村民小组（老区村庄）入选住房和城乡建设部第四批"美丽宜居村庄示范村"。

2017 年，农业农村发展加快。全面完成省级水利建设示范县项目建设。完成 24.7 千米中小河流治理、6133.33 公顷高标准基本农田、17 宗节水灌溉等项目建设。新增省级农业龙头企业 3 家、清远市级农业龙头企业 6 家，清远市级以上农业龙头企业发展至 54 家。新增农民专业合作社 106 家，新认定示范家庭农场 79 家，农民专业合作社、示范家庭农场分别发展至 1303 个、256 个。连续八年获评"全国重点产茶县"，成功获得 2019 年第十五届中国茶业经济年会举办权，英德红茶获评中国茶叶区域优秀品牌，入选"中欧 100 + 100"地理标志互认互保产品清单。144 个

---

① "三品"工程指优化提升农产品的品质、品种、品牌工程。

② HACCP 指对可能发生在食品加工环节中的危害进行评估，进而采取控制的一种预防性的食品安全控制体系。

美丽乡村"整洁村"通过清远市第一期验收。

（四）加快生态文明建设步伐，绿色发展优势不断增强

英德创建为广东省林业生态县后，生态建设的步伐并没有停下来。2011年至2015年，特别是中共十八大作出将生态文明建设与物质文明、精神文明、政治文明、社会文明"五个文明"一起抓的重要战略决策后，英德进一步加强生态保护，走绿色低碳循环发展之路。

2011年至2015年，新建扩建在建3家污水处理厂，新增日处理污水能力1万吨。推广使用天然气等清洁能源，主城区天然气主管网覆盖率98%。关停17家落后水泥企业，淘汰落后产能284万吨，实现落后水泥产能全面淘汰，完成13条水泥生产线脱硝设施建设，"十二五"期间（2011—2015）全市单位生产总值能耗下降29.2%，全面完成节能降耗和污染减排任务。

2016年，全市单位生产总值能耗比上年下降3.3%。淘汰高污染燃料工业锅炉23台。完成2家玻璃企业脱硝设施和100户养殖场配套减排设施建设。超额完成上级下达年度淘汰黄标车任务，全年淘汰2091辆黄标车。10家企业通过清洁生产审核验收。西城污水处理厂负荷率90%。环境空气质量优良率96.4%，辖区内各水质功能区水质达标率96.8%，北江、小北江主干河流水环境质量稳定达标，市区无黑臭水体。2016年度清远市环保工作考核英德排名第一。

2017年，全市单位生产总值能耗比上年下降6.5%，超额完成全年节能降耗目标任务。淘汰钢铁行业落后产能240.8万吨，通过国家取缔"地条钢"的检查验收。推进污染防治"三大战役"①。环境空气质量优良率98.1%。除瀚江大站段为Ⅲ类水质达

---

① 污染防治"三大战役"指水、大气、土壤污染防治战役。

不到省考核标准规定的Ⅱ类水质外，其余 3 个考核断面达标率 100%。

2011 年至 2015 年，生态环境建设取得新成效。完成 1.91 万公顷森林碳汇、272 千米生态景观林带，建成 98 个乡村绿化美化示范村，新增湿地公园 2 个、森林公园 7 个，新增生态公益林面积 1.5 万公顷。

2016 年，深入开展新一轮绿化广东大行动，全市义务植树 110 万株，完成 1226.33 公顷森林碳汇重点生态工程建设、49 千米 110 公顷生态景观林带完善提升、3305 公顷省级森林碳汇林抚育、960 公顷中央森林抚育。新增森林公园 3 个、湿地公园 1 个，建成 34 个乡村绿化美化示范村。完成上级下达的 8.8 万公顷基本农田保护目标。2016 年、2017 年两年投入 502.7 万元，完成 18 个镇 21 个集中饮用水水源保护区隔离防护、水源地标识、警告设施建设。

（五）加快民生事业发展，人民群众幸福感显著提升

2011 年至 2015 年，英德财政民生支出 157.19 亿元，2015 年财政民生支出比重 83.4%，比 2010 年提高 12.4 个百分点。坚持每年办好十件民生实事，借力广州市白云区对口帮扶，一批民生帮扶项目加快推进，全市基本公共服务均等化水平不断提升。2014 年，举办第五届中国（英德）英石文化节、首届农民运动会、南粤幸福活动周等群众性文体活动。大力实施"教育强市"战略，全面整合教育资源，推动教育教学质量逐年提升。五年投入教育经费 60.3 亿元，建成标准化学校 98 所，成功创建为"广东省教育强市""全国义务教育发展基本均衡县"。卫生计划生育事业有新突破，在全省 58 个县及县级市医疗服务能力综合评价中排名第五；人口与计划生育工作连续六年受到广东省、清远市通报表彰，2013 年获评"全国计划生育优质服务先进单位"。城乡就业创业规模不断扩大，获评"首批广东省农村劳动力转移就业示范县""广东省创业先进城市"；2011年至2015年，新增就业岗位7.11万个，转移农村劳动力8.24万人次，帮助1.4万人成功创业。2015年城乡居民人均可支配收入1.55万元，城镇居民、农村居民人均可支配收入分别比2010年增长61.2%、87.5%。扶贫开发成效显著。2010年以来投入帮扶资金17.2亿元，152个贫困村17955户贫困户成功脱贫。社会保障水平持续提升，城镇和农村低保标准大幅提升；养老事业稳定发展，建成市社会福利中心和残疾人托养中心。推进保障性住房建设，完成华侨茶场6622户危房改造，建设廉租住房147套、公共租赁住房643套、经济适用住房270套。社会大局和谐稳定，落实信访案件领导包案、领导干部接（约）访下访等制度，加大社会矛盾排查化解工作力度，依法维护群众合法权益。开展"三打两建"①"清网行动"②，推进"整治攀爬入室盗窃"等重点专项行动，"平安英德"创建工作深入开展。

2016年，财政民生支出46.74亿元，占地方一般公共预算支出的80.2%。新增城镇就业1.18万人、转移农村劳动力就业8699人，发放创业贷款2583万元，扶持759人成功创业，直接带动3014人就业，城镇居民登记失业率控制在2.4%以内。发放低收入住房保障家庭租赁补贴146户，发放422户棚户区改造资金844万元，完成农村困难群众危房改造6616户。城乡低保、农村

---

① "三打两建"指打击欺行霸市、打击制假售假、打击商业贿赂，建设社会信用体系、建设市场监督体系。

② "清网行动"指公安部于2011年5月26日召开电视电话会议决定，从即日起至2011年12月15日，全国公安机关开展为期7个月的网上追逃专项督察"清网行动"，以"全国追逃、全警追逃"的力度缉捕在逃的各类犯罪嫌疑人。

五保、孤儿保障等底线民生保障水平达到或超过省定标准。老复员军人、烈士遗属、因公牺牲军人遗属、病故军人遗属、伤残军人、带病回乡退伍军人、参战涉核人员、"五老"人员、烈士老年子女、60 周岁以上农村籍退役人员等优抚对象待遇标准，按略高于省定标准发放，按政策发放义务兵家庭优待金和退役士兵一次性安置补助金。实现省双拥模范城①"八连冠"，创建为"全国双拥模范城"。

社会治理成效明显。开展"飓风2016"②、打击攀爬入室盗窃犯罪、安全生产隐患排查治理、食品药品安全整治、信访积案化解等专项行动，社会大局保持和谐稳定。

2017 年，财政民生支出 51.9 亿元，占地方一般公共预算支出的 83%。英西北片敬老院基本建成，英东片敬老院前期工作有序推进。市社会福利中心获评"全国'敬老文明号'先进集体"。建立市、镇、村三级复退军人服务体系。在全省首创"百企扶百村"、产业就业"两奖补"等政策推进精准扶贫，落实产业扶贫项目 731 个、扶贫资金 2.1 亿元，19143 名贫困人口实现预脱贫。

基本公共服务水平有新提升。投入基本公共服务均等化专项改革资金 28.8 亿元，比上年增长 3.9%。扶持 760 人成功创业，直接带动 2331 人就业。投入 15 亿元新建一批教学楼，新增优质学位 1250 个。投入 7 亿元推进东华镇中心卫生院整体搬迁以及 9 个镇卫生院标准化建设等医疗卫生项目建设，市妇幼保健计划生育服务中心被清远市卫生和计划生育局核定为"二级妇幼保健

---

① 双拥模范城："双拥"指拥政爱民、拥军优属；"双拥模范城"指双拥工作成绩突出的城市。

② "飓风2016"专项行动指广东省公安厅于 2016 年组织开展的重点打击突出刑事犯罪的行动，重点对涉毒、涉盗抢、涉电信网络诈骗、涉金融领域犯罪等突出违法犯罪进行打击整治。

院",基本实现省内异地就医联网结算,县域内就诊住院率88.5%。

社会治理有新进步。实施"飓风2017"[①]、重点地区整治等专项行动,严厉打击各类违法犯罪活动。统筹推进综治视联网系统[②]、"中心＋网格化＋信息化"、"雪亮工程"[③] 建设,实现综治网格化"一盘棋"管理。法治建设"四级同创"[④] 做法在清远市推广,建成全省首个未成年人社会观护帮教基地,摘掉攀爬入室盗窃地域性职业犯罪全国重点整治地区帽子,社会治安面貌和社会风气持续好转。建成法治文化公园14个,24个镇街全部创建成法治镇街,创建省民主法治村(社区)156个。开展信访积案化解、联合大接访、山林纠纷调处专项治理等活动,完成中共十九大维稳安保任务。

---

① "飓风2017"专项行动指广东省公安厅于2017年组织开展的重点打击人民群众反映强烈、影响安全感的电信网络诈骗犯罪、毒品犯罪、金融领域突出犯罪、盗抢犯罪的行动。

② 综治视联网系统指通过多种终端设备实现集视频会议、视频巡查、视频调解、视频调研、视频培训等功能于一体的综治信息化系统。

③ "雪亮工程"指以县乡村三级综治中心为指挥平台、以综治信息化为支撑、以网格化管理为基础、以公共安全视频监控联网应用为重点的群众性治安防控工程。

④ 法治建设"四级同创"指英德市市、镇、村(社区)、村(居)民小组法治建设系列活动。通过建立工作机制,出台政策文件,打造专职队伍,配备充足人手;持续加大投入,提供工作保障;加强校园普法,重视特殊人群,突出基层特点,深化村(社区)创建;调动家庭参与,建设平安家庭,使基层法治建设不断深化,政府依法行政能力不断增强,市民法律意识不断提高,社会治安环境不断优化。截至2018年底,英德完成法治市、法治镇街、法治村(社区)创建273个,法治村(居)民小组1149个,依法治校完成50%,完成22.5万户法治平安家庭创建。2018年,英德获评"全国法治县(市、区)创建活动先进单位"。西牛镇小湾村获评第七批"全国民主法治示范村(社区)"。

（六）狠抓发展第一要务，综合经济实力显著提高

2004 年至 2011 年，英德主要经济指标保持高速增长。经济工作连续八年获清远市考核一等奖，实现了经济的跨越式发展。

2015 年，全市地区生产总值 241.26 亿元，比 2010 年增长 54.3%，年均增长 9.1%；地方一般公共预算收入 16.99 亿元，比 2010 年增长 43.6%，年均增长 7.5%；规模以上工业增加值 66.68 亿元，比 2010 年增长 70.4%，年均增长 11.3%。在 2013 年至 2015 年《广东县域经济综合发展力研究报告》中，英德综合发展力连续三年居全省 67 个山区县第二名。

2016 年，全市地区生产总值 257.81 亿元，比上年增长 6.9%；规模以上工业增加值 72.7 亿元，增长 9.0%；地方一般公共预算收入 15.68 亿元，下降 7.7%；社会消费品零售总额 121.49 亿元，比 2016 年增长 9.7%，剔除物价因素实际增长 9.9%；城乡居民人均可支配收入 17070 元，比 2016 年增长 10.1%，剔除物价因素实际增长 8.7%。

2017 年，全市地区生产总值 272.02 亿元，比上年增长 5.5%；农林牧渔及服务业总产值 86.3 亿元，是 1978 年 1.13 亿元的 76.4 倍；规模以上工业总产值 276.71 亿元，是 1978 年 6124 万元的 451.8 倍；规模以上工业增加值 60.3 亿元，比 2016 年增长 6.8%；固定资产投资 142.1 亿元，比 2016 年增长 2.7%；地方一般公共预算收入 16.35 亿元，是 1978 年 1678 万元的 97.4 倍；社会消费品零售总额 133.2 亿元，比 2016 年增长 9.63%；外贸进出口总额 44.12 亿元，比 2016 年增长 25.7%，实际利用外资 3826 万美元，比 2016 年增长 71.9%；城镇单位职工年人均工资 83360 元，是 1978 年 608 元的 137.1 倍；农村居民可支配收入 14337 元，是 1978 年 80 元的 179.2 倍。

2018 年是改革开放四十周年。四十年间，英德老区城镇居

民，用二十九年时间实现人均可支配收入跨万元大关，用八年时间实现人均可支配收入跨 2 万元大关，目前正向人均可支配收入跨 3 万元大关迈进。英德老区农民用三十五年时间实现人均可支配收入跨万元大关，目前正向人均可支配收入跨 2 万元大关迈进。

展望未来，英德市委、市政府将团结带领老区人民，全面贯彻中共十九大精神，以习近平新时代中国特色社会主义思想为指导，深入贯彻习近平总书记重要指示批示精神，牢牢把握"坚持党对一切工作的领导""坚持以人民为中心""坚持高质量发展""坚持人与自然和谐共生""坚持区域协调发展"的重大原则。坚定不移贯彻新发展理念，以生态优先和绿色发展为引领，走高水平保护下的高质量发展路子，重点抓好产业转型提速发展、打好三大攻坚战①、优化营商环境、补齐民生短板等重点工作，把英德打造为清远工业发展主战场、粤北生态保护先行地、全省乡村振兴示范区、全国休闲旅游目的地。不忘初心，继续前进，为老区英德如期全面建成小康社会而努力奋斗！

五、总书记视察，亲切关怀②

2018 年 10 月 23 日下午，习近平总书记在丁薛祥、刘鹤、何立峰和中央有关部门负责同志，广东省委、省政府主要负责同志李希、马兴瑞陪同下来到英德市电子商务产业园考察调研，听取广东省推动粤东西北脱贫攻坚和清远市农村综合改革工作汇报，对当地的做法表示肯定。习近平总书记指出，城乡区域发展不平衡是广东高质量发展的最大短板。要下功夫解决城乡二元结构问

---

① 三大攻坚战指防范化解重大风险、精准脱贫、污染防治，是在中共十九大报告中首次提出的新表述。

② 摘自 2018 年 10 月 26 日《人民日报》01 版报道，本文有增删。

题，力度更大一些，措施更精准一些，久久为功。要坚持辩证思维，转变观念，努力把短板变成"潜力板"，充分发挥粤东西北地区生态优势，不断拓展发展空间、增强发展后劲。

离开产业园，习近平总书记乘车沿着崎岖的山路前往连江口镇连樟村。在村公共服务站，习近平总书记详细了解基层党建、脱贫攻坚、村民服务情况。他走进村扶贫玩具加工厂车间，同工人亲切交谈。习近平总书记指出，产业扶贫是最直接、最有效的办法，也是增强贫困地区造血功能、帮助群众就地就业的长远之计。要加强产业扶贫项目规划，引导和推动更多产业项目落户贫

2018年10月23日，习近平总书记来到连江口镇唯一的省定贫困村连樟村，走进村公共服务站、扶贫玩具加工厂车间和贫困户家中，同村民们亲切交谈

困地区。火车跑得快，全靠车头带。要加强基层党组织带头人队伍建设，注重培养选拔有干劲、会干事、作风正派、办事公道的人担任支部书记，团结带领乡亲们脱贫致富奔小康。

习近平总书记十分牵挂村民生活状况。他走进贫困户陆奕和家，详细了解他的家庭情况，询问他生活怎么样、有哪些困难。习近平总书记还看望了党员、老战士陆上伙。习近平总书记对村民们说，他一直惦记着贫困地区的乡亲们，乡亲们一天不脱贫，他就一天放不下心来。共产党是全心全意为人民服务的党，党的一切工作就是要为老百姓排忧解难谋幸福。全面小康路上一个不能少，脱贫致富一个不能落下。要一代接着一代干，既要加快脱贫致富，又要推动乡村全面振兴、走向现代化。他希望乡亲们生活越来越幸福。

当天下午，习近平一行离开英德。

习近平总书记视察英德，这是有史以来党和国家最高领导人首次莅临英德，是英德老区人民的一件大事、喜事，在英德的发展史上具有里程碑的重大意义。英德老区人民深受鼓舞，备感振奋，决心不辜负习近平总书记亲切关怀、殷切期望，不忘初心，撸起袖子加油干，加快脱贫致富、乡村全面振兴步伐，为英德如期全面建成小康社会而努力奋斗。

附　录

附录一 **英德市革命历史旧（遗）址名录**

序号	旧（遗）址名称	地点	现存情况	发生时期	爱国主义教育基地（级别）	遗址保护单位（级别）
1	石角梁——中共英德县委机关遗址	英德市东华镇重新行政村石角梁自然村	已损毁	大革命		
2	会星楼地下交通站旧址	英德市桥头镇板甫行政村会星楼	保存完好	大革命		
3	英德第一个中共农村支部成立旧址	英德市大站镇黄岗行政村古坑自然村	濒临倒塌	大革命		
4	英德县农会遗址	英德市英城街道旧城新街 19 号（今新街众力幼儿园内）	已损毁	大革命		县级
5	英德县政府委员会遗址	英德市英城街道人民路 2 号（即南门口）	已损毁	大革命		
6	中共英德县委员会和县委党员训练班旧址	英德市桥头镇亚婆石行政村大围自然村	濒临倒塌	土地革命		

（续表）

序号	旧（遗）址名称	地点	现存情况	发生时期	爱国主义教育基地（级别）	遗址保护单位（级别）
7	鱼湾苏维埃政府旧址	英德市东华镇鱼湾社区鱼湾小学旁	保存完好	土地革命	清远市级	县级
8	潭洞暴动旧址	英德市大站镇黄岗行政村潭洞自然村	濒临倒塌	土地革命		
9	鸡麻湖暴动旧址	英德市东华镇文策行政村鸡麻湖自然村	濒临倒塌	土地革命		
10	鱼湾暴动遗址	英德市东华镇鱼湾社区（原乡公所大院内）	已损毁	土地革命		
11	鸡春坝战斗遗址	英德市黎溪镇恒昌行政村鸡春坝蕉园庙	已损毁	土地革命		
12	浛洸抗日军民合作站旧址（广州会馆）	英德市浛洸镇沿江路河边街6号	已修复	全面抗日战争		县级
13	中共北江特委总交通站遗址（义和店）	英德市浛洸镇鱼咀圩义和店	已损毁	全面抗日战争		
14	英东中学旧址	英德市桥头镇板甫行政村潭峰寺	保存完好	全面抗日战争		县级

（续表）

序号	旧（遗）址名称	地点	现存情况	发生时期	爱国主义教育基地（级别）	遗址保护单位（级别）
15	中共英东县工作委员会旧址	英德市横石水镇江古山行政村江古山林氏宗祠	保存完好	全面抗日战争		县级
16	新民村地下交通站旧址	英德市黄花镇新民行政村新民小学旧址	保存完好	全面抗日战争		
17	坝仔会议旧址	英德市东华镇汶潭行政村坝仔白围自然村	濒临倒塌	全面抗日战争		
18	四甲会议旧址	英德市黎溪镇松柏行政村庙角头自然村	濒临倒塌	全面抗日战争		
19	北江东岸抗日动员委员会旧址	英德市东华镇雅堂行政村雅堂小学内	濒临倒塌	全面抗日战争		县级
20	上横洞——英西武工队和鲤鱼武工队驻地遗址	英德市石灰铺镇维东行政村上横洞自然村	已损毁	全面抗日战争		
21	水心村锅耳楼游击队驻地旧址	英德市白沙镇水心行政村先二自然村	保存完好	全面抗日战争		
22	门洞村李屋角党支部办公遗址	英德市白沙镇门洞行政村新屋自然村	已损毁	全面抗日战争		

（续表）

序号	旧（遗）址名称	地点	现存情况	发生时期	爱国主义教育基地（级别）	遗址保护单位（级别）
23	庸公书房——石下抗盟旧址	英德市石牯塘镇石下行政村大石街更楼旁	已修复	全面抗日战争		
24	县立浛洸简易师范学校遗址	英德市浛洸镇中心小学内	已损毁	全面抗日战争		
25	苏坑保卫战遗址	英德市九龙镇九龙社区苏坑自然村龙角山	已损毁	全面抗日战争		
26	沙口抗日游击队成立地	英德市沙口镇石坑行政村官塘自然村	已损毁	全面抗日战争		
27	粤赣先遣支队机关驻地遗址	英德市沙口镇石坑行政村马屋角楼子自然村	已损毁	全面抗日战争		
28	蓝山村——连江支队医疗站旧址	英德市黎溪镇新村行政村蓝山自然村	濒临倒塌	全面抗日战争		
29	智擒胡杰夫遗址	英德市桥头镇旧镇政府大院	已损毁	全面抗日战争		
30	西北支队西渡北江遗址	英德市黎溪镇区北 1000 米铁溪行政村探洞口	已损毁	全面抗日战争		
31	龙华革命中心旧址	英德市横石塘镇龙华行政村新肖屋自然村	已修复	全面抗日战争	清远市级（党史教育基地）	

（续表）

序号	旧（遗）址名称	地点	现存情况	发生时期	爱国主义教育基地（级别）	遗址保护单位（级别）
32	百蹬石伏击战遗址	英德市望埠镇同心行政村英山百蹬石	已损毁	全面抗日战争		
33	南坑伏击战遗址	英德市连江口镇北江南坑段南坑码头	已损毁	全面抗日战争		
34	保卫鱼湾之战遗址	英德市东华镇文策行政村坝仔小学	已损毁	全面抗日战争		
35	青塘镇望楼岩战斗旧址	英德市青塘镇新青行政村邓屋自然村	保存完好	全面抗日战争		
36	周屋小学突围战遗址	英德市青塘镇周屋小学	已损毁	全面抗日战争		
37	金山径阻击战和伏击战的旧址	英德市东华镇金洞行政村国道G358线旁金山径上	已损毁	全面抗日战争和解放战争		
38	下隅地区农民自救会遗址	英德市横石塘镇龙建行政村狗颈岭高等湖小学	已损毁	解放战争		
39	华屋交通总站旧址	英德市横石塘镇龙华行政村华屋自然村	已修复	解放战争		

（续表）

序号	旧（遗）址名称	地点	现存情况	发生时期	爱国主义教育基地（级别）	遗址保护单位（级别）
40	詹屋交通联络站遗址	英德市横石塘镇龙华行政村詹屋自然村	已损毁	解放战争		
41	小北江地区各县党员骨干训练班遗址	英德市九龙镇金造行政村金造罗佛金果园内	已损毁	解放战争	清远市级（党史教育基地）	
42	围子下游击队交通站遗址	英德市横石塘镇龙建行政村围子下背夫岭	已损毁	解放战争		
43	鸡蓬坳游击队交通联络站遗址	英德市大湾镇鸡蓬行政村藩蒲岗（今红光村）鸡蓬街十二排	已损毁	解放战争		
44	松柏榔楼角游击队交通站旧址	英德市石灰铺镇保安行政村松柏榔下蓝自然村	濒临倒塌	解放战争		
45	连支四团成立旧址	英德市黎溪镇新村行政村磨刀步自然村	濒临倒塌	解放战争		
46	梦贤李公祠——大夫田会议旧址	英德市大洞镇大田行政村大夫田自然村	保护完好	解放战争		
47	粤桂湘边区人民解放军司令部旧址	英德市九龙镇金造行政村金造大围福星里晒棚巷	保存完好	解放战争	清远市级（党史教育基地）	县级

（续表）

序号	旧（遗）址名称	地点	现存情况	发生时期	爱国主义教育基地（级别）	遗址保护单位（级别）
48	仁隆堂——英西组织武装起义会议遗址	英德市石牯塘镇石下行政村社坪北部	已损毁	解放战争		
49	东纵北江支队司令部和倒洞会师遗址	英德市东华镇宝洞行政村松岗山	已损毁	解放战争		
50	广东人民抗日游击队东江纵队北撤部队集合地遗址	英德市桥头镇板甫行政村龙口自然村	已损毁	解放战争		
51	庙山游击队哨所旧址	英德市横石塘镇龙华行政村华屋前庙山顶	已修复	解放战争	清远市级（党史教育基地）	
52	白该寨岩游击队宿营地旧址	英德市横石塘镇龙华行政村梅子寨白该寨岩	已修复	解放战争	清远市级（党史教育基地）	
53	楼下寨——游击队瞭望台旧址	英德市横石塘镇龙华行政村杨屋自然村	已修复	解放战争	清远市级（党史教育基地）	
54	上岩游击队隐蔽地旧址	英德市横石塘镇龙华行政村李板迳口丫山下上岩	保存完好	解放战争	清远市级（党史教育基地）	

（续表）

序号	旧（遗）址名称	地点	现存情况	发生时期	爱国主义教育基地（级别）	遗址保护单位（级别）
55	工村洞朱屋村革命旧址	英德市横石塘镇石门台行政村朱屋自然村	损毁严重	解放战争		
56	旧泥围游击队宿营地遗址	英德市横石塘镇龙新行政村唐屋自然村	已损毁	解放战争		
57	琵琶山窝茅屋——横石塘武工队驻地遗址	英德市横石塘镇龙建行政村琵琶山村琵琶山窝	已损毁	解放战争		
58	青龙祠——简溪抗征抗暴农民自救会成立旧址	英德市石灰铺镇石灰行政村简溪青龙祠	保存完好	解放战争		
59	仁号众——石霞党组织工作旧址	英德市石牯塘镇石下行政村石下大石街	损毁严重	解放战争		
60	沙树下楼角——英西武工队联络站旧址	英德市石灰铺镇石灰行政村沙树下22号	损毁严重	解放战争		
61	坳头炮楼——坳头民兵中队哨所旧址	英德市石牯塘镇八宝行政村坳头自然村	损毁严重	解放战争		

（续表）

序号	旧（遗）址名称	地点	现存情况	发生时期	爱国主义教育基地（级别）	遗址保护单位（级别）
62	保卫赤米下径村战斗旧址	英德市西牛镇赤米行政村下径自然村	损毁严重	解放战争		
63	猫滩渡口伏击战旧址	英德市桥头镇五石行政村熊屋瀚江河猫滩渡口	损毁严重	解放战争		
64	活石水阻击战旧址	英德市九龙镇塘坑行政村活石水石角山	损毁严重	解放战争		
65	坚鱼坳战斗旧址	英德市英红镇星光行政村白石山（今新建英红医院背后）	保存完好	解放战争		
66	横石塘武工队成立旧址	英德市横石塘镇龙建行政村琵琶山自然村91号	损毁严重	解放战争		
67	三山乡民兵中队成立旧址	英德市波罗镇太平坪行政村上头、下头及谭屋自然村	保存完好	解放战争		
68	英西人民武装起义旧址	英德市大湾镇田心行政村田心洞铺子	损毁严重	解放战争		

（续表）

序号	旧（遗）址名称	地点	现存情况	发生时期	爱国主义教育基地（级别）	遗址保护单位（级别）
69	五角村农民协会成立旧址和游击队驻地旧址	英德市水边镇五角行政村十五组16号	损毁严重	解放战争		
70	墩仔战斗旧址	英德市大洞镇大洞社区墩仔自然村	损毁严重	解放战争		
71	刘氏上定祠——中国人民解放军粤桂湘边纵队连江支队司令部址	英德市西牛镇黎沙行政村下角自然村刘氏上定祠	已修复	解放战争		
72	哨洞围框战场遗址	英德市英红镇新岭行政村洞尾西山坳	已损毁	解放战争		
73	河角战斗遗址	英德市英红镇田江行政村河角自然村	已损毁	解放战争		
74	九龙武装起义旧址	英德市九龙镇金造行政村金造自然村	已修复	解放战争	清远市级（党史教育基地）	
75	太平水攻坚战遗址	英德市九龙镇太平行政村（旧称太平水村）	已损毁	解放战争		

（续表）

序号	旧（遗）址名称	地点	现存情况	发生时期	爱国主义教育基地（级别）	遗址保护单位（级别）
76	金造保卫战旧址	英德市九龙镇金造行政村庙角山	损毁严重	解放战争	清远市级（党史教育基地）	
77	旱埂战斗旧址	英德市黎溪镇松柏行政村旱埂自然村	损毁严重	解放战争		
78	独石寨阻击战旧址	英德市九龙镇塘坑行政村独石寨自然村	损毁严重	解放战争		
79	大成屋保卫战旧址	英德市石牯塘镇三联行政村大成屋自然村	损毁严重	解放战争		
80	横山寨战斗遗址	英德市波罗镇更古行政村横山寨老屋场自然村	已损毁	解放战争		
81	遥步桥战斗遗址	英德市大站镇塝头行政村旧遥步圩翁江河上	已损毁	解放战争		
82	竹园仔保卫战遗址	英德市九龙镇泉水行政村竹园仔自然村	已损毁	解放战争		
83	黄花镇革命烈士纪念碑	英德市黄花镇城下行政村克岩自然村	保存完好		清远市级	

（续表）

序号	旧（遗）址名称	地点	现存情况	发生时期	爱国主义教育基地（级别）	遗址保护单位（级别）
84	英德烈士陵园	英德市金子山东麓和平北路北	保存完好		清远市级	省级
85	鱼湾革命烈士陵园	英德市东华镇鱼湾社区花果山	保存完好			县级
86	九龙武装起义思源亭	英德市九龙镇金造行政村金造庙角山西麓	保存完好		清远市级（党史教育基地）	
87	英德革命史陈列馆	英德市区城北古祥东路1号	保存完好		省级（党史教育基地）	

附录二 英德大事记

1924 年

9 月　由共产党人实际主持工作的国民党中央党部农民部派遣侯凤墀（中共党员）以农村经济考察员身份到英德县政府工作。侯凤墀到英德后，在县城附近的城厢、长岭、龙头（均在今英城街道内）等地农村发动群众参加农民运动，发展文光乡（今东华镇内）胡瑞泉、胡世珍、黄杰夫加入中国共产党。

12 月　中国社会主义青年团广东区执行委员会将进步刊物《向导》（自 87 期起）、《中国青年》（自 51 期起）发行扩大到北江包括英德的一些学校。

1925 年

12 月　侯凤墀调离英德后，国民党中央党部农民部派遣王蔚垣（中共党员）以国民党中央党部农民部特派员身份，到英德开展农民运动。王蔚垣到英德后，一方面在县城附近和侧黄乡（今大站镇内）等地农村创办农民夜校、建立农民协会（以下简称农会）；一方面发展侧黄乡农民运动骨干吴若臣、梁金等加入中国共产党。

1926 年

1 月 2 日　英德第一个乡农会侧黄乡农会成立。

夏　中共英德县支部（1926．夏—1927.4）在英德县城成立，书记王蔚垣。

7 月　英德第一个中共基层组织——侧黄乡古坑党支部（1926．夏—1927.4）成立。

9 月　省农会、中共广东区执行委员会将在梅县工作的刘裕光调回家乡英德。

是年　英德各乡农会组建农民自卫军。

1927 年

1 月初　英德县第一个区农会——英德县第九区（鱼湾）农会成立。

1 月中旬　英德县农民代表大会在县城东门坝召开，3000 多人参加。大会选举产生以刘裕光为主席（一说常务委员）的英德县农会。

4 月 25 日　中共英德县支部以英德县人民团体联合会名义组织农军等发动县城暴动，成立由刘裕光任县长的北江地区第一个县级革命政权——英德县政府委员会。

8 月 1 日　参加县城暴动的百余名英德农军参加了八一南昌起义。

11 月　中共英德县委员会（1927.11—1930．秋）成立。

12 月　中共英德县委员会（以下简称英德县委）在英东地区建立革命武装——瀚江护航队，打击土匪、保护商船通行，筹措革命活动经费。

1928 年

1 月　潭洞农民举行暴动。

5 月　中共英德县委对驻英石乡（今望埠镇内）望夫冈的国民党军做策反工作。因行动泄密，接应起义的人员付出 4 死 3 被俘的惨重代价。

5 月至 7 月　中共英德县委第一次与上级党组织失去联系。

1929 年

3 月至 11 月　中共英德县委与代管北江地区党的工作的曲江县委失去联系。县委第二次与上级党组织失去联系。

秋　上级党组织派人与英德党组织接上关系，11 月恢复英德县委。

1930 年

秋　根据上级党组织指示，撤销英德县委。

冬　中共英东特别支部委员会（1930. 冬—1931. 夏）成立。

1931 年

6 月　丰霖乡鸡鸱湖农民暴动，成立英德县第一个苏维埃政府——丰霖乡苏维埃政府。

8 月下旬　文光乡鱼湾农民暴动，成立鱼湾苏维埃政府和两支工农赤卫大队。在英德革命斗争史上，首次将人民政权的建立与人民武装的建立联系起来。

秋冬　中共英东特别支部委员会（隶属北江特别委员会）改为英德区委（1931. 秋冬—1932. 11），隶属曲江县委。

1932 年

12 月至 1938 年 9 月　将近六年时间，英德党组织第三次与上级党组织失去联系。

1938 年

9 月　由中共广东省委直接领导的曲江县马坝党支部副书记廖宣受党组织派遣，到英（德）翁（源）佛（冈）边区恢复建立党组织。

冬　英东地区党组织组织成立英东抗日集结自卫中队，有120 多人参加。

冬　英东地区的潭石乡、钳铺乡（均在今桥头镇内）党组织联合组织成立一支 60 多人枪的抗日自卫队。

1939 年

3 月　英（德）佛（冈）边区（以下简称英佛边区）的中共英东特别支部委员会（含佛冈二区，1939.3—1939.6）成立。

夏　中共党员邝达从延安回到家乡洽洸，负责发展英西地区党组织。

9 月　中共英德县委（1939.9 － 1939.12）成立。

10 月　英东地区溪板乡（今横石水镇）江古山党支部组织成立一支以"打猎队"为名的抗日武装，30 多人，有长短枪、猎枪20 多支。

10 月　中共英德县委在英东地区桥头、鱼湾、青塘、大镇、江古山、板铺等地建立交通站。

12 月 30 日　日军北上进犯英德县城，县城第一次沦陷。

是年　英东地区青塘乡（今青塘镇）"三联保"抗日自卫队

成立，有 30 多人枪。

1940 年

1 月 5 日　英德县城光复。

1 月至 1949 年 10 月　除 1942 年 2 月至 1943 年春，英东、英西地区党组织合并建立英德县特派员外，英德分英东、英西地区两个区域分别建立党组织和人民武装。其中，1948 年 5 月至 1949 年 10 月，英西地区又分英（德）清（远）阳（山）边区（以下简称英清阳边区）、英（德）阳（山）乳（源）曲（江）边区（以下简称英阳乳曲边区）两个区域分别建立党组织和人民武装。

春　英东地区的中共英德县委（不含英西地区，1940. 春—1941. 12）成立。

7 月　英西地区的中共英西特别支部委员会（1940. 7—1940. 9）成立。9 月，改为特派员制，为中共英西特派员（1940. 9 —1942. 夏）。

是年　英东地区文光乡五道坛国粹学校组织成立一支以"打猎队"为名的抗日武装，有 30 多人枪。

1942 年

2 月　中共英德县特派员（全县，1942. 2—1943. 春）成立。

秋　北江地区第一所由共产党领导的中学——英东中学开始招生。

1944 年

夏　英西地区黎溪乡（今黎溪镇）大平党支部成立黎溪乡大平人民抗日护耕自卫队，有 30 多人参加。

8 月　英东地区的中共英东县工作委员会（含翁源县西部地

区，1944.8—1945.9）成立。

9 月　驻英东地区桥头圩的莫雄部队①第四大队（又称陈仁畿大队，150 多人）、驻英西地区洺洸圩的莫雄部队第二特务中队（60 多人）成立。两支队伍的负责人都是地方党组织负责人或骨干，人员、武器、给养分别由英东、英西党组织筹集。

秋　英西地区的中共九龙金造特别支部委员会（1944.秋—1944.冬）成立。

10 月　英西地区的中共英德西乡区临时工作委员会（1944.10—1944.12）成立。

12 月　英西地区的中共英曲边工作委员会（1944.12—1945.8）成立。

1945 年

1 月 22 日　日军进犯，英德县城第二次沦陷。

2 月　九龙抗日小队成立，有 33 人参加。

3 月 17 日　中共广东省临时委员会（以下简称省临委）委员梁广率领的广东人民抗日游击队东江纵队（以下简称东纵）北江支队、西北支队，到达英德英东地区文光乡坝仔白围村。

3 月 18 日至 19 日　省临委委员梁广在文光乡坝仔白围村召开部队和地方党组织领导人联席会议（坝仔会议）。会议分析研究北江的政治军事形势，决定部队的行动方针政策，以及地方党组织配合部队行动等一系列问题。这是为打开北江地区抗日游击战争新局面而召开的一次重要会议，对于开展北江地区抗日武装

---

①　1940 年 1 月，国民党第四战区成立由莫雄任司令的北江抗日游击区，后改称北江挺进纵队、北江挺进纵队干部训练所、第七战区挺进第八纵队、第七战区挺进第二纵队。为叙述方便，以下统称莫雄部队。

斗争，创建抗日根据地具有重要的指导作用。会后，北江支队在粤汉铁路以东，沿粤汉铁路向北发展；西北支队突过北江，进入英（德）清（远）边区作为立足点，继续向小北江前进，发展粤桂湘边区的抗日游击战争。

3月下旬　一天，东纵北江支队在地方党组织配合下，夜袭望埠日伪据点，打击望埠区公所和联防队，俘敌20多人，缴长短枪20多支。次日晨，驻县城日军300多人计划"扫荡"东纵北江支队主力大队驻地望埠乡沙坪。主力大队占据有利地形，居高临下猛烈打击。是役，毙伤日军30多人，打退日军对望埠乡沙坪的首次"扫荡"。

3月　英东中学百余师生参加东纵北江支队。英东中学遭国民党英德当局破坏而停办。

4月初　东纵北江支队英佛边大队（又称独立第一大队）成立，有130多人参加。

4月12日　东纵北江支队活捉胡杰夫等反动分子50多人，缴枪30多支。

4月中旬　陈仁畿和他率领的莫雄部队第四大队公开编入东纵北江支队建制，改称英翁边大队（又称野火大队），近300人参加。

4月26日　由省临委委员梁广率领的西北支队西渡北江进入英西地区黎溪乡松子坝。

4月底　国民党英（德）佛（冈）新（丰）游击指挥官曾肇基率国民党顽军第一五三师1个团，伙同地方反动武装共千余人，从佛冈县烟岭圩进犯东纵北江支队。东纵北江支队以英佛边大队大部兵力和文光乡抗日自卫队等正面迎击进犯之敌，阻滞敌前进。主力大队配以英佛边大队一部迂回敌侧后，首先突袭佛冈县三江区公所和粮食仓库，俘敌20多人，缴枪20多支；接着奔袭顽军留守处佛冈县烟岭圩，俘敌 20 多人，缴长短枪 30 多支和大批军需物资；夜袭新丰县遥田警察所和英德门园太乡公所，俘敌 50 多人枪。随后主力大队折向青塘圩附近与英翁边大队会合，向顽军设在门园太乡（今白沙镇内）潭头的前方指挥所进逼，并向身陷鱼湾圩的顽军侧后方展开猛烈攻击。顽军在前后夹击之下损失惨重，仓皇向佛冈县和新丰县方向溃逃。东纵北江支队乘胜追击和伏击，歼其一部。

4 月底　北江东岸第一个乡级抗日民主政权——文光乡抗日动员委员会（以下简称抗日动委会）成立。

4 月　中共党员王式培动员组织当地青年农民成立黎溪乡人民抗日常备中队，有 80 多人参加。

5 月 9 日　驻县城日军 400 多人进犯英东地区。东纵北江支队主力大队在黄塘乡（今东华镇内）金山径一带山地阻击日军，毙伤日军 30 多人。

5 月上旬　沙口乡（今沙口镇）陈细松 40 多人的地方武装改编为东纵北江支队沙口大队。

5 月　英西地区黎溪乡人民抗日自卫大队成立。

5 月　英西地区的中共英德县特派员（不含英东地区，1945.5—1945.9）成立。

5 月　英西地区的中共英清边特派员（1945.5—1946.2）成立。

6 月 31 日　晨，设伏于翁源县狮子岭的东纵北江支队主力大队、英翁边大队各一部，打击国民党翁源县大队陈翠洲中队。是役，毙伤敌 20 多人，俘中队长陈翠洲及以下 30 多人，缴枪支弹药等物资一批。

6 月至 7 月　西北支队共击沉、毁损日军船只 20 多艘，毙伤日军四五十人。

7月10日　东纵北江支队吴晃中队在地方党组织和东纵独立第一大队（此时暂归北江支队指挥）配合下，夜袭盘踞翁源县新江乡的何祖华联防大队。是役，毙何祖华等数人，俘敌百余人，缴枪支百余支、弹药等一批。是役后，翁源县新江乡抗日动委会成立，翁源县西部地区并入北江东岸抗日根据地范围，东纵北江支队向北发展的道路基本打通。

7月17日　国民党曲江县自卫大队大队长杨永亮率200多人偷袭北江东岸抗日动委会驻地黄塘乡雅堂村，并洗劫大镇圩。东纵北江支队获悉后，即调动主力大队、英翁边大队和东纵独立第一大队对敌三面合围。是役，毙伤敌30多人，俘敌副大队长及以下60多人，缴长短枪50多支。

7月中旬　北江东岸抗日民主政权（县级）——北江东岸抗日动员委员会成立，负责统一领导北江东岸14个乡级抗日动委会工作。

7月25日　国民党顽固派军队第六十三军第一五二师1个团，长途奔袭英德青塘乡抗日动委会和驻青塘圩附近周屋小学的东纵北江支队英翁边大队野马中队。野马中队发现敌时，已陷入敌包围圈。中队长冯浩率主力突围。中队指导员王振声率17名战士掩护主力突围，打退敌人10多次进攻，毙伤敌60多人；在弹尽粮绝、突围无望的情况下，与冲进学校的敌人展开肉搏战，最后18位勇士全部壮烈牺牲。

8月15日　侵华日军无条件投降。

8月下旬　北上粤赣湘边迎接八路军南下支队的东纵西北支队、东纵独立第一大队和珠江纵队独立第三大队，与东纵北江支队先后在文光乡倒洞会合。

冬　英西地区，李福海任中共小北江特派员（一说英德中心县委，1945.冬—?）。稍后，张江明任小北江特派员（?—

1946.6）。

11月　英东地区，廖宣任中共英佛特派员（1945.11 — 1946.3）。

1946 年

2月　东纵北江支队鱼湾大队（后称英翁佛民主先锋大队）成立，有43人参加。

4月　中共英佛特派员廖宣3月调走后，汤山任英佛边区党组织（1946.4 — 1947.3）及武装部队负责人。

5月　东纵北江支队整编为近百人的北撤部队。

6月15日　东纵北撤部队共800多人离开新兴乡（今桥头镇）龙口村（7月5日与其他北撤部队抵达山东烟台解放区）。

8月　英西地区的中共英西特派员（1946.8 — 1947.2）成立。

8月　蓝田大队成立，陈细松大队成立，"汤队"成立，李拔才大队成立。

9月　停办一年多的英东中学复学。

10月　英西地区的中共英清佛特派员（1946.10 — 1948.5）成立。

1947 年

1月　粤汉铁路以西（即连江地区）的连县、阳山、连南、连山、乳源以及英德西部地区、乐昌、曲江部分地区的党组织，划入中共西江特别委员会领导。

2月　英西地区的中共英西特派员（1947.2 — 1948.5）成立。

4月　英东地区的英翁佛边党组织（1947.4 — 1948.12）

成立。

4月　在英东地区，粤赣先遣支队第十大队（前身为蓝田大队）成立，有25人参加，拥有18支长短枪；粤赣先遣支队突击大队（前身为陈细松大队）成立，有40多参加，拥有20多支长短枪。

5月　在英东地区，粤赣先遣支队飞虎大队（前身为"汤队"）成立，有70多人参加。

5月　粤赣先遣支队交通总站成立。

夏　粤赣先遣支队飞虎大队围歼溪板乡公所，俘乡联防队20多人。

7月15日　设伏于黄塘乡金山径的粤赣先遣支队突击大队，打击驻大镇圩撤回县城的县保安队。是役，毙伤敌13人，俘敌8人。

7月　在英东地区，粤赣先遣支队第三大队（由飞虎大队分出）成立。

9月　在英清阳边区，粤桂湘边区人民解放军英清边独立中队（以下简称英清边独立中队）成立，有80多人枪。

9月　粤赣先遣支队突击大队手枪队夜袭河头火车站，毙守军数人，迫使铁路停运。傅应光在战斗中英勇顽强，被粤赣先遣支队授予"战斗英雄"称号。

9月　粤赣先遣支队第三大队围歼溪板乡公所，俘乡联防队40多人，缴枪支弹药等一批。

9月至1949年10月　两年多时间，粤桂湘边区人民解放军连江支队第四团（1949年4月成立，包括其前身1947年9月成立的英清边独立中队、1948年5月成立的英清边人民解放大队，以下简称连江支队第四团）活动在英（德）清（远）边区（以下简称英清边区），经历大小战斗百余次，歼敌18个连（队），击溃 5 个营,毙伤敌 640 多人,俘敌 560 多人,受降 300 多人,缴获(接收)枪支弹药一批。

11 月　粤赣先遣支队飞虎大队手枪队队员突入张桂畲家大楼里,活捉大地主、大恶霸张桂畲,缴枪支弹药以及稻谷一批;处决民愤极大的张桂畲,铲除了英东地区最大的恶霸。

11 月　百余名英东中学师生参加粤赣先遣支队。英东中学第二次停办。

12 月　下旬粤赣先遣支队飞虎大队在新兴乡潭峰寺休整时,遭国民党军 1 个营和县保安队共 500 多人包围袭击。粤赣先遣支队第三大队和溪板乡数百名民兵闻讯后迅速向潭峰寺增援,敌逃窜。飞虎大队变被动为主动,兵分 3 路追击逃窜之敌,毙伤敌 30 多人。

冬　在英东地区,粤赣先遣支队英佛民主先锋大队(前身为李拔才大队)成立。

是年　英西地区党组织建立以洭洸圩内和圩场附近的几个秘密交通联络站为中心,南至金竹、九龙、水边(王式培部队),北至灰沙坡、石霞,东至独山(李冲部队)的交通线路。

1948 年

1 月　国民党军投入 7 个团,对瀚江地区进行第一期的重点"清剿",其中,2 个团进攻英东地区。与此同时,国民党英德县政府对英东地区实行军事、政治、经济的全面"清剿"。英东地区进入最困难最艰苦的斗争时期。

1 月至 4 月　英清边独立中队迎击到英清边区"清剿"的英德、清远两县地方反动武装;奔袭黎溪乡公所,俘副乡长及乡自卫中队副队长等 20 多人;夜袭大山应村匪巢,俘土匪 10 多人;扫除黎溪乡 4 个敌据点;捣黄寨乡(今九龙镇)太平水村反动分子梁坤贤堡垒，开仓分粮。打通英清边区通道，使英德黎溪、清平（今大洞镇）、流陈（今水边镇）、黄寨等乡与清远县咸泰、升平、同升连成一片。

4 月　粤赣先遣支队主力部队——出击大队成立，有 300 多人参加。

5 月 4 日　在翁江下游猫滩渡口设伏 4 天的粤赣先遣支队第三大队 13 人，打击由县保安队 1 个连护送、从县城返回新兴乡的以新兴乡恶霸地主杨成光、郭先基为首的"还乡团"，毙杨成光、郭先基，以及护送的敌营长等 10 多人。

5 月　英阳乳曲边区的英阳乳边党组织（1948.5 — 1949.10）成立。

5 月　在英清阳边区，粤桂湘边区人民解放军英清边独立中队扩编为粤桂湘边区人民解放军连江支队英清边人民解放大队。

6 月　英清阳边区的中共英清边特派员（1948.6 — 1948.12）成立。

6 月　在英东地区，一天，国民党军以两个团兵力并纠集当地联防队，包围粤赣先遣支队英佛民主先锋大队。英佛民主先锋大队利用有利地形，伤敌 10 多人。16 日，国民党军发起进攻，英佛民主先锋大队中岳、天山两个中队奋起迎击，毙伤敌 15 人。

6 月　在英清阳边区，连江支队英清边大队面对县政警大队、县自卫总队的"进剿"，声东击西，东出流陈乡，镇压水边圩自卫中队情报员；西进大洞圩，扫除县自卫总队情报员等；南下黎溪乡湖溪村，袭击国民党英德县党部书记长徐英群老巢，缴枪 18 支、鸦片超过 15 千克。

7 月 19 日　在英清阳边区，连江支队英清边大队乘黑潜入黎溪乡鸡春坝，全歼英德县自卫总队邓配儒中队，俘敌 60 多人，缴枪支弹药一批。

8月4日　在英清阳边区，连江支队第一团在蕉冈乡（今大湾镇内）蓑衣滩渡口夜渡小北江。

8月上旬　在英阳乳曲边区，粤桂湘边区人民解放军连江支队英西人民抗征自救队成立。

8月中旬　在英阳乳曲边区，粤桂湘边区人民解放军连江支队英阳乳曲人民反蒋抗征队（前身为连江支队英西人民抗征自救队）成立。

9月　在英东地区，11日，粤赣先遣支队飞虎大队一部伏击县保安队，毙敌9人；16日，飞虎大队一部伏击潭坑联防队，毙伤敌10多人，俘敌6人；20日，飞虎大队一部伏击陈山联防队，毙敌9人。10天时间，飞虎大队三战三捷，民心大快。

10月　粤赣先遣支队改称广东人民解放军北江支队。

10月　在英清阳边区，连江支队英清边大队打击假冒英清边大队洗劫乡民的黎洞政治土匪林金朝，毙林金朝等3人，俘敌20人。

11月初　在英清阳边区，连江支队英清边大队与连江支队第二团一部在清远县鱼咀乡，打击升平乡自卫中队，毙伤敌13人，俘敌35人，缴枪支弹药一批。不久，英清边大队引蛇出动，打击大洞乡"反共救乡自卫中队"，毙正、副中队长等人，俘敌20多人。

12月　英清阳边区的中共英清阳边区县委（1948.12—1949.9）成立。

12月　广东人民解放军北江支队第二团（前身为粤赣先遣支队突击大队、英佛民主先锋大队、第十大队一部和佛冈地方武装）、广东人民解放军北江支队主力团——第四团（前身为粤赣先遣支队飞虎大队、第十大队一部和翁源县钢铁大队）成立。

12月　在英清阳边区，连江支队英清边大队和黎溪乡民兵打击黎溪乡自卫中队，毙交警中尉小队长兼黎溪乡自卫中队长，俘交警上尉指导员及自卫中队 70 多人，缴长短枪 60 多支。

12 月　在英清阳边区，连江支队第二团在高道乡（今西牛镇内）楼仔角村，智擒英清阳边联防指挥部总指挥、政治土匪李昌南，县自卫总队中队长林晚、丘源及骨干分子等 36 人，缴长短枪 30 多支。

1949 年

1 月初至 3 月　在英清阳边区，敌人"进剿"涉及英清边区 9 个乡。据不完全统计，连江支队英清边大队击溃敌 2 个营（大队）、4 个中队，瓦解反动据点 7 处，摧毁敌情报组 1 个，毙伤敌 40 多人，俘敌 20 多人，缴枪支弹药一批。

1 月 9 日　在英清阳边区，中共粤桂湘边区工委在英德清平乡大夫田村召开边区工委扩大会议（大夫田会议）。会议确定当时的任务是迎接与配合南下大军解放广东。工作的总方针是积极展开军事行动，打击地方反动势力；同意在九龙圩举行武装起义。大夫田会议，是粤桂湘边区人民武装斗争进程中的一次重要会议，对进一步开创粤桂湘边区新局面起到重要作用。

1 月 15 日　在英清阳边区，为保证九龙起义顺利进行，粤桂湘边区人民解放军独立团夜袭匪首梁猛熊老巢黄花乡乌坭坑村，摧毁黄花乡公所；连江支队第二团奔袭清远县坝仔乡雷公冲反动据点、黄寨乡太平水村反动据点，和平进入黄寨乡九龙圩，占据黄寨乡公所、警察所。3 个地方作战毙敌 63 人，俘敌 45 人，缴枪支弹药等一批。

1 月 16 日　在英清阳边区，中共粤桂湘边区工作委员会在黄寨乡金造村召开群众大会，大会宣布九龙起义，成立粤桂湘边区人民解放军连江支队英清阳边人民解放大队。

1月30日　连江支队第二团在小北江南岸的麻步乡（今大湾镇内）中步渡口，乘船夜渡小北江。

1月　中共英佛边区县委（1949.1—1949.7）成立。

2月13日至3月5日　九龙起义和乌坭坑、雷公冲、太平水3场战事，震惊国民党当局。2月13日，英德代县长周文浩纠集地方反动武装600多人进犯金造村，粤桂湘边有史以来的一场大战——金造保卫战发生。2月18日，省保安第十七团第二营伙同英德反动武装共千余人，再次进犯金造村。3月5日，在淮海战役中战败南逃的胡琏兵团第一五三师第四七三团，纠集英德、清远两县地方反动武装，共3000多人，第三次进犯金造村。连江支队英清阳边大队、粤桂湘边区人民解放军独立团和金造村民兵奋起抵抗，打退敌10多次进攻，毙伤敌百余人。鉴于敌我力量悬殊，粤桂湘边区人民解放军指挥部决定撤出战斗。是日晚，借着夜幕掩护千余群众向黄寨乡太平水村、清平乡、黎溪乡和清远县鱼咀乡一带转移。

2月28日　连江支队反蒋抗征队主力中队乘夜用"诱擒"方法，不费一枪一弹将尧鲤乡（今石牯塘镇内）石霞村的主要反动头目一网打尽，重新夺回石霞村。是役，俘敌10多人，缴枪支弹药一批。自此，英西地区北部石霞平原地区与北部山区、乳源县大布乡等游击根据地连成一片。

4月1日　在英清阳边区，粤桂湘边区人民解放军连江支队英清边人民解放大队改编为粤桂湘边区人民解放军连江支队第四团。

4月13日　英乳边区人民联防办事处成立。

4月30日　广东人民解放军北江支队改称中国人民解放军粤赣湘边纵队北江第一支队（以下简称北江第一支队）。

5月30日　北江第一支队主力团——第四团钢铁、飞虎、铁鹰、海流4个连在佛冈县挂牌径设伏，截击国民党军第九十一师第二七二团1个营，毙敌副营长及以下120多人，俘敌80多人，缴获大批美式武器装备。

5月至10月8日　连江支队第四团各战斗单位全面出击国民党地方反动武装：打击窜入黎溪乡黎洞圩抓人勒索的南坑自卫中队，伤敌多人；打击黎溪乡水背村反动据点，活捉情报组长等人；打击窜犯黎溪乡高朋村的南坑自卫中队；全歼水边圩外敌据点守敌，毙伤增援之敌10多人；配合连江支队反蒋抗征队打击"进剿"石牯塘圩等地的敌人；派出武工组扰乱敌后方，在野鸡啼村俘独山自卫队班长等2人；围歼潜入清平乡墩子村的大洞自卫中队；与连江支队英清阳边大队在黄寨乡长滩村毙伤梁猛熊反动武装各3人；攻陷分水坳据点，全歼水边自卫中队1个小队，毙敌6人，俘敌21人；攻打水边圩敌阵地，歼水边自卫中队、保二营2个排，缴长短枪百余支。

6月22日至8月9日　国民党军第六十三军、省保安第四师纠合英德、阳山、乳源、曲江4县地方反动武装，对英阳乳曲边区进行空前残酷的"四县大联剿"。6月22日，国民党军第六十三军1个营纠合乳源县地方反动武装进犯乳源县九仙乡上座村，开始为期49天的"四县大联剿"。8月9日，省保安第四师、英德县自卫总队、英西联防大队撤离蕉冈乡鸡蓬坳村。至此，国民党以正规军为主力对英（德）乳（源）边区、英（德）阳（山）边区的"清剿"结束，也是英阳乳曲边区"四县大联剿"的结束。

6月下旬　在英东地区，粤赣湘边纵队主力团——独立第四团成立。

6月　黎溪、大洞人民行政动员委员会分别成立。

7月2日至4日　省保安第四师纠合梁猛熊反动武装、观塘乡自卫中队，连续 3 天进犯游击根据地——观塘乡大成屋（今石牯塘镇大成屋）。浛洸观塘武工队和大成屋民兵奋起抵抗。4 日，武工队和民兵的弹药全部耗尽，与敌展开肉搏战。最后，除少数人突围外，34 人（其中武工队员 1 人、民兵 33 人）壮烈牺牲。是役，毙敌 35 人、伤敌 40 人。敌进占大成屋后，杀害 33 人；并连续多日在石霞、坳头、横山寨、秧地塝一带烧杀抢掠。

7 月　英佛边区的中共英佛边区县委改称中共英佛县委（1949.7 — 1949.10）。

7 月　在英东地区，中国人民解放军粤赣湘边纵队北江第一支队第五团成立。

7 月　在英东地区，青塘支前委员会（含佛冈二区）成立。

7 月至 10 月中旬　连江支队英清阳边大队打击清平乡楼仔匪首李星据点；袭击县自卫总队第二大队大队长张观带老巢，缴获物资一批；与连江支队第四团在黄寨乡长滩村毙伤梁猛熊反动武装各 3 人；配合南下大军陈赓兵团打击岩下村守敌，毙伤敌各 3 人，全歼许灶保中队 80 多人，缴长短枪 80 多支。

8 月　英东地区黄塘、新兴、文光、青塘、溪板、门园太、洪象 7 个乡先后解放，分别成立乡人民政府。

8 月　在英清阳边区，中国人民解放军粤桂湘边纵队连江支队英清阳边人民解放大队（前身为粤桂湘边区人民解放军连江支队英清阳边人民解放大队）、中国人民解放军粤桂湘边纵队连江支队第四团（前身为粤桂湘边区人民解放军连江支队第四团）成立。

8 月　在英阳乳曲边区，中国人民解放军粤桂湘边纵队连江支队第六团（前身为粤桂湘边区人民解放军连江支队英阳乳曲人民反蒋抗征队）成立。

9 月初　英东县人民政府（含佛冈二区）成立，县长曾启明。

辖英东地区黄塘、新兴、文光、青塘、溪板、门园太、洪象 7 个乡和佛冈县北部白石、陂头、观石、台山 4 个乡。

9 月　英东地区群众在南下大军过境的青塘、大镇、横石水、鱼湾、太平、白沙、桥头等地沿途设立支前粮食供应站、茶水站，组织担架队、运输队等。据不完全统计，英东地区群众捐粮借粮 236 万多千克、马草 25 万多千克、花生油 1.5 万多千克。其中，青塘乡捐粮 15 万多千克、花生油 5000 多千克、生猪几十头以及马草一批；新兴乡捐大米 7 万千克；门园太乡筹粮 5 万多千克。英西地区的黎溪、大洞人民行政动员委员会筹集粮食 15 万多千克；英乳边区人民联防办事处支援粮食近 2.5 万千克；浛洸党支部发动商家向解放浛洸圩的南下大军捐献粮食 1.8 万多千克；连江支队第六团横石塘武工队把封存在仙桥的 1.8 万多千克粮食，以及英德附城武工队在马口筹集的 3 万多千克粮食，日夜兼程运往县城支援南下大军。

10 月初至 10 月 9 日　连江支队第四团争取横石圩国民党警察所所长邓康率全所人员投诚，接收长短枪 30 多支；促使一批地方反动武装投降，收缴枪支弹药一批；捉拿执迷不悟的顽固分子，收缴枪支弹药一批。

10 月 6 日　沙口圩、河头圩、望埠圩解放。

10 月 9 日　英德县城解放。

10 月 10 日　连江口圩解放。

10 月 11 日　英德县人民政府成立，县长林名勋。

10 月 13 日　英西地区最大的集镇——浛洸圩解放。

10 月中旬　中共英德县委成立，书记林名勋。

12 月初　黄花圩解放。

12 月 7 日　西牛圩解放。

12 月 8 日　大湾圩解放。至此，英德全境解放。

参考文献

1. 英德市史志办公室著：《中国共产党英德县地方史》（1924—1949），中共党史出版社 2009 年版。

2. 英德市史志办公室著：《中国共产党英德县历史》（1949—1978），广东人民出版社 2011 年版。

3. 中共英德县委党史研究室编：《中共英德党史资料汇编》，1992 年版。

4. 英德市地方志编纂委员会编：《英德县志》，广东人民出版社 2006 年版。

5. 英德县矿产管理局编：《英德县矿产志》，1992 年版。

6. 英德县教育局编：《英德县教育志》，1990 年版。

7. 英德县税务局编：《英德县税务志》，1993 年版。

8. 中共英德县委农村工作部、英德县农业委员会编：《英德县农村经济变革志》，1994 年版。

9. 英德县粮食志编纂小组编：《英德县粮食志》，1988 年版。

10. 英德县水利志编纂小组编：《广东省英德县水利志》，2000 年版。

11. 英德县卫生志编纂领导小组编：《英德县卫生志》，1995 年版。

12. 英德县政府志编辑部编：《英德县政府志》，1994 年版。

13. 英德县商业局编：《英德县商业志》，1988 年版。

14. 英德县交通局编志小组：《英德县交通志》，1987 年版。

15. 英德县供电公司、英德县电力发展史编写组编：《英德县电力发展史》，1985 年版。

16. 广东省英德县邮电局邮电志领导小组编：《英德县邮电志》，1988 年版。

17. 英德年鉴编纂委员会编：《英德年鉴（2003—2005）》，2007 年版。

18. 英德年鉴编纂委员会编：《英德年鉴（2006）》，2008 年版。

19. 英德年鉴编纂委员会编：《英德年鉴（2007）》，2009 年版。

20. 英德年鉴编纂委员会编：《英德年鉴（2008）》，2010 年版。

21. 英德年鉴编纂委员会编：《英德年鉴（2009）》，2011 年版。

22. 英德年鉴编纂委员会编：《英德年鉴（2011）》，2011 年版。

23. 英德年鉴编纂委员会编：《英德年鉴（2012）》，方志出版社 2012 年版。

24. 英德年鉴编纂委员会编：《英德年鉴（2013）》，广东人民出版社 2013 年版。

25. 英德年鉴编纂委员会编：《英德年鉴（2014）》，广东人民出版社 2014 年版。

26. 英德年鉴编纂委员会编：《英德年鉴（2015）》，广东人民出版社 2015 年版。

27. 英德年鉴编纂委员会编：《英德年鉴（2016）》，广东人民出版社 2016 年版。

28．英德年鉴编纂委员会编：《英德年鉴（2017）》，广东人民出版社 2017 年版。

29．英德年鉴编纂委员会编：《英德年鉴（2018）》，华南理工大学出版社 2018 年版。

后记

为贯彻习近平总书记关于"发扬红色资源优势,深入进行党史军史和优良传统教育,把'红色基因'代代传下去"的指示,进一步传承红色基因,弘扬老区精神,根据中国老区建设促进会《关于编纂全国1599个革命老区县发展史》的安排意见,英德市委、市政府高度重视编纂工作,2018年上半年,成立编纂《全国革命老区县发展史》丛书中的《英德市革命老区发展史》编委会,由市委副书记廖家杰任主任,市委常委、组织部部长钟莹,市委常委、市委市府办主任侯之虎,市老促会会长张方贤任副主任,市史志办主任郑中重任编辑部主编。具体由市史志办组织开展编纂工作。经过两年多的努力,数易其稿,正式付梓出版。该书将历史的真实性、事件的准确性与内容的可读性相统一,成为英德市有质量、有特色、有价值的历史文献书籍。

在编写过程中,英德市36个单位和部门为本书的编纂提供资料。他们是:市纪委、市委市府办、市委组织部、市政法委、市委宣传部、市委党校、市发改局、市教育局、市卫健局、市交通运输局、市农业农村局、市林业局、市水利局、市住建局、市城管局、市统计局、市民政局、市财政局、市文广旅体局、市工信局、市市场监管局、市退役军人事务局、清远市生态环境局英德分局、市司法局、市自然资源局、市科技局、市水利移民办、市工商联、市残联、市北防局、市档案馆、市史志办、市白石窑水

444

电厂、市广播电视台、市女足基地、市老促会。

本书各章节编写人员分工：区域和革命老区概况、中华人民共和国成立前大事记由陈浪波提供文字初稿；大革命和土地革命战争时期《抗日战争时期》解放战争时期由吴德范、吴基成提供文字初稿；探索建设发展时期、英德市革命历史旧（遗）址名录由郑中取提供文字初稿；跨越发展致富奔康由林粤提供文字初稿。聘请市史志办原主任骆祖华等人改稿统稿。之后再送广东省、清远市党史办和老促会审核修改。并召集 20 个单位和部门参加的评审会进行评审，最后成书。本书图片由市史志办、市女足基地、英德市海螺水泥厂、英德市龙山水泥厂、英德市长湖水电厂、英德市巨人文化传播有限公司等提供、摄影。

由于编者水平有限，加之时间比较匆促，本书尚有不足之处，诚请读者批评指正。

英德市革命老区发展史编辑部
2020 年 8 月

广东人民出版社　党政精品图书

围绕中心，服务大局，做最具高度、深度和温度的主题出版物

中宣部主题出版重点出版物

《中华人民共和国通史》（七卷本）

· 全国第一部反映中华人民共和国70年光辉历程的多卷本通史性著作
· 中央党校、中央党史和文献研究院权威专家倾力打造

《账本里的中国》

一册册老账本，串起暖心回忆，讲述你我故事，体味民生变迁。

· · ·

《全国革命老区县发展史丛书·广东卷》

· 挖掘广东120个革命地区的红色记忆
· 中国老区建设促进会牵头组织

《红色广东丛书》

· 广东省委宣传部重点主题出版
· 传承红色基因，弘扬革命精神

本书配有智能阅读助手，为您1V1定制

《英德市革命老区发展史》阅读计划

帮助您实现"时间花得少，阅读体验好"的阅读目的

建 议 配 合 二 维 码 一 起 使 用 本 书

您可根据自己的学习需求，量身定制专属于您的阅读计划：

阅读服务方案	阅读时长指数	为您提供的资源类型	帮助您达到以下学习目的
1. 高效阅读	阅读频次 较低　每次时长 较短　总共耗费时长 ■■	总结类	快速学习和掌握红色精神。
2. 轻松阅读	阅读频次 较高　每次时长 适中　总共耗费时长 ■■■	基础类	简单了解革命老区的历史。
3. 深度阅读	阅读频次 较高　每次时长 较长　总共耗费时长 ■■■■	拓展类	继承和发扬红色精神，推动老区发展。

针对您选择的阅读计划，您可以享受以下权益：

立刻获得的主要权益

▶ **专享本书社群服务：** 提供创造价值与私密的深度共读服务，群内分享阅读干货，发起话题探讨
▶ **1套阅读工具：** 辅助您高效阅读本书，终身拥有

每周获得的主要权益

▶ **专属热点资讯：** 16周社科文学类资讯推送，每周2次
▶ **精选好书推荐：** 16周文学社科热门好书推荐，每周1次

长期获得的主要权益

线下读书活动推荐： 精选活动，扩充知识开拓视野
不少于1次

抢兑礼品： 免费抽取实物大礼
不少于2次限时抽奖

微信扫码

添加智能阅读助手

只需三步，获取以上所有权益：
1. 微信扫描二维码；
2. 添加智能阅读助手；
3. 获取本书权益，提高读书效率。

❶ 鉴于版本更新，部分文字和界面可能会有细微调整，敬请包涵。